KRISTA &

RITCHIE

SERA ÇİÇEĞİ

SERA ÇİÇEĞİ

Özgün Adı: Hothouse Flower
Krista & Becca Ritchie

Çeviren : Büşra Tekin
Editör : Derya Sevim
Düzelti : Aslı Özge Önemli
Son Okuma : İrem Doruk, Öznur İlter
Sayfa Tasarım : Sidem Zelal Edin
Kapak Fotoğrafı : ©iStock
Kapak Tasarım : Twin Cove Designs
Kapak Uygulama : Sidem Zelal Edin

Türü: Yetişkin - Romantik
Kitap No: 2575

1. Baskı: Eylül 2023
ISBN: 978-625-366-059-8
Yayınevi Sertifika No: 12330

Martı Yayın Grubu
Maltepe Mah. Davutpaşa Cad.
Yılanlı Ayazma Sok. No: 8
Zeytinburnu / İstanbul
Tel: 0212 483 27 37 - 483 43 13
Fax: 0212 483 27 38
www.martiyayinlari.com
info@martiyayinlari.com

Baskı ve Cilt
Türkmenler Matbaacılık Rekl. San. ve Tic. Ltd. Şti.
Maltepe Mah. Davutpaşa Cad. Yılanlı Ayazma Sok. No:8/C
Zeytinburnu / İstanbul
Tel: 0212 674 71 61
Sertifika No: 43087

KRISTA & BECCA
RITCHIE

ŞERA ÇİÇEĞİ

Çeviren: Büşra Tekin

MARTI

YAZARLARDAN BİR NOT

Sera Çiçeği, *Addicted* serisinin yan kitabı. Seride yan karakter olan ve *Senden Ayrı*'da tanışan Ryke ve Daisy'yi anlatıyor. Öncesinde *Addicted* serisinin kitaplarını okumanız zorunlu değildir ancak önerilir. Bunun yanı sıra *Sera Çiçeği*'ni okumadan önce *Addicted* serisinin ilk yan kitabı *Gökyüzünü Öp*'ü okumanız gerekmektedir.

YAZARLARDAN BİR NOT:
İKİNCİ KISIM

Bütün iyi kalpli, cana yakın hayranlarımıza:

Bu noktadan itibaren bu kitap sizin. Dolu bir kitap, içinde romantizmden fazlası var. Size kitaplarımızın olduğundan azını vermemiz adil olmazdı. Bu aileyle, kardeşlerle, arkadaşlarla ve her şeyi parçalara ayırmaya çalışan güçlerle ilgili bir seri. *Sera Çiçeği* sadece bir romantizm olarak başlıyor ama eğer kitaptaki karakterleri tanıyor olmasanız, onlar ne size ne de bize gerçek gelmezlerdi. Her bir ilişki. Her bir zorluk. Her bir mücadele. Ve sevgi. Hiçbir şeyi sizin elinizden almadan hepsini size sunmak istedik. Bu yüzden son sayfaya ulaştığınızda umuyoruz ki neden fazlası olduğunu ve size azını vermeyi reddettiğimizi anlarsınız.

İşte burada. Bu tamamen size ait. Keyifle okuyun!

xoxo Krista & Becca

RYKE'TAN BİR NOT

Hayatım alışılmadık şeyler, anormallikler ve sikik tuhaf durumlarla dolu.

Eğer kaba bir dilden ya da uygunsuz konuşmalardan kolayca etkileniyorsanız, aşırı sikik ve yanlış bir yola girdiniz. Eğer benimle başa çıkamazsanız beni anlamayacaksınızdır ve ben de kendimi açıklamaya çalışmayacağım.

Ben kabayım.

Ben sertim.

Ben sizin utanıp kaçtığınız şeyim.

O yüzden sizi şimdi uyarıyorum. Geri çekilin.

Çünkü bir kez hayatıma girdiğinizde, çıkmanıza bir daha asla izin vermeyeceğim.

PROLOG

RYKE MEADOWS

Her pazartesi, öncekinin sikik derecede aynısıydı. On ya da on iki yaşında olmamın bir farkı yoktu. On beş ya da on yedi. İsmi Anderson olan bir şoför, öğle vakti Philly'nin banliyö kesimindeki evime gelmişti. On dakika sonra da beni golf kulübüne bırakmıştı. Babam arka köşede, iki kırmızı ve yeşil tenis kortuna bakan aynı sikik pencerenin yanındaki aynı sikik masada oturuyordu. Aynı sikik yemeği sipariş etmiş (fileminyon ve yüz yıllık viski), aynı sikik soruları soruyordu.

"Okul nasıl gidiyor?"

"İyi," diye cevap verdim. Not ortalamam dörttü. On yedi yaşındaydım ve üniversite spor takımları atletizm için gözlerini benden ayırmıyorlardı. Tüm boş vaktimi kaya tırmanışı yaparak geçiriyor, iki spor arasında gidip geliyordum. Bu planı liseden beri kafamda kuruyordum. Koşmak için üniversiteye gidecektim. Onun sikik parasına elimi sürmeyecektim. Güven fonumun çürümesine izin verecektim. Babamdan ve annemden, mümkün olduğu kadar çok uzaklaşacaktım. Sonunda huzuru bulacak ve üstüme yapışan tüm yalanları unutacaktım.

Babam viskisini yudumladı. "Annen, nasıl olduğunu bana söylemiyor ve sen de az heceli kelimeleri söylemek dışında o kahrolası ağzını açmıyorsun. Peki benim ne yapmam gerekiyor? Seni sormak için yabancıları mı aramalıyım? Öğretmenini mi? Benim korkunç, lanet bir ebeveyn olduğumu düşünürler."

Masaya baktım, tavuklu sandviçime dokunmamıştım. On yaşındayken yemeği kabul ediyordum. On bir yaşındayken hep burgerleri yiyordum. Ancak on beşime geldiğimde uyanmıştım ve sonunda sikik bir canavarla yemek yediğimi kabul etmiştim. "Söyleyecek hiçbir şeyim yok," dedim.

"Bir anda sağır mı oldun? *Haftan* nasıldı? Kahrolası neler yaptın? O kadar da zor bir soru değil." Viskiyi kafasına dikip, "Saçmalık," diye mırıldandı. Kadehini tutarken bir parmağını bana doğrulttu. "Senin akıllı olan oğul olman gerekiyordu." Sonra bir içki daha almak için garsona bir işaret yaptı.

Loren'dan bahsettiği anda kaslarım gerildi. Çözümsüz nefretim beni sararak tüm bedenimin ısınmasına sebep oldu.

Bu öfkeye karşı hiç kontrolüm yoktu. Tıpkı kahrolası bir orman yangını gibi beni tüketiyordu.

"Bunu kısa kesebilir miyiz?" diye sordum. "Olmam gereken başka sikik yerler var."

Garson yanımıza gelip babamın kadehinin üçte birini doldurdu. Babam devam etmesini işaret ettiğinde ise doldurmaya devam etti. Artık dörtte üçü doluydu. "O da alacak," dedi babam.

Jonathan Hale, bebek malzemeleri şirketi *Hale Co.* sayesinde milyar dolarlar içinde yüzüyordu. Golf kulübündeki çalışanlara, reşit olmadan içki içmem konusunda sessiz kalmaları için para veriyordu. Şimdiye kadar bu çok normaldi.

İçkiye bakınca midem kasıldı. Sadece dört gün önce, içkiyi tamamen bırakmaya karar vermiştim. Babam tarafından her pazartesi sınava tabi tutulacağımı biliyordum. Ona içkiyi bıraktığımı söylemezdim. Bunun hakkında konuşmak istemiyordum. Yalnızca sikik içkiden uzak durmak istiyordum. Onu görmezden gelmek istiyordum.

Garson kadehimi doldurduktan sonra kristal şişenin kapağını kapattı.

Sonra tek kelime daha etmeden yanımızdan ayrıldı.

"İç," diye ısrar etti babam.

"Viski hoşuma gitmiyor."

Babam başını eğdi. "Ne zamandan beri?"

"Senin favori sikik içkin olduğundan beri."

Başını iki yana salladı. "Sen ve kardeşin, küçük serseriler gibi asileşmeye bayılıyorsunuz."

Ona düşmanca baktım. "Ben, o pisliğe *hiç* benzemiyorum."

"Bunu nereden biliyorsun peki?" diye karşılık verdi babam kolaylıkla. "Onunla hiç tanışmadın."

"Sadece biliyorum." Sallanmaya başlayan dizimi tuttum. Buradan defolup gitmek istiyordum. Loren hakkında konuşmaya katlanamıyordum. Bir üvey kardeşim olduğunu hep biliyordum. Jonathan Hale'in çocuğunun aynı zamanda benimle de bağlantılı olduğunun farkına varmak çok zor bir şey değildi. Aynı sikik babayı paylaşıyorduk. Ancak babam ve annem, on beş yaşıma gelene kadar bunu bana hiç açıkça söylememişlerdi. Annem, o "piç" çocuk hakkında şikâyet ettiğinde babama detayları sormuştum. O da sonunda bana kafamda kurduğum görüntüyü aydınlatan üç gerçek söylemişti.

Bir: Babam Sara'yı, yani annemi, ben birkaç aylıkken başka bir kadınla aldatmıştı.

İki: "Diğer" kadın hamile kalmıştı. Loren, benden bir yıl sonra doğmuştu ve kadın oğlunu Jonathan'la birlikte bırakmıştı. Gitmişti. Artık olayın içinde değildi.

Üç: Sara'yla yaşıyordum. Üvey kardeşim de babamızla yaşıyordu. Tüm sikik dünya Sara'nın çocuğunun, Loren Hale olduğuna inanmıştı. Ben değil. Ben Meadows'tum. Annemin New Jersey'de yaşayan ve annemle hiç işi olmayan tembel ailesinin soyadını almıştım.

Annem, Sara Hale'di.

Babam, Jonathan Hale'di.

Kimsenin oğlu değildim.

Gerçekler acı verici bir şekilde açığa çıktıktan sonra babam konuyu *sürekli* Loren'a getirmeye başlamıştı. *Sürekli* bana aynı sikik soruyu soruyordu ve o soruyu bugün duymak istemiyordum.

Kadehini salladı. "Seni bu kadar korkutan ne?"

Burun deliklerim genişledi. Dokuz yaşındayken, onun çok havalı olduğunu düşündüğüme inanamıyordum. Bağ kuruyormuşuz gibi davranarak viskisinden içmeme izin verirdi. Baba ve oğul. Sanki beni sikik kuralların bazılarını kırmama izin verecek kadar çok seviyormuş gibi. Ancak ben, bunların beni kendisi kadar acınası birine dönüştürmek için oynadığı bir oyun olup olmadığını merak ediyordum.

"Bir trafik kazası geçirdim," dedim bir anda.

Viskisi genzine kaçtığında boğazını temizledi. "Ne?" Bana öfkeyle baktı. "Neden bundan şimdi haberim oluyor?"

Omuz silktim. "Anneme sor."

"O sürtük-"

"*Hey*," diyerek sözünü kestim, gözlerimden alevler çıkıyordu. Annemi aşağılamasından usanmıştım. Annemin, onu kötülemesinden de çok yorulmuştum. Sadece ikisinin de *durmasını* istiyordum. Bir yıldır değil, çocukluğumdan beri ayrılardı. Bu atışmaların tam olarak ne zaman sona ermesi gerekiyordu?

Babam gözlerini devirse de tekrar ciddileşti, artık daha endişeliydi. Eğer Jonathan Hale'in göğsünde bir kalp varsa, içki okyanusunun derinliklerine sikik bir şekilde batmış olmalıydı. "Ne oldu?"

"Komşunun posta kutusuna çarptım." Eve nasıl döndüğümü hatırlamıyordum. Belli ki dört kırmızı ışıkta geçmiştim. Sikik bir çiti devirmiştim. Kısaca direksiyon hakimiyetimi kaybetmiş ve sonunda oraya çarptığımda kendime gelmiştim.

Sikik bir partiden eve dönmüyordum.

Loren'ın hazırlık okulunun futbol sahasında tek başıma içiyordum. Dalton Akademisi'nden nefret ediyordum. Yaşadığım yerden bir saat uzaklıktaki Maybelwood Hazırlık Okulu'na gitmeye zorlanmıştım. Çünkü annem, yılın her sikik günü Loren'ın yüzünü görmemi istemiyordu. Çünkü kimse benim, onun oğlu olduğumu bilmemeliydi.

Bu yüzden Loren, *benim* olmam gereken yakındaki okula giderken ben sürgün edilmiş ve uzaklaştırılmıştım.

Ondan nefret ediyordum. Loren'dan sikik bedenimdeki tüm hücrelerimle *tiksiniyordum.* Bu hastalıklı öfkenin büyümesine annemin de katkısı olmuştu. Sürekli şöyle şeyler söylüyordu: *"Kardeşin tamamen kendini düşünüyor, bizim paramızda yüzüyor. Eğer Jonathan Hale'in veledinin senin etrafında olmasını istiyorsan, sonun iyi olmaz."*

Başımı sallarken düşündüm. *Evet, o şerefsiz.*

Sonra günler geçtikçe her şeyi sorgulamaya başladım.

Belki onunla tanışmalıyım.

Belki onunla konuşmalıyım.

Ama o şımarık bir zengin çocuğu.

Benim gibi.

Senin gibi değil.

Kendisi dışında hiçbir şeyi umursamıyor.

Benim gibi.

Senin gibi değil.

O sarhoş bir ezik.

Benim gibi.

Dün anneme gidip bir şey söylemeyi düşünmüştüm. Bu aptalca kan davasını bir kenara bırakmasını, Jonathan Hale'in ihaneti hakkında atıp tutmayı kesmesini ve piç oğlunun hayatını tüketmeye bir son vermesini söylemeyi düşünmüştüm.

"Loren Hale çok fazla derse girmediği için okuldan uzaklaştırılmış, duymuş muydun?" diye sormuştu annem. Gözlerinde hastalıklı bir parıltı vardı. Loren'ın başarısızlığı, Jonathan'ın başarısızlığıydı. Anneme göre, bu durum sikik bir başarıya eşdeğerdi.

Ancak ona hiçbir şey söyleyemedim. Ben kimdim ki bir kadına böyle bir şeyi unutmasını söyleyecektim? Aldatılmıştı. Öfkeli olmayı hak ediyordu ama ben de neredeyse yirmi yıldır bu nefretin onu yiyip tüketmesini izlemek zorunda kalıyordum. Hissettiği acının adil bir yanı yoktu. Sadece yalnızlık vardı.

Ancak sikik kalbimin derinliklerinde, annemin bütün bunları ardında bırakabilmesini istiyordum. Böylece ben de aynısını yapabilecektim.

Yani, evet. Babam, annemi mahvetmişti. Ama belki annem daha güçlü biri olsaydı kendi yoluna bakabilirdi. Belki daha iyi bir evlat olsaydım anneme yardım edebilirdim.

Dalton Akademisi'nin yanından geçip gittiğim sırada bu saf öfke beni pusuya düşürmüştü. Çünkü Maybelwood'da kimse *gerçek* beni bilmiyordu. Ryke Sikik Meadows'u görüyorlardı. Amerikalı koşu yıldızı, onur öğrencisi ve neredeyse her gün küfrettiği için cezaya kalan çocuk.

Loren, kâğıt üzerinde ebeveynlerimin ikisine de sahipti.

Soyadını o almıştı.

Milyar dolarlık miras onundu.

Ne kadarını ona anlattıklarını bilmiyordum bile. Beni tanıyor muydu, yoksa tanımıyor muydu? Buna odaklanmadım. Tüm bu zaman boyunca onları benden çaldığı gerçeğiyle başa çıkamıyordum. Karmaşık, bağırıp çağrışmalarla dolu bir boşanma dışında elimde *hiçbir şey* yoktu. Jonathan ve Sara Hale'in *gerçek* sikik çocukları bendim.

O zaman neden piç olan benmişim gibi davranmak zorundaydım? Neden benim yaşamam gereken hayat Loren'a verilmişti?

Sahada durup bir şişe viskiyi *kafama diktim*. Boğazımdaki yanma hissine karşı uyuşmuştum. Şişeyi kalenin üzerinde kırarken Loren'ın futbol oynadığını ve sikik ayağını keseceğini umut ediyordum. Acıyı her hissettiğinde sebebi ben olacaktım.

Sonra diğer sabah, yoldan çıkan arabamın içinde neredeyse kendimi ve bir başkasını öldürebilecekken uyandım. Çok fazla içmiştim. İçim üşüyordu. Sikik bir ceset gibiydim, öyle olmak istemiyordum. Böylece kendime bir söz verdim. Babam, üvey kardeşim ya da annem beni mahvedemeyecekti. Kendimi toparlayacaktım.

Koşacaktım.

Üniversiteye gidecektim.

Ve huzurumu bulacaktım.

Hepsini. Siktir. Edip.

Babam rahatladı. "Posta kutusu büyük bir sorun değil. Kardeşin daha beter şeyler yaptı." Zihninde canlanan görüntülere karşı başını iki yana salladı. Ardından gözlerini bana çevirdi. Gelmek üzere olan *o* soruyu biliyordum. "Onunla tanışmak ister misin?"

Ağzımı açtım ama babam sözümü kesti.

"Hayır demeden önce beni dinle. Onun için işler senden farklı ilerledi-"

"Bu kahrolası şeyden bıktım." Enerjimi artık Loren'a harcamak istemiyordum. Bununla işim bitmişti.

"Hale soyadıyla büyümek kolay değildi. Paramız *bebek* ürünlerinden geliyor. Onunla çok dalga geç-"

"*Umurumda* değil," dedim alayla. İkimiz de bir yalanı yaşıyorduk ama benimki daha beterdi. "*Senin* kim olduğunu insanlara söylemeye iznim hiç olmadı. O da bunu yapmak zorunda mıydı? Annem eskiden, insanların babamın milyar dolarlık bir CEO olduğunu bilirlerse bana farklı davranacağını söylerdi ama aslında ikiniz de beni sikik bir şekilde *saklamaya* çalışıyordunuz." Sandalyeme yaslanarak kollarımı kavuşturdum. Tanrı aşkına, ben Meadows olarak kalırken annem boşanma sözleşmesindeki bir madde yüzünden *Hale* soyadını tutmak zorunda kalmıştı.

"Tam olarak öyle değil," diye cevap verdi babam. "Loren'ın, Sara'nın çocuğu olmadığı gerçeğini gizlemeye çalışıyorduk. Sadece bir kez hamile kaldı. İtibarımı lekelemeden ikinizi de aklamamız mümkün değildi."

Annem tam olarak bu yüzden aldatma konusunda çenesini kapalı tutmak zorunda kalmıştı. Jonathan'ı korumak için. Bu ruhsuz şerefsize yardım etmek zorunda kaldığı her gün, hisleri onu içten içe yiyip bitiriyordu. Bunu para için yapmıştı. Ancak bana göre hiçbir servet, bu yalanların sikik acısına katlanmaya değmezdi.

Her şey onun itibarına leke sürülmemesi içindi.

"Neden onu seçtin?" diye sordum. "Neden saklanan kişi Loren değil?" *Onu daha çok seviyorsun.*

Yüzü ifadesiz kaldı. O keskin hatları bana hiçbir şey belli etmiyordu. Üstünde onu zaten olduğu kadar pahalı gösteren zarif bir takım elbise vardı. "İşler böyle gelişti. Annenin kızlık soyadını alman senin için daha kolaydı. Loren'ın tek bir seçeneği vardı. O da bendim."

Dişlerimi sıktım. "Biliyor musun? Bütün arkadaşlarıma babamın öldüğünü söyledim. Hatta seni öldürmenin akıllıca bir yolunu bile buldum. *Ah, evet. Babam sikik bir yat kazasında boğuldu. Tuvalette sıçarken sikik altın yatı battı.*"

Babam, pazartesi günleri buluştuğum bir hayalet ya da şeytan olmuştu. Bundan fazlası değildi.

Dudaklarını yalayarak viskisini salladı. Gözlerime bakmıyordu, neredeyse kahkaha atacaktı. Bu sikik şeyi komik buluyordu. "Dinle, Jonathan," diyerek söze başladı.

"Adım *Ryke*," diye karşılık verdim. "Sana bu sikik şeyi daha kaç kez söylemem gerekecek?" İsmini de tıpkı genleri gibi hiç istemiyordum. Sonsuza kadar ikinci adımı kullanmayı planlıyordum.

Tekrar gözlerini devirerek iç çekti. "Loren, senin gibi değil. Sporda iyi değil. Hayatında bir sınavı geçebildiğini bile sanmıyorum. Partilere giderek potansiyelini harcıyor. Eğer onunla tanışırsan yardımcı ola-"

"*Hayır*," dedim sitemle. Kollarımı masaya yaslayarak eğildim. "Oğlunla *hiçbir şey* yapmak istemiyorum. O yüzden bu sikik soruyu sormaya bir son ver."

Cüzdanını çıkararak içinden bir fotoğraf uzattı. Daha önce bana birkaç kez gösterdiği bir fotoğraftı. Loren babamızın malikânesinin, büyüdüğü yerin merdivenlerinde oturuyordu. Bunu her gördüğümde görünüşümüzdeki benzerlikleri inceliyordum ve bunlar midemi bulandırıyordu.

Göz rengimiz aynıydı, sadece benimki kahverengiyken onunki daha çok kehribara yakındı. Benim yüz hatlarım daha sertti ama vücut yapılarımız benziyordu. İnceydik, pek iriyarı değildik. Üstünde lacivert bir kravat ve beyaz bir gömlek vardı, bu Dalton Akademisi'nin üniformasıydı. Kameraya bakmıyordu ama çene hattı daha öne hiç görmediğim şekilde keskindi. Sikik bir aptala benziyordu. Orada oturmak yerine kankalarıyla biraları kafaya dikmeyi tercih edermiş gibi duruyordu.

"O senin kardeşin-"

Fotoğrafı tekrar ona uzattım. "O benim için *hiç kimse*."

Jonathan, ikinci kadehi kafasına diktikten sonra fotoğrafı cebine koydu. Sonra kısık sesle "sürtük" annemle ilgili bir şeyler mırıldandı. Annem Loren'la tanışmamı hiç istememişti. Tıpkı onunla iletişime geçmeyi reddetmesi gibi. Bildiğim kadarıyla Loren da dünyanın geri kalanı gibi Sara'yı annesi sanıyordu. Ya da belki birisi sonunda ona gerçeği söylemişti. *Onun* sikik bir piç olduğunu.

Bilmiyordum.

Açık olmak gerekirse umursamıyordum da.

Zaten ne fark ederdi ki?

9 Yıl Sonra

BÖLÜM 1

RYKE MEADOWS

Koştum. Bir şeylerden kaçmıyordum. Sikik bir hedefim vardı: *Colonial** mimarisindeki dört ev ve ıslak çimlerle dolu arazilerin bulunduğu uzun banliyö sokağının sonu. Etraf olabildiğince tenhaydı. Saat sabahın altısıydı. Gökyüzü, ayağımın altındaki asfaltı az çok görebileceğim kadar aydınlanmıştı.

Sabahın erken saatlerini çok seviyordum.

Güneşin batmasını izlemektense doğuşunu görmek daha çok hoşuma gidiyordu.

Koşmaya devam ettim. Nefes alışlarım, deneyimli bir şekilde istikrarını koruyordu. Üniversite atletizm bursu ve -içimden gelerek aşırı arzuladığım bir spor olan- kaya tırmanışı sayesinde, nefes alıp vermek konusunda *düşünmeme* gerek yoktu. Sadece *yapıyordum*. Yalnızca sokağın sonuna odaklanarak hedefimin peşinden koşmaya devam ettim. Sikik hızımı yavaşlatmadım. Durmadım. Ne yapmak zorunda olduğumun farkındaydım ve sikik şeyi yapacaktım.

Arkamda, kardeşimin ayaklarının beton zemine çarptığını duyuyordum, bacakları benimkiler kadar hızlı bir şekilde hare-

* Sömürgecilerin kendi ülkelerinin mimari stillerini yerleşik ülkenin tasarım özellikleriyle birleştirmesiyle ortaya çıkan melez bir mimari stildir. (ç.n.)

ket ediyordu. Benim tempoma yetişmeye çalışıyordu. Bir şey uğruna koştuğu yoktu. O her zaman bir şeylerden kaçıyordu. Ayak tabanlarının sertçe yere çarpmasını dinlerken bileğine uzanıp onu kahrolası bir şekilde önüme çekmek istiyordum. Yüklerinden kurtulmasını, hafiflemesini ve bir koşucunun hissettiği o zirveyi hissetmesini istiyordum.

Ancak güzel bir şeye ulaşamayacak kadar fazla yükü vardı. Beni yakalamasına müsaade etmek için yavaşlamadım. Sınırlarını mümkün olduğunca zorlamasını istiyordum. Bana yetişebileceğini biliyordum.

Sadece bu sikik şeyi yapmayı bir denemeliydi.

Bir dakika sonra hedeflediğimiz sokağın sonuna, meşe ağacının yanına ulaştık. Lo derin nefesler alıyordu ama bu nefesler yorgunluktan ziyade öfkeli duyuluyordu. Burun delikleri genişlemişti, elmacıkkemikleri vahşi bir şekilde keskindi. Onunla ilk tanıştığım anı hatırladım.

Üç yıl kadar önceydi.

Bana aynı kehribar rengi öfkeli gözlerle ve aynı, "*Dünyadan kahrolası nefret ediyorum*," diyen yüz ifadesiyle bakmıştı. O zamanlar yirmi bir yaşındaydı. İlişkimizdeki dengeler sallantı ve durağanlık arasında gidip geliyordu. Fakat hiçbir zaman mükemmel olmamıştı.

"Bana bir kez olsun kıyak geçemez misin?" diye sordu. Alnına dökülen uzun açık kahverengi tutamları geriye doğru attı. Saçlarının yan tarafları kısa kesilmişti.

"Eğer yavaşlarsam *yürüyüş* yapıyor oluruz."

Lo gözlerini devirerek somurttu. Birkaç aydır kötü bir ruh halindeydi ve bu koşunun, gerginliğinin bir kısmını atmak konusunda ona yardımcı olması gerekiyordu. Ne yazık ki hiç yardımı dokunmuyordu.

Göğsündeki gerginliği ve sikik nefeslerini hâlâ zar zor alabildiğini görebiliyordum.

Eğilerek gözlerini ovuşturdu.

"Neye ihtiyacın var?" diye sordum ciddi bir şekilde.

"Sikik bir kadeh viskiye. Bir buz küpüne. Sence benim için bunu yapabilir misin, *ağabey*?"

Ona öfkeyle baktım. Bana öyle *ağabey* demesinden nefret ediyordum. Sikik bir küçümseme gibiydi. Sevgi ve hayranlıkla bana "ağabey" dediği anlar bir elimin parmaklarını geçmezdi. Çoğunlukla henüz bu unvanı hak etmiyormuşum gibi davranıyordu.

Belki de etmiyordum.

Loren Hale'in varlığını resmen tüm hayatım boyunca biliyordum ve gidip ona bir *merhaba* bile dememiştim. Sık sık on beş, on altı, on yedi yaşımda olduğum zamanları ve babamın bana her sikik hafta sorduğu o soruyu düşünüyordum: *"Kardeşinle tanışmak ister misin?"*

Sorduğu her seferde teklifi reddetmiştim.

Üniversitedeyken onu asla tanıyamayacağım gerçeğini kabul etmiştim. Huzurlu olduğumu düşünmüştüm. Loren Hale'den sadece var olduğu için nefret etmeye bir son vermiştim. Annemin, doğmakla ilgili hiçbir söz hakkı olmayan bir çocuk hakkında şikâyetlerini dinlemeyi bırakmıştım. Yavaş yavaş babamla konuşmaya son vermiş, ona ihtiyacım olmadığı için aramızdaki iletişimi kesmiştim.

Güven fonunu kullanmıştım. Bunun, o sikik şerefsiz için söylemem gereken tüm yalanların bedeli olduğuna karar vermiştim.

Bir gün. Tüm anlayışımı, kafamı kuma gömüşümü ve hayatımı değiştirmem için yeterli süre buydu. Üniversitenin Cadılar Bayramı partisinin dışında bir kavga başlamıştı. İçlerinden biri *benim* kaptanı olduğum Penn'den olmak üzere, atletizm takımından dört çocuğun, zayıf bir çocuğun karşısına geçmesini izlemiştim. Onu, babamın bana gösterdiği fotoğraflardan hatırlıyordum.

Hayal ettiğim gibi değildi. Etrafı, topluluktan arkadaşlarıyla çevrili değildi ve kafalarında bira şişeleri kırmıyorlardı.

Yalnızdı.

Daha sonra sevgilisi, onu savunmak adına kavgaya dahil olmuştu ama çok geçti. Takımımdaki çocuğun, onu dolapta kilitli olan pahalı içkiyi içmekle suçladığı kısmı kaçırmıştı. Lo'nun kendisine yumruk atması için çocuğu kışkırttığı kısmı da kaçırmıştı.

Kardeşime vurmuştu. Bense orada durmuş, Lo'nun yüzüne bir yumruk yemesini izlemiştim.

O sikik anda, ne kadar yanıldığımın farkına varmıştım. Yüz tane arkadaşı olan ve boğazına kadar para içinde yüzen bir şerefsiz görmüyordum. Bir sporcu, benim gibi bir atlet değildi. Yumruk yemek *isteyen*, o acıyı hissetmeyi arzulayan bir adam görüyordum. Aşırı incinmiş, kırılmış ve hasta birini görüyordum.

Dörde karşı bir.

Tüm bu zaman boyunca, onun yaşadığı hayatı yaşamak istemiştim. Meşru oğul benken, dışlanmış piçi oynamaktan nefret etmiştim. Ancak rollerimiz değişmiş olsa ve alkolik babamla ben yaşıyor olsam ben de o noktada olurdum.

Onun yerinde ben olurdum. Istırap içinde, sarhoş, zayıf ve yalnız.

Babam, Lo'nun hep hayal ettiğim gibi popüler bir çocuk olmadığını bana söylemeye çalışmıştı. O da benim kadar aykırı bir tipti. Tek fark, benim kendimi savunacak gücüm olmasıydı. Ben, Lo gibi babamdan şiddet görmemiştim. Jonathan'la yedi yirmi dört yaşamanın ne kadar sikik korkunç bir şey olduğunu ve her gün, *"Neden bu kadar ödleksin?"* lafını duymanın nasıl bir şey olduğunu düşünmemiştim bile. At gözlüklerimi takmıştım, sadece *kendi* sorunumu görebiliyordum. Loren'ın da boktan bir pazarlığın içinde olduğunu idrak edememiştim.

Cadılar Bayramı partisindeki o gece, kendim için oluşturduğum o yalancı huzuru geride bırakmıştım. Bu içsel bir tepki değildi. Müdahale etmeye karar vermeden önce orada durup Lo'nun dayak yemesini izlemiştim. Bu sikik kararı verdikten sonra da asla geri dönmemiştim.

"Bir kadeh viski mi istiyorsun?" Ona ters bir bakış attım. "Neden seni sikik bir yük treninin önüne atmıyorum? Aynı şey sayılır."

Yerinden kalkarak kasvetli bir kahkaha attı. "Bunun nasıl bir his olduğunu biliyor musun ki?" Kollarını uzatırken gözleri kan çanağı gibiydi. "Lanet olası aklımı kaçıracakmışım gibi *hissediyorum*, Ryke. Bana ne yapacağımı mı söyleyeceksin? Ha? Koşmak ya da sevdiğim kızı becermek, *hiçbir* şey bu acıyı alamaz."

Onun olduğu noktaya, o boyuta hiç ulaşmamıştım.

"Birkaç kez yolundan saptın," dedim. "Ama önceden olduğun noktaya geri dönebilirsin."

Başını iki yana salladı.

"Bu ne demek?" Gözlerimi kıstım. "Bir bira mı içeceksin? Bir viski şişesini kafana mı dikeceksin? Sonra ne olacak? Lily'yle ilişkini mahvedeceksin. Sabah uyanınca kendini *bok* gibi hissedeceksin. Sikeyim, ölmüş olmayı dileyecek-"

"Şimdi ne dilediğimi sanıyorsun?" diye bağırdı. Yüzü acıyla kızarırken ciğerlerimin sıkıştığını hissettim. "Ayıklığımı bozduğum için kendimden nefret ediyorum. Hayatımda tekrar o noktada olmaktan *nefret* ediyorum."

"Çok fazla irdelendin," diyerek geri çekildim. Bu tavra içgüdüsel olarak dönsem de ona sert davranmama ihtiyacı olmadığını fark etmiştim. Bazen insanları çok fazla zorluyordum.

"Sen de aynı şekilde irdelendin ama hiç ayıklığını bozduğunu görmedim."

"Bu farklı." Ben dokuz yıldır içmiyordum. "Medya oldukça boktan şeyler söylüyordu, Lo. Bununla bildiğin ilk yöntemle başa çıktın. Kimse seni suçlamıyor. Sikeyim, sadece sana yardım etmek istiyoruz." Hepimiz halkın gözü önündeydik, gazoz imparatorunun vârisleri olan Calloway kızları yüzünden kameralar sürekli üzerimizdeydi.

Callowaylere yakın olduğumuz için istemeden de olsa sahne ışıklarına maruz kalıyorduk. Bu sikik durum hiç eğlenceli değildi. Sırf kendimi gizlemek adına bir beyzbol şapkası takıyordum ama şükürler olsun ki kameramanların sabahın bu saatinde bizleri çekmek dışında yapacak daha iyi işleri vardı.

Ancak öğle vakti geldiğinde bizim bir fotoğrafımızı çekmeye çalışacaklardı.

"Onlara inanmıyorsun, değil mi?" diye sordu aniden. Sesi hâlâ gergindi.

"Kime?" diye sordum.

"Haberlere, tüm o muhabirlere... Babamın gerçekten de bana o tür şeyler yaptığını düşünmüyorsun, değil mi?"

Huzursuzluğumun yüzüme yansımasını engellemeye çalıştım. Birisi basına Jonathan'ın, Lo'yu fiziksel olarak istismar ettiğini söylemişti. Bunun ardından da dedikodular artarak ilerlemişti. Babamın ona vurup vuramayacağını... ya da taciz edip etmeyeceğini bilmiyordum. Buna inanmak istemiyordum ama içimde *belki* diyen küçük sikik bir parça şüphe vardı. *Belki de olabilir.*

"Bu sikik şey doğru değil!" diye bağırdı Lo.

"Tamam, tamam." Onu sakinleştirmek için ellerimi kaldırdım. Suçlamalardan beri bu haldeydi. Öfkeliydi, kızgındı ve işleri düzeltmenin bir yolunu arıyordu. Ne yazık ki, onun çözümü içkiydi.

Babamız bir hakaret davası açmıştı ama davanın sonucu ne olursa olsun insanların, ikisine karşı olan bakış açılarını değiştiremeyecekti. Babamızı kötüleyen, Loren'a acıyan bakışları. Bunun geri dönüşü yoktu.

"Sadece önündeki sikik yolda ilerlemelisin," dedim. "İnsanların ne düşündüğü hakkında endişelenme."

Loren derin bir nefes alarak sanki yukarıda uçan kuş sürüsünü öldürmek istermiş gibi gökyüzüne baktı. "Bunu sanki dünyadaki en kolay şeymiş gibi söylüyorsun, Ryke. Ne kadar sinir bozucu olduğunu biliyor musun?" Bana bakarken ifadesi bir bıçak kadar keskindi.

"O zaman sadece senin sikik canını sıkmak için söylemeye devam edeceğim." *Ağabeyler başka neye yarardı ki?*

Loren derin bir iç çekti.

Şakayla karışık başını okşadıktan sonra evine dönerken ona eşlik ettim. Elimi omzuna indirdiğimde yolun ortasında durarak kaşlarını çattı.

"Kaliforniya seyahatin için..." Sözü havada kaldı. "Aylardır bunu sormadığımı biliyorum. Çok bencilce davrandım..."

"Bunu kafana takma." Başımla beyaz *colonial* tarzı evi işaret ettim. "Hadi gidip kızlara kahvaltı hazırlayalım."

"Bekle," dedi elini uzatarak. "Bunu söylemem gerekiyor."

Ama ben duymak istemiyordum. Çoktan kararımı vermiştim. Kaliforniya'ya gitmeyecektim. O iyileşme sürecinde böyle kötü bir noktadayken olmazdı. Ben onun destekçisiydim. Burada olmam gerekiyordu.

"Gitmen gerekiyor," diye devam etti. Konuşmak için ağzımı açsam da sözümü kesti. "Aptalca sikik cümlelerini tahmin edebiliyorum. Ve sana *gitmeni* söylüyorum. Kayalara tırman. Ne yapman gerekiyorsa yap. Bunu çok uzun zamandır planlıyordun ve mahveden ben olmayacağım."

"Başka zamana ayarlayabilirim. O kayalar siktiğimin yerinden hareket etmiyor, Lo." On sekizime girdiğimden beri Yosemite'deki üç kaya formasyonunda art arda serbest solo tırmanış yapmak istiyordum. Yıllardır bu zorlu tırmanışa hazırlanıyordum. Biraz daha bekleyebilirdim.

"Eğer gitmezsen kendimi *bok* gibi hissedeceğim," dedi Loren. "Ayrıca içeceğim. Sana bunun sözünü verebilirim."

Ona ters ters baktım.

"Sana ihtiyacım yok," dedi sert bir şekilde. "Sikeyim, elimi tutman için *sana* ihtiyaç duymuyorum. Hayatında bir kere olsun benim gibi lanet olası bir bencil olmanı istiyorum. Böylece ben de seninle kıyaslanınca kendimi boktan biriymiş gibi hissetmeyeceğim, tamam mı?"

İçten içe utandım. Çok fazla sikik yıl boyunca bencildim. Onu hiç umursamamıştım. Tekrar o adam olmak istemiyordum.

Ama onun yakarışlarını duyuyordum. *"Lütfen buradan git, aklımı kaçırıyorum,"* diyen düşüncelerini duyuyordum.

"Tamam," dedim içgüdüsel olarak. "Gideceğim."

Omuzları anında rahatladı ve derin bir nefes daha verdi. Sonra kendi kendine başını salladı. Göğsünde o yükü ne kadar zamandır taşıdığını merak ediyordum.

Onu neden bu kadar çok sevdiğimi açıklayamazdım. Belki de kendi çıkarları yüzünden Jonathan tarafından manipüle edilmenin nasıl bir şey olduğunu anlayan tek kişi olduğu içindi. Ya da belki derinlerinde diğer herkesten daha çok sevilmeye ihtiyaç duyan bir ruhu olduğunu bildiğim ve buna sonuna kadar karşılık verme isteğime engel olamadığım içindi.

Bir kolumu tekrar omzuna attım. "Belki bir gün beni geçebilirsin."

Tatsız bir kahkaha attı. "Belki iki bacağını da kırarsam olur."

Sırıttım. "Bu sikik şeyi yapacak kadar hızlı olacak mısın ki?"

"Bana bir lakros sopası ver de görelim."

"Böyle bir şey olmayacak, kardeşim."

Bunu küçümseyerek söylememiştim.

Asla söylemezdim. Asla söylemeyecektim.

BÖLÜM 2

DAISY CALLOWAY

Bir teorim vardı.

Arkadaşlıklar sonsuza kadar sürmezdi. *Bir süre* bile sürmezdi. Hayatlarınıza girer ve bir şey ya da birileri değiştiğinde çıkarlardı. Hiçbir şey onları size bağlamazdı. Kan veya sadakat bile. Onlar sadece… akıp giderlerdi.

Genelde bu kadar kötümser biri değildim ama bu sabah bilgisayarımı kucağıma alarak Facebook'u açmıştım. Hesabımı birkaç yıl önce, ailem halkın ilgisini çektiği zamanlarda ve ablamın seks bağımlılığı açığa çıktığında silmem gerekiyordu.

Ama ne yazık ki, o zamanlar arkadaşlar hakkında farklı teorilerim vardı.

Kelebekler, gökkuşakları, el ele tutuşan kalpler… Arkadaşlıklarımı düşündüğüm her an, resmen bu kavramlar bir *PBS*[*] programı gibi zihnimde beliriyordu.

Şimdi de Cleo Marks, kendi duvarında şunu paylaşmıştı:

Daisy Calloway on altıncı doğum günü partisinde seks hakkında konuşmayı hiç bırakmadı. Umursadığı tek şey buydu. O da tıpkı ablası gibi gizli bir seks bağımlısı. Tüm Calloway kızları birer sürtük.

* Amerika'da yayın yapan bağımsız bir televizyon kanalı. (ç.n.)

Bunlar, eski en yakın arkadaşımın güzel sözleriydi. İki buçuk yıl önceki bir olayı gündeme getirmesinin bir önemi yoktu. *457* yorumun çoğunun da ona katıldığı bir konuyu tekrar açmıştı.

Hazırlık okulundan mezun olmamın üzerinden dört ay geçmişti ve eski arkadaşlarım hâlâ peşimi bırakmıyorlardı. Tıpkı geçmişten gelen cehennem hayaletleri gibi.

Bir el uzanarak bilgisayarımı kapattı. "Sikik duygularını bunlara harcamayı bırak."

Yatağımda uzun, bir doksanlık bir erkek vardı. Hemen yanımda duruyordu. Üstünde sadece belden bağlamalı bir eşofman vardı. Bense yatak başlığına yaslanarak oturuyordum. Altımda beyaz pamuk bir şort, üstümde de "Vahşi Amerika" yazan kırmızı ve mavi renkli göbeği açık tişört vardı.

Dışarıdan bakınca muhtemelen perdelerimden sızan gün ışığıyla birlikte nazikçe uyanan bir çift gibi görünüyorduk.

Ancak içeride, dokunmak yoktu. Öpüşmek yoktu. Arkadaşlıktan ötesi yoktu.

Gerçekler çok daha karmaşıktı.

"Ne zaman uyandın?" diye sordum. Eski arkadaşlarıma odaklanan tüm tartışmalardan kaçıyordum.

Henüz olduğu yerden kalkmamıştı. Yeşil renkli örtünün ve yorganın altında uzanırken ellerini karışık koyu kahverengi saçlarında gezdiriyordu. Sahip olduğu "hiç-umurumda-değil" saçını tanımlamak için çekici kelimesi yeterli değildi. Gün içinde saçları hiçbir zaman bundan daha düzgün görünmüyordu ama o bu durumun oldukça farkındaydı.

"Daha iyi olan sikik soru şu, sen ne zaman uyudun?" Gözlerini kısmış, suçlayıcı bakışlarla beni izliyordu.

Hiç uyumamıştım. Ama o bunu da biliyordu. "İyi haber, gecenin kör saatlerinde eşyalarımı hazırlamayı tamamladım."

Doğrularak hafifçe bana yaklaştı. Yakınlığı beni gererken onun bir erkek olduğunu ve bedeninin, benimkini yanında nasıl cüce gibi bıraktığını hatırladım. Kötü bir his değildi. Daha çok bir saniyeliğine nefesimi kesecek bir gerginlik gibiydi.

Başımın dönmesine, kalbimin küçük garip bir dansa başlamasına sebep oluyordu. Hoşuma gidiyordu.

Tehlikeli olsa da.

"Kötü haber, eşyalarını hazırlaman sikimde bile değil," dedi sert bir şekilde. "Sadece seni umursuyorum." İlaç şişesini almak için göğsümün üzerinden komodine uzandı. Kolu yanlışlıkla göğüslerime sürtündüğünde kasları gerildi. İkimiz de bu hafif teması dile getirmedik ama gerginlik artarak "bu konuya hiç girme" şeridine sapıyordu.

Bu yeni gerginliği rahatlatmak adına yatakta ayağa kalkarak süs yastıklarından birini tekmeledim. "Eşyalarımı hazırlamamı *umursuyorsun*. Hiç hazırlayamayacağımı düşünmüştün."

"Çünkü sende siktiğimin dikkat eksikliği bozukluğu ve daha bir sürü şey var." Beni aşağıdan izlerken bakışları uzun çıplak bacaklarımda gezindi. "Otur bir dakika, Calloway." Benimle ilgilenmiyormuş gibi davranarak ilaç şişesinin arkasını okumakla yetindi. Kaşları endişeyle çatılmıştı.

Hani şu arkadaşlıkların sonsuza kadar… ya da bir süreliğine ilerlemeyeceğine dair olan teorim vardı ya?

İşte, her teoride bir istisna vardı.

Ryke benim istisnamdı.

Her bir arkadaşım bana *"müstakbel-seks-bağımlısı"* ve *"medya fahişesi"* deyip düzenli olarak kalbime bıçaklar saplarken, Ryke o bıçakları çıkaran kişi olmuştu. Hatta onlara karşı bana siper de olmuştu. Benim tehlikeli, çekici ve koruyucu kurdum gibiydi ama ona asla çok fazla yaklaşamıyordum yoksa beni ısırırdı.

O benim son gerçek arkadaşımdı. Gerçi bunun tam olarak doğru olmadığını biliyordum. O benim sahip olduğum tek gerçek arkadaştı.

"Sahip olduğum daha bir sürü şey ne?" diye sordum gülümseyerek. Yatağın kenarında, onun ayak ucunda dikiliyordum.

"Hiperaktif, korkusuz, çılgın ve muhtemelen tanıştığım en mutlu-mutsuz kızsın."

Yatağa atlamak için yerimde sıçradığımda hızla bacaklarımı bir kenara çekti. Sırtüstü düşüp yatakta ona doğru dönerken yüzümde büyük bir gülümseme vardı. Ancak ilaç şişesini yüzüme attığı an bu gülümseme silinip gitti. İlaç alnımın tam ortasına çarparak örtülerin üstüne düşmüştü.

Aynı zamanda da bir şerefsizdi.

"Dozunu düşürmüşsün," dedi.

"Doktorun kararıydı. *Ambien**'ı çok hızlı bitirmem onu endişelendirmişti."

"O olmadan siktiğimin uykusuna dalamadığını da söyledin mi peki?"

"Hayır," diye itiraf ettim. "Ablam veya senin kardeşin gibi bir şeye bağımlı olmayı ne kadar çok istemediğimi ona açıklamakla meşguldüm. Doktor dozu düşürmenin iyi bir fikir olacağını söyledi." Boyalı sarı saçımın bir tutamını kulağımın arkasına ittim. Saçlarım belime kadar iniyordu ve sürekli bir yerlerden çıkmak gibi bir huya sahipti. Tıpkı şu anda olduğu gibi. Saçlarımla kundaklanmış gibiydim.

Rapunzel'le oldukça empati kurabiliyordum. Zor zamanlar geçirmişti.

Ryke ters ters baktı. "Uyumamak sikik bir çözüm değil, Daisy."

"Hangisi daha iyi?" diye sordum ciddi bir şekilde. Yorgundum ve bugünün de diğer günlerin çoğu gibi enerji içecekleriyle diyet hapı şeklindeki endorfin takviyeleriyle dolu olacağını biliyordum. *Yaşasın!*

Derin bir nefes verdi. "Bilmiyorum. Şu anda, bağırmadığın ya da beni tekmelemediğin için uyumadığını biliyor olmak gerçekten canımı sıkıyor. Gecenin bir köründe beni uyandırmıyorsan, bu tüm sikik süre boyunca uyanık olduğun anlamına geliyor." Düşünmeye devam ederken başını iki yana salladı. "Paris'teyken odanı başka bir modelle paylaşıyor musun?"

"Hayır," dedim. "Hayır, paylaşmıyorum." Çünkü bağırdığımı duyardı ve ben de gördüğüm o dolu dolu kâbusları ona açıklamak

* Bir tür uyku ilacı. (ç.n.)

zorunda kalırdım. Ryke dışında kimse bunu bilmiyordu. Ablalarım Lily ve Rose bilmiyordu. Rose'un kocası bilmiyordu. Lily'nin nişanlısı (aynı zamanda Ryke'ın kardeşi) bilmiyordu.

Sadece o vardı. Aylardır sakladığı bir sırdı. Dört ay önce hazırlık okulundan mezun olduğumda ailemin yanından ayrılmış, Philly'de bir daireye taşınmıştım. İşler biraz kötüye gidince Ryke geceyi benimle geçirmeye başlamıştı.

Başta sadece koltukta uzanıyordu.

Ama uyuyamıyordum ve onun yakınımda olması kaygımı bastırmama yardımcı oluyordu.

Kaygı, çok garip bir kelimeydi. Daha önce bir şeyler yüzünden kaygı duyduğum hiç olmamıştı. Ortada pek bir şey yoktu. Ta ki medya, ailemin etrafını sarana kadar.

Hayatımda ilk defa gerçekten korkuyordum.

Üstelik bu köpekbalıklarından, timsahlardan, yüksekten ya da cesurca numaralardan korkmak değildi.

İnsanlardan korkuyordum. İnsanların bana yapabileceği şeylerden. Yaptıkları şeylerden.

Ona hiç yalan söylemediğim için Ryke korkularımı gayet iyi biliyordu. İki yıl önce, on altı yaşındayken bana bir *Ducati*'yi nasıl süreceğimi öğretmek için motosiklet kaskımı uzatmıştı. Bana söylediği şey tam olarak şuydu: *"Aramızda herhangi türde bir arkadaşlık olabilmesi için benim yanımda rol yapamazsın. Sikik hayatımın çoğu yalanlarla geçti ve bu sevdiğim bir şey değil. Yani bu, 'Neyden bahsettiğini anlamıyorum, ben küçük ve nahifim,' saçmalığını kes. Ben, o oyunda yokum. Hiçbir zaman olmayacağım."*

Söylediklerinin ciddiyetini sindirmem vakit almıştı ama onu anlamıştım. Onun arkadaşı olmak istiyorsam rol yapamazdım. Kendim olmalıydım. Benden çok fazla şey istememişti. O zamanlar, kim olduğumu bildiğimden bile şüpheliydim. *"Tamam,"* diyerek kabul etmiştim. O zamandan beri de sözümü tutuyordum. Yalan yoktu. Karşılığında da kendimi Ryke'a, diğer insanlara olduğundan daha çok açmıştım. Ayrıca, dinleyecek kadar uzun süre yanımda olan tek kişi oydu.

"Paris'e tek başına gitmek seni endişelendiriyor mu?" diye sordu. "Dört aydır hiç tek başına uyumadın."

"Sonsuza kadar seni yanımda tutamam, değil mi? Taşınabilir ya da cep boy bir minyatür Ryke Meadows versiyonunu mesela?" Söylediğim şeye gülümsememek için kendimi zor tuttum.

"Ben sikik bir oyuncak ayı değilim."

Şaşkınca bir nefes verdim. "Gerçekten mi? Öyle olduğunu sanmıştım."

Yüzüme bir yastık attı.

Genişçe gülümsedim.

Bir şeyler atmaya bayılıyordu.

"Eğer korkuyorsan, belki de Moda Haftası'na annen olmadan gitmemelisin."

"Hayır," dedim. "Bunu kendi başıma yapmalıyım." Bunu çok uzun süredir istiyordum, basın ve paparazzi karmaşası ortaya çıkmadan önceki zamanlarda bile. Turistik yerleri gezmeyi hayal etmiştim, eğer annem peşime takılırsa bana izin vermezdi. Beni sadece moda tasarımcılarına yöneltir ve moda şirketlerinin yüzü olabilme şansım için herkesle boş boş konuşurdu.

"Numaram sende kayıtlı," dedi Ryke. "Sikik numaramı aramaya korkma, tamam mı?"

Başımı sallayarak onayladığımda yataktan kalkıp şifoniyerime ilerledi. En alt çekmecede duran kıyafetlerini karıştırıyordu. Hızla onu süzdüm. Tıraş olmamıştı, bu yüzden asıl yaşı olan yirmi beşten biraz daha büyük duruyordu. Kaşları sanki kötü bir ruh halindeymiş gibi hep yaptığı şekilde çatılmıştı. Ancak şu anda sadece düşüncelere dalmış haldeydi.

Bu onun normal ifadesiydi. Onunla tanışana kadar hoşuma gideceğini bile düşünmediğim sahiplenici, "sonunda ölecek bile olsam seni korurum" tarzında delicesine bir çekiciliği vardı.

Beni bir mıknatıs ya da ateşe çekilen bir güve gibi kendine çekiyordu. Çekimle ilgili insanların söylediği tüm o klişe şeyleri hissediyordum.

Fakat bu fiziksel bağın -Ryke Meadows gibi bir adamla olan

herhangi bir kızın sahip olmakta zorlanmayacağı şeyin- altında çok daha güçlü ve saf bir şey vardı: Hiç seks yapmadan kurulmuş üç yıllık bir arkadaşlık. Konuşarak, kahkaha atarak ve evet, belki biraz da flört ederek kurulmuş bir arkadaşlık.

Onun altında ise sadece ihtiyaç vardı.

Uyurken gördüğüm o kâbuslar gerçek hayatımın bir parçası olana kadar bu *ihtiyacın* varlığından bihaberdim. Ryke benim için tüm canavarları öldürecek türden biriydi. Kafamdakilere ulaşamıyor olması çok kötüydü.

Hem de denediği halde.

Temiz bir tişört ve kot pantolon aldıktan sonra doğrularak bana baktı. Muhtemelen artık onu süzmeyi bırakmam gerekiyordu, buna rağmen bakışlarım karın kaslarında son buldu... mükemmel derecede belirgin olan o çizgilerde. İnsanların çoğu, görünüşüne bakarak onun bir atlet olduğunu, kas yapan o vücut geliştirici tiplerden biri olmadığını anlardı. Bir dağa hızla çıkabilecek kadar hafif ama kendi ağırlığını tek parmağında kaldırabilecek kadar güçlüydü.

Sağ omzundan başlayıp göğsünün sağ tarafıyla kaburgalarını kaplayan, içinde kırmızı, turuncu ve sarı detaylar bulunduran siyah renkli bir dövmesi vardı. Ayak bileklerinden bağlı olan bir anka kuşu tasarımıydı. Kuşun bileklerindeki zincirler, göğsünün sağ tarafına doğru uzanıyordu. Belinde gri bir çapa vardı ve bir kısmı da eşofmanının altında kayboluyordu.

Tam da yanında uyanmayı hayal edeceğiniz ama bunun gerçek olacağını hiç düşünmeyeceğiniz türden biriydi.

Gözlerinde sık sık gezen karanlığa, çenesinde tehlikeli ve ulaşılmaz duran o sertliğe rağmen beni sürekli cezbeden bir şeye sahipti.

Gözlerimi ondan alamıyordum.

Bunu yapmak zorunda olsam bile.

Geçen her bir saniyeyle birlikte gözlerini daha da kıstı. "Bana öyle bakma, Daisy."

"Sana hiçbir şekilde baktığım yok."

"Benden etkilenen birini görünce anlıyorum," dedi hiç duraksamadan.

"Nasıl?" Onun sahip olduğu gücü istiyordum. Beni cazip bulup bulmadığını öğrenmek istiyordum. Belki de hiçbir zaman bulmayacaktı.

Bakışları karnımın birazını açıkta bırakan tişörtüme indi. Derin bir nefes aldığında gözlerinde bir şeyler değişmişti. Bakışlarında, "*Çok güzelsin, sana dokunmak istiyorum,*" diyen bir ifade vardı. Bana daha önce hiç öyle bakmamıştı. Eğer baktıysa bile bunu benden saklamıştı.

Bunun beni etkilemeyecek olmasını dilerdim ama ensemin ısınmaya başladığını hissedebiliyordum. Sakin kalmaya çalıştım, onun ilgisiyle un ufak olan o şapşal kızlardan biri olmak istemiyordum. Bakışları üzerimde gezinirken hafifçe altdudağını yaladı. Sonra gözleri tekrar benimkilere çevrildi fakat bu sefer eskisi gibi sert bakıyordu. "Bana işte böyle bakıyordun, tatlım."

Ah. *Bana tatlım dedi.* Bir anlığına buna dalıp gittiğim için söylediği başka hiçbir şeyi duymadım.

"Daisy?" Bana ters ters baktı.

Gülümsedim. "Bana tatlım dedin."

Gözlerini devirerek tekrar etti. "Bana işte öyle *bakıyorsun.*"

"Ups," dedim belirsiz bir şekilde omuz silkerek. Sadece *bakıyordum.* Onunla yatmayı planlamıyordum. Aletinin içimde olduğunu bile hayal etmiyordum. Saftım. Düşüncelerim çok saftı. Şimdi olmasa bile *önceden* öyleydi.

"Hafife alıyorsun."

Boy avantajını elde edebilmek için tekrar yatağın üstünde ayağa kalktım. "Eğer istediğin buysa kafayı sıyırabilirim." Tiyatral bir şekilde göğsüme dokundum. "Ah, Ryke. Her şeyi berbat ettim. Beni *hemen* öldür." Ellerimi ona doğru uzatarak tekrar yatakta zıpladım. "Eczacı, zehrimi getir."

Dudakları neredeyse gülümser gibi kıvrıldı. Ryke'ın neredeyse gülümsemeleri, resmen bir sırıtma sayılırdı. Bunu kabul ediyordum. "Sevimliymiş," dedi. "Sadece unutma-"

"Biz arkadaşız," diye cümlesini tamamladım. "Platonik, birbirini becermeyen arkadaşlar. Hatırlıyorum. Ayrıca ben bunu biliyorum, eğer *sen* unuttuysan diye söylüyorum."

"Unutmadım." Başıyla tuvaletin kapısını işaret etti. "Sikik bir duş alacağım ve sonra gideceğim. Bu akşam, ablalarının evinde görüşürüz. Senin için o yolculuk partisini veriyorlar, değil mi?"

"Evet." Dört gün sonra Paris Moda Haftası'nda modellik yapacaktım. Orada olacağım bir haftayı iş için ayırmıştım. Fransa'da olacağım diğer üç hafta ise sadece benim için olacaktı. Bunu düşününce bile neredeyse gülümseyecek gibi oluyordum. Fransa'da gezmeye hiç iznim olmamıştı, bir model olarak tüm o güzel ülkelere ve şehirlere gitsem de etrafı zar zor görüyordum. Bu annemin bana eşlik etmediği ilk sefer olacaktı. Rose'un bana biraz alan tanıması için annemi ikna ettiğini biliyordum. Bu yüzden de o beni üstünden söküp atana kadar ablama sarılmış haldeydim.

Kendimi yatağa bırakarak bacaklarımı aşağıya sarkıttım, Ryke'a öncekinden daha yakındım.

Yastığımın üzerindeki bilgisayarıma doğru baktı. "Cleo hakkında Rose'la konuştun mu?"

Kaşlarımı çattım. "Facebook'ta yazan kişinin Cleo olduğunu nereden biliyorsun?"

"Sikik ekranı görebiliyordum."

Başımı iki yana salladım. "Korkarım ki bunu ablama söylersem Cleo'yla yüzleşerek olayı daha da büyütür."

"Zaten siktiğimin olayı büyük. Bu durum bir Facebook yorumunu aşıyor, sen de bunun farkındasın."

Bir saniyeliğine boğazım tıkandı.

Ryke bana öfkeyle bakarken içime bir sessizlik yayılıyordu. Göğsümden daha fazla hissi serbest bırakmamı bekliyordu ama kelimeleri bir araya getiremediğimi gördüğünde benim adıma sohbeti noktaladı. "Sadece, sosyal medyadan uzak dur."

O daha tuvalete doğru ilerleyemeden kapımın tokmağı sallandı, birisi kapıyı açmaya çalışıyordu. "Daisy." Kapının ardından asabi, feminen bir ses yükseldi.

Bu aşikârdı.

Bir rutindi.

Ve annemdi.

Geriye tek bir soru kalıyordu: Bugün Ryke Meadows'u nereye saklamalıydım?

BÖLÜM 3

DAISY CALLOWAY

Annem gürültülü bir şekilde kapıya vuruyordu. "Neden kapını sürekli kilitliyorsun?" *Çünkü sende dairemin bir anahtarı olduğunu ve habersizce gelmeyi sevdiğini biliyorum.*

Ryke gergin bir şekilde tavana ters ters baktıktan sonra tuvaletin kapısını işaret etti. "*İçeride olacağım,*" dedi dudaklarını oynatarak.

"*Ne?*" diye cevap verdim aynı şekilde, aklım karışmış bir biçimde ona bakıyordum.

Bana ortaparmak çekerek eliyle saçlarımı dağıttı. Masum, neşeli bir hareketti. Ancak kapının diğer tarafından annem seslenmeye devam ediyordu. "Şu ana kadar uyanmış olmalısın. Belki de bu daire olayı çok iyi bir fikir değildi." Ryke aniden hareketine son verdiğinde bedenlerimiz… aynı anda gerildi.

Kolum, tıpkı onun yanlışlıkla göğüslerime çarptığı anda olduğu gibi karın kaslarına temas etmişti. Ama benim aksime onun üstünde bir tişört yoktu. Bu yüzden sıcak teni yanaklarımın kızarmasına sebep oluyordu. Kaslarının kasıldığını hissedebiliyordum. Başımı kaldırdım, onun bakışları da benim üzerimdeydi.

İçimizden birinin ilk geri çekilen olması gerekiyordu, buna rağmen olduğumuz yerde kalmaya devam ettik.

Sonunda elindeki tişörtü üstüne geçirdi ama bunu yaparken hâlâ yakınımda duruyordu. Başını tişörtün yakasından ve kollarını da yanlardaki deliklerden geçirirken kaslarının gerilmesini izledim. Pamuk tişört beline düşüp karın kaslarını örttüğünde bir kez daha gözlerime baktı. Sanki bu hareketinin gün yüzüne çıkan gerginliği bastırmayı başarıp başarmadığını kontrol ediyordu.

Başaramamıştı.

Hatta bedenine *bağlanmamı* söyleyen çekimi güçlendirmiş, *geri çekilmememi* emreden o baskıyı arttırmıştı.

Az önce dağıttığı saçlarımı düzelterek seks yapmışım gibi görünmesin diye parmaklarıyla saçlarımı taradı.

"Daisy, orada mısın?" diye bağırdı annem. Sesine endişe yayılıyordu.

Sessizce dudaklarımı oynatarak, "*Git*," dedim Ryke'a.

Bir parça daha saçı kulağımın arkasına sıkıştırdıktan sonra dikkatli bir şekilde tuvaletin kapısını açtı. Ardından içeri girerek nazikçe kapıyı arkasından kapattı.

"Üzgünüm!" diye seslendim anneme. Kapının kilidini açmak için koşuşturdum. "Sana söylemiştim, biraz mahremiyet sahibi olmayı seviyorum."

Alayla güldüğünü duydum. "Kime karşı? Yalnız yaşıyorsun." Duraksadı. "Villanova'daki aile evimize dönmek istemediğine emin misin? Yanında birileri olurdu." Bensiz yalnızdı. Sabahın, günün ve gecenin herhangi bir saati hazırlıksız gelişen ziyaretlerinden anladığım şey buydu. Dört kızı arasındaki en küçük çocuğu ve yuvayı en son terk eden kişi bendim.

Şimdiye kadar Ryke'la, annemin bu tarz ziyaretlerini çok şanslı bir şekilde atlatmıştık. Kapıyı kilitlemeden bırakmaktan korktuğum için Ryke saklanamadan annemin odaya girdiği hiç olmamıştı. Ona artık gelmeyi bırakmasını söyleyecek cesaretim yoktu. Şöyle söylemiş gibi olurdum: *"Hey, anne. Artık on sekiz yaşındayım, yani seni ya da düşüncelerini artık umursamıyorum. Teşekkürler."*

Çok boktan bir şey olurdu, öyle değil mi? Zaten evden oldukça hızlı bir şekilde taşınmıştım. Ayrıca annemi hayatımın bir parçası olmasını isteyecek kadar çok seviyordum. Sadece beni bu kadar... tüketmesini istemiyordum.

Sonunda kapıyı açtığımda hızla içeri girdi. Lacivert bir elbise giyiyordu, boynunda inci kolyesi vardı. Zayıf bir kadındı ve şu anda başının hemen arkasında harika bir topuz bulunuyordu, saçları tıpkı ablalarımın sahip olduğu gibiydi. Aslında benim saçlarım da aynı koyu renkteydi, yani eğer modellik ajansım saçımı doğal rengine boyamama izin verseydi öyle olurdu.

Bakışları dağınık odamda gezindi. Atletler, kot şortlar ve tişörtler sandalyeme, masama ve yatağımın ucuna yayılmış haldeydi. Eşyaları etrafa atmak, sonrasında da orada unutmak gibi bir huyum vardı. Ryke etrafta olduğunda bile pek temizlik yapmazdım. Onun dairesi benimkinden daha beterdi ve bu annemin ondan nefret etmesi için fazladan bir sebepti.

"Sana göre çok dağınık, Daisy," derdi. Hemen ardından devam ederdi. *"İşi yok. Güven fonunu harcıyor. Yaptığı şeyler kaya tırmanışı ve motosiklet sürmekten ibaret. Sürekli öfkeliymiş gibi görünüyor. Cadı Sara Hale'le akraba. Babasıyla konuşmuyor bile."* (Annem Hale davasında Jonathan Hale Takımı'nda yer alıyordu, özellikle de Jonathan babamın en yakın arkadaşı olduğu için.) *"Ryke, Sara Sürtüksü Hale'le akraba."* (Durumun ana problemi buydu.) *"Ah, ayrıca sana göre çok büyük."*

"Çok büyük" kısmı en son gelirdi çünkü Ryke benden yedi yaş büyük olsa da bu annem için aşılamayacak bir sorun değildi. Aslında daha önce beni otuz yaşındaki biriyle görüştürmeye çalışmıştı. Bazı popüler şarkıların telifine sahip olduğundan dolayı adam para içinde yüzüyordu. On sekizime girdikten bir ay sonra neredeyse annem ayarladığı için onunla buluşmaya gidecektim. Bu konuda ayak direyen kişi babam olmuştu.

Babam, yaş farkını önemsiyordu.

"Geçen hafta temizliğe gelmesi için Hilda'yı aramıştım," dedi annem burnunu havaya kaldırırken. "Gelmedi mi?"

"Onu geri çevirdim," dedim. "Daha bağımsız olmaya çalışıyorum." Bu da kıyafetlerimi katlaması için bir temizlikçi kadın *çağırmamam* anlamına geliyordu. "Hilda, Lily ve Loren'ın dairelerine gitmiyordu." Artık her ikisi de Princeton, New Jersey'de Rose ve kocasıyla birlikte yaşıyorlardı. Ziyaret edemeyeceğim kadar uzak değillerdi.

Annem alayla dudak büktü. "Onlar kendi temizliklerini yapabiliyorlardı." *Doğru.* Bakışları karnıma indikten sonra belimi çimdikledi. "Moda Haftası'ndan önce kilo almıyorsun, değil mi?" diye sordu kusur bulurcasına.

Alıyor muydum?

Buna bakmama fırsat kalmadan annem beni inceleyerek devam etti. "Boş ver, iyisindir." Hâlâ karmakarışık olan saçlarımı düzelterek sanki kıymetli bir altından yapılmış gibi parmaklarını saçlarımdan geçirdi. "Seninle Paris'e gelmemi istemediğinden emin misin? Makyajın yapılırken sana eşlik edebilirim."

"Tek başına olmanın nasıl olacağını görmek istiyorum," diye cevap verdim. Onu incitmemeye çalışıyordum.

Bana zayıf bir gülümseme gönderirken benim adıma mutluymuş gibi yapıyordu. "Seni seviyorum," dedikten sonra yanağımı öptü. "Yarın alışverişe gidelim. Öğlen Nola'yı seni almaya gönderirim."

"Tamam."

Annem kapıya yöneldi ve tam her şeyin yoluna girdiğini düşündüğüm anda duşakabindeki musluk açıldı.

Ryke onun henüz gitmediğini biliyordu.

Annem kaşlarını çatarken başını merakla o tarafa çevirdi. Banyonun kapısına odaklanmıştı. "Birisi geceyi seninle mi geçirdi?"

Utanmamış ya da kızmamıştım. Neredeyse bu duruma kahkahalarla gülecektim. Tanrım, ne tür bir hayat yaşıyordum ben? "Lily," diye yalan söyledim. "Onunla konuşmak ister misin?"

Hayır diyeceğini biliyordum. Lily'nin seks bağımlılığı, babamın gazoz şirketi *Fizzle*'ı zor duruma sokmuştu. Basının negatif yaklaşımı ailemizi birçok farklı şekilde etkilemişti ve annem pek çoğunu onaylamıyordu. Ne kadar suçluluk hissettiğini ve utandığını gördükten sonra bunun için Lily'den nefret etmiyordum ama annem olumsuzluğun ardında yatan şeyleri göremiyordu. Ablamı henüz affetmemişti.

"Onu rahatsız etmeyeyim," diyerek cevap verdi. "Telefonun açık olsun. Odanın kapısını da artık kilitleme." Gitmeden önce hep bunları söylerdi. Yatak odamdan çıktıktan sonra dairemin kapısının kapanma sesini dinledim. Sesi duyduğumda ise doğruca tuvalete yöneldim.

Aynalar ve etraf buhar olmuştu. Küvetin dışında duran papatya desenli duş perdemin arkasını göremiyordum. Suyun fayanslara çarpma sesini duyuyor, tüylü yeşil halımda duran eşofmanı görebiliyordum. Ryke orada çıplaktı. *Hadi ya, Daisy.*

"Annem neredeyse seni yakalıyordu," dedim.

"Güzel," diye karşılık verdi. "O zaman yüzüme karşı 'saygısız soysuz' diyebilir." Evet, annem buraya en son geldiğinde ona öyle söylemişti. Ryke o zaman da tuvalette saklanıyordu ve annemin ağzından çıkan her bir hakareti duymuştu.

"Hey, o zaman senin hakkını savunmuştum. Ondan öncesinde ve daha öncesinde de."

"Alınma ama," dedi Ryke. "Annen, senin hiçbir konudaki fikrini umursamıyor."

Söylediği şeye gerçekten de alınamazdım. Doğru olduğunu biliyordum. Anneme sadece iki kez doğruları söylemiştim. Modellik dışında bir mesleği, herhangi bir şeyi yapmayı buna tercih edeceğimi söylemiştim. O bana çocuksu ve nankör davrandığımı söyledikten sonra ise sesimi kesmiştim. Eğer son dakika bir fotoğraf çekimini ekecek olsam yüzü düşer ve şöyle bir ifade takınırdı: *Bu benim kızım mı? Bu küçük, kaba ve kendini beğenmiş kız?*

Annemi hayal kırıklığına uğratmak, bir zamanlar içinde olduğum rahime bir bıçak saplamak gibiydi. Sanırım bu bir metafordu.

Ryke bir anda suyu kapatarak askıdaki sarı havluya uzandı. Telaşlanamayacak kadar çok sayıda yarı giyinik ve neredeyse çıplak erkek modelin yanında bulunmuştum. Ancak bu kişiyi tanıdığınızda işler daha farklı oluyordu. Bedeninin yanı sıra adamın kendisinden de hoşlanıyorsanız, onu *tamamen* beğeniyorsanız işler farklı oluyordu.

Ryke Meadows'u tamamen beğeniyordum.

Duş perdesi kenara çekildikten sonra Ryke beline bağladığı havluyla dışarı çıktı. Bronz göğsünden ve karın kaslarından sular damlıyordu. Ona mahremiyet sunmak için gitmek üzereydim ama Ryke, "Buraya gel," diye seslendi.

Lavabonun yanındaydı. Diş macununun kapağını açıp önce kendi fırçasına, sonra da benim diş fırçama sürmesini izledim. Yeşil *Oral B*'mi bana uzattı. Minnettar bir şekilde diş fırçamı aldım ve aynı anda dişlerimizi fırçalamaya başladık. Aslında bunu yapsak bile aynadan birbirimize bakmıyormuşuz gibi davranıyorduk.

Bir çift gibiydik.

Ama değildik. Asla da olamazdık.

Bazı şeyler hiç aşılamayacak kadar karmaşık olurdu. Bunun da onlardan biri olduğunu biliyordum.

BÖLÜM 4

RYKE MEADOWS

Kahrolası soğuk duşlar almaktan çok sıkılmıştım, tam da bu sebepten dün hepsini *siktir etmiştim*. Mastürbasyon yapma özgürlüğümün olduğu kendi daireme gitmeye artık başlamam gerekiyordu.

Her sabah neredeyse aynıydı. Daisy'nin yatağında uyan. Korkunç sikik bir şekilde kalkan aletini indirmeye çalış. Bir duş al. Kardeşinle koş. Bir duş daha al. Daisy'nin uzun bacaklarını ve büyüleyici gülümsemesini düşünmeden mastürbasyon yapmak için elinden gelenin en iyisini yap.

Genelde başarılı oluyordum. Bazı zamanlarda ise... olamıyordum.

Sadece sikik bir insandım.

Güvenlikli sokağa girip *colonial* mimarisindeki sikik devasa evlerin yanından geçerken *Ducati*'mi yavaşlattım. Dört araba kıçımdan hiç ayrılmıyordu. Philly'deki apartmanımdan çıktığımdan beri beni takip ediyorlardı. İkisi yanımdaki çift sarı çizgilerin üzerinden ilerliyordu. Pencerelerini indirmişlerdi ve fotoğraflarımı çekip beni kayda alıyorlardı.

Bu saçmalığa çoktan alışmış olmam gerekiyordu ama alışmamıştım. Hiçbir zaman alışacağımı da sanmıyordum. Korkusuz bir kızın tamamen iyi olduğu bir yerden, karanlıktan korkacak kadar travmatize olduğu bir noktaya gelmesini izledikten sonra alışmayacaktım. Sadece kameralar ve saldırgan medya yüzünden değildi. Eski okulundaki berbat arkadaşları gibi bambaşka sebeplerin de etkisi vardı.

Arabaya doğru ortaparmak çektim. En azından kaskım karartmalıydı ve yüzümü çekemiyorlardı. Hızlanarak onlara makas attım. Dört araba yolumu kesmeye, beni aralarında sıkıştırmaya çalıştı. Gaz pedalıyla hızımı arttırarak aniden onlardan uzaklaştım.

Çitlerin evin büyük bir kısmını gizlediği güvenlikli konuta yaklaştığımda muhabirleri artık göremiyordum. Şifreyi tuşladığımda demir kapılar açıldı.

Muhtemelen Daisy'nin ablalarının evine gelmesi bundan daha zor olacaktı. Onunla gelmem gerekirdi. Benimle aynı apartman kompleksinde, iki kat aşağımda oturuyordu. O farklı yöne giderken paparazzilerin dikkatini dağıtabilirdim ama yapmamıştım. *Ambien*'ı, siktiğimin bilişsel terapisini ve Daisy'nin sorununu çözebilecek diğer uyku ilaçlarını araştırdığım için geç kalmıştım.

Yine de hâlâ ilaç olmadan uyumasına nasıl yardımcı olacağımı bilmiyordum.

Motosikletimi destek çubuklarından birine park ettikten sonra siyah panjurlara, büyük bir verandaya, sallanan sandalyelere ve yeni biçilmiş çimlerine dikilmiş bir bayrak direğine sahip olan beyaz eve baktım. Hepsinin birlikte yaşaması hoştu. Kardeşim, sevgilisi, Rose ve kocası. Ben de onlarla daha önce aynı evi paylaşmıştım ama bu tekrar edeceğim bir şey değildi. Kardeşimi ne kadar seversem seveyim bazen siktiğimin mesafesine ihtiyaç duyuyordum. Lo tahammül seviyemi test etmeyi seviyordu. Bu seviye her ne kadar yüksek olsa da onunla uzun bir süre yaşarsam beni bıktırmasından ve onu kırmaktan korkuyordum.

Lo'ya vurmayı hiç istemiyordum.

Bu her hafta aşmaktan korktuğum bir sınırdı.

Anahtarımla ön kapıyı açtım. Oturma odasıyla mutfağı birbirine bağlayan koridora sarı bir pankart asılmıştı. Üstünde şöyle yazıyordu:

BON VOYAGE*, DAISY

Dağınık yazı Lily'nin ellerinden çıkmış gibiydi. Mutfağa geçmek için başımı aşağıya eğerek pankartın altından ilerlemek zorunda kaldım.

Kardeşim ocağın yanında durmuş büyük kâseye yumurtaları kırıyordu. Connor bir bardak su alırken onu izliyordu. Normalde olsa kırmızı şarap içerdi ama Lo'nun bağımlılığı nüksettiği için onun önünde içki içmiyordu.

"Hey, Betty Crocker**," dedim kaskımı mutfak masasına bırakırken. "Önlüğün nerede?"

Lo tatsız bir şekilde gülümsedi. "Saatin neredeyse orada." Bakışlarını tekrar yumurtalara çevirdi. "Bir saat geciktin."

"Evet, biliyorum," dedim. "Herkes bana sikik gıcık mesajlarını attı."

Saate bakma becerisine sahip olduğundan ciddi bir şekilde şüphe etsem de kırk altı dakika geç kalıyorsun. Halbuki ben de burada durmuş sana ödül maması vermeyi düşünüyordum. -Connor

Küçük kardeşimi hayal kırıklığına uğratırsan bizzat taşaklarını kopartıp Connor'ın kedisine yediririm. -Rose

Buraya vaktinde gelebilir misin? Lütfen?? -Lily

Kızlar sinirleniyor. Ben de mutlu sayılmam. -Lo

"En iyi mesaj benimkiydi, değil mi?" diye sordu Connor, suyundan bir yudum alırken gülümsüyordu.

Sikik gözlerimi devirme isteğimi bastırdım. "Karınınki daha iyiydi."

"İmkânsız."

"Hayalarımı, Sadie'ye yedireceğini söylemiş." Lo'nun yanına yaklaşarak tavada kızaran domuz pastırmasına ve yanındaki minik ekmek tabağına baktım.

"O tehdidi çok kullandı," dedi Connor.

Bir havluyu kaldırdım, altında buharı tüten ıspanaklı kiş vardı. "Sikik bir saatim olmayabilir ama," diye cevap verdim. "Akşam

---

* (Fr.) İyi yolculuklar. (ç.n.)

** Yemekler için yapılan reklam kampanyalarında kullanılan kurgusal bir marka ya da karakter. (ç.n.)

vakti olduğunu ve hiçbirimizin akşamdan kalma birine bakıcılık yapmayacağını biliyorum. Yani bu..." Önümdeki bir kâseyi kaldırdım. "Bu tahıllar falan ne?"

"Daisy, akşam yemeği için kahvaltı istedi," diye açıkladı Lo. "Biz de hazırlıyoruz."

Mutfağa bakındım, oturma odası çok sessizdi. "Öyle mi? Kızlar tam olarak hangi cehennemde peki?"

"Daisy garajda. Rose ve Lily de tuvalette," dedi Connor sıradan bir şekilde.

"Hangi boktan sebep yüzünden tuvalete birlikte girdiler?"

Lo başını iki yana salladı. "Ben sormaya çalıştım ama Rose, '*Kadın menstrüasyonu,*' diyerek karşı çıktı. Sonra da kapıyı yüzüme kapattı."

Connor devam etti. "Ben bunu sorgulamayacak kadar akıllıydım." Tezgâha yaslanırken altında siyah kumaş pantolon, üzerinde beyaz gömlek vardı. Olduğu kadar pahalı görünüyordu. Annesinin Fortune 500* şirketinden ona bir milyar sikik dolardan daha fazla para miras kalmıştı.

"Lo'ya yardım edemeyecek kadar prenses misin?" diye sorarken meyve tepsisinden bir dilim elma çaldım.

"Yumurtaları kırmayı teklif ettim ama Lo itaat edene kadar onlara vurmamı söyledi," dedi Connor.

Gözlerimi devirdim.

"En iyi yeteneğini de kullanabilirdin," dedi Lo yumurta kâsesini ve çırpma telini ona doğru uzatırken.

Buzdolabına ilerleyerek portakal suyu şişesini çıkarttım. Arkamı döndüğümde ise kardeşimi sessizce Connor'a bir şeyler fısıldarken yakaladım. İzlediğimi fark ettiklerinde sustular.

"Ne oldu?" diye sordum şişenin kapağını açarken. Bu lanet olası kızlar gibi dedikodu yaptıkları ilk an değildi. Hepimiz, kiminle bilgi paylaşacağımızı özenle seçiyorduk.

"Konuşuyorduk," dedi Lo önce kendini sonra da Connor'ı işaret ederek.

* ABD'deki en yüksek net ciroya sahip 500 kurumu sıralayan bir iş dünyası dergisidir. (ç.n.)

Connor masum bir şekilde yumurtaları çırpıyordu.

"Konuşuyor muydunuz?" diye tekrarladım. Bakışlarım onların üzerindeydi. "Hadi ya, konuşabildiğinizi bilmiyordum."

Lo alayımı duymazdan gelerek başını eğdi. "Sadece garip olduğunu düşünüyorduk."

Ona ters ters baktım. "Biraz daha spesifik olman gerekiyor, Lo. Söylediğin iki kelimeden neyi kastettiğini anlayamam."

"Üzgünüm," dedi Lo ilgisiz bir şekilde. "Connor olmadığını unutmuşum."

Connor gülümsedi.

"Neden onun zekâsını övüyorsun?" diye sordum kardeşime. "Herkesin, oturma odasında duran *Mensa** sertifikasına bakmak zorunda olması yeterli değil mi?" Aynı zamanda karısının sertifikasının hemen yanında duruyordu. Her ikisi de sinir bozucu bir şekilde zekiydi.

Connor araya girdi. "Hepinizden daha akıllı olduğumun onaylanmasına ihtiyaç duymuyorum. Bunun doğru olduğunu biliyorum."

"O zaman sertifikayı niye astın?" diye sordum.

Omuz silkti. "Duvarlara uyuyordu."

Başımı iki yana salladım. "Sana henüz yumruk atmamış olmam sikik bir mucize, Cobalt."

"Konuya dönelim," dedi Lo, bakışlarını bana odaklamıştı.

Dolaptan bir bardak aldım. *Siktir. Biliyor olamaz, değil mi?* Kalbim hızla çarpmaya başlamıştı. *Daisy'yle birlikte uyuduğumu nasıl öğrenmiş olabilir?* Öğrenemezdi. Siktir, paranoyaklaşmaya başlamıştım. Bu onunla *asla* paylaşmak istemediğim bir bilgiydi. "Ne oldu?" Portakal suyunu bardağıma doldururken onu dinledim.

"Uzun zamandır yanında hiç kız getirmemenin garip olduğunu düşünüyoruz."

Kaşlarımı çattım. *Konu bu muydu?* "Yani?"

Lo ağırlığını diğer ayağına verirken aklı karışıktı. "Yani... eskiden her hafta yeni biriyle çıkardın."

* Bilinen en büyük, en eski ve en tanınır yüksek IQ topluluğu. (ç.n.)

"Biliyor musun?" dedim erkek kardeşime. "Sizinle aynı siktiğimin evinde artık yaşamıyor olmamın sebepleri var." Parmağımı havaya kaldırdım. "*Bir*, mahremiyetimi seviyorum ve bu da her ay çıktığım *birkaç* kadını size göstermek zorunda olmadığım anlamına geliyor." Bir parmağımı daha kaldırdım. "*İki*, *hepiniz* saçma sapan şeyleri büyütüyorsunuz. Ve *üç*..." Diğer iki parmağımı indirerek ortaparmağımı yukarı kaldırdım.

Sonra arkamı dönerek portakal suyunun kapağını yavaşça kapattım.

Şu an kardeşime yalan söylüyordum.

Sanki yanan kömürlerin üzerinde yürüyormuşum gibi hissettiriyordu. Ona yalan söylemekten nefret ediyordum ve bunu daha önce de yapmıştım. Her seferinde daha kolay bir hale geldiği yoktu. Lo'yla ilişkimizi gölgeleyen, yarattığım o yoğun pusu görebiliyordum. Ancak ben, itibarını korumak için oğullarına zarar veren babam değildim.

Daisy'yi korumak için yalan söylemiştim.

Lo'yu korumak için.

Gerçekler daha az acıtacağı için yalan söylemiştim. Gerçek açığa çıktığında, Lo'nun bunu kaldırabilecek kadar güçlü olduğuna emin olmak istiyordum. Şu anda, o güce hiç yakın sayılmazdı.

Bu yüzden şöyle söyleyemezdim: *"Evet, adamım. Dört aydır düzüşmeyi bıraktım çünkü sevgilinin küçük kardeşiyle ilgilenmekle, siktiğimin korkusu geçsin diye gecelerimi onun evinde -hatta onun yatağında- uyuyarak geçirmekle meşgulüm. Ayrıca diğer kızları özlemiyorum ama birileriyle yatmayı özlüyorum."*

Siktiğimin her günü mastürbasyon yapmaya hiç alışık değildim.

"Ryke," dedi Connor. Arkamı döndüğümde çok bilmiş ve şüpheci bir şekilde yüzümü inceleyen ifadesiyle karşılaştım. "Bu sadece garip. Sana da tıpkı Daisy'ye dediğim gibi 'seri sevgili' diyordum ve o *senin* apartman kompleksine taşındığından beri kimse ikinizi de başka kişilerle birlikteyken görmüyor."

"Bu da ne?" diye sordum Connor ve Lo'ya bakarken. "Watson ve Holmes mu? Size kötü haber vermekten nefret ediyorum ama ortada çözülmesi gereken bir gizem yok."

"Bu saçmalığa bir son ver," dedi Lo. "Durum garip ve bunun sen de farkındasın..."

"Onunla birlikte *değilim,*" diyerek araya girdim. "Daisy'yi becermiyorum. Ona dokunmuyorum. Sana söyledim, Lo. Bunu yapmam." İki yıldır bunu konuşuyorduk. Ama buna rağmen, Lo sanki ona ihanet etmek üzereymişim ve kardeşime karşı bir kızı seçip benim için önemli olan ilişkimizdeki o büyük sınırı aşacakmışım gibi bakıyordu.

Yapmazdım. Sikeyim, bunu yapmayacaktım. Çünkü günün sonunda Daisy'yle birlikte olursak ve sonrasında bir şey olur da ayrılırsak kardeşimi kaybederdim. Daisy, onun küçük kardeşi gibiydi. Lo, Calloway kızlarıyla büyümüştü. Daisy tüm sikik hayatı boyunca Lo'yu tanıyordu. Bense onu sadece üç yıldır tanıyordum. Tanrı aşkına, kenara atılabilecek olan şey bendim. Her şey karmakarışıktı. Hiçbir şey tam olarak bir anlam ifade etmiyordu. Aletim bir şey söylüyordu. Beynim başka bir şey. Ahlaki değerlerim vardı. Lo, beni bu konuda sürekli uyarıyordu. Beş çeşit hatam vardı ve hiçbir doğrum yoktu.

Tam olarak ne halt yemem gerekiyordu ki?

"Tamam," dedi Lo. Beni dikkatlice izlerken gözlerime yayılan öfkeyi takip ediyordu.

Çok berbat durumdaydım. Eğer Daisy'nin yatağında yattığımı, resmen onun sikik ev arkadaşı olduğumu öğrenirse kardeşim beni öldürürdü. Loren Hale'in çarpık zihninde *cinayet* gerçekten de sikik bir seçenekti ve sanırım öyle bir durumda bunu yapmasına izin verirdim.

"Bakın," dedim Lo ve Connor'a doğru. "Kızlarla bir hafta çıkıyorum, hatta bazen onlar için sorun değilse sadece birkaç gün takılıyorum. Siz tanışın diye onlardan birini Princeton'a getirmeyeceğim. Ortada ciddi hiçbir şey yok. Gerçekten benim için bir şey ifade eden kişilerle bağ kuran bir insanım." Bakışlarım ikisinin üzerinde geziniyordu. "Kendimi bağlamak istediğim kızı henüz bulamadım ve bulacak mıyım bilmiyorum."

"Bulacaksın," diye cevap verdi Lo kesin bir şekilde. Kendini buna ikna etmek istercesine başını sallıyordu.

"Bulamasam da sorun değil." Etrafım önemsediğim insanlarla doluydu. Bu benim için yeterli olabilirdi.

Lo'nun keskin bakışları gözlerimi buldu. "Sonsuza kadar yalnız olmayacaksın."

Bunu sanki bir beyanmış gibi söylemişti. Benim için en iyisini istediğini ama aynı zamanda da kendi bencil hisleriyle savaştığını düşünüyordum. Yani şöyle söyleyen hisleriyle: *"Senin yüzde yüzüne ihtiyacım var, yoksa boğulacağım."*

"Öyle olsam ne olacak ki?" dedim. "Lo, ben bir Lily Calloway'le birlikte büyümedim. Sevgilime dönüşen bir en yakın arkadaşım hiç olmadı." Lily kelimenin tam anlamıyla bir komşu kızıydı, kardeşimin *her şeyiyle* güvenebileceği bir aile dostuydu. Şu anda ise nişanlılardı. Onların yıllar geçtikçe -şükürler olsun ki- biraz daha sağlıklı bir hal alan birbirlerine bağımlı ilişkilerini kıskanmıyordum.

Sadece Lo'nun, bazı açılardan birbirimize benzesek de benden farklı biri olduğunun farkındaydım.

Bir an sonra, "Kendime güvenmeye artık çok alıştım," diye ekledim.

Lo, sahip olabileceğinden daha az şeyle yetinen bir aptalmışım gibi sadece başını iki yana salladı. Belki de daha fazlasını hak etmiyordum. Belki de sikik hayatımın tek amacı, kardeşimin ayakları üzerinde durmasına yardımcı olmaktı.

Connor çırptığı yumurta kâsesini ona doğru uzattığında, kardeşim yumurtaları tavaya dökmek konusunda tereddüt etti. "Kızların çıkmasını bekleyelim."

"Lily nasıl gidiyor?" diye sordum.

Kâseyi tezgâha bıraktı. "Benden daha iyi." Ensesini kaşıdı. "Babam ve içki meselelerini gündeme getirmeye çalışıyor ama dürüst olmak gerekirse bu siktiğimin şeyi bazen çok zor." Kehribar rengi gözleri benimkileri buldu. "Babamın avukatları, sorgu için sana ulaşamadıklarını söylediler. Resmi beyanda bulunmak istemediğini söyledim."

"Teşekkürler," dedim.

Lo omuz silkti. "Aynen, her neyse."

Elimi saçlarımdan geçirirken Connor'ın sikik bir psikiyatristin yapacağı şekilde bizi izlediğini hissedebiliyordum. Durum o kadar basit değildi. Babamızı görmek istemiyordum, Lo da şu anda bu duruma katılıyordu.

"Gidip garajdaki Daisy'ye bir bakacağım," dedim. Jonathan Hale'i görmem için yaptıkları herhangi bir plana ikna olmaktan kaçıyordum. Ayrıca, Daisy'nin orada tek başına ne halt yediğini bilmek istiyordum.

"Ona, yemeğin neredeyse hazır olduğunu söyle," dedi Lo.

Başımı sallayarak arka kapıya ilerledim.

Hepimizin kendi rolleri vardı, benimkinin gözümü o kızdan ve bu çocuktan ayırmamak olduğunu biliyordum.

Sadece, ikisi arasında bir seçim yapmak zorunda kalmak istemiyordum.

O gün gelirse tamamen dibe batardım.

BÖLÜM 5

RYKE MEADOWS

Arkamdan kapıyı kapatır kapatmaz Daisy'yi hemen buldum. Benimkiyle aynı marka motosikletinin üstünde, park ettiği *Ducati*'sinde ters bir şekilde oturuyordu. Benim motosikletim siyahken onunki kırmızıydı. Sırtını gidonun yanındaki benzin deposuna yaslamıştı, bacaklarının üstünde bir harita ve dişlerinin arasında da bir *Sharpie* kapağı vardı.

Kaygısız doğası, ondan beş metre uzak kalmak istediğimde bile *her zaman* beni ona doğru çeken sikik şey olmuştu. Bacaklarını ikiye ayırmış olmasının da duruma pek faydası dokunmuyordu. Şu an bekâr olduğu için aşırı memnundum. Eski sevgililerinden *nefret* ediyordum. Erkeklerin ona bakışından ve hepsinin onun sadece üstüne çıkabilecekleri bir kız olduğuna inanmalarından nefret ediyordum. Çıkamazlardı. Daisy onların sikik klasmanında değildi ama yine de yapmaması gerekirken onları eğlendiriyordu.

Bu da beni sinirlendiriyordu.

"İçeride bir parti var biliyorsun," dedim sert bir şekilde. "Ve *senin* için yapılıyor." Yanına yaklaşmak için beton zeminde ilerledim.

"Biliyorum," diye mırıldandıktan sonra ağzındaki kapağı tükürdü. "Rose ve Lily, onlarla tuvalete girmeye çalıştığımda kapıyı yüzüme kapattılar. Connor ve Lo ise özel bir şey konuşmak istiyor gibi görünüyorlardı. Ben de ne konuşacaklarsa konuşmalarına izin verdim."

Kaşlarımı çattım. "Ablaların niye öyle yaptı?"

"Lily benden beş yaş büyük, Rose da yedi," dedi omuz silkerek. "Dışlanmaya alışığım, küçük çocuk sendromu." Oturduğu yerde doğrularak haritayı bana uzattı.

Hızla haritayı inceledim.

"Kaliforniya yolculuğun için," diye açıkladı. "Havalı olabilecek bazı yerleri işaretledim."

"Kuzey Dakota'nın üstüne de sikik bir gülen yüz çizmişsin."

"Kuzey Dakota en mutlu eyalet olduğu için. Herkes bunu bilir." Gülümsediğinde gözlerine yayılan parlaklığı bir süredir görmüyordum. Lanet olası kelimelerin ötesinde bir büyüleyiciliği vardı. Ancak gece olunca o ışık yavaşça solmaya başlıyordu. Sanki Daisy Calloway enerjisini güneşten alıyormuş gibi.

"Kim demiş?" diye sordum. Haritayı katlayarak arka cebime sıkıştırdım.

"Bir yerde okumuştum," dedi. "Kaynağını unuttum ama güvenilir olduğuna eminim."

"Her gün burç yorumlarını okuyan kız konuştu."

Alayla şaşırmış gibi yaptı. "Bunu nereden biliyorsun? Günlüğümü mü okudun?"

"Hayır, sadece yatağında uyuyordum."

"Ben de onu başka bir adam sanıyordum," diye cevap verdi.

Motordaki pozisyonunu inceledim. Bacaklarını oturağın iki yanına açmış halde gergin bir şekilde sıkıyordu ve ters oturuyordu. Onunla daha önce aynı motosiklete binmiştim. Ellerini göğsüme sarmak yerine bacaklarıma koyuyordu. Bilinçli olarak elini aletime doğru ilerlettiğinde hep bileğinden tutup çekmek zorunda kalıyordum.

Beni ne kadar zorlayacağını görmek için benimle uğraşmayı seviyordu. Daha önce hiçbir kız böyle bir özgüven saçarak benimle oynamamıştı. Sikik aklımı kaybetmeme sebep oluyordu. Kendimi, onun etrafında olmayı daha da çok isterken, benimle şakalaştığı anları ve sikik neşesini ararken buluyordum.

Ancak aramızda sessiz bir anlaşma vardı. İkimiz de net bir sınırı aşamayacağımızı biliyorduk.

"Başka erkeklerin yatağına girmesine izin veriyor musun?" diye sordum kaşlarımı kaldırarak. Birlikte olduğu, onu beceren, ondan yaşça büyük ezikleri düşünürken kaslarıma bir öfke yayılmaya başladı. *Bunları düşünme.*

"Son zamanlarda değil." Bol kazağı arkasındaki gidona takıldığı için neredeyse bana dekolte veriyordu. "Ups."

Bedenim ısınırken tahrik olmamı engelleyen tek şey, başka herhangi bir garip adamın onu görünce sertleşecek olduğunu düşünmekti. Onlardan biri olmak istemiyordum.

Üstündekini düzelttiğinde göğsüne işlenen kelimeleri okudum: *Ooh la la.*

Sanırım üstünde paparazzilere onlarla konuşmadan cevap vermesini sağlayan yazılar bulunan, kendi tarzında kıyafetler giymeye bir yıl kadar önce başlamıştı. Sevimliydi.

"Daha önce hiç böyle sürdün mü?" diye sordu oyunbaz bir gülümsemeyle.

"Tersten mi?"

Başını salladı.

"Hayır. Aklımdan geçtiği binlerce seferde kendimi öldürmek istemediğime karar verdim," dedim tatsız bir şekilde.

"Ben bunu yapabileceğimi düşünüyorum," dedi iğnelememi duymazdan gelerek. "Ama sen de motorda olmalısın, direksiyonda." Yeşil gözleri irileşti. "Deneyebilir miyiz?"

Vahşi fantezilerini reddetmiyordum. Geçen hafta, bir kaykayın tekerlerini çıkarıp yan duran bir çöp kovasının üzerinde kaykayla dengede durmaya çalışmıştık. Kulağa geldiğinden daha eğlenceliydi. Ama onun yüzü bana dönükken motor sürmem, çok samimi bir görüntü oluşturuyordu. Bunun farkında olup olmadığını bilmiyordum bile.

"Kafam seninkine çarpar," dedim. "Gaz koluna ve frene uzanmam imkânsız."

"Gaza uzanabilmek için kollarını belime dolarsın," diye cevap verdi. "İşe yarayacağını kanıtlayabilirim." Benzin deposuna doğru kayarak bana seleye oturmam için yer açtı. "Tabii korkmuyorsan."

Gözlerimi kıstım. "Bana istediğin kadar korkak diyebilirsin, tatlım. Bu tuzağa düşmeyeceğim." *Sikim de öyle.*

"O zaman ben de *sen olmadan* tersten sürmeyi denerim. Bu nasıl olur?" Kontaktaki sikik anahtarı çevirmek üzereydi. Bunu deneyeceğinden hiç şüphem yoktu.

Boş zamanlarında daha çılgınca şeyler yapıyordu. Dalgalı sularda rafting yapmayı ya da bir uçağı nasıl uçuracağını öğrenmek gibi şeyler. Bu sikik motosikletin arkasından düştüğünü daha önce görmüştüm. Kara elmas* kayak alanında bir ağaca çarpmasını izlemiştim. Aldığı her bir cesur aksiyonda orada yanındaydım ve neredeyse her düşüşünde onu taşıyordum.

"Tamam," dedim kolaylıkla. *Ducati*'sine yaklaştığımda anahtarlarıyla oynamayı bıraktı. Bir bacağımı atarak normalde yaptığım gibi oturağa yerleştim, gövdem gidonlara doğru dönüktü. Tamamen ters duran kişi Daisy'ydi.

Dizlerimiz birbirine çarparken gidonların yakınına ulaşamadığım gerçeğinden memnundum. Ancak Daisy henüz pes etmeye hazır değildi. Bacaklarını benimkilerin üzerine alarak bana doğru kaydı. *Siktir.*

Resmen bacaklarını iki yanıma açmış ve sırtını benzin deposuna dayamış halde motosikletin üzerinde uzanıyordu. Sikik gaza ve frene kolaylıkla uzanabiliyor, kollarımı uzatabiliyordum. Göğsü hafif bir ritimle inip kalkarken sanki kendimi onun içine itmek üzereymişim gibi davranıyordu. Sanki bu olay kesinlikle *gitmemesi* gereken bir noktaya gidecekmiş gibi.

"Sen kötü bir kızsın, Calloway," dedim. Aletim, kendimi ileri doğru itmem için bana yalvarırken şu anda arzumu bastırabilecek

* Orijinali "black diamond slope" olup ileri seviyede kayakçıların tercih ettiği, yüzde kırk ya da daha fazla meyle sahip rampalara verilen isimdir (ç.n.)

tek şeyi kafamda canlandırıyordum. Kardeşimin beni canımı çıkartacak şekilde döveceği anı. Eğer bu işe yaramazsa diye Lily'nin mızmız sesini de hayal ettim. Cinsel arzularını yok etmek için beni düşündüğünü kabul etmişti, bu yüzden kendimi kahrolası suçlu hissetmiyordum.

İşe yaradı. Yerimden kımıldamadım. İfadem hâlâ sert olduğu için *öfke* dışında yüzüme yansıyan bir duygu yoktu, ayrıca öyle sayılırdım. Bu şey hiç iyi hissettirmiyordu. Yine de onun arkadaşlığını aşırı sevdiğim için onunla hep bu durumlara düşüyordum.

"Haklısın. Bu pozisyonda biraz rahatsız oldu," diye alay etti Daisy. "Hiç düzgün sığamadık." Dudakları tekrar haylaz bir gülümsemeyle kıvrıldı. "Birlikte daha iyi sığabileceğimiz bir yol biliyorum..."

Sikerler. "Yapma," dedim. Başı ve ardından dudakları bana yaklaşırken geri çekildim. Daha önce hiç öpüşmemiştik. Şu an yapmayı da düşünmüyordum. Ayaklarını motorun arka kısmına doğru kaldırmıştı ve bize daha çok yer açabilmek için bacakları iki yana ayrılmış halde durmaya devam ediyordu.

Yemin ederim kalçaları bir kez daha bana sürtünürse onu motordan atacaktım. Bu pek hoş olmazdı.

Gözlerimde çok net görünen risk karşısında daha da geniş gülümsedi. "Sadece botlarımı çıkartmayı teklif edecektim. Sen ne düşünüyordun?"

Dilimin ağzında olduğunu. Aletimin çok derinlerinde olduğunu.

Bakışlarım kararırken aptalca gülümsemesini, motorun selesini tutan ve sonrasında uyluklarına doğru uzanan ellerini görmezden gelmeye çalıştım. Vücudunun bazı kısımları sürekli hareket halindeydi.

"Bakir kulakların için fazla edepsiz bir şey," dedim.

Benim gibi doğrulduğunda, göğsü göğsümden yalnızca birkaç santim uzaktı. Daha çok yaklaşmasına engel olmak için elimi dizine koydum.

Daha ciddi bir ses tonuyla cevap verdi. "Bekâretimi on beş yaşımda kaybettim."

"Bir motosikletteyken bekâretinin bozulmamış olduğundan bahsediyorum. Bakire olmadığının farkındayım." On altıncı doğum günü tatilinde ablasından seks tavsiyesi istemişti. Bu sırada ben de orada Lily'ye eşlik ediyordum, rehabilitasyonda olan kardeşimin boşluğunu dolduruyordum. O tatilde Daisy bize seks yaptığından bahsetmişti. Sadece, keşke ilk seferi bu kadar sikik ve berbat olmasaydı.

İlk adamda bırakıp onun için daha iyi olan birini bekliyor olmasını umut ediyordum. Tıpkı şey gibi... kimse. Hiç kimsenin ona uyacak kadar iyi olduğunu sanmıyordum. Evet, bu aşırı bencilceydi. Ama hiç umurumda değildi.

"O kadar erken kaybetmene şaşırmadım," diye ekledim.

Başını salladı. "Çünkü ablam bir seks bağımlısı." Sanki bu durum, onu da öyle biri yapıyormuş gibi.

"Hayır. Çünkü birçok şeyi denedin ve bir şeyler eksikmiş gibi hissettiğinden eminim."

Dudakları birazcık kıvrıldı. "Sen ne zaman kaybettin?"

"Ben de on beş yaşındaydım," dedim. "On sekiz yaşındaki bir kızla birlikteydim." Benim ilk seferim sikik bir golf kursunda, öğlen üçte olmuştu.

Daisy bu bilgiyi sindirdi. "Yani, kendinden büyük kadınlardan mı hoşlanıyorsun?"

"Tüm kadınlardan hoşlanıyorum, tatlım."

Dudaklarına çarpık bir gülümseme yayıldı. "Benden hoşlanıyor musun?"

Siktir. "Daisy..."

Ellerini kaldırdığında avuçları göğsüme değiyordu çünkü aramızda hiç mesafe yoktu. Ellerinin altında kaskatı kesildim. "Biliyorum. Üzgünüm, hiçbir şey söylememeliyim." Ellerini aceleyle indirerek derin bir nefes aldı.

Ona olabileceğinden daha fazlasıymış gibi bakmamaya çalıştım. Fakat Daisy büyüleyiciydi, sadece sahip olduğu sikik doğal güzellik -makyaj yapmamıştı, cesur yeşil gözleri, pürüzsüz teni ve kibar bir yüzü vardı- yüzünden de değil.

Güzeldi çünkü dünyadaki en üzgün kişiyi bile gülümsetebilirdi. Aynı zamanda en yalnız adama çok daha fazlası varmış gibi hissettirebilirdi. Genç ve vahşiydi. İlkel ve gerçekten fazla masumdu. *Kocaman sikik bir risk!* diye bağıran her şeydi.

"Biliyor musun, hayatım boyunca yalnızca altı adamla seks yaptım," dedi Daisy.

Kaskatı kesildim. "Öyle mi?" Detayları duymak istemiyordum, bir yanım onları mazoşist gibi arzulasa bile. "Bazıları için on sekizindeyken altı adam çok fazla."

Omuz silkti. "Sadece deneme yapıyordum."

"Sikik denemelerin nasıldı peki?" dedim ters bir şekilde. Bunu sormamam gerekiyordu. Ama sormuştum. Geri de almayacaktım.

Cevap vereceğini bildiğim için bekledim.

BÖLÜM 6

DAISY CALLOWAY

Ablamın sevgilisinin ağabeyiyle (evet, bu tam bir tekerlemeydi), cinsel geçmişim hakkında konuşmayı bir kez daha düşünmem gerekirdi. Ama konuya çoktan girdiğim için devamını getirmeliydim. İşleri yarım bırakmamaya çalışırdım. *Tam güç saldır, Daisy. Frene basmak yok.* Evet, bunu yapabilirdim.

Sert ve haşin bakışlara sahip, benim için asla yumuşamayan gözlerine baktım. Yakınlığımız aramızdaki hiçbir şeyi bastırmıyordu ama bunu motosikletten atlayamayacak kadar çok seviyordum. Üstelik o da yerinden kımıldamıyordu. Sanırım bu iyiye işaretti.

"İlki berbattı," dedim. "Bir kez yaptık. Otuz saniye falan sürdü." Muhtemelen kızarmış olmalıydım ancak bu olay çok eskilerde kalmış gibi hissettiriyordu. Sadece çocuğun yatağına oturup, *"Bu mu? Seks bu mu? Bunun nesi çok harika?"* diye düşündüğümü hatırlıyordum.

Ryke'ın ifadesi hâlâ anlaşılmazdı. Yalnızca karanlık ve düşünceli görünüyordu. *Tamam.* Yoğun sessizliği altında parçalara ayrılmadan konuşmaya devam edebilirdim. *Hadi, hadi, hadi.*

Dudaklarımı yaladım. "İkincisiyle birkaç kez yaptık. O da belki üç dakika dayanmıştır."

"Bu herifler kaç yaşındaydı?" diye sordu.

"Benden sadece birkaç yaş büyüklerdi. Yani, yirmilerinin sonlarında olan adamlarla da takıldım ama seks yapamazdık. On sekizime daha girmemiştim." Yasaları çiğneyip bir adamın sırf benimle yattığı için hapse girmesine sebep olacak değildim.

"Çıktığın senden büyük çocukların çoğuyla tanıştım," diye hatırlattı Ryke. "Bu arada, hepsi katıksız aptaldı."

"O kadar da kötü değillerdi."

"Julian?" dedi Ryke. "Onun sikik bir fareden daha iyi olduğunu mu düşünüyorsun?"

"Connor, ona 'maymun' diyor."

"İyi bile davranmış."

"Connor aynı zamanda sana da köpek diyor," dedim burnumu kırıştırarak. "Sen bir köpekken ben de bir kedi miyim, yoksa sincap falan mıyım sence?"

"Buraya nasıl geldik?" diye sordu Ryke, sanki bu yaptığı en aptal 'sikik' konuşmaymış gibi.

"Bir hamsterım, değil mi?" Altdudağımı sarkıttım.

"Sikik bir hamster değilsin." Gözlerini devirerek ellerini saçlarında gezdirdi. Bence bunu yaptığı anlarda ne kadar ateşli olduğunun farkında değildi. "Sen bir kuşsun."

"Kuş?"

"Evet, uçmaya ve viyaklamaya son vermeyen sikik bir kuş."

"Kartal gibi mi?"

"Kartaldan daha güzelsin." Tekrar gözlerini devirdi. "Siktir."

"Bana güzel dedin." Göğsünü dürttüm. Gülümsemem yüzüme yayılıyordu.

Bana sert bir şekilde baktı. "Julian," dedi yeniden, konuşmamızın başlangıcını bulmuştu. "Ondan hâlâ hoşlanıyor musun? Eğer hoşlanıyorsan ciddi bir konuşma yapmamız gerekiyor çünkü."

Başımı hızla iki yana salladım. "Hayır, ondan hoşlanmıyorum."

Julian, gerçekten de beni korkutmuştu. Bizimle birlikte Alp

Dağları'na bir tatile gelmişti. Ondan ayrılmaya çalıştığım ve Julian'ın da beni dinlemediği ana kadar bu işin beni ne kadar aştığını fark etmemiştim. Sanki gerçekten durumu anlayamayacak kadar gençmişim gibi. Belki de öyleydim. Artık bilmiyordum. Bildiğim tek şey birlikte olduğum insandan korkmak istemediğimdi. Bu hoşuma giden bir tehlike değildi.

"Bilgin olsun diye söylüyorum," dedim. "Tercih ettiğin bazı kızlara bayılmıyordum. İçlerinden biri, Lily'ye sürtük demişti." Ryke'ın arkasından da ciddi ciddi saçımı çekmişti. *Sertçe.*

"Bunu söylediği an ondan ayrıldım," diye hatırlattı. "Sen o aptalla aylarca beraberdin."

"Ondan ayrılmaya çalıştım," diye karşılık verdim. "Hatta ona bir mektup bile yazdım. Şöyle bir şeydi: '*Julian, sanırım biz arkadaş olarak daha iyiyiz. Xoxo Daisy.*'"

Ryke inlerken eli bilinçsiz olarak dizimden uyluğuma doğru uzandı. Bu yakınlığı kalp atışlarımı hızlandırdı.

"Öpücükler kısmı* çok fazla, değil mi?"

"Kim birinden sikik bir notla ayrılır ki?"

"Korkan biri." Ablalarımın inanmak istedikleri kadar korkusuz değildim.

"Sikik bir ödlek değilsin. Sadece yanlış adamlarla birliktesin." Ryke eline baktıktan sonra onu bacağımın üstünden çekti. Sonra kahverengi gözleri bedenlerimizin arasındaki küçük boşlukta gezinerek gözlerime döndü. "İçlerinden biri beş dakikadan fazla dayandı mı?"

Hatırlamaya çalıştım. "Sanırım en uzunu altı dakikaydı."

"Cidden süre mi tutuyordun?"

"Bitmesini bekliyordum."

Yüzünü buruşturdu.

Seksle ilgili hemen hemen hiçbir şeyden hoşlanmıyordum. Öncesinden. Olurken. Sonrasından. Eğlenceli hiçbir anı yoktu.

Daha iyiye gidip gitmeyeceğini görmek için deneyip duruyordum.

---

* Mesajlaşmalar, notlar ve mektuplarda "xoxo" ifadesi "sevgiler, kucaklaşmalar ve öpücükler" anlamında kullanılır. Daisy, Ryke'ın verdiği tepkinin metnin sonuna bu ifadeyi eklemesi yüzünden olup olmadığını anlamak için bu soruyu soruyor. (e.n.)

Gitmiyordu.

Sadece rahatsız ve tuhaf anlarla doluydu. Seksle ilgili hiçbir şey, bana diğer kızların o bahsettiği içsel mutluluğu vermiyordu. Orgazm neydi? Sinirlerdeki batma hissi? Baş dönmesi? Serbest atlayış yapmıştım ve Ryke'ın yanında motosikletimi dik bir yamaçtan aşağı sürmüştüm. Bu bana en orgazmik hissettiren andı.

"Seks aptalca," dedim.

"Seni memnun edemeyen erkeklerle birlikte olduğun için öyle."

Söylediği şeye karşılık kızardım. "Rose bana daha fazla erkekle deneyip ne olacağına bakmamı söyledi."

Ryke motordan atlayıp ablamın peşine düşecekmiş gibi görünüyordu. "Benimle dalga mı geçiyorsun?"

"Hoş olduğunu düşünmüştüm. Ablam, deneyimlemeyi destekleyen biri."

"Bunu diyen de siktiğimin *bakiresi*."

"Artık bakire değil," diye belirttim.

Ryke ters ters baktı. "Tüm hayatı boyunca tek bir adamla yattı ve sana birini bulman için gidip düzüşmeni söylüyor. *O* birileriyle düzüşmedi, Daisy. Nereye varmaya çalıştığımı anlıyor musun?"

"Deneyimlemekle ilgili hiç deneyimi yoktu, anladım," dedim başımı sallayarak. "Bu konuda Lily'yle konuşmaya çalıştım ama benimle seks hakkında konuşurken rahatsız oluyor." Omuz silktim. "Bazen o da bunun hakkında konuşabiliyor tabii. Sadece bunu yapacak kadar iyi hissettiği günü bulmak zor."

Lily'nin seks bağımlılığından ve bu konudan tamamen utanıyor olduğundan bahsettiğimde Ryke biraz rahatladı.

"Belki bir şeyi yanlış yapıyorumdur," dedim. "Erkekler için seksin bu kadar çabuk olması normal mi?"

Ryke elini gür saçlarında gezdirdi. Daha önce bana cevap vermekten hiç kaçınmamıştı, şimdi de bunu yapmasını beklemiyordum. "Muhtemelen senden gerçekten etkilenmişlerdir ve seni yatağa attıklarında erken boşalmışlardır. Bu senin değil, onların sikik kusuru."

"Yani benden etkilenmeyen birini mi bulmam gerekiyor?" Bu anlamlı gelmiyordu.

Ryke başını iki yana salladı. "Hayır, Dais. Senden hoşlandığı kadar senin de ondan hoşlandığın birini bulman lazım. Böylece sen de boşalırsın."

"Peki hoşlandığım çocuk *duygusal* olarak müsait değilse?"

"Bekâr kal," diye önerdi.

"Sonsuza kadar mı?"

Ryke'ın tüm bedeni gerildi. Bu bir *hayır* mıydı, yoksa *evet* miydi bilmiyordum. İçten içe çığlık atıyordum. *Bana bir şey ver! Evet için bir kez, hayır için iki kez göz kırp!*

Sonra garajın kapısı açıldı. "Hey," diye seslendi Lo. "yemek..." Birlikte motosikletin üzerinde olduğumuzu gördüğü an sesi kesildi.

Ah.

Ryke yavaşça motordan inerken yanlış bir şey yapmamış gibi davranıyordu. Masum ifadesini taklit ederek onu takip ettim ve bacaklarımı motordan sarkıtarak ayağa kalktım.

Lo'nun gözleri sanki onu öldürecekmiş gibi ağabeyine odaklanmıştı. "Bir şeyi mi bölüyorum?"

"Hayır," dedi Ryke sakince. "Sadece konuşuyorduk."

Lo buna inanmaya çalışıyormuş gibi başını salladı. "Eğer *sadece* konuşuyorduysanız, neden onun bacakları senin beline dolanmıştı?"

"Lo," diyerek araya girmeye çalıştım ama Ryke elini kaldırarak beni durdurdu. Sanırım bu ikisinin arasındaki bir konuydu.

Ancak Lo'yu da çok önemsiyordum. O hep ailemin bir üyesi gibiydi. Lily'nin en yakın arkadaşı olarak başlamıştı. Sonra sevgilisi olmuştu. Şimdi de nişanlısıydı. Ablam onu her zaman Calloway tatillerine getirirdi. O Lily'nin artı biriydi.

Benim için bir ağabey gibi olduğunu söylemem yanlış olmazdı. Bu Ryke'la olan her şeyi biraz garipleştiriyordu ama o da aynı zamanda küçük kardeşiyle aralarında bir bağlantı yokmuş gibi hissediyordu. Yıllarca ayrı kaldıkları için aralarında bir bariyer oluşmuştu. Bu yüzden belki de o kadar garip olmazdı.

Ryke, "Biz arkadaşız," dedi kardeşine doğru.

"Arkadaşlar öyle boklar yemez," diye karşı çıktı Lo, sanki Ryke orada benimle birlikte olmuş gibi *Ducati*'mi işaret etti. Aslında Ryke Meadows'un, o motosikletin üstünde benimle birlikte olması fikrine *bayılırdım*. Bana ne kadar sert sahip olabileceğini merak ediyordum.

Ya da orgazm olup olamayacağımı.

Ryke sıkıntılı bir şekilde burnunun kemerini sıktı. "Ne sikim söylememi istiyorsun?"

"Az önce gördüğüm şeyin bir hata olduğunu!" diye bağırdı Lo.

Ryke bir şey söylemediği için ben araya girdim. "Bir hataydı," dedim Lo'ya. "Tersten motosiklet sürmenin nasıl olacağını görmek istedim. Onun yardımı gerekti."

Lo'nun ters bakışları ikimizin üzerindeydi. "Uydurabileceğin en iyi yalan bu mu?"

Gülümsedim. "Aslında bu gerçek."

Söylediğim şey Lo'yu daha çok kışkırttı. "Bu kahrolası bir şaka değil, Daisy. Senden yedi yaş büyük. Muhtemelen farkında olmadığın kadar çok kızla birlikte olmuştur."

"Hayır, ne kadar çok kadınla yattığının farkındayım ama ben de muhtemelen bu sayıya yirmi beşime kadar yaklaşmış olurum."

Lo zihninde iğrenç bir görüntü canlanmış gibi yüzünü buruşturdu. "Şu an alternatif bir evrendeyim."

"Öyle mi? Havalıymış. Buradan daha mı eğlenceli? Sanırım öyle." Ryke'a döndüm. "Ne düşünüyorsun?"

"Üslubunu yumuşat," dedi bana. Sonra bakışları kardeşine odaklandı. "Lo…"

"Onun için yeterince iyi değilsin," dedi Lo. "Bunun farkındasın, değil mi?"

Ryke'ın çenesi kasıldı, omuzları gergindi. "Daisy'yi senden fazla olmasa da senin kadar önemsiyorum, yani bu aşırı korumacı saçmalıklarını bana yöneltmene gerek yok."

"Onunla düzüşüyorsan bu saçmalık değil demektir."

"Düzüşmüyoruz!" diye bağırdı Ryke.

Diğerleri de garaja geldi. Connor. Ablalarım.

Rose şık yüksek yakalı siyah bir elbise giymişti, on santimlik topuklularının üzerinde kapıya doğru sert adımlarla geliyordu. Her zaman özgüvenli olan Connor Cobalt'a mükemmel şekilde uyuyordu.

Lily'nin üzerinde Lo'nun tişörtlerinden biri ve altında da bir tayt vardı. Kapıdan sıkışarak geçtikten sonra Rose'un park halindeki *Escalade*'inin yanında duran Lo'ya yaklaştı. Omuzlarında kestirdiği kısa kahverengi saçlarını kıskanıyordum. "Neler oluyor?" diye fısıldadı Lo'ya.

"Onları motosikletin üzerinde düzüşürken yakaladım."

Ryke inledi. "Hadi be! İkimiz de tamamen siktiğimin kıyafetleri üstümüzdeyken motordaydık. *Hiç* seks yapmadık!" Başını iki yana salladı. "Bunu kaç kere daha söylemem gerekiyor? Ne var biliyor musun? Hepiniz çoktan binlerce kez düzüştüğümüzü düşündüğünüze göre, bunu yapalım gitsin."

Gözlerim irileşti. *Sahiden mi?*

"Hey, hey," dedi Lo huzursuz bir şekilde, ellerini havaya kaldırdı. "Bir kere yaptığınızı duymayı bile midem kaldırmıyor. Lütfen bin kez yaptığınız fikrini benden uzak tutun."

"İkiniz de," dedi Connor garajın üç basamaklı merdiveninden inerken. "Bir dakikalığına durun." Ara bulmak için iki kardeşin arasında duruyordu. "Fazla tepki veriyorsunuz."

"Yapmadığım sikik şeyler yüzünden suçlanmak hoşuma gitmiyor," diye homurdandı Ryke.

"Öyle mi? Sence babam nasıl hissediyordur?" diye bağırdı Lo.

İçeriye bir bomba düşmüş gibiydi. Lo'nun düşmancıl sesi etrafta yankılandıktan sonra garaj sessizliğe büründü. Ryke derin nefesler alsa da Lo'ya cevap vermek için hiçbir harekette bulunmuyordu. Bu şaşırtmacalı bir soruydu.

Lo ana konuya geri döndü. "Daisy on sekiz yaşında."

"Yine başladık," dedi Ryke, kollarını havaya doğru kaldırmıştı. "Hadi anlat dinleyelim, Lo. Daisy, on sekiz yaşında. Küçük kardeşin gibi. Annesi benden nefret ediyor. Biliyorum. Biliyorum. Siktiğimin şeylerini *biliyorum*."

Lo'nun ifadesine bir sürü his yayılırken Lily uzanarak kolunu onun beline sardı. Lo tek bir temasla sakinleşmişti.

Rose ellerini kalçasına koydu. "Burada bir sorun göremiyorum."

"Sevgilim," dedi Connor, başını iki yana salladı. "İşleri kötüleştirme."

Rose ofladı. "İkisinin de rızası var..."

Ryke, "Benim rızam yok," dedi aniden. Bana bakmıyordu. "Çünkü hiçbir sikim olmuyor." Gözleri Lo'ya çevrildiğinde bakışları ona karşı yumuşadı. "Tamam mı?"

İkisinin de güven sorunları vardı.

Ryke'ın benim yatağımda yattığı konusunda ona yalan söylemesinin duruma bir fayda sağlamadığını biliyordum. Eğer Lo öğrenirse bunu onaylamaz *ve* iyiliğim için bizi ayırmanın bir yolunu bulurdu. Ancak Ryke yokken en iyi halimde olabileceğimi sanmıyordum. Onsuz uyumak neredeyse imkânsızdı. Geceleri bir güvenceye ihtiyaç duyuyordum, korkmadan uykuya dalmak için başka bir insanın güvenini arıyordum. Aksi takdirde bir saat bile uyuklayamıyordum.

Yine de Ryke'ı silahın ucunda bırakmayacaktım. Eğer gitmek istiyorsa ona izin verirdim. Sanırım onun yerini tutacak birini bulmam gerekirdi. Bunun mümkün olduğunu bile sanmıyordum. Belki de kalbimde, yalnızca Ryke Meadows'u istediğimi biliyordum.

"Yemek yiyelim," dedi Connor. "Yumurtalar soğuyacak."

Hepimiz önce erkek kardeşlerden birinin harekete geçmesini bekledik. Tartışmayı tekrar ateşleme ya da göz ardı etme gücüne sahip olan kişiler onlardı.

Lo ağzını açtı, son sözü söyleme ihtiyacı duyuyordu. "Seni sevgilimin kardeşiyle düzüşmen için hayatıma kabul etmedim. Seni hayatıma aldığım için beni pişman etme."

Bu acıtmıştı. Sert bir tekme yemişim gibi hissediyordum.

Lo geri çekilerek içeride kaybolduğunda Ryke ilerlemek için beni beklemedi. Kardeşinin peşinden gitti. Ardından Connor da gitti ve beni ablalarımla baş başa bıraktılar.

"Evet," dedim onlara. "Partilerimde hep havai fişekler olur, değil mi?"

"Sarılmak ister misin?" diye sordu Rose. "Çünkü eğer istersen Lily sana sarılabilir."

Lily, "*Ciddi misin?*" dercesine Rose'a baktı.

"Sen benden daha iyi sarılıyorsun. Zayıflıklarımın farkındayım." Rose çenesiyle beni işaret etti. "Cidden, iyi misin?"

Omuz silktim. "Evet." Ryke'a feci şekilde abayı yaktığımı düşünüyorlardı. Ondan hoşlansam da yapabileceklerimizi ve yapamayacaklarımızı diğer herkesten daha iyi anlıyordum. Bu gerçekliği o kadar uzun zaman önce kabul etmiştim ki, *bizim* birlikte olmamız daima bir hayaldi.

Ablalarıma doğru yaklaşarak kollarımı omuzlarına attım. "Bu arada süslemeler için teşekkür ederim. Çok güzeller."

İkisi de benimle birlikte gülümsedi.

Bu an kalbimde kalan siyah noktaları aydınlattı. Yine de gece vakti gelince hissedeceğim telaşı götürmeye yetmezdi. Bazen sonsuza kadar gündüz olmasını istiyordum. Bu beş kişiyle birlikte olup dünyayla asla yalnız yüzleşmemeyi istiyordum.

Fakat Paris benim sınavımdı.

Bu sınavı geçmek istiyordum ama bir yanım tekrar o korkusuz kız olmamın mümkün olup olmadığını merak ediyordu. Pek çok şey, artık eskiye dönemeyecek kadar değişmiş olabilirdi.

BÖLÜM 7

DAISY CALLOWAY

Yemekten sonra bulaşıkları yıkadım. Yemeği Connor ve Lo pişirdiği için ben de bulaşıkları yıkamayı teklif etmiştim. Herkes garajda hiçbir şey olmamış gibi davranıyordu ki durumun böyle olmasını bekliyorduk. Onların önünde Ryke'a ilk kez çok yakın olmuyordum.

Bu yorucu ve garip bir şekilde öngörülebilir bir kavgaydı.

Ryke mutfağa girdi, diğer herkes oturma odasındaydı. Başımı kaldırdım, koridordan bir başkasının daha gelmesini bekliyordum. "Neden burada olduğumu biliyorlar," dedi bakışlarıma karşılık.

Kaşlarımı çattım. "Bulaşıkları yıkamama yardım mı edeceksin?"

Dolaptan bir kâse aldı. "Hayır. Otuz dakika boyunca sikik yumurtalarını tabakta kenara itekleyip durmanı izledik." Diğer dolaptan bir granola mısır gevreği aldı, en sevdiği markaydı. Lo'nun evindeki sabah koşularının ardından buraya bir kutu bıraktığına emindim.

"Meyve yedim," diye cevap verdim. Moda Haftası yaklaşıyordu. Diğer herkesten daha çok yemek istiyordum. Sadece iradem çok kuvvetliydi.

Süt almak için buzdolabını açarken, "Siktir, bu cidden harika," diye karşılık verdi. "Şimdi rahatladım."

"Pastırmadan da aldım."

"Bana yalan söyleme."

"Tamam, pastırmadan yemedim ama bunu yapmayı istedim." Son tabağı da bulaşık makinesine koyduktan sonra tezgâhın üstüne oturdum. Ryke hemen yanımda mısır gevreğini hazırlıyordu.

"Bugün ne öğrendim biliyor musun?" diye sordu, ifadesi gerçekten karanlıktı. "Rose az önce Connor'a, kardeşime ve bana kilon yüzünden düzensiz regl olduğunu söyledi."

Ah, tanrım. İnledim. "Size böyle bir şey söylemiş olamaz." Bazen Rose'un fazla açık bir insan olması kötü bir şey haline geliyordu. Konu *onun* özel hayatı olunca çekingendi. En azından eskiden öyleydi.

"Evet, söyledi."

Bu bilgiyi Lily dışında *kimseyle* paylaşmasını istememiştim. Belki bir de en büyük ablamız Poppy'ye söyleyebilirdi. "Bu oluyor ama sadece-"

"Kendini aç bıraktığında," diye tamamladı cümlemi ifadesiz bir şekilde. Sonra başını iki yana salladı. "Yiyemiyorsun, uyuyamıyorsun..."

Söyledikleri anında aklıma bir filmin alıntısını getirdiğinde genişçe gülümsedim. Kendime engel olamayarak ezberlediğim alıntıyı ona da söyledim. "*Yiyemezsin, uyuyamazsın, zoru başarmaya çalışır, haksız çıkarsın, bu beyzbol şampiyonası gibi bir şeydir.*" Duraksayarak Ryke'ın "işte bu" farkındalığına ulaşacağı anı bekledim. Aklı karışmış gibi görünüyordu. "*Tıpatıp**." Bu da ona hiçbir şey çağrıştırmamıştı. "Bir Mary Kate ve Ashley filmi. Aşkı betimliyorlar."

Kaşları havalandı. "Komik. Ancak senin sorunlarının sebebi aşk değil."

"Nereden biliyorsun?" diye sordum.

* Orijinal ismi *"It Takes Two"* olan, 1995 yapımı çocuk komedi filmi. (ç.n.)

Kollarını kaldırdı. "Üzgünüm, ben senin sikik yatağında uyurken görüştüğün adamlar tam olarak nerede?"

"*Sana da* âşık olabilirim." Şakaya vurup vurmayacağını görmek için bu cümleyi söyleyivermiştim. Ama Ryke sadece ters bir bakış attı.

"Öyle misin?" diyerek cevap verdi. Geri adım atmıyordu.

Bu beni savunmacı bir ruh haline büründürüyordu. Ona evet demek istiyordum ama Ryke'a âşık mıydım? Bunu nereden bilecektim ki? "Emin değilim."

"O zaman bu sikik konuda emin ol," dedi Ryke. "*Benim* sebep olduğum bir aşk, asla bir kadına zarar vermez." Soğuk kâseyi ellerime uzattı. "Mısır gevreğini ye."

Mutfağı bir kez daha ciddiyet sardı. "Bu sabah annemi duydun." Belimi öyle sertçe çimdiklemişti ki tenim morarmıştı.

"Evet." Kaşları havalandı. "Anneni siktir et."

"Hey," diye tersledim onu.

"Ne, hey? Lily'ye zalimce davranmak dışında bir şey yapmadı. Sürekli Rose'la kavga ediyor. Sana da sanki süsleyip gösteriş yapmak istediği sikik bir oyuncak bebekmişsin gibi davranıyor. Diğer insanları memnun etmek için nefret ettiğin şeyleri yaptığını izlemek, *siktiğimin* keçilerini kaçırmama sebep oluyor."

Çok uzun süre sabit durmak zorunda kaldığımdan dolayı modelliğe bayılmıyordum. Bunun için fazla tez canlıydım. Bu yüzden söylediği şeye karşı çıkmam mümkün değildi. "Söz konusu insanların kariyerleri olunca durum farklı. Moda tasarımcıları ve ajanslar bana güveniyor. Eğer o kıyafetlere sığamazsam yalnızca kendimi hayal kırıklığına uğratmakla kalmam, aynı zamanda onları da incitirim."

Gözlerine baksam da görebildiğim tek şey Lily'nin bahsettiği o tanıdık taş gibi sertlikti. Lily, onun erkek kardeşinin buzdan olduğunu söylüyordu. Tamamen keskindi. Ancak Ryke, tıpkı tırmandığı kayalar gibiydi. Sertti.

"Sikik bir vitrin mankeni olma."

"Öyle değilim."

"Gerçekten mi? Çünkü karşımda başka birinin düşüncelerine, isteklerine ve hayallerine sahip olan bir kız görüyorum."

"Sanırım buna kukla deniyor."

"O zaman sikik bir kukla olma."

Bakışlarım mısır gevreğine çevrildi. Ryke'ın bu konuda daha önce konuştuğuna şahit olmuştum ancak bu sefer, sanki dünyadaki en büyük gerçek buymuş gibi hissediyordum. "Belki Moda Haftası'ndan sonra anneme bu konuda nasıl hissettiğimi tekrar söylerim." Belki sonunda ona karşı çıkabilirdim. "Neden bunu bu kadar çok istiyorsun?" diye sordum. Bana, "*Çünkü seni önemsiyorum,*" gibi bir şey söylemesini bekliyordum.

Ama Ryke bunun yerine, "Kendi annemle de aynı şeyi yaşamıştım. Hiç eğlenceli değildi," diye cevap verdi.

Sara Hale'den nadiren bahsederdi. Bunun en büyük sebebi birkaç yıl önce gerçekleşen olaylardı. Çoğunlukla, annesi hayatlarımızı değiştirdiği içindi. Bu değişikliğin iyi yönde olup olmadığından emin değildim.

"Sikik gevreğini ye," dedi sertçe.

Böylece yedim. Dört dolu dolu kaşıktan sonra, Ryke memnun olmuş gibi görünüyordu. Onun memnun olması hoşuma gidiyordu. Herkesin doğru olduğuna inandığı şeyi yapmak hoşuma gidiyordu ama bir tarafta annem; diğer tarafta ise ablalarım, Ryke, Connor ve Lo varken bu çok zordu.

Sayıca üstünlerdi fakat beni annem yetiştirmişti. Bu onun için bir koz sayılmaz mıydı?

Ryke gevreği yememi izleyerek yalan söylemeyeceğimden emin oldu. "Bu mısır gevreği berbat," dedim onuncu kaşıkta.

"Sağlıklı ama eğer çikolata istiyorsan buzlukta dondurma var."

Resmen inledim. "Beni kışkırtma."

Neredeyse gülümseyecekti. "Moda Haftası'ndan sonra onunla konuşacağına söz verir misin?"

Başımı salladım. "Evet, evet."

"Bana iki kez evet deme," diye tekrarladı.

"Neden? Fazla geldiği için mi?"

Bana doğru eğilerek kollarını tezgâha, iki *yanıma* yasladı. "Çünkü kulağa sahte geliyor, tatlım."

"Yani iki kez inlersem-"

Büyük eliyle ağzımı kapatarak yanaklarımı ve çenemi örttü. "O konulara girme, bu akşam olmaz."

Bu cümleyi biraz fazla ciddiye aldım. Sürekli bundan fazlasının olmayacağını bilerek birbirimizi kışkırtıyor, tahrik ediyorduk. İlişkimizin dinamiği böyleydi.

Mısır gevreğinin çoğunu bitirerek sütün üzerinde yüzen yapış yapış granolanın bir kısmını bıraktım. "Garajda olanlar için üzgünüm. Çok üstüne geldim." Kâseyi bırakarak tezgâhtan atladım. Ryke tam oradaydı, yerinden ayrılmamıştı. Elleri hâlâ tezgâha yaslı duruyordu.

Ona öncesinden daha da yakındım.

"Hayır, gelmedin," dedi Ryke. "Seninle öyle olmak isteseydim, şimdiye kadar çoktan olurdum. Altı aydır on sekiz yaşındasın."

Bunun canımı yakması gerekiyordu ama bunun yerine kelimeleri midemin düğümlenmesine ve granolanın boğazıma doğru yükselmesine sebep oldu. Yutkundum. Sanırım *istemek*, yapmaktan biraz farklıydı. Benden hoşlanmak istediğini düşünmüştüm ama bunu yapamayacağını biliyordu. Yine de bu doğru değildi. Bana karşı herhangi bir ilgi duyduğuna dair hiçbir şey göstermemişti. Bazen flört etsek dahi hiç benim yüzümden sertleşmemiş ya da tahrik olmamıştı.

En azından gördüğüm kadarıyla.

Bunu denemek istiyordum.

Denememeliydim ama merak ediyordum. Onun da benimle aynı çekimi hissedip hissetmediğini öğrenmenin başka yolu yoktu. Bunu benim gibi bakışlarına yansıtmıyordu.

Yeterince yakın olduğundan dolayı yapmam gereken tek şey sarılmak için kollarımı göğsüne dolamaktı. O benim kurdumdu ve bugün beni ısırıp ısırmayacağını cidden merak ediyordum. İkinci kez düşünmedim. Ona sarıldığımda bedeni kaskatı kesildi. Ardından bakışlarımı yüzüne çevirdim, ikimiz de geri çekilmiyorduk.

"Daisy..."

Uzun bacaklarım, onun güçlü bacaklarına temas ediyordu. Kalçakemiğim tam olarak onun pelvisine değiyordu. Ryke bir doksan boyundaydı, bir seksen olduğum için ondan biraz daha kısaydım. Anında gerilen kaslarının ve bana çevrilen karanlık bakışlarının farkına vardım. Eğer öyle bir sarılma türü varsa, bu on sekiz yaş üstü bir sarılmaydı. Buna rağmen Ryke hiç sert değildi. Sadece geri çekilmemi bekliyormuş gibi gergindi.

Sarılmama karşılık vermek yerine bir elini başımın üstüne koydu, tereddüt ediyordu.

İç çektim. Bu test sonuçsuz kalmıştı. "Teşekkürler," dedim. Bu tek kelime kaslarını rahatlattı. "Düzüşmeyen arkadaşlar olabildiğimiz için mutluyum." Bu hiç yoktan iyiydi.

Karanlık bakışları yüzümde dans ediyordu. Uzun bir süre boyunca sessiz kaldı. İkimiz de bu pozisyonu bozmuyorduk. Garaj kazasından sonra böyle durmamız tehlikeliydi ama sanırım ikimiz de tehlikeye eşit derecede çekiliyorduk.

Başparmağıyla yanağımı okşadı. "Sikik derecede bitkin görünüyorsun."

"Kestirdim."

"Sen kestirmezsin," diye cevap verdi.

"Bu öğleden sonra biraz gözlerimi kapattım. Buna ne diyeceksin peki?"

"Sikik gözlerini kapattığını söyleyeceğim," dedi ifadesiz bir şekilde.

Yüzüme bir gülümseme yayıldı. Bir kahkaha attıktan sonra yaklaşıp yanağımı göğsüne yaslayarak gözlerimi kapattım. Bedeni tekrar kaskatı kesildi. Sıcaktı. Bir saniyeliğine kalbinin zayıf sesini dinledim, hızlandığına yemin edebilirdim. Ancak belki de sadece Ryke Meadows'un üzerinde böyle bir etki bırakmayı *umut* ettiğim için bana öyle geliyordu.

"Ne yapıyorsun?" diye sordu sert bir şekilde. Elleri tekrar başıma uzanarak ondan daha küçük olduğumun farkına varmamı sağlamıştı. Benden uzun erkekler bulmak zordu. Geçmişte bu yüzden modellere çekiliyordum.

"Uyuyorum," dedim gülümseyerek.

"Ne zaman senin sikik yastığın oldum?" diye sordu yavaşça.

"Şşşt," diye fısıldadım. "Burası güvenli."

Ryke'ın benden uzaklaşmasını beklediğim sırada beni şaşırtarak başımın üstüne bir öpücük kondurdu. Fakat yalnızca bir saniye sonra ellerini aşağıya indirdi. Omzumun üzerinden bir şeye bakarken kaşlarını çatmıştı. Başımı çevirip bakışlarını takip ettiğimde kahve demliğinin yanında bir *Ünlü Takipçisi* dergisi gördüm.

"Hâlâ kim bu zırvalıkları alıyor?"

"Lily," dedim. "Sanırım insanların ailemizi unutacağını umut ediyor."

"Hayal kuruyor." Ryke yanımdan ayrılarak dergiyi aldı. O hızlıca sayfaları çevirip dergiyi çöpe atmadan önce ön kapaktaki başlığı gördüm.

FOTOĞRAFLANDI! LILY CALLOWAY, NİŞANLISI VE ONUN AĞABEYİYLE ÇIKIYOR.

"Fotoğraf ne?" diye sordum merak ederek. Mısır gevreğinin kâsesini sudan geçiriyordum.

"Üçümüz şehir merkezindeki *Lucky's*'te öğle yemeği yiyorduk. Sikik medya sürekli ablanla yattığımı söylüyor olabilir ama hepimiz biliyoruz ki bu tamamen-"

"Saçmalık," diye tamamladım. "Saçmalık." Yalandan nefesim kesilmiş gibi yaptım. "*Siktiğimin* saçmalığı."

Ryke bana birçok insanın gözünü korkutabilecek bir sertlikle bakıyordu ancak geri çekilmedim. Gözlerim beni delip geçen gözlerinden ayrılmıyordu. Bir an sonra dudakları yavaşça kıvrıldı. "Ne zaman senin ağzın bu kadar edepsiz oldu, Calloway?" diye sordu.

"Seninle arkadaş olduğum an."

"Aferin bana o zaman," dedi Ryke. Elini uzatıp sertçe saçlarımı karıştırdı. "Bu arada giderken peşine takılacağım."

"Benim yastığım olman lazım, korumam değil," diye hatırlattım. "Bende zaten bir tane var." Adı Mikey Black'ti. Kırklarında, eskiden Kaliforniya'da kişisel antrenörlük yapan biriydi. Lily'nin biraz iriyarı, büyük beden takım elbiseler giyen korumasının aksine benimki kış aylarında bermuda şort ve atlet giyiyordu. Oldukça havalıydı.

"O sana yetişemez," dedi Ryke yanıma sokularak. Bulaşık makinesine kâseyi yerleştirirken beni izliyordu.

"Bu yaz bana nasıl sörf yapacağımı öğretti," diye karşılık verdim. "Sadece *Harley* sürüyor ve o da senin spor motosikletin kadar hızlı hareket edemez. Senin yanındayken, onun hiçbir paparazzi arabasını geçtiğini görmedim." Bu doğruydu. SUV araçlar başıma üşüşmüş oluyorlardı. Tıpkı bu gece olduğu gibi. Onları atlatmaya çalışmıştım ama hızlanıp önüme geçerek ve benim daha da hızlanmama sebep olmuşlardı. Mikey ise eyaletler arası otoyolda saatte yüz yirmi sekiz kilometreden yüz altmış sekiz kilometreye çıktığım sırada arkamda bir yerlerde gözden kaybolmuştu.

"Tuzlu su ve şeker gibi kokuyor," dedim. "Hatta bazen de kapkek gibi."

Ryke bana boş bir bakış attı.

"Bunlar hoş birer artı özellik," dedim.

"Benim için değil."

"Kapkeklerden daha iyi olan *hiçbir* şey yok. Tabii, çikolatalı pasta dışında ama o da kapkek ailesinden sayılır."

"Seks," diye karşılık verdi. "Seks, çikolatadan daha iyi." Bana hep bunu söylüyordu.

"Benim için değil." Tam olarak onun cümlelerini kullanmıştım.

Bakışları dudaklarıma indi. Bu sefer böyle yaptığına yemin edebilirdim. Ama çok hızlı gelişmişti. Belki de yine bunu çok fazla istediğim içindi... Neden kendime böyle eziyet ettiğimi bilmiyordum. Ryke düzüşmeyen arkadaşlığımızın ötesinde, beni daha fazla beğendiğini itiraf etse bile ilişkimizi ileriye taşıyacak durumda değildik.

Bu anın geçmesine izin verdim. Hep yaptığım gibi. "Bana, Mikey'den daha iyi bir şekilde yetişebileceğini sana düşündüren nedir?" diye sordum.

Bana tekrar yaklaşarak, "Çünkü," dedi. "Sana motosiklet sürmeyi öğreten kişi benim."

Gülümsedim. Evet, bunu o öğretmişti.

BÖLÜM 8

RYKE MEADOWS

"Beni izle," dedim Daisy'ye. Yatak odasının kapısının yanında duruyordum. Kolu çevirdim. "Kilitli."

Esnedi. Yatakta oturmuş, bacaklarını göğsüne doğru çekmişti. Gözlerinde yanıltıcı, huzurlu bir ifade vardı ama gergin omuzları tam tersini söylüyordu.

Her gece aynı sikik şeyi yapıyordum. Pencereye doğru ilerleyerek yeşil perdeleri çektim ve pencereyi kaldırmaya çalıştım. Gerçekten açmayı *denediğimi* görmesi için kasılan kol kaslarımı izliyordu. "Kilitli," dedim.

Yatağın ucuna geçerek alayla kaşlarımı kaldırdım. Tuvalete gitmeden önce yüzündeki küçük gülümsemeyi yakalamıştım. Duş perdesinin arkasını kontrol ettim çünkü eğer bunu yapmayıp ona yalan söylersem kendimi sikik bir şerefsiz gibi hissedecektim. Birinin tekrar odasına girme ve küvetine saklanma ihtimali benim kaldıramayacağım kadar yüksekti. Eğer kontrol etmezsem ve bu olay gerçekleşirse, kendimi *asla* affetmezdim.

Etraf temizdi.

Bir bardağa musluktan su doldurduktan sonra odasına döndüm. Daisy dizlerine öyle sıkı sarılıyordu ki parmak uçları kızarmıştı. Bakışları pencereye odaklanmış haldeyken omurgası dimdik duruyordu.

"Dais," dedim yatakta onun tarafına yaklaşarak. "O sikik şeyi az önce kontrol ettim." Komodinden ilaç şişesini aldım. Ona yaklaşmak için bir dizimi yatağa yaslayarak pencereyi görmemesi için önüne geçtim. "Hey." Kalbim hızla çarpmaya başladı.

"Evet..." Birkaç kez gözlerini kırpıştırdıktan sonra bana gördüğüm en zayıf gülümsemeyi bahşetti.

Sinirlenerek şişeyi yüzüne doğru attığımda çarpmadan önce şişeyi yakaladı. "Tekrar bakabilir misin?" diye sordu.

"Tabii." Suyu ona uzatıp pencereye döndüm. Kilitli olduğunu ona gösterdiğim sırada gözleri irileşti ve göğsü havalandı. Pencereyi kaldırmayı denediğim an korkuyla irkildi.

Siktiğimin zihninde şu an neler döndürdüğünü bilmiyordum ama korkmak için birkaç sebebi olduğunu biliyordum. Onun böyle irkilmesini izlemek kalbimi parçalıyordu.

"İyisin," dedim. "Gördün işte, sikik şey kilitli."

Elini ağzına koyarak onaylarcasına başını salladı. Gözyaşlarını tutuyordu. "Üzgünüm. Bir süre uyumadığımda ürkekleşiyorum."

"Biliyorum. Benden sikik özürler dilemene gerek yok." Tekrar tuvalete doğru yaklaşarak kapıyı yatak odasından kilitledim. Daisy buraya taşındıktan sonra içinin rahat etmesi için kapıya bir kilit dili yerleştirmiştim.

İlaç şişesini açmaya çalışırken elleri titriyordu. Yatakta yanına geçtim. Bir eşofman altı giyiyordum ve üstümde tişört yoktu. Daisy de sarı pamuk bir şort ve üzerinde "Kapkes Sesini" yazan bir atlet giyiyordu. Üç gün önce kapkeklere karşı olan sikik sevgisine laf ettiğim için bunu giymesini bekliyordum. Birlikte geçireceğimiz son gecemizde bunu giymiş olmasına şaşırmamıştım. Yarın öğlen Paris'e gidiyordu. Altı gün sonra, ben de Kaliforniya'ya gitmiş olacaktım.

Belki de ayrılıyor olmamız iyi bir şeydi. Connor ve kardeşim, dört aydır birileriyle çıkmıyor oluşumuzu oldukça garip buluyorlardı. Sanırım sonunda bunu değiştirme şansımız vardı.

Elindeki şişeyi alarak kolaylıkla açtım. İki hapı avucuna döktüm. Daisy tereddüt etti. "Biliyor musun, bunları almaya başladığımdan beri uyku terörü ya da başka bir semptom görmüyorum."

Elimi saçlarımda gezdirdim. "Daisy, sikik doktorunla bu konuyu konuştun." Tanrı aşkına, durumuyla ilgili üç farklı uyku bozukluğu hekimiyle konuştuğu sırada *ben de* oradaydım. Elektroensefalografi yapılmıştı. Birkaç farklı uyku araştırmasına katılmıştı. Hekimlerin hepsi bu sikik ilaçları içmesini söylemişti. Çünkü *Ambien* olmadan hiç uyuyamayacaktı. Uykusuzluktan, travma sonrası stresten mustaripti ve ona yardımcı olabilecek tek şeyi terapiydi. Ona da zaten rutin olarak gidiyordu.

"Bu aslında uyumak sayılmaz, değil mi?" diye sordu. Avucundaki haplara bakıyordu. "Yani, bu beni yarı yarıya uyutuyor."

Parasomni, uyanıklık ve uyku arasındaki anlardı. Evet, her şeyi öğrenmiştim. Altı aydır bundan daha iyisini yapmamıştı. "Hiç sikik uyku almamaktan iyidir."

Başını sallayarak derin bir nefes aldı ve ilaçları ağzına attı. Suyun yarısını içtikten sonra bardağı komodinine bıraktı. Örtülerin altına girip başını yastığa yaslamasını izledim. Doğruca tavana bakıyordu, bir an sonra gözleri dolmaya başladı.

"Ne oldu?" diye sordum.

"Uyumaktan korkuyorum," diye itiraf etti bir fısıltıyla. "Kâbus görmek istemiyorum." Göz kenarlarından yaşlar dökülüyordu. Gözyaşlarını bastıramayacak kadar yorgundu. "Ama uyanık kalırsam tüm gece korkacağım. Bu berbat bir şey."

Keşke sorunlarını uzaklaştırabilseydim. Bir şeyleri düzeltememeye alışık değildim, o varlığım sikik bir çözümmüş gibi davranırken bunları yaşadığını görmek canımı yakıyordu.

Ona doğru eğildiğimde doğruca bana baktı. "Daisy." İsmini bastırarak söylerken başparmağımla gözyaşlarını sildim. "Hiç kimse bu sikik odaya girmiyor." Normalde bunu her gece yapmıyordum ama bugün daha kötüydü. Yanımdaki komodine uzanarak çekmeceyi açtım. Ardından kırk beş kalibrelik tabancayı çıkararak şarjörün dolu olduğunu ona gösterdim. "Tamam mı?"

Tekrar nefes almasını izledim. Başını salladı.

Sonra emniyet kilidinin açık olduğuna emin olarak tabancayı yastığımın altına koydum.

Gözlerini kapattı, ben de vücut sıcaklığımı hissedebileceği kadar ona yaklaştım. Onu neyin sakinleştireceğini, korkusunu neyin tetikleyeceğini bilecek kadar uzun zamandır bunu yapıyordum. Aramızda birkaç santim vardı. Alnında biriken ter damlalarını görebiliyordum.

"Şşşt," diye fısıldadım. "Güvendesin." Kolunu okşadığımda bana yaklaştı. Aramızda artık birkaç santim yoktu. Sanki bu en doğal pozisyonmuş gibi bacaklarımızı birbirine doladık. Arkasını dönerek sırtını göğsüme yasladı. Kolum belindeydi, aletim kalçalarına değiyordu. Ama muhtemelen o bu duruma benim kadar odaklanmıyordu.

Bu sikik kızla neredeyse her sikik gece bu sikik pozisyonda yatıp sikik hiçbir şey yapmamak için kendimi kısıtlamanın ne kadar zor olduğunu biliyor muydunuz?

Farkında olmadığım kadar kontrollüydüm.

Bu gecenin zor bir gece olacağının farkındaydım ama bir kâbusun bitip diğer sikik sorununun başlayacağını beklememiştim. Uyurgezerlik değil. Bunu yaptığını henüz yakalamamıştım.

Daisy beni tekmeleyerek uyandırmıştı ki bu normal kısmıydı. Kıpırdanıyor, uzun pürüzsüz bacaklarını ileri geri, yukarı aşağı hareket ettirerek bacaklarıma sürtüyordu.

Onu durdurmaya çalışmadım. Tamamen uyanana kadar tepkisiz kalacaktı.

Yastığını tutarak yüzünü yastığa gömdü ve inledi.

Hâlâ uyuyordu. Bu içtiği ilaçların sikik yan etkisiydi ve son dört aydır belki beş kez falan olmuştu. Gecenin ortasında tahrik olduğunu ona söylemeyi planlamıyordum. Gözlerini bir anda açıp oldukça bilinçli gözükse bile bunu yaptığını hatırlamıyordu, tıpkı uyurgezerlik gibi. Tahrik olduğunda inlediğini duyduğumu söylersem onu utandırabileceğimi düşündüğüm için hiç sesimi çıkarmamıştım. Ancak uyku araştırması sırasında bunu zaten yapmıştı, yani durumu biliyordu.

Daisy bunu öğrendiğinde utanmamıştı. Onun Lily olmadığını unutuyordum. Çok daha az utanç duyuyordu, ondan çok daha fazla pişkindi ve muhtemelen beş kat daha çılgındı. Sadece eğer bunu tekrar yaparsa kazara bana tecavüz etmemesi için hemen yataktan çıkmam gerektiğini söylemişti.

Uyku seksi sırasında bunun olabileceğini okumuştu ve ben de uyurken ya da uyanıkken bana tecavüz edeceğini düşünüyorsa sikik aklını kaçırmış olduğunu söylemiştim.

Daisy huzursuzca kıpırdanıp duruyordu. Bir an sonra sırtını bana dönüp dizlerinden birini kendine doğru çekerek hareketsiz kaldı. Titredi ve tekrar inledi. Tiz sesi dizginsiz bir zevkle doluydu.

Dirseğimin üstünde doğrularak onu izlemek için bir saniye duraksadım. O özellikle belinin altındaki örtüye tutunduğunda sertleşmeye başlamıştım. Atleti göğsüne doğru toplanmıştı ve göğüslerinin alt kısmı açıktaydı.

Siktir. Tuvalete gitmem gerekiyordu.

Atletini düzelterek gidecektim ama sesi beni durdurdu. "Yapamam," diye inledi yavaşça. Sonra çıkarttığı sesleri kısık iniltilere dönüşmeye başladı. "Ahh... ahh... ahh..."

Yüce İsa. Keşke şu an çok derinlerine girmiş olsaydım.

Sırtı bir yay gibi kıvrıldı. "Ryke!"

En azından o derinlerinde olduğumu düşünüyordu.

Hayal kırıklığına uğramış bir şekilde üstümdeki örtüyü attım. *Atleti sikerler.* Ona tekrar baktım. Göğüsleri küçük olmalarına rağmen beni mahvediyordu. Yataktan kalktım, ereksiyonum sikik eşofmanımdan dışarı fırlamaya çalışıyordu. Vücudu her zamankinden daha zayıftı. Siktir, onu önce doyurmak, sonra da sertçe becermek istiyordum. İkisi de olasılıksız görünüyordu ve ikincisi gerçekleşmeyecekti.

"Ben… yapamam…" İnledi. İşte, sikik uykusunda bile bunun yanlış olduğunu biliyordu. Hepsi bu kadardı. "Ryke… Ryke…" Tekrar inledi. Feminen, tiz sesine karşı ikinci kez yenildim. "Ryke, ahh!" Bu noktaya gelmeden önce çoktan sikik banyoya girmiş olmam gerekiyordu.

Kilidi açıp içeri girmem bir dakikamı aldı. Nazikçe kapıyı kapatarak eşofmanımı aşağı sıyırdım. *Siktir.* Yerde losyon, (ihtiyaç olmayan sikik bir) saç spreyi ve (aynı şekilde) yarısı bitmiş bir diş macunu vardı. Buranın bu kadar dağınık olduğunu hiç fark etmemiştim bile ama sanırım hep böyleydi. İkimiz de nadiren temizlik yapıyorduk.

Rose ona bekâretini vermediği sırada deli gibi mastürbasyon yaptığı için Connor'la sürekli dalga geçiyordum ve işte şimdi burada, aynı şeyi yaşıyordum. Tek fark, benim için bir final olmamasıydı. Yolun sonunda kıza sahip olmuyordum. Onun peşinden koşmuyordum. Sadece ona yardım ediyordum ve bu bittiğinde hayatımıza devam etmemiz gerekiyordu.

Klozetin yanına geçerek bir elimi duvara yerleştirdim. Gözlerimi kapattıktan sonra bir kadının içinde olmak için yalvaran ama aylardır bu isteğini *reddettiğim* sert aletimi okşamaya başladım. Hazzımı arttıracak görüntüler zihnime dolmaya başladı. Sarı saçları, tiz inciltileri ve uzun sikik bacakları olan kız gözlerimin önüne geldi.

Anında kendimi okşamayı bıraktım.

Dudaklarımı yalayarak duvara ters ters bakmaya başladım. *Neden onu hayal etmek zorundasın?* Herhangi biri olmalıydı. Lanet olası herhangi biri. Daha önce becerdiğim ve Daisy'den tamamen farklı olan birini düşünmeye çalıştım. Büyük göğüsleri, koca bir kıçı ve kocaman kalçaları olan birini. Kıvrımlı kadınlardan hoşlanırdım. Atletik olanlardan. Dürüst olmak gerekirse, her şeyden hoşlanıyordum. Yine de Daisy'nin bunu bildiğini sanmıyordum. On beş yaşındayken ona bir tipim olduğunu söylemiştim ve aklına kötü bir şey sokmaması için onun tam tersi bir kadını betimlemiştim.

Şimdiyse buradaydım, *onu* hayal ediyordum. *Düşünmeye son ver.* Bunun için çabalıyordum. Boşalmak istediğim için her şeye tekrar başlayıp başka bir kızı hayal etmeye devam ettim. Bacaklarımın arasındaki aletim zonkluyordu. *Sikerler.* Hareketlerimi hızlandırırken nefeslerim hızlanmaya başladı.

Duvardaki elim yumruk oldu.

Zihnimdeki o büyük göğüsler ve koca kalçalar beynim bir anda o iniltileri yeniden hatırladığında değişti. *Ahhh... ahhh... ahhhhh... Ryke, Ryke!* Görüntüler nefes kesici bir şekilde gülümseyerek bir şehri aydınlatabilecek güzel bir yüze dönüştü. İnlerken dudakları aralanmıştı ve her bir iniltiyle birlikte gülümsüyordu.

Onu hayal etmeye bir son ver. Durdum, elim olduğu yerde donmuştu. Bunu yapamazdım. Fayans zemindeki dergiye uzandım. Sayfalarından bazıları duştan gelen suyla ıslanmış ve kabarmıştı. Bir moda dergisiydi, yüzünde bir ton makyaj olmayan bir kız bulmam zor oldu. Sayfaları çevirmeye devam ederken iki sayfaya yayılan bir fotoğrafta durdum.

Daisy'nin fotoğrafında.

Siyah dantelli iç çamaşırlarıyla olan.

Destekli sutyeninin etkisiyle küçük göğüsleri daha büyük duruyordu. Yuvarlak kıçında bir tanga vardı, zayıf görünüyordu. Dumanlı ve gölgeli göz makyajı, "*Gelip beni becer,*" der gibiydi, bunun hiç yardımı dokunmuyordu. "Sikeyim, cidden harika." Bu gece dünya bana karşı falan mıydı?

Dergiyi kenara atarak gözlerimi tekrar kapatıp sesli bir nefes verdim. *Sikerler.* Onu hayal etmek hayatıma devam edemeyeceğim bir günah falan değildi. Daha önce aştığım ama çok sık geçmediğim bir sınırdı. Bu durum da beni bir sınırı daha aşmaya zorluyor olabilirdi.

Kendimi buna yeterince ikna ettiğimde elim doğal ritmine devam etti. *Ahh... ahhhh... Ryke!* Boğazımdan bir inilti kaçtı. *Siktir.* Kalçalarımı elime uyduracak şekilde hareket ettirirken Daisy'nin bacakları arasında gidip geldiğimi hayal ediyordum. Sırtını bir yay gibi kıvırdığını, kontrol altına alamadığı devamlı bir zevk halinde olduğunu.

Bu asla peşini bırakamayacağımı düşündüğüm bir görüntüydü. O kadar gergindim ki, bu rahatlığa sikik saatler öncesinden kavuşmam gerekiyordu. İnlemelerini kulaklarımla duydum. Doruğa ulaştığında yüzüme boşaldığını gördüm. Ayrıca bedeni tamamen benimdi, sikik ellerimde güvendeydi, uzun aletim içine tamamen sığıyordu. Bunların hepsi beni yeni, yoğun bir noktaya ulaştırdığında hayatımda ilk kez bu kadar çok kendimi gaza getirdim.

Hemen ardından boşaldım. Eğer basit, sikik bir hayal bile bu kadar iyiyse, gerçeğinin ne kadar iyi olabileceğini merak ettim. *Bu mümkün değil.*

Evet, öyle olduğunu biliyordum.

BÖLÜM 9

DAISY CALLOWAY

Kendime gelmem bir dakikamı aldı. Şakağıma dokunurken nerede olduğumla ilgili aklım biraz karışıktı. Uzandığımda örtülerimi hissettim. Yatağımdaydım. Tamam, şu anda yeni uyanıyor olmalıydım ama çoktan oturur pozisyona gelmiştim. Her yerim sanki tüm gece boyunca dayak yemişim gibi acıyordu. Kaşınan gözlerimi ovaladıktan sonra yanımdaki şilteye uzandım. Örtüler birbirine karışmış ve dolanmıştı, Ryke yatakta değildi. Odada bile değildi.

Telaş içimde yer edinirken kalbim boğazımda atmaya başladı. Başımı hızla pencereye doğru çevirdiğimde elinde sopası, kamerası ya da ikisi birden olan bir adamın içeri girmeye çalıştığını hayal ettim. Perdelerim sabit duruyordu. Hareket etmiyorlardı ve bu pencerelerin sıkıca kapalı olduğu anlamına geliyordu.

İyisin, Daisy. Aklını kaçırmaya bir son ver. Bu mantrayı içimden tekrar edip dururken kaskatı bir şekilde banyoya doğru yöneldim. Kapı aralıktı. Kapı *aralıktı*. Hayır. *Bu sadece Ryke. Sorun yok.*

Diğer duvara baktım. Yatak odasının kapısı… o da aralıktı. *Bu sadece Ryke. İyisin.*

Peki ya o değilse? Ya birisi içeri girdiyse ve Ryke'a bir şey yaptıysa? Ya ona zarar verip bana bir tuzak kurdularsa? Bu vahşice, çılgınca bir düşünceydi ama zihnimde bunun gerçek olduğuna inanıyordum. Sessizce dizlerimin üzerine oturarak soğuk adrenalin içimde kol gezerken nefesimi tuttum. Ryke'ın yastığını kaldırdığımda siyah tabanca altında duruyordu.

Titreyen parmaklarımla tabancayı aldım ve namluyu kapıya doğrulttum. Oturma odasından bir tıkırtı sesi yükseldi. Yerimden sıçrarken dudaklarımdan küçük bir ses firar etti. *Kes sesini, Daisy. Ya seni duyarlarsa?*

Sonra kapı yavaşça açıldı.

Ryke beni gördüğü an olduğu yerde durdu, gözleri endişeyle dolmuştu. "Daisy?"

Ne yapıyordum ben? Tabanca titreyen ellerimden kayarak güvenli bir şekilde örtülerin üstüne düştü. Nefes alamıyordum. Tabii ki sadece Ryke'tı. Ben gözümü kırpana kadar yanıma gelmişti bile. Dizini yatağa koyarak yüzümü iki büyük elinin arasına aldı. "Daisy, bana bak."

Nefes alamıyordum. Huzursuz ciğerlerim için biraz nefes almaya çalıştım. "Nerede... ne..." Pencerelere bakmayı denedim. Neden kendimi korkutuyordum? Orada kimse yoktu ki? Hepsi kafamdaydı.

"Şşşt." Sırtımı sıvazladı. "Sikik bir nefes al, Daisy." Üstümde dikilirken paranoyak, kaygılı ifademi inceliyordu.

Derin bir nefes aldım ve bu sefer bedenim kabul etti. *İyisin.* Titrememi durduramıyordum. Ryke bir anda beni kollarına alıp daha nefesimi bile veremeden yatağa uzanarak başlığa yaslandı, beni kucağına yerleştirmişti. Temiz, gri renk Penn tişörtünü çıkarttığında kaşlarımı çattım ama bundan bir anlam çıkaramayacak ya da karşı çıkamayacak kadar sıcak ve bitkindim. Saçları ıslaktı, siyah bir kot pantolon giyiyordu.

Sonra tişörtüyle alnımı sildi. Tenimi kaplayan bir ter tabakası vardı. Atletim karnımdaki ve göğsümdeki teri tamamen emmişti. "Üzgünüm," diye fısıldadım derin bir nefes alarak. Bir anda tüm enerjim tükenmişti. Sahip olduğum enerjinin tamamını telaş anımda kullanmış gibiydim.

"Özür dilemek hakkında ne söylemiştim?"

Onun koluna tutunuyordum. Bedeni ve diğer eliyle beni dik tutuyordu. "Seni vurmak üzereydim."

"Hayır değildin."

Gözlerimi ona doğru çevirdiğimde bakışlarının ne kadar sert olduğunu gördüm. "Bunu bilemezsin."

"Sikik emniyet kilidi açıktı," dedi.

Ah. Güzel. Midemdeki bir düğüm gevşemeye başladı.

Nemli saçlarımı yüzümden geriye iterek pamuk tişörtü boynumda gezdirdi. "Uyanabileceğini düşünmedim," diye itiraf etti. "Siktir, buradan ayrılmamalıydım." Genelde Lo'yla koşuya ya da erkenden spor salonuna gitmeden önce beni dürterek uyandırırdı, böylece yatak odama sonrasında döneceğini bilirdim.

"Sorun yok," dedim tekrar ıslak saçlarını süzerken. "Duş mu aldın?"

"Senin odanda temiz kıyafetim kalmamıştı, ben de kendi daireme indim." Başını iki yana salladı. "Orada duş aldım. Vaktim var sanmıştım." Sonra duraksadı. "Tüm sikik bir ay boyunca Paris'te tek başına idare edebileceğinden emin misin?"

"Bilmiyorum… ama denemek zorundayım. Artık geceden korkmak istemiyorum." Yatakta biraz daha doğruldum. "Farklı olacak," dedim. "Fransa'da daha az paparazzi, daha az kamera olacak ve eski arkadaşlarımın hiçbiri olmayacak."

"Siktir, umarım haklısındır."

Umarım öyledir.

Birkaç dakika sonra, nihayet nefeslerimi düzene soktuğumda beni kucağından indirerek nazikçe yatak başlığına yasladı. Ardından yataktan inip tabancayı eline aldı. Parmaklarını hızla hareket ettirerek emniyet kilidini ve şarjörü becerikli bir şekilde kontrol ettikten sonra eğilerek komodininin çekmecesini açtı. Bir kasa ortaya çıkmıştı, bir şifre girdiğinde ağır metal kapak açıldı.

Tabancayı dışarıda bırakmasını gerçekten istememe rağmen

kulağa o kadar korkak gelmek istemiyordum, bu yüzden de tabancayı göz önünden kaldırmasına müsaade ediyordum. Yerimden kalkıp temiz kıyafet bulmak için odama bakındım. Duş. Enerji içeceği. Uçak kalkış saatini kontrol etme. Vedalaşmak için kardeşlerimi arama. Mikey'nin beni havaalanına götürmesine izin verme. Bunların sonrasında gitmiş olacaktım.

Bunu yapabilirdim.

İç çamaşırlarımın ıslak olmasından nefret ediyordum. Orgazm olabildiğim anlar *yalnızca* ben uyurken gerçekleşiyordu. *Uykumda.* Ayrıca neler olduğunu hiç hatırlamıyordum. Tek bir küçücük anını bile. Bu zalimceydi.

En azından duş almak beni yeniliyordu. Yeni bir insan gibi hissediyordum; ya da en azından olmak istediğim insan gibi. Korkusuz, yeni bir maceraya atılmaya hazır biri gibi. Perdeleri açtığımda gün ışığı içeriye girdi. Odam artık karanlık ve kasvetli değildi. İki enerji içeceğini kafama dikmemin ardından dünyadaki her şeyi yapacak kadar hazırdım.

İstediğim için Ryke bana bir tane daha yeşil limon aromalı *Lightning Bolt!* verip, "Bu son," dedi. "Bakalım beni yenebilecek misin, Calloway." Yanıma gelip yatağın ucuna oturdu. Bu enerji içecekleri, babamın milyar dolarlık gazoz şirketi *Fizzle* tarafından üretiliyordu. Böyle olunca ben de takviye olarak bu içeceği seçiyordum.

"Bir," dedim. "İki..." Kutuyu ağzına yaklaştırdığında ben de aynısını yaptım. "Üç." İkimiz de aynı anda içeceği kafamıza diktik. Gazlı içecek boğazımdan akarken göz ucuyla Ryke'ın âdemelmasının iki kez hareket edişini izliyordum. Boş kutuyu bir zafer edasıyla salladı.

Üç saniye sonra ben de kendiminkini bitirdim.

"Bana göre çok yavaşsın," dedi.

"Bu bir Ryke Meadows testi mi?" diye sordum. "Sadece hızla yutabilenlerden mi hoşlanıyorsun?" Gülümsediğimde kaşları havalandı.

"Yutmakla ilgili ne biliyorsun?"

Omuz silktim. "Kafaya takmayacağımı biliyorum."

Kasları gevşerken bakışlarını bana çevirdi. Elindeki kutuyu ezdikten sonra şifoniyerimin yanında, biraz uzakta duran çöp kutusuna attı. Teneke kutunun içine mükemmel bir şekilde girdi. Ryke'ın kaygısız tavrındaki değişimi fark etmiştim, bir anda ciddileşmişti.

Belki de bir sınırı aşmıştım. *Aferin sana, Daisy.* Bir cümle daha ekleyerek düzeltmeye çalıştım. "Yutmaktan bahsetmek zorunda değiliz." *Kes sesini.* Yataktan fırlayıp kendimi temizlik yaparak meşgul etmeye karar verdim. Kazak, kot pantolon ve ceketleri sandalyelerin üstünden ve yerlerden toplayarak çekmecelere yerleştirmeye başladım.

Ryke yatağımın ucunda duruyordu. Kollarını dizlerine yaslamış, öne doğru eğilerek ellerini birbirine sarmıştı. Bakışları düşünceli bir şekilde yere odaklanmış durumdaydı. "Konuşabilir miyiz?"

Bu iyi değildi. *"Konuşabilir miyiz?"* sorusu hiçbir zaman doğru noktalara varmazdı. O bir şey söyleyemeden konuşmaya başladım. "Tüm bu tuhaf vedalaşma olayına girmene gerek yok. Birbirimizi tekrar göreceğiz." Sadece bir aylığına Paris'te olacaktım. Bir arkadaş olarak onu kaybetmiyordum. Öyle değil mi?

"Bence ikimizin de tekrar birileriyle çıkmaya başlaması gerekiyor," dedi aniden.

Biraz hızlı hareket ederek kıyafet yığınını almaya ve aynı anda hepsini çekmeceye sokmaya çalıştım. *Bence ikimizin de tekrar birileriyle çıkmaya başlaması gerekiyor.* Ne olmasını bekliyordum ki? Bu olay ikimizin el ele tutuşmasıyla bitmeyecekti. Ryke sadece ayaklarımın üstünde durmama yardım etmek için buradaydı. Yine de dört aydır başkalarıyla çıkmakla ilgilendiğimizden hiç bahsetmemiştik. Sadece bizdik. Ne kadar kısa ya da uzun olduğuna bakmaksızın önceki ilişkilerimizi eleştiriyorduk.

"Siktir, bir saniyeliğine hareket etmeyi kes," dedi sertçe.

Yavaşlayarak üzerinde "Sonsuza Kadar Genç" yazan bir kazağı katlamaya odaklandım. "Eğer istediğin buysa." Omuz silktim. "Sanırım tekrar birileriyle çıkmaya başlayabilirim."

Ryke elini saçlarından geçirdi. "Bekâr kalabilirsin. Sevgili yapmak zorundasın demiyorum. Sadece..." Düşünceli bir şekilde sözü havada asılı kaldı, çenesi gerginlikle kasılmıştı.

"Yok, anladım," dedim başımı sallayarak. "İkimiz de eskiden birileriyle çok fazla çıkıyorduk ve benim yüzümden buna bir son verdin. Senin için adil değil." Bunun bütün sebebi geceleri duygusal bir tren enkazına dönmemdi. Şimdi benden ayrı geçireceği, benim yatağımda yatmayacağı bir aylık süreye sahipti ve bu sırada seks yapmak istiyor olması mantıklıydı. Bunu yapma şansı olacağını düşünüyordum.

"Sana karşı çok dürüst olacağım," dedi Ryke. Şifoniyerime yaslanarak karanlık gözlerine baktım. "Seksten bu kadar uzun süre uzak kalmaya alışık değilim ve bence kendimizi başka insanlara açmak ikimizin de yararına olur."

Sözlerinin beni bu kadar incitmemesi gerekiyordu ama karnıma keskin bıçaklar saplanıyormuş gibi hissediyordum. "O zaman yedi numarayı mı bulmam gerekiyor?" diye sordum. "Belki beş dakikadan fazla dayanır." Gülümsemeye çalıştım ama gülümseme yüzümden çabucak kayboldu.

Ryke'ın ne düşündüğünü tahmin edemiyordum. İfadesi bir kaya kadar sertti. Normalde olduğu gibi huysuzdu. Yerinden kalkarak bana doğru birkaç adım attı.

Karın kaslarının çıkıntılarını ve omzundaki karışık dövmeyi süzdüm. Bunu önermemem gerekiyordu, bunu söylememeliydim ama ben geri alamadan kelimeler dudaklarımdan dökülüverdi. "Yedi numaram sen olabilirdin."

"Daisy..." Bana bir bakış attı.

Midem altüst oldu. "Gerçekten başka bir adamla birlikte olmam senin için sorun değil mi?" Onu bir başkasıyla hayal ettiğimde kendimi hasta gibi hissediyordum. Başka bir kızla çıkmasını istemiyordum, bu şekilde hissetmenin yanlış olduğunu da biliyordum ama içimdeki hisleri nasıl değiştirebilirdim ki? Hislerimden nasıl vazgeçebilirdim? Belki de o haklıydı. Belki de *bunu* aşmak için başkalarıyla çıkmamız gerekiyordu.

"Ne sikim hissettiğimin bir önemi yok," diye cevap verdi. "Senden yedi yaş büyüğüm."

"Daha yeni yirmi beş oldun, bir buçuk hafta *önce*." Resmen sadece dört aylığına benden yedi yaş büyük olacaktı. Şubat ayında doğum günüm geldiğinde ise şöyle söyleyecekti: "*Senden altı yaş büyüğüm*." Ayrıca bunu bir şeyin altını çizmek istediğinde kullandığı o ses tonuyla söyleyecekti: "*Ben sikik bir adamım ve sen de küçük bir kızsın*."

"Şu anda hâlâ senden sikik yedi yaş büyüğüm."

"Gerçekten mi? Beni senden yedi yaş küçük doğuran kadına bir şikâyet dilekçesi yazmalıyım. Ne kadar da korkunç bir şey."

Ryke neredeyse gülümseyecekti.

"Biliyor musun?" dedim daha da ciddileşerek. "On dört yaşındayken modelliğe başladım ve endüstriye girdiğim andan beri hiç kimse bana bir ergenmişim gibi davranmadı. Yirmilerindeki insanların yaptığı şeyleri yapıyordum."

Çoktan üniversiteye gitmişim gibi hissediyordum. Partiliyordum, çok fazla içiyordum, tecrübe kazanıyordum ve yalnızca on sekiz yaşındaydım. Üniversiteye gitmek istemememin bir sebebi de buydu. On beş, on altı ve on yedimdeyken hevesimi almıştım. Kendimi tüm gün bir sıranın arkasında otururken hayal edemiyordum.

"Seni anlıyorum," dedi Ryke. "Gerçekten anlıyorum ama yaşlarımızı tamamen göz ardı etsek bile sen hâlâ kardeşimin sevgilisinin kız kardeşisin. Bunu değiştiremeyiz."

Kazağı çekmecenin üstüne bıraktım. Başımı kaldırdığımda hemen yanımda duruyordu. "Bundan bir ay sonra ikimiz de Philly'ye döndüğümüzde ne olacak peki?" diye sordum. "Kaldığımız yerden devam mı edeceğiz, yoksa şu andan itibaren yollarımız ayrılacak mı?"

Ryke dirseğini şifoniyere yasladı. "Sana vaatte bulunamam,

Dais. Biz birlikte olamayız. Sadece daha iyi uyumana yardımcı olmak için buradayım."

O zaman belki de kendime eziyet etmeye bir son vermeli ve onun gibi hayatıma devam etmeye çalışmalıydım. "Paris'te birini bulabilirim, eğer bulamazsam da tek tabanca takılırım. Bunu çok yaptım. Belki de New York'ta uzun süreli bir arkadaşlık kurarım," dedim. "Döndüğümde oraya taşınabilir ve yeniden başlarım-"

"New York'a mı taşınabilirsin?" Ryke kaşlarını çattı.

"Bilmiyorum... olabilir," dedim yumuşak bir sesle.

Ansızın uzanıp beni göğsüne çekti. *Bana* sarılıyordu. İsteyerek. Ancak bu bir vedadan başka bir şeymiş gibi hissettirmiyordu. Bedenime bir sızı yayılmaya başladı.

Sonra yatak odamın kapısı gıcırdadı ve bir anda açıldı.

Ryke'la başımızı o tarafa doğru çevirdiğimizde annemin elinde telefonuyla birlikte kapı eşiğinde durduğunu gördük. Gözleri yuvalarından çıkacak gibiydi. Beni zamanıma ve ilgime değmeyeceğini düşündüğü bir adamla kucaklaşırken gördüğü için dehşete kapılmıştı.

Ryke yavaşça geri çekildi ama suçluluk duyuyormuş gibi görünmüyordu. Sadece annem geldiği için öfkeliydi.

"Bu da ne?" diye sordu annem sertçe.

"Ryke veda etmek için geldi," dedim. Annemin varlığıyla oluşan gerginliği silmeye çalışıyordum. "Toparlandım, Mikey de birazdan burada olur." Onun buraya uğrayacağını düşünmemiştim. Anneme ve babama dün onların evinde sarılıp vedalaşmıştım.

Annem, Ryke'ın çıplak göğsünü süzerken, "Neden tişörtün yok?" diye tersledi onu.

"Çünkü çıkardım," dedi Ryke gözlerini kısarak. Yatağımdan tişörtünü bularak başından geçirdi. Ama beni annemle yalnız bırakmak için herhangi bir harekette bulunmadı. Bunu yapmayacak kadar benim için endişeleniyordu.

Annem topuklu ayakkabılarıyla yatağa doğru geldi. Parmakları boynundaki incilerde gezinirken yatağın örtülerine göz attı. Hepsi iki kişi üstünde düzüşmüş gibi karmakarışıklardı.

"Ben ters yatıyorum," dedim dürüst bir şekilde ama kulağa bir yalan gibi geliyordu. "Tüm gece dönüp duruyorum."

Annem beni duymazdan gelerek bakışlarını tekrar Ryke'a çevirdi. "Eğer *bir daha* kızımla olduğunu fark edersem geçmişini bizzat didik didik edeceğim ve eğer kızımla reşit olmadan önce seks yaptıysan kendini anında mahkemede bulacaksın. Reşit olmayan birinin ırzına geçmek ne demek biliyor musun?"

Ryke'ın ifadesi sanki, "*Hayır, ben sikik bir aptalım,*" der gibi öfkeliydi.

"Anne," diyerek araya girdim. "Hiçbir şey yapmadı."

Ryke bakışlarını annemden ayırmadı. "Bu sikik bir yaş olayıymış gibi davranmak istiyorsan tamam, Samantha. Bunu yapmaya devam et. Benim hakkımda ne düşündüğün sikimde bile değil."

Annem sert bir şekilde nefes aldığında boynundaki kemikler belirginleşti. "Hayatım boyunca *hiç* bu kadar saygısız biriyle karşılaşmadım." Dudaklarını büzdü. "Annen sana ne öğretti?"

"Babamdan nasıl nefret edeceğimi," dedi Ryke tereddüt etmeden. "Üvey kardeşimden nasıl nefret edeceğimi. Bunlar pek işe yarar şeyler değil, öyle değil mi?"

Annem cevap verme konusunda bocalıyordu.

"Annemin sikik bir uzantısı olduğumu düşünüyorsun," diye devam etti Ryke. "Ama bir yıldır Sara'yla konuşmuyorum." Buna rağmen aralarındaki bağı üstünden atamıyordu. Genetik olarak tenine kazınmıştı.

"Peki ya baban?" diye karşılık verdi annem. "Jonathan seninle konuşmayı çok istiyor ama sen *her bir* aramayı, her bir mesajı reddediyor-"

"Sana gerçekten böyle mi söyledi?"

Annem tekrar incilerine dokundu. "Kocama söyledi, o da bana söyledi." Bunun mümkün olduğunu biliyordum. Ne de olsa babam ve Jonathan en yakın arkadaşlardı.

"Babamla da iletişim halinde değilim. Bunu bu şekilde bırakalım gitsin."

Annem canı sıkkın bir kahkaha attı. "Ona karşı olan suçlamalar yüzünden hayatının en zor zamanından geçiyor. Basınla konuşmanın ne anlama geleceğinin farkında mısın?" Jonathan, Lo'yu suistimal etmekle suçlanıyordu ve Ryke, bu konuyu bana hiç açmamıştı. Bunun doğru olup olmadığını bilmiyordum bile. Altı kişilik grubumuz içinde tüm haberleri en son alan, yakın çevrenin dışındaki o küçük nokta bendim.

"Bu sikik şeye bir son vermen lazım," dedi Ryke. Artık gerçekten öfkeliydi. "Buna karışma."

"Yapman gereken tek şey basına bunun bir *yalan* olduğunu söylemek," dedi annem. "Jonathan'ın adı aklanacak-"

"O orospu çocuğunu korumamı mı istiyorsun?" diye küfretti Ryke. Gözleri parlıyordu. "Onun namını temizlemeye çalışma işim *sona erdi*. Babam namını uzun zaman önce lekeledi ve onun basına karşı sikik bir melek gibi göründüğünden emin olmak benim işim değil."

"Peki ya Lo?" diye sordu annem. "O da bu yalandan en az Jonathan kadar inciniyor." Annem histerik bir kahkaha daha attı. "Tıpkı annen gibisin. Jonathan'ı incitmek için yoluna çıkan *herkesi* kasten batırıyorsun. Ne zaman duracaksın peki?"

Ryke sanki bir tokat yemiş gibi anneme bakıyordu. Kendini toplaması biraz vakit aldı. Cevap verdiğinde ses tonu seviyeli ve normale göre daha soğuktu. "Gerçekten babamı mahvetmeye çalışmıyorum. Hayatıma devam etmeye çalışıyorum ve kardeşimin de aynısını yapmasını istiyorum. Gidip Jonathan'ı savunmamı istiyorsun ama siktir, bunu yapamam. Suçlu olma ihtimali olan birini savunmayacağım."

"O suçlu *değil*."

"Bu *siktiğimin* şeyini bilmiyorum!" diye bağırdı Ryke.

Annem yüzünü astı. "Onun hakkında bu kadar adi şeyler mi düşünüyorsun? Senin kardeşine böyle çirkin bir şey yapabileceğini?"

"Onun saf bir öfkeyle Lo'nun sikik boynuna sarıldığını gördüm," diye karşılık verdi Ryke. "Eskiden bana ödlek derdi ve ben ulusal atletizm yarışmalarını kazandım. Lo'ya, elinde *hiçbir* şeyi olmayan bir çocuğa neler diyebileceğini hayal ediyor musun?"

Annemin dudakları, sanki bir limon yalamış gibi daha da gerildi. Yanakları kızarıyordu. "Düşündüğünden daha iyi bir adam. Hepimiz mükemmel insanlar değiliz." Ryke başka bir şey söyleyemeden annem bana doğru dönerek ekledi. "Buraya seninle konuşmaya geldim, Sara'nın oğluyla tartışmaya değil."

Sara'nın oğlu. Her şeyden önce Ryke hakkında böyle düşünüyordu. Çok aptalcaydı.

"Önemli mi?" diye sordum.

Başını salladı. "Ajansınla konuştum. Moda Haftası'ndan sonra, sen Paris'teyken birkaç yüz yüze iş mülakatı ve birkaç tane de reklam ayarladılar."

Kalbim deli gibi atıyordu, söylediği kelimeler birbirine girmişti. Söylediklerini ayırt etmem biraz vaktimi aldı. "Bir dakika, Moda Haftası'ndan sonra çalışıyor muyum? Sanmıştım ki..."

Annemin telefonu titrediğinde ekrana baktı. "Fransa'da fazladan üç hafta harcamak aptalca." Bir mesaj yazdı. "Orada geçireceğin vakti sermayeleştirmelisin."

Boş vaktimi.

Parmaklarımın arasından kayıp gidiyormuş gibi hissediyordum. Tükenmişlik on misliyle bana saldırıyordu. Mola vermem gerekiyordu. Aylardır bunu yapmamıştım. O güzel ülkedeki boş vaktimle ilgili hayaller kurmuştum. Böyle olması gerekiyordu. Övülen özgürlük ve mükâfatı.

Meyveli dondurmamı sıcak suyun altına sokmuş gibi hissediyordum.

Belki de en başında bir meyveli dondurmayı hak etmemiştim. Paris'e gidiyordum, muhteşem bir otelde kalacaktım. Çalışmak zorunda olmamın bir önemi var mıydı? Bir sürü insanın yılda kazandığı parayı tek günde kazanıyordum ve yaptığım tek şey podyumda yürüyüp poz vermekti.

Minnettar ol. Deniyordum. Gerçekten deniyordum. Ancak gülümseyip, *"Tamam, bu fırsat için teşekkürler,"* demeyi ne kadar çok istersem isteyeyim içime bir hüzün yayılıyordu.

"Daisy," dedi Ryke yanıma gelerek. *"Sikik düşüncelerini dile getir,"* dercesine bana bakıyordu.

"Anne," diye seslendim.

Mesaj yazmakla meşguldü.

"Yüz yüze iş mülakatlarını yeniden planlayabilir miyiz? Tasarımcılarla başka bir zaman buluşacağım. Sadece, Paris'te tek başıma birkaç hafta geçirmek istiyorum."

"Programın çoktan doldu. Eğer iptal edersen kötü bir izlenim olur ve diğer tasarımcıların kulağına gider." Telefonunu el çantasına koydu. "Sen daha farkına varmadan ay bitmiş olacak ve Amerika'da daha fazlasını yapmak için dönmüş olacaksın." Yanaklarımı öptü. "İyi uçuşlar. İnince bana mesaj at." Saatini kontrol etti. "Olivia Barnes'la kahvaltıma geç kaldım." Gecikmesinin sebebi Ryke'mış gibi ters ters ona baktı.

Sonra gitti.

Onu durdurmadım.

Kapı kapandığında kalbim o kadar hızlı atıyordu ki ciğerlerim sıkışıyor ve bu baskı giderek artmaya devam ediyordu. Kendimi serbest bırakmam gerekiyordu. *Nefes* almam gerekiyordu. Odama bakarken bir çıkış yolu aramaya çalışıyordum.

"Daisy. Daisy, bir dakika dur," dedi Ryke.

Bir ceketin cebinden motosikletimin anahtarlarını aldım. "Gidip kısa bir sürüş yapacağım." Yanından geçtiğim sırada bileğimi tutup anahtarları avucumdan aldı. "Ryke-"

"Bu şekilde süremezsin. Bunu yaptığın son sikik seferde otobanda az kalsın *highside** yaşayacaktın."

Hatırlıyordum. Gerçekten de motorumun gidonlarının üstünden uçmaya çok yakındım. Dönüş sırasında çok fazla gaz vermiştim. Ryke'ı daha önce hiç o kadar korkmuş bir halde görmemiştim. Ancak otoparkta buluştuğumuzda hem yaşadığım için bana sarılmak istiyormuş hem de bu kadar tehlikeli bir hata yaptığım için beni öldürmek istiyormuş gibi görünüyordu.

* Motosikletin uzun ekseni etrafında ani ve şiddetli dönüşün gerçekleştiği bir motosiklet kazasıdır. (ç.n.)

Dudaklarımın arasından derin bir nefes verdim. "Gerçekten hava almam gerekiyor."

"Benimle yarım saat koş," dedi. "Daha iyi hissedeceksin."

"Nasıl olacak o?"

Beni daha da yakınına çektiğinde ayaklarım onunkilerin yan tarafına değiyordu. "Sikik nefesler alabileceksin." Aceleyle yüzümü inceledi. "Ya da sadece ağlayıp bir kez olsun bu hissi bir kenara bırakırsın."

Tüm bedenim sızlıyordu ve bu cümlesi canımı daha da çok acıtmıştı. "Ne?"

"*Bırak gitsin.*"

Başımı iki yana salladım. "Yapamam."

"Nedenmiş o? Hislerini bastırmaya çalışma artık, Dais. Şu anda üzgün olman normal. Annenin yaptığı şey çok boktandı."

Başımı tekrar iki yana salladım. *Ben kimdim ki şikâyet edecektim?* O kadar toy ve bencil bir kız olmak istemiyordum. İnsanların olduğumu düşündükleri, milyar dolarlık mirasın vârisine dönüşmek istemiyordum. Paris'e artık eğlenmeye gitmediğim için didinip durursam bu dışarıdan nasıl görünürdü?

"Lily'nin seks bağımlılığı halka açıklandığından beri sıkıntı çekiyorsun. Benim dışımda sikik kimseye bu durumdan bahsetmedin. Güçlü olmaya çalışma. Siktir, sadece ağla, Daisy. Çığlık at. Bağır. Öfkelen."

Her şey içime doluştu. Yüzleşmek istemediğim stresler. Şu anda bunların hepsini kaldırmaya hazır bile değildim. "Koşabilir miyiz?" diye sordum. "Seninle sokağın sonuna kadar yarışacağım."

İfadesi kasvetli bir hal alsa da başını salladı. "Tamam. Ayakkabılarını giy-"

Telefonum çalarak sözünü kesti. Arayan kişiye baktım. "Mikey. Sanırım…" *Gitmem gerekiyor.* Onun gözlerine baktığımda sadece başını iki yana salladı.

"Seni böyle sikik bir halde bırakmak istemiyorum," dedi.

"İyi olacağım."

"Tüm uçuş boyunca sikik koltuğunda oturup yerinden kalkamadan ve çok hareket edemeden dayanabilecek misin?"

Bu durum birkaç saat öncesinde olduğundan daha çok hapsedilmiş hissetmeme sebep oluyordu. Ayrıca bu sadece annem beni yeni gelişmelerle boğduğu için olmuştu. "Pek bir seçeneğim yok."

"Hepimizin seçenekleri var," dedi Ryke. "Yalnızca bazılarını seçmek diğerlerinden daha zor."

"Benim için endişelenme," dedim. "Kaliforniya'ya gidip o dağlara tırmanmanı istiyorum." Duraksadım. "Ve güvende olmanı." Orada ölebilirdi. İp olmadan, emniyet malzemeleri olmadan sadece eğitimine, ellerine ve bedenine güvenerek tırmanıyordu. Tek bir yanlış hareketle kayıp düşebilirdi. Ryke riskten o kadar çok bahsetmezdi ve Yosemite'deki üç dağlık serbest solo tırmanışı için hevesini kırmak istemiyordum. Bu onun gerçekleştirmek için hayatına koyduğu bir hedefti ve bunu ellerinden almayacaktım.

"Sen de," dedi Ryke. Sesi alçak ve gergindi.

Burası, tekrar sarılmamız gereken yerdi ama annemin ortaya atıp bırakıp gittiği o kadar çok çözülmemiş sorun vardı ki…

Birbirimize dokunmadık.

Tek kelime daha etmedik.

Birbirimizi, sadece hayatlarımıza devam etmeyi kabul ettiğimiz bir çeşit ihtimalle yalnız bıraktık. Kendimi çoktan uçakta, onu başka bir kızla hayal ederken düşünebiliyordum. Paris'e olan bu yolculukla ilgili her şey berbattı ama sadece Philly'ye dönmek uğruna bir sürü tasarımcıyı yüzüstü bırakmak istemiyordum.

Bunu yapamazdım.

BÖLÜM 10

RYKE MEADOWS

Daisy gitmişti. Saat farkı yüzünden onunla konuşma fırsatına dahi sahip olamamıştım. Uygun bir saatte aranamayacak kadar meşguldü ve uyuyor muydu, yoksa iki gündür tamamen uyanık mıydı hiç bilmiyordum. Yüzündeki o son ifadeyi, saf perişanlığı düşünmeden edemiyordum. Sanki birisi vücudundan bir organını söküp almış gibiydi. O ifadeyi daha önce görmüştüm, yalnızca o kendini sıkışmış gibi hissettiğinde ortaya çıkıyordu.

Sadece iyi olduğuna inanmak zorundaydım.

Ayrıca ona, başka heriflerle düzüşmesi için izin verdiğim gerçeğini göz ardı etmeye çalışıyordum. Bundan nefret ediyordum, şu an birileriyle takılıyor olabileceğini bilmek bile kanımın kaynamasına sebep oluyordu. O beni beklerken burada başka kızları becermeyi midem kaldırmazdı. Çünkü o, sonsuza kadar beni bekleyecekti ve bu adil değildi.

Bir ağırlık *bench*'inde uzanan kardeşimi hemen fark ettim. Spor salonu sabahın bu erken saatlerinde neredeyse boştu. Ağırlık odası ise kardeşim, ben ve Connor dışında ıssızdı. Paparazzilerden kaçınmak için hep sabahın altısında buluşuyorduk.

"Lily nasıl?" diye sordum. Bakışlarım yukarıdaki düz ekran televizyondan *Bloomberg* izleyerek bacak egzersizi yapan Connor'a çevrildi.

"İyi," dedi Lo. Homurdanarak göğsündeki ağırlığı kaldırdı. Ağırlık barını elinden alarak standa yerleştirdiğimde oturup havluyla alnını sildi. "Bebek bakıcılığı yapmamak nasıl gidiyor?"

"Daisy'ye bebek bakıcılığı yapmıyordum." Yolculuk partisinden beri Daisy'nin adı her geçtiğinde kardeşimle aynı sikik zorlu sohbete giriyorduk. Farklı bir durum değildi. Aynı sikik konular dönüp dolaşıyordu. Artık buna alışmıştım.

Lo ellerindeki havluya baktı. "Onunla nasıl arkadaş olduğunu hâlâ anlamıyorum. Yani... Ne hakkında konuşuyorsunuz?"

Olta atıyordu. "Birbirimizi becermiyoruz."

Lo ters ters bana baktı. "Öyle yaptığınızı söylemedim ama artık bunu düşünüyorum."

Gözlerimi devirdim. Belki de her şeyi fazla inceliyordum. Artık sikik hiçbir şeyi bilmiyordum. "Normal şeylerden bahsediyoruz. Motosikletler, spor..." *Uyku, ilaçlar, kardeşler, ebeveynler.* "... yemek."

"Yolculuk partisinde gerçekten zayıflamış görünüyordu," dedi Connor. Aletin üstünden inerek bize doğru gelip spor çantasından suyunu çıkardı. "Rose, Samantha'yla bu konuyu telefonda bir saat tartıştı."

Parmaklarımı kütlettim. "Annesi, kilosunu koruması için ona sikik bir baskı uyguluyor."

"Belki Paris'teyken biraz kilo alır," dedi Lo. Normalde olduğundan daha iyimserdi. Sanırım Daisy etrafımda olmadığı için mutluydu.

Connor'a onaylarcasına başımı salladım. "Prenses, barfiks yarışı yapmak ister misin?" Lo barfiksten aşırı nefret ettiği için bizi izleyip hakemlik yapabilirdi.

"Bilmiyorum," dedi Connor sıradan bir şekilde. "Seni yendiğimde ağlayacak mısın? Eğer öyleyse, kabul."

"Kıçını kaldır da bara uzan."

Lo kollarını esnetti. "Hey, kıçı hakkında öyle konuşma."

"İlk aşkımı kıskandırıyorsun," diye takıldı Connor. Ardından benimle birlikte bara doğru ilerledi.

Sikik flörtöz atışmalarına alışmıştım. En yakın arkadaşlardı. Neredeyse iki yıldır birlikte yaşıyorlardı. Onlarla bireysel olarak sahip olduğum ilişkilerden çok daha iyi bir ilişkileri vardı. Sikeyim, kıskanıyor muydum? Belki biraz.

"Siz ikiniz çok tatlısınız," dedim alttan barı tutarak. Bileklerimi üst üste getirdiğimde yanımdaki barda Connor da aynısını yaptı.

"Hazır?" diye seslendi Lo, hakem olarak geride duruyordu. "Başla."

Kendimi yukarı çektim, elmacıkkemiklerim barın çizgisine geliyordu. Sonra bedenimi indirerek başlangıç pozisyonuna döndüm. *Bir.* Nefes verdim. *İki.* Kaslarım yanıyordu ama yorgun ya da gergin değildim. *Üç.*

Aklımdan saymaya devam ettim, Connor kolaylıkla tempoma ayak uyduruyordu. Siktir, gerçekten de formdaydı. Onunla ilk tanıştığımda hep havalı kıyafetler, takım elbise veya gömlek giydiği için bunu başta fark etmemiştim. Ancak o da tıpkı benim gibi vücudunu sağlıklı, formunu da zirvesinde tutuyordu.

Lo konuyla alakasız şeyler düşünmeye başlamış olmalıydı çünkü hemen ardından şöyle söyledi: "Tekrar rehabilitasyona gitmeyi düşünüyorum."

On. Biraz bocaladım, gergin spor bandajlarıyla sardığım kaslarım kasılıyordu. Vücudumu tekrar yukarı çekerken kaşlarımı çattım. "Buna şimdi karar vermek zorunda değilsin," dedim tek nefeste.

Connor sikik yarışa daha çok odaklanmıştı. Bu yüzden beni iki sayı geçtiğini düşünüyordum.

"Daha önce yardımı dokundu," diye itiraf etti Lo. "Uzun bir süre ayık kaldım ve Lily de iyi durumdaydı. Bensiz iyi olacaktır."

Fakat artık farklıydı. O zamanlar Lo ünlü değildi. Kimse adını bilmiyordu. Lily'nin seks bağımlılığı halka yayılmamıştı. Lo ise sadece Philly'deki zengin bir çocuktu.

"Sence bu doğru bir hamle olur mu?" diye sordu.

On beş. Genelde yirmi iki yapıyordum ama gerginlikten ter damlaları alnımdan dökülmeye başlamıştı ve kollarım çektiğim on altı barfiks yüzünden yorulmuştu. Yere, ayaklarımın üzerine indim. "Bilmiyorum," derken spor eldivenlerimi açarak çıkardım.

Connor son barfiksini çektiğinde neredeyse terlememişti bile. "Yirmi üç," dedi. Kelimelerinin ardında bir gülümseme vardı. Beni yendiğini biliyordu. Göğsüne vurduğumda bu şakacı saldırımdan kaçacağını sanıyordum ancak o bunun yerine kaslarını sıktığı için gerçekten de vurmuş oldum.

"Siktir git," dedim sıradan bir şekilde.

Connor sırıttı. "Beni seviyorsun."

"Bunu herkese söylüyorsun," dedim. "Ayrıca tüm sikik dünyanın seni sevdiğinden gerçekten şüphe duyuyorum, Cobalt."

"Tüm dünya beni sevmek zorunda değil," dedikten sonra tekrar suyunu aldı. "Sadece önemli olanlar hariç."

"Çok sevimli. Bu söylediğini sabah günlüğüne de yazdın mı?"

"Hayır, seninkinde okudum," diye takıldı.

Ona ortaparmak çektiğimde dikkatini kardeşime verdi. Ne hakkında konuştuğumuzu asla tam anlamıyla unutmuyordu. "Ne zaman rehabilitasyona gitmeyi düşünüyorsun?"

Lo omuz silkti. "Ryke Kaliforniya'ya gideceği için belki bu hafta olabilir. İyi bir vakitmiş gibi görünüyor."

Sikik boğazıma bir yumru oturdu. İyi bir vakit değildi. Rehabilitasyondayken onun yakınlarında olmak istiyordum. Lily'den, benden, Connor'dan, onu gerçekten seven kişilerden o kadar süre uzak kalacağını bilmek hoşuma gitmiyordu. Geçen sefer rehabilitasyona gittiğinde yanındaydım. Onunla toplantılara gitmiştim. Ayrıca dürüst olmak gerekirse, medyanın eleştirilerini kaldırabilip rehabilitasyonda geçireceği zamana odaklanabileceğinden çok da emin değildim. Onu kontrolden çıkacağı bir noktaya göndermekten endişeleniyordum.

Connor başını sallayarak onayladı. "Ben iyi bir fikir olduğunu düşünüyorum."

Lo buna karşı omuzlarını kaldırarak onun fikrini takdir etti. Ardından gözleri benimkilerle buluştu. "Peki ya sen?"

Rehabilitasyona gidemezdi. "Benimle gelmeni istiyorum," dedim.

Ters ters bakarak kaşlarını çattı. Bu onun sikik normal ifadesiydi, bu yüzden düşmancıl görünmesine alınmadım. Bu çocuğun hazırlık okulundayken arkadaşlara sahip olduğunu neden düşündüğümü hiç bilmiyordum. Onları çiğneyip tükürmeye daha yatkın görünüyordu. "Ne?" diye sordu gergin bir şekilde.

"Kaliforniya'ya," dedim. "Rehabilitasyonu siktir et, içmeyeceğinden emin olacağım. ABD'nin batısına bir yolculuk olacak. Sen ve ben."

"Saçında esen rüzgârla," diye ekledi Connor. Suyunu yudumlarken gülümsüyordu.

"Kes sesini," dedim yavaşça.

Lo düşünürken ifadesi keskin bir hal almıştı, ikimize de baktıktan sonra sonunda cevap verdi. "Eğer seninle gelirsem bence Connor da bizimle gelmeli."

Connor'ın yanımda böbürlendiğini hissettiğim için öfkeyle baktım. "Neden?"

"*Neden* mi?" dedi Connor sanki bu duyduğu en aptalca soruymuş gibi. *"Çünkü ben, benim,"* demek üzereymiş gibi hissediyordum.

Connor'ın sikik kibrinde boğulmadan önce onu durdurmak zorundaydım. "Ciddi misin?" diye sordum Lo'ya. "Eğer onu zarar görmüş bir şekilde geri getirirsen seni hadım edebilecek bir karısı var. Ya tırnağı kırılırsa?"

"O zaman manikür yaptırırım," dedi Connor alayla. "Her şeyin bir çözümü var. Sadece çözümleri bulmayı *düşünmen* gerekiyor. Çok zor bir iş."

"Biz sikik birer arkadaş mıyız?" diye sordum Connor'a, yüzüne öfkeyle bakıyordum. Lo sadece küçük bir keyifle bizi izlese de o sırada teklifimi düşünüyordu.

"Aslında 'sikik' birer arkadaşın ne anlama geldiğinden emin değilim, bu yüzden sana cevap veremem."

"Bak sen, Connor Cobalt'ın bilmediği bir şeyi biliyorum."

"Konu argo konuşmak, uydurma kelimeler ve üzerine işenecek en iyi yangın muslukları olduğunda evet, biliyorsun."

"Sikeyim. Seni."

"Bunu söyleyip duruyorsun ama hâlâ harekete geçmedin." Connor'ın dudakları yukarı doğru kıvrılmıştı.

Lo aramıza girdi. "Eğer ikiniz de yolculuk boyunca bu kadar sinir bozucu olacaksanız rehabilitasyonu seçiyorum."

"Yani benimle geliyorsun?" diye sordum. İçten içe derin bir nefes vermiştim. Onun bir kurşundan kurtulmasına yardım etmiş ve şimdi de silahın yeniden doldurulmasını bekliyormuş gibi hissediyordum.

"Evet ama az önce söylediğim gibi, eğer Connor da bizimle gelirse. Alınma Ryke, eğer o kadar uzun süre baş başa kalırsak korkarım birbirimizi öldürürüz." Aile sorunlarını gündeme getirirsek bu olabilirdi.

Arkadaş ortamımızda, Connor büyük bir arabulucuydu. Bilinçli olarak beni sinir etmeyi seviyor olabilirdi ama herkes kavga etmeye başladığında insanları sakinleştiren o oluyordu. Bu yüzden, Lo'nun onun da gelmesini isteme sebebini anlıyordum.

"Benim için sorun yok," dedim.

Şortumun cebindeki telefonum titredi. Sanırım Daisy'ydi. Paris'te saat öğlen bir olmalıydı. Mesaja baktım.

Gidip kendini lanet olası bir dağda öldürmeden önce seni görmek isterim. -Babam

Ters bir bakış atarak mesajı sildim.

"O kim?" diye sordu Lo. "Sinirli görünüyorsun."

"Annem," diye yalan söyledim. Gerçi o da bana dün gece beş mesaj atmıştı. Hiç cevap vermiyor olmama rağmen her bir mesajında aynı yakarış vardı.

Beni görmeye gel. Üzgünüm. Ryke, lütfen. Seni görmem gerekiyor. Seni seviyorum. -Annem

Annem olduğu için onu her zaman sevecektim. Ancak bana, Lily'ye, Calloway kızlarına, kardeşime ve istemeden Connor'a yaptıkları için onu asla affedemezdim.

Lily'nin seks bağımlılığı hakkında Lo'yla konuştuğumuz kişisel mesajlarımı okumuştu. Sonrasında da bu bilgiyi şöyle bir başlıkla medyaya satmıştı:

FIZZLE'IN KURUCUSU VE CEO'SUNUN KIZININ SEKS BAĞIMLISI OLDUĞU TEYİT EDİLDİ

Lily'yi sadece para için satmamıştı. Lo'yu ve dolayısıyla da Jonathan'ı incitmek için yapmıştı.

Ama aynı zamanda beni de incitmişti.

Şimdi altımız da Sara Hale yüzünden ünlüydük.

Teşekkürler, anne.

BÖLÜM 11

RYKE MEADOWS

Acil durum! SOS! -Lily

Lily bana bir yardım mesajı göndermeden önce *Lucky's*'teki lanet sandviçimden sadece tek bir ısırık almıştım. Sandviçi kâğıdın üzerine bırakırken içinden domates ve marul döküldü. Karşımda oturan Connor ve Lo'ya, "Beyler, siz de Lily'den mesaj aldınız mı?" diye sordum.

Lo olduğu yerde donarken elinde bir *Fizz Life* kutusu tutuyordu. "Hayır, ne istiyor?"

Lily'nin ondan önce bana mesaj atması alışılmadık bir durumdu. "Henüz bilmiyorum."

Mesaja cevap yazdım. *Sorun ne?*

Connor telefonuyla uğraşıyordu, ifadesine dışarıya göstermek istediğinden daha fazla endişe yayıldığını düşünüyordum.

"Kelepçe siparişin gelmedi mi, tatlım?" diye sordum sandviçimi tekrar ellerime almadan önce.

"Seni yatağıma kelepçelememi mi umut ediyorsun?" dedi alayla. Yüzü o kayıtsız, okunması mümkün olmayan ifadeye dönmüştü. "Fantezilerini hayata geçirirdim ama Rose yatak başlığındaki pençe izlerini gördüğünde çok sinirlenir."

"Şimdi de pençelerim mi var?" dedim kaşlarımı kaldırarak.

Kaşlarından *birini* kaldırarak bana meydan okudu. Pislik. "Şanslısın, genelde köpeklerin yatağımda uyumasına izin vermem ama senin için bir istisna yapmak istiyorum."

Ona ortaparmak çektim, Lo masanın altından gergin bir şekilde bacağını sallıyordu. "*Neler oluyor?*" dercesine elini bana doğru kaldırdı. "Sevgilimin neyi var?"

Lily tam o anda beni aradı. Aramayı yanıtladığımda ise sormama fırsat bırakmadan neler olduğunu açıkladı. "Rose'un tekeri patladı ve çekici çağırmayı reddediyor."

"Kendim halledebilirim." Rose'un soğuk sesi ahizeden kulağıma doldu. Sanki sikik yedek lastiği kaldırmaya çalışıyormuş gibi biraz homurdandığını duydum.

"On santimlik topuklu ayakkabılar giyiyor," diye belirtti Lily. "Etkilendim. Bu gerçekten etkileyici ama ne yaptığını biliyor olsaydı daha çok etkilenebilirdim."

"Okuyabiliyorum," dedi Rose. "Burada bir kitapçık var. Sikik bir lastiği nasıl tamir edebileceğimi bir erkeğin bana göstermesine gerek yok."

Çenemi kaşıdım. Connor ve Lo ters ters bana bakıyorlardı. Kızların seslerini az çok duysalar da neler döndüğünü anlamıyorlardı. Cobalt sikik telefonu elimden kapacak gibiydi.

Connor bana bakmadan konuştu. "Rose mesajlarıma cevap vermiyor." Demek ki endişesi bu yüzdendi, işlerin yolunda gitmediğini diğer herkesten daha iyi fark edebiliyordu.

"Oraya gelmemi ister misin?" diye sordum Lily'ye. Her türlü gidecektim ama beni neden aradığını çözmeye çalışıyordum. Lo'ya hesabı istemesini işaret ettim, sanırım sandviçimi paket yaptırmam gerekecekti. Kardeşim garsona doğru el salladı.

"Rose'un bunu halledememe ihtimaline karşın," dedi Lily.

"Bu tür durumlar için bir kocası yok mu?" Connor takım elbise giyip limuzinle gezen biri olsa da sikik bir lastiği tamir edebileceğinden emindim.

"Rose onun bu durumu yüzüne vurmasını istemiyor."

Tekrar gözlerimi devirdim.

Rose, "Ondan daha iyi yapabilirim," diye ısrar etti arkadan. "Onun yardımına ihtiyacım yok."

Lily iç çekti. "Korkarım ki bir saat boyunca bunu yapmayı deneyecek. Sonra da yabancılar durup bize yardım etmeye çalışacak."

"Biber gazını sana bu yüzden verdim," dedi Rose. Bir an sonra öfkeli bir çığlık attı. "Bu niye bu kadar ağır?"

"Sikik bir lastik olduğu için olabilir," dedim ifadesiz bir şekilde.

"Seni duyamadığı için şanslısın," dedi Lily. Demek ki hoparlörde değildim. Ardından Rose'a dönmüş olacak ki konuşmaya devam etti. "Ayrıca, bize yardım etmeye çalışan nazik insanlara biber gazı sıkmayacağım."

"Sana tecavüz etmeye çalışsalar sıkardın," diye karşılık verdi Rose.

Çok dramatiklerdi. "Kimse size tecavüz etmeyecek."

Bunu söylediğim anda, Connor ve Lo aynı anda masanın üstünden elimdeki telefonu almaya çalıştılar. Telefonu başımın üzerine doğru kaldırarak geriye yaslandım.

"*Ağabey*," dedi Lo dişlerinin arasından. "Dalga geçmiyorum. Bırak onunla konuşayım."

"Konuşan kişi Lo mu?" diye sordu Lily. "Buraya yalnız gelmek zorundasın, Ryke. Yoksa Lo ablamla atışacak ve daha çok sorun çıkmasına sebep olacak. Rose zaten kötü bir ruh halinde." Sesine endişe yayılıyordu. Onun gergin bir şekilde tırnaklarını yediği anın görüntüsünü gözümün önüne getirdim.

"Gelip size yardım edeceğim. Bana adresi at," dedim telefonu kapatmadan önce. Lo bana bakarken gözleri tehlikeli bir şekilde parlıyordu, Connor bile öfkeli görünüyordu. Rose son zamanlarda aralarına çok ciddi bir duvar örmüştü. Bunun haricinde zaten oldukça garip, ayak uyduramadığım akıl oyunlarıyla dolu bir ilişkileri vardı.

"Kızların lastiği patlamış," diye açıkladım. "Lily, ablasının seni orada istemediğini söyledi." Connor'a doğru döndüm. "Rose, onu çileden çıkarttığın için seni de istemiyor." Yerimden kalkarak cüzdanımı açtım ve masaya yüz dolar bıraktım. "Ben sürerim."

Connor ve Lo'yu yanımda götürmemem mümkün değildi.

Birinin karısı, birinin de nişanlısıydı.

Ben sadece sikik ağır işi yapacak kişiydim.

Oraya vardığımızda, Rose arka tekerin yanına çökmüştü. Kauçuk lastiğin sırtı sanki bir şekilde patlamış gibi tamamen sökülmüştü. Rose ise belli bir mesafeden lastiği incelerken ellerine yağ bulaştırmamaya dikkat ediyordu. Lanet olası bir kız olduğu için değil, OKB'si olduğu için. Tırnaklarının altına bir kir tabakası bulaştığında aklını kaçırıyordu.

Aynı zamanda siyah elbisesine korumayı umut ettiği, yaşayan bir canlıymış gibi davranıyordu. Bu tamamen haklı bir durum değildi. Sokakta kalmış bir kediyi beslemek ve yağmurda çantasını korumak arasında bir seçim yapacak olsa sikik çantayı seçerdi. Kıçını ayak bileklerine doğru yaslamıştı, lastiğin yanında dururken topuklarından destek alıyordu. Yere dokunmadığının ve kıyafetlerini mahvetmediğinin bilincindeydi.

Arabayı, *Escalade*'in arkasına park ettim. Yol sessizdi, etrafta hiç ev yoktu. Sadece tepeye doğru uzanan tek şeritli bir yol, ağaçlar ve çimen vardı. Lo arabadan ilk inen kişiydi, hiç şaşırtıcı olmayan bir şekilde tırnaklarını yiyerek el kitabını karıştıran sevgilisine doğru yönelmişti. Lily'nin arka cebinde bir biber gazı kutusu vardı.

Kardeşimi gördüğü anda Lily'nin bedenindeki tüm ağırlık uçup gitti. Lo da bu sırada onun dışındaki kişilere nadiren gösterdiği gülümsemesini yüzüne yerleştiriyordu. Onları birlikte görene kadar aşkı hiç gerçekten görmemiştim.

Öpüştüler. Ben de Connor arabanın kapısını kapatırken Rose'a yardım etmek için harekete geçtim.

Elbette, Lo ona bir şey söylemek zorundaydı. "Bu kadar mı ilerleyebildin?" diye sordu Rose'a. "Wonder Woman olman gerektiğini düşünüyordum."

Rose oflarken yanakları öfkeyle kızardı. "Şimdi olmaz, Loren."

Lo gülümseyerek, "Bir lastiği değiştirmek için kaç dâhi gerekiyor?" diye onunla alay etti. Lily omzuna vurduğunda yalandan yüzünü buruşturup kolunu ovaladı. "Bu acıttı, aşkım."

"Nazik ol."

Lo onun şakağını öptü. "Sadece iyi olduğun için mutluyum."

Bu Lily'nin tekrar gülümsemesini sağladı. Sevimliydi. Bu durumun tamamı öyleydi. Ama aynı zamanda Daisy'yi düşündüğüm için çok da can sıkıcıydı. Normalde olsa o da burada olurdu. Omzumun üzerinden arabaya bakıp bana yardım ederdi.

Ancak *Escalade*'i krikoyla kaldırıp yedek lastiği sikik bir şekilde tek başıma takacağımın farkındaydım. Çiftler bir aradaydı ve bu sefer yalnız kalmıştım.

Belki bir yıl önce olsa beşinci teker olmaya alışmış olurdum.

Artık öyle değildi.

Artık bu sinir bozucuydu.

Rose'un arabanın alt kısmını uzaktan incelemesine engel olmadım. Bunu Connor'ın yapmasına izin verdim.

Karısının başında bir doksanlık boyuyla dikilirken elleri cebindeydi. "Benden daha iyi olduğunu kanıtlamaya çalışıyorsan, lastiği kendi başıma değiştirmeye çalışmadığımı fark etmelisin," dedi Rose'a. "Ben çekiciyi çağıracak kadar akıllıyım."

Rose ona yıkıcı bir bakış attı. "Olayı kendine çevirme, Richard."

"Beni burada istemediğin an, bunu bana çevirmiş oldun." Rose'un bileğini tutarak güçlü bir şekilde onu ayağa kaldırdı.

Rose elbisesini düzeltti, gözlerinde hâlâ öfke vardı. Eğilerek patlak lastiği çıkarmaya başlamama rağmen hâlâ tüm konuşmalarını duyabileceğim kadar yakınımda duruyorlardı.

"Korktuğun şey ne?" diye sordu Connor kaşlarını çatarak.

Rose, "Je n'ai pas peur," diye cevap verdi akıcı bir şekilde. Bunu kolayca çevirdim. *Korkmuyorum.*

Onları anlamıyormuşum gibi davranıyordum. Fransızcadan Lily ve Lo kadar bihaber olduğumu sanıyorlardı ama küçüklüğümden beri bu dili akıcı bir şekilde konuşuyordum. Sadece, Fransızcayı bilme sebebimi birilerine açıklamak istemiyordum. Bunu göz ardı etmek daha kolaydı.

"Alors, dites-moi ce qui ne va pas," dedi Connor. *O zaman bana sorunun ne olduğunu söyle.*

Rose bileğini onun elinden çekerek çenesini kaldırdı. "Kendim yapmak istedim."

"Dahası var," dedi Connor. "İkimiz de konunun sadece bir lastik olmadığını biliyoruz. Haftalardır beni uzak tutuyorsun."

"Eğer o kadar akıllıysan, bunun nedenini kendin çözmen gerekmez miydi?" Meydan okurcasına kollarını kavuşturdu.

Connor gözlerini kıstı. "Ne jouez pas ce jeu avec moi, chérie. Vous perdrez." *Benimle bu oyunu oynama, sevgilim. Kaybedersin.*

Omzumun üzerinden baktım. Rose biraz gergin görünüyordu, sert bir nefes almıştı. Korkuyordu. Ancak tıpkı Connor gibi, onun neden böyle hissettiğine dair hiçbir sikik fikre sahip değildim.

"Hey," diye seslendim Rose'a. Sanki yeterince hızlı hareket etmiyormuşum gibi bana ve lastiğe baktı. Ona ortaparmak çekme isteğimi bastırdım. "Lily'yle nereye gidiyordunuz?"

Biraz hızlı bir şekilde, "Alışverişe," dedi.

Duyduğum zaman sikik bir yalanı anlardım. "Sorduğuma sevindim." Başımı iki yana sallayarak yedek lastiği aldım.

Connor karısının yüzünü inceliyordu, Rose'un dürüst davranmadığını o da fark etmişti.

"Benimle evlendiğinde neye bulaştığını biliyordun," dedi Rose.

"Meydan okumalarla dolu bir hayat." Connor'ın dudakları yukarı kıvrıldı. "Il n'y a rien de mieux." *Daha iyisi yok.*

Rose bu sözlere karşı neredeyse yumuşamıştı. Connor onun parlak saçlarını okşayarak alnını öptü. Yedek lastiği takmadan hemen önce Lo ve Lily'yi benim *Infinity*'mde gördüm.

Lily'yi arabaya yaslamıştı. Öpüşmüyorlardı ama Lo yanaklarında gamzelerin belirginleşmesini sağlayan bir gülümsemeyle onun kulağına bir şeyler fısıldıyordu. Lily devasa bir domatese dönüşmüştü, yani kardeşim ona her ne söylüyorsa edepsiz bir şeydi.

Seksin herhangi birini, Lily'yi utandırdığı kadar utandırdığını hiç görmemiştim. Bunun sebebinin bir bağımlı olduğu için daha çok utanmasından kaynaklı olduğunu biliyordum. Ancak şu anda belirgin bir şekilde kardeşim tarafından tahrik edilmişti ve davetkâr bakışlarla ona bakıyordu.

Başımı iki yana salladım.

Burada normal olan tek kişiymişim gibi hissediyordum.

Ama bu tamamen saçmalıktı. Hiçbirimiz gerçekten normal değildik. Hepimiz sadece dünyanın garip parçalarıydık. Genellikle benimle bağ kuran diğer parça ise buradan binlerce kilometre uzakta, Paris'teydi.

Yalnızca uyuduğunu umut ediyordum.

Eğer onu sikik, huzurlu bir uyku çekerken hayal edebilirsem endişelenmeyi bırakacaktım. Ayaklarımı yere basmamı sağlayan, beni bu sikik yerde tutan tek şey o hayaldi. Eğer o hayal olmasaydı, kahrolası aklımı kaçırırdım.

BÖLÜM 12

DAISY CALLOWAY

Sabah 4:30.

Paris'e gelmemin üzerinden üç gün geçmişti. O zamandan beri sadece beş saat uyumuştum ve onun da uyku sayılabileceğinden pek emin değildim. Çığlıklar atarak Ryke'ın "görünmez düşman" diye adlandırdığı bir şeye saldırırken uyanmıştım. Kâbusumda beni yakalayan şeyin ne olduğunu hatırlayamıyordum bile ama bu geri dönmek isteyeceğim türden bir uyku değildi.

Şimdiyse kafeinli içecek ve diyet haplarıyla tıka basa doluydum. Eskiden sigara içiyordum çünkü içindeki nikotin uzun çekimler sırasında beni büyük oranda uyanık tutuyordu. Ancak Ryke bana nasıl motosiklet sürüleceğini öğretmeye başladığında, bu alışkanlığı bırakmam için beni ikna etmişti. O zamandan beri sigaraya dokunmamıştım. Nikotini özlemiyordum bile. Sadece uyumayı ya da en azından bir doz adrenalin almayı arzuluyordum.

Dün katıldığım defile sırasında gerçekten de camdan yüzeyde on santimlik topuklularımla kayacağımı düşünmüştüm. Bir tavus kuşu başlığı takıyordum. Kollarımı çırpmaya başlamama *çok* az kalmıştı. Zihnimde çoktan sahneden koşarak kaçmış, sokağa çıkmış ve buz gibi soğuk bir göle atlamıştım. Bunun kulağa neden bu kadar güzel geldiğine dair hiçbir fikrim yoktu ama öyleydi. Etrafta durup beklemek dışında yapılabilecek her şey öyleydi. Sandalyelerde oturup beklemek dışında. Çok fazla bekleme vardı. Bundan sıkılmış mıydım, yoksa yorulmuş muydum bir türlü karar veremiyordum.

Stilistim saçımdaki her bir küçük tutamı alıp örerken buharı tüten bir kahve almıştım. Muhtemelen Medusa'ya ya da Venice Sahili'ndeki korkulan bir kıza benziyordum. Bu kadar uzun sürmese bence havalı olabilirdi. Sandalyemde o kadar çok kıpırdanmıştım ki stilistim beni kahvemi almakla tehdit etmişti.

Bu iş bir milyon farklı insana benden daha çok uyuyordu.

İnsanlar etrafımızda dolaşıyor, sürekli hareket ediyorlardı. Genellikle bu dolaşma işini yapan kişiler modeller değildi. Mikrofon takımları yerleştirip ellerindeki notlukları tutan prodüksiyon asistanları, makyaj sanatçıları ve tasarımcılardı. Ben hareketsizdim. Asistanın askıyla taşıdığı kıyafetlerden daha insancıl sayılmazdım.

Yanaklarında çiller olan esmer bir model hemen yanımdaki makyaj sandalyesinde oturuyordu. Ona da aynı örgü modeli yapılıyordu. Bir ay önce Revolution Modellik Şirketi'yle sözleşme imzaladığında tanışmıştık, benimle aynı ajanstaydı. Otel odalarımız karşılıklıydı. İsmi Christina'ydı ve yalnızca on beş yaşında olmasına rağmen bir parmaklık kadar inceydi. Bana biraz kariyerime ilk başladığımda nasıl olduğumu anımsatıyordu. Sessiz, içine kapanık, itaatkâr, her şeyi sindirmeye çalışan.

Christina dördüncü kez genişçe esnedi.

"Al," dedim kahvemi ona uzatarak.

"Teşekkürler." Gülümsedi. "Ebeveynlerim genelde kafein almama izin vermiyorlar ama ne kadar çalıştığımı görseler bence bunu sorun etmezler."

"Buraya gelmediler mi?" Kaşlarımı çattım. Annem, Moda Haftası'nda bana hep eşlik ederdi. İlk başta beni koruduğunu düşünüyordum. Tabii sonrasında, gelme sebebinin bu dünyanın bir parçası olmak istemesi ve bu fırsatı kaçırmaktan korkması olabileceği konusunda şüphelenmeye başlamıştım. Artık bu ihtimal daha mümkün görünüyordu.

"Hayır. Bütçeleri uçak biletleri için yeterli değildi."

Christina, Kansas'ta yaşıyordu ve ebeveynlerinin bir ajans bulma şansına sahip olmak için New York'a gitmelerinin bile neredeyse iflas etmelerine sebep olduğunu söylemişti. Şimdiyse aileye gelir sağlayan tek kişi oydu. Bunu hayal dahi edemiyordum. Bu yüzden de onun etrafımda olmasının, biraz daha mütevazı biri olmamı sağladığını düşünüyordum.

"Birisi kokain teklif ederse," dedim. "Yerinde olsam sadece hayır derdim, tamam mı?"

Yerlerinden dahi kıpırdamayan stilistlerimize baktıktan sonra irileşen bakışları bana döndü. Kokain, birçok insanın ilk tercihiydi. On beş yaşında katıldığım Moda Haftası'nda ben de denemiştim. Bir herif elindeki plastik poşeti sallayıp, "Bu uyanık kalmana yardımcı olacak," demişti.

İki kez çektikten sonra resmi olarak yetişkinliğin ya da yetişkinlik deneyimiymiş gibi hissettiren olayların zorluklarına dalmıştım.

Christina etrafta kokain döndüğünü itiraf etmemi kimsenin umursamadığını fark ettiğinde başını salladı. "Tamam, öyle yaparım."

Bir makyaj sanatçısı yüzümde çalışmaya karar verdiği zaman sandalyeme yaslandım. Aynı anda iki farklı stilist üstümde çalışıyordu. Kadın çenemden tutarak yüzümü kendine doğru çevirdi, gözlerimin altındaki torbalara onaylamaz bir şekilde bakıyordu.

Midemden duyabilecek bir guruldama sesi yükseldiğinde stilist bana bir bar uzattı.

"Birkaç ısırık al," dedi. "Sonra kusabilirsin."

"Bulimia olayıyla ilgilenmiyorum," dedim. "Ya da anoreksik olmakla." Makyaj sanatçısının biraz fazla dikkatli dinlediğini fark etmiştim. Bazen insanların bir dedikodu dergisine herhangi bir şeyi rahatlıkla satabileceklerini unutuyordum. Onlardan bahsedildiğinde "içeriden kaynak" olarak tanıtılıyorlardı. "Teşekkür ederim," dedim. Barın tadına bakacaktım, bunu reddedemeyecek kadar açtım.

Bedenim yavaşça kendini yiyip bitirmeye çoktan başlamıştı. Modelliği bırakmak istememin ana sebebi buydu. Sağlığım zaten uyku durumum yüzünden yeterince sorunla uğraşıyordu, üstüne bir de açlık eklendiği zaman kendime zarar veriyor olabileceğimin farkındaydım.

Pütürlü bardan bir ısırık aldım, tadı fıstık ezmesi ve bademden çok ağaç kabuğu gibiydi. Christina'nın örülecek daha az saçı olduğu için onun işi benden önce bitmişti. İki saat daha burada bekleyeceğime yemin edebilirdim. En azından, makyaj sanatçısı da saçımı yapan diğer kıza katılmıştı. Yüzüme düşen tutama uzandığımda stilist elime vurarak dokunuşumu uzaklaştırdı.

Yanımdaki sandalye çabucak doldu. Erkek bir model sandalyeye yerleşirken elinde bir kâse meyve vardı. Elimdeki barı fark ettiğinde, "Onu nereden aldın?" diye sordu imrenerek.

"Ağaç insanlarından," dedim. Bir ısırık daha aldıktan sonra barı ona uzattım. "Meyvelerin nesi var ki?"

Barı ısırırken sanki cennetten çıkma bir şey yiyormuş gibi sandalyesine yaslanmıştı. Bu tavrı beni gülümsetti. Paris'e geldiğimden beri yüzümde beliren ilk gülümsemelerden biriydi.

"Karbonhidrat," dedi soruma cevap vererek. "Burada sadece meyve ve çiğ sebze var." Su şişesinden bir yudum aldı. "Bize istediğimizi yiyebileceğimizi söylediler ama ya çok zayıf olan birileri bütün krakerleri ve sandviçleri yedi ya da birisi beni kandırdı."

"Kimsenin tıka basa doymasını istemiyorlar," dedim. "Bazı yıllar yemek konusunda daha iyi seçimler yaptıkları oluyor."

"Geçen yıl," dedi başını sallayarak. "Geçen yıl daha iyiydi. Kekler vardı."

İnledim. "Keklerden bahsetme."

"Yabanmersinli, fındıklı *ve* muzlu."

"Sen çok zalim bir insansın..." Cümlem havada kalırken ona dikkatlice baktım, bu modelle daha önce tanışmadığımı fark etmiştim.

"Ian," dedi elindeki bardan bir ısırık daha alarak. Kaslıydı, o "zayıf" diye adlandırdığı doğuştan ince yapılı adamlar gibi değildi.

Yüzü bir Yunan heykeli kadar klasik bir güzelliğe sahipti. Sanırım onu bir parfüm reklamında görmüştüm. Sonrasında barı tekrar bana uzattı.

"Sen bitir," dedim.

"Takas yapabiliriz." Meyveyi kaldırdı. "Bir kek değil ama..." Gülümsedi. Tabii ki gülümsemesi büyüleyici, tüm beyaz dişlerini gösteren, parlak ve samimi bir gülümsemeydi.

Bu çocuğu sevmiştim. Benimle aynı yemek dilini konuşuyordu. "Alabilirim." Yiyeceklerimizi değiştirdik. "Bu arada, ben Daisy."

"Biliyorum. Sanırım bugün otobüs durağında yüzüne oturdum."

Alay ederek şaşırmış gibi yaptım. "Yüzüme mi oturdun? İmkânsız. Yabancıların bunu yapmasına izin vermem."

Ian kahkaha attı. O sırada stilist saçına *mavi* boya sıkıyordu. Moda tasarımcıları gerçekten deliydi. Aslında, Rose da öyle olduğu için bunu bilmem gerekirdi. Tabii, o buraya davet edilmemişti. Hâlâ Philly'deydi.

"Yani," dedi Ian. "Bir seksen yediyim, mavi gözlüyüm, kahverengi saçlıyım, yirmi beş yaşındayım..." Stilisti saç spreyini almak için durduğunda başını bana doğru eğdi. "Ölçülerimi sıralayabilirim ama içimden bir ses göğüs ölçümü umursamayacağını söylüyor." Bu bana Ryke'la bir zamanlar yaptığımız benzer bir konuşmayı hatırlatmıştı. O sırada beni pasta yemeye ikna etmeye çalışıyordu.

"Senin bacaklarının da her sabah ölçülmesi gerekmiyor tabii."

"Ölçülebilir," dedi Ryke. "Eğer bacaklarımı ölçersem lanet pastadan yiyecek misin?"

"Kıçını da," dedim.

"Kıçımın ölçüsünü mü bilmek istiyorsun?" Kaşlarını kaldırmıştı.

"Evet."

"Pastayı ye."

Ian'ın cazibesinden çok, bu anı hatırladığım için yüzümde bir gülümseme belirmişti.

Başımı iki yana salladım. "Önemli olan kıçının ölçüsü."

Ian sırıttı. "Bunu yalnızca gerçekten hoşlandığım kızlara söylüyorum."

"Lanet olsun," dedim. Midemde bir boşluk vardı. Flört ediyorduk. Ryke'la yaşadığımız o anı, burada Ian'la şakalaşmaya devam ederek lekelemek istemiyordum. Bu biraz midemi bulandırmaya başlamıştı. Ancak meyveden veya ağaç kabuğundan aldığım ısırık yüzünden de olabilirdi. *Ama bu güzel bir şey olabilir.* O yedi numaram olabilirdi. Ryke'ın istediği buydu, değil mi? *Olabileceklere takılıp kalma, Daisy. Ryke'ı bırak ve yoluna devam et.*

Ian beni süzerken yüzünde neşeli bir gülümseme vardı. "Sonra buluşmak ister misin?" diye sordu.

Kıçı hakkında yorum yapmak düşündüğümden daha büyük bir işaret olabilirdi. Ryke, sohbetlerimizin flörtöz doğasına karşı hiç tepkide bulunmuyordu. Bazen herkesin onun gibi olmadığını unutuyordum. Erkeklerin çoğu o noktada durmak yerine ilerliyordu. Seks yapmak istiyorlardı. Hepsi. Sadece tahrik edici konuşmalar yapmakla ilgilenmiyorlardı. *Belki bu güzel bir şeydir.* Fakat hiç de öyle hissettirmiyordu.

Bu gece geç saatte yapılacak defileden sonra odama dönmeyi düşünüyordum. Balkon kapılarında kilit yoktu, bu yüzden birinin camı kırıp kapıyı içeriden açması çok kolaydı. İlk gece o kapıya bakıp durmaktan kendimi alamadığım için hiç uyuyamamıştım. Belki Ian'ın yanımda olması sakinleşmeme yardımcı olurdu... Belki de seks, *Ambien* almadan uyumama yardımcı olabilirdi. Bunu daha önce denememiştim ama aynı zamanda seksi ilaç olarak kullanmayı da hiç istemiyordum.

Lily'nin sorununa sahip olmak istemiyordum.

Bu yeni ihtimaller, şu anki durumumdan daha iyi geliyordu. Bu yüzden Ian'a telefon numaramı verdim. Kimsenin otel odamı bilmesini istemiyor olsam da sadece ona söylememin bir sorun yaratacağını sanmıyordum.

Harika bir seçim yapmak mümkün değilmiş gibi hissediyordum. Çok fazla eksi ve birkaç tane de artısı vardı, bu yüzden sadece birini seçmek zorundaydım.

"Bu ağaç insanlarını nerede bulabileceğimi biliyor musun?" diye sordu elindeki boş ambalajı sallayarak.

Gülümsedim. Çok da fena değildi.

Sanırım kararımı vermiştim.

BÖLÜM 13

DAISY CALLOWAY

Odama girdiğimde saat gece ikiydi. Ian kapımı çalmadan önce yalnızca yüzümü yıkayıp saçlarımı taramaya vakit bulabilmiştim.

Kapı deliğinden bakarak gelenin o olduğundan emin oldum. Kapının ardından güçlü parfümünün kokusunu alabiliyordum ama dışarıdan sıradan görünüyordu. Bir kot pantolon ve mavi bir tişört giymişti. Ona bakmaya devam ederken tereddüt etmeme neden olan bir sürü sebep vardı. Ian tekrar kapıyı tıklattı. Bu gürültülü ses karşısında irkildim. *Bunu yapabilirsin.*

Kolu çevirdiğimde kot şortumu ve bol kazağımı süzerek gülümsedi. "Güzel," dedi göğsümde yazan kelimeleri işaret ederken. *Bulimia 87'lerden Kalma.*

*Heathers** alıntısını bile anlıyordu. Belki de benim için gerçekten mükemmeldi. "Mekânıma hoş geldin." İçeri geçmesini işaret ettim. Bavullarımı boşaltmadığım için dağınık olmaya pek vaktim olmamıştı. Tekerlekli valizim televizyon konsolunun yanında duruyordu, fermuarı kapalıydı. Kaldığım otel odasının altın rengi duvarlarıyla kırmızı yatak örtüleri vardı. Philly'deki dairemin herhangi bir yerindeki renklerden daha temiz ve ahenkli duruyorlardı.

* Kazağın üstündeki sözün alıntılandığı, 1988 yapımı komedi-dram türündeki film. (ç.n.)

"Odan da güzelmiş," dedi Ian.

"Evet, çok havalı."

Ian odanın içinde ilerledi, altın rengi perdelerle örtüp kilitlemek için ciddi vakit harcadığım balkon kapısına yaklaştı. Kapıları açtığında nabzım hızlanmaya başladı. Kilidin *klik* sesini duydum, ardından camdan kapıyı açıp şehir manzarasına bakmak için dışarı adım attı.

"Siktir," dedi. Sesi duyabileceğim kadar yüksekti. "Benim odam bir otoparka bakıyor. Bu..."

Onu duymazdan gelerek ön kapıyı kapatıp güvenliğimizi sağlamak için her kilidi çevirdim. Hatta kapı deliğinden dışarıya da göz attım. Koridor boştu. *Güzel.*

Yatağa ilerleyip onun tekrar içeri girmesini beklemeye başladım. Eğer dışarıda paparazzi varsa dikkatlerini çekmek istemiyordum. Şans eseri beni balkonda görüp hangi katta kaldığımı hesaplayabilir ve odamı tahmin edebilirlerdi.

"Evet, manzara cidden güzel," dedim.

Ian içeri girdi ama sürgülü kapıyı tamamen açık bırakmıştı.

"Kapatabilir misin?" diye sordum. Paranoyak görünmemeye çalışıyordum. Ona hafifçe gülümsedim. "Bu gece biraz soğuk."

"Tabii." Kapıyı kapattıktan sonra perdeleri de çekti. Kilitlememişti. Bunu o gittikten sonra yapmam gerekecekti. *Ya gitmezse? Ya onunla seks yaparsan?* O zaman uyuyakaldığında kilitlerdim. Bunun için endişelenmeye gerek yoktu.

Yatağın ucuna oturup bağdaş kurdum. Aklının nerede olduğunu, şu an ne yapmak istediğini merak ediyordum. Aç bakışlarıyla beni biraz daha süzdü. Bakışları bacaklarımda ilerleyerek bacaklarımın arasında duraksadı.

Sonra elini cebine attı. *Prezervatif,* diye düşündüm. Ancak o beyaz tozla dolu bir paket çıkarttı. "Bu sabah biraz yorgun göründüğünü düşündüm. Destek almak ister misin?" Şifoniyerime ilerleyerek tozu iki çizgi haline getirmeye başladı.

"Hayır," dedim. "*Lightning Bolts!* içiyordum, ayrıca *Ripped Fuel** aldım. Kokainle iyi bir karışım olacaklarını sanmıyorum."

Bacaklarımı sarkıtarak yerimden kalktım ve kaygılı bir şekilde yanına ilerledim.

"Evet, bir şey kullandığını fark etmiştim," dedi Ian. "Tüm sabah kıpırdanıp durdun."

"*Ripped Fuel* sadece kafeinle birlikte aldığım zaman kıpır kıpır olmama sebep oluyor. Yoksa normal bir diyet ilacından ibaret." Buna rağmen endorfin dozu gibi etki gösteriyorlardı ve kokaine ya da diğer yasadışı maddelere bulaşmadan alabileceğim en iyi takviyeydi.

"Tamam, sakinleşmene yardım edeceğim," dedikten sonra bir elini bana doğru uzatıp omuzlarımı ovmaya başladı. Bu tam da istediğim şeydi. Kokaini saymazsak, belki de erkek tercihlerim giderek gelişiyordu.

Boştaki eliyle kıvırdığı doları alıp tozla yaptığı iki çizgiyi içine çekti. Burnunu silip bana döndüğünde gözleri dudaklarımda geziniyordu. Beni yatağa doğru yönlendirdi. Bacaklarımın arkası yatağa çarptığında kalbim hızla atmaya başladı.

"Gerçekten güzelsin, Daisy," dedi. Dudaklarını benimkilere bastırdı. Dilini ağzıma sokmak için iki saniye bile beklememişti. *O kadar da kötü değil.* Nefessiz kalmamaya çalışıyordum ama ağzı tamamen yüzümü kaplıyor, çeneme salya akıyordu.

Öpüşmekten nefret ediyordum.

Hem de çok.

Tişörtünü çekerek dikkatini dağıtıp dudaklarını benimkilerden uzaklaştırmaya zorladım. Çarpık bir şekilde gülümserken gözbebekleri küçük birer nokta gibiydi. Beni yatağa çıkarıp yastıkların üzerine koymasını ve ağırlığını üstüme vermesini hayal ettim. Bu görüntü kızarmama sebep oldu.

Ancak o yatağa çıkarak beni göğsünün alt kısmına doğru çekti. Üzerinde hareket etmem için harika bir pozisyondu.

Rahat bir şekilde ellerini başının altına yerleştirmişti. Belki de

* Bir diyet takviyesi markası. (ç.n.)

bu aptalca ön sevişme olayını atlamamız gerekiyordu. Bunu üç ve dört numarayla yapmıştım, bunun sayesinde de kendimi huzursuzlukla geçecek bir saatten kurtarmıştım. Zaten hızlı bir seks yapacaksak ve sonrasında buradan gidecekse bunun ne anlamı vardı ki? Geceyi benimle geçirmesini istiyordum, değil mi?

Bu yüzden geniş omuzlarını öpmeye, sert karın kaslarında ve kaslı göğsünde dilimi gezdirmeye başladım. Beni izlerken sık sık inliyordu.

"Daha aşağı, bebeğim," diyerek beni zorladı. Bir elini başının altına sakladığı yerden çıkarıp parmaklarını saçıma sardı, yaptığım şey hoşuna gittiği için dudakları aralanmıştı. "Ahh, *evet*."

Kot pantolonun düğmesini ve fermuarını açtım. Kırmızı *boxer*'ının ardından ereksiyonunu görebiliyordum. Ona dokunmayı bırakıp kazağımı çıkardım, göğüslerim oldukça küçük olduğu için sutyen giymiyordum. Ian sersemlemiş gibi beni izliyordu. Uyuşturucunun etkisinde olduğunun farkındaydım.

Oturur pozisyona geçip ellerini bacaklarımda gezdirdi. Avuçları pürüzsüz tenime zıt bir şekilde kabaydı. Kot pantolonunu çıkardığım anda beni tekrar kucağına çekti. Her şey şehvetli olmaktan çok otomatik hissettiriyordu.

"Burada olmanı istiyorum," derken elimi alıp kasıklarına götürdü ve penisini bulmama yardımcı oldu. Bu konuda yardıma ihtiyacım yoktu. Aramızdaki sapkın enerji kafamda bir uğultuya sebep oluyordu. Tüm tenimin ürperdiği, kalbimin biraz fazla hızlı attığı bir enerjiydi. Yaşadığım durumla ilgili, yani üzerinde olmam ve aletini tutmamla ilgili ne hissettiğimi algılayamıyordum.

Elimi aletinde aşağı yukarı hareket ettirdiğim sırada dilini tekrar ağzıma soktu. Şükürler olsun ki öpüşmemizi inleyebilmek için bölmüştü. Bedenlerimizin arasına, küçük elimin onun büyük elinin altında kaybolduğu, parmaklarımı ısıtan ereksiyonuna dokunduğum yere bakıyordu.

Alnımı göğsüne yasladım. Sanırım bundan daha fazlasını istiyordum. *Daha fazlasının* ne olduğunu bile bilmiyordum. Erkeklerde bunu aramaya devam edip duruyordum. Aradığım gerçekten bu muydu? Oturmayan bir şeyler hâlâ olabilirdi. Hiç çekim hissetmiyordum ve henüz sinirlerimin kasıldığı gerçek bir his bedenime yayılmamıştı. Heyecanlandırıcı hisler yalnızca kafein karışımımdan kaynaklanıyordu.

Onu elimle becerdiğim sırada göğüslerime bakabilmek için başımı zorla yukarıya kaldırdı. Özenli olduğumu ya da iyi bir iş çıkardığımı sanmıyordum ama bunun karşımdaki adam için bir önemi olduğunu da düşünmüyordum. Sanırım üzerinde benim, genç sarışın (ve ünlü) bir kızın olduğu fikri ihtiyaç duyduğu tek uyarıcıydı.

Artık boynumu öpmeye başlamıştı. Ama dilini ensemde gezdirmeden dudaklarını göğsüme doğru indirdi. Dili meme ucumun etrafında gezindi ve sonra beni ısırdı, *sertçe.* Yüzümü buruştururken dudaklarımdan tiz bir ses yükseldi. Duyulabilir bir sesti. Ah. Ah. *Ah.*

Çıkardığım sesle onu onayladığımı ya da tahrik olduğumu düşünmüş olacak ki daha sert ısırdı.

Karın kaslarından onu sertçe ittim. Ancak o bileğimi tutup elimi tekrar aletine götürdü. Yüzümü sanki beni avutur gibi omzuna yönlendirmiş olsa da diğer eli tam aksine kıçımda geziniyordu.

"Hiç kıçından yaptın mı?" diye sordu homurdanarak. Elimi aletinin daha da aşağılarına götürdü.

"Bir kez," dedim. Göğsüm sızlıyordu. Buna bir son vermeliydim. *Belki birazcık beklersem daha iyi olur.* Seks yapmayı, yeterince çok denemediğim ya da yeterli çabayı göstermediğim için sevmiyor olabilirdim. Kendimi beklemeye ikna ettim.

Kıçımı tutup parmağını daha önce bir parmağın *hiç* girmediği deliğe soktu. Kaskatı kesildim. Gözlerim büyürken dehşete kapılmış durumdaydım. Tamam, bundan hiç hoşlanmıyordum. Bu normal miydi? O an ilk kez yaşımın farkına vardım, yatağımda yirmi beş yaşında biri olduğunu daha net fark ediyordum.

Ryke'la yaşıt bir adam.

Bununla ilgili her şey garip geliyordu. Fiziksel olarak, duygusal olarak, zihinsel olarak. Kıpırdanarak artık *oraya* dokunamayacağı bir şekilde hareket ettim. İşini bitirmesine yardım etmemiştim bile. Ayak bileklerine doğru kayarak oturdum. "Çok yoruldum," diye yalan söyledim. "Belki başka bir gece yaparız."

Beni uzunca süzdü. "İlk seferin mi? Seni korkutmak istememiştim. Daha dikkatli olurum."

"Bakire değilim," dedim. "Söyledim ya-"

"Yalan söylemek zorunda değilsin. Biriyle yapmamış olmanı sorun etmem. Hatta bu seksi bile sayılır." Sırıttı. "Yavaş ilerleyeceğim, söz veriyorum." Elimi tutup beni kucağına çekti.

Hâlâ sertti ve iç çamaşırıma dokunuyordu. Kumaşı kenara itip beni aletinin üstüne çekti. Üstte olmak istemiyordum. Onunla artık seks yapmak istemiyordum.

"Islak değilim," dedim. "Canımı yakacaksın." İlk seferimde öyle olmuştu. Kısa sürmüştü ve gerçekten çok acı vericiydi.

"İçine girdiğimde ıslanacaksın." Saçlarımı yüzümden geriye itti.

Uzun zaman önce Ryke şöyle bir şey söylemişti. *"Nasıl bir şerefsiz, bir kızın ilk seferinde o henüz ıslanmadan içine girer ki?"* İşte bu şerefsiz.

Verdiği tavsiye şuydu: *"Seni becerirken en azından iki kez boşalmanı sağlamayan hiçbir erkeğe yakın olma. Aklında kalsın."*

İki buçuk yıl sonra bile söyledikleri hâlâ aklımdaydı ama tamamen dikkate aldığım söylenemezdi. Erkeklerin hepsi, büyük gösteriden önce beni boşaltmakla uğraşmayı pek istemiyordu.

Belki de Ryke'ın söylemeye çalıştığı şey buydu. Önce kendine, sonrasında ise kadına odaklanan bir adamla birlikte olmalıydım.

"Yapamam," dedim. O beni tekrar tutmadan önce çabucak kucağından kalktım ve kazağımı alıp başımdan geçirdim. Arkamı döndüğümde sanki her an dönüp üstüne çıkacakmışım gibi yatakta yatmaya devam ediyordu. "Bence buradan gitmen gerekiyor."

Dudaklarını yaladıktan sonra ereksiyonunu iç çamaşırının arkasına gizledi. Kot pantolonunu yukarı çekip yataktan kalkarken, "Anladım," dedi. "Hazır değilsin. Yarın gece olur mu?"

"O zamana kadar hazır olacağımı sanmıyorum, üzgünüm," dedim mavi gözlerine bakarak.

Bana biraz daha yaklaştığında tıpkı büyük ablam gibi kendinden emin bir tavır takınmaya çalıştım. Omuzlarımı geriye atıp daha dik bir şekilde durdum. Kızgın görünmem gereken fotoğraf çekimlerinde takındığım ifadeyi yüzüme yansıttım. Kısık gözler. Gergin dudaklar. Asık bir yüz.

Ian'ın gözünü biraz olsun korkutmuyordum. "Bitirmek bile istemiyor musun?" diye sordu.

"Sevgilim var," dedim aniden. Bunun onu uzaklaştıracağını umuyordum. Tabii biraz ahlakı varsa…

Kısa bir kahkaha attı. "Sevgilin olsa haberlerde görünürdü, özellikle de onu aldatırken yakalanmış olsaydın."

"Ara verdik," dedim. *Ne yapıyorsun, Daisy?* "Sadece bu kadar çabuk birileriyle yatmaya kendimi hazır hissetmiyorum."

"Anladım," dedi şifoniyerimdeki plastik paketi alarak. "Fikrini değiştirirsen numaram sende var. Belki yeniden karşılaşırız." Ona kapıya kadar eşlik ettim. Gözlerime bakıp yanağıma küçük bir öpücük kondurdu.

Ben de hafifçe ona gülümsedim.

Sonra tek kelime etmeden yanımdan ayrıldı.

BÖLÜM 14

DAISY CALLOWAY

Kilitle. Kilitle. Kilitle. Kilitle. Hızlıca odada hareket ederek tuvaletteki duş perdesinin arkasına baktım. Kapı tokmağının altına bir sandalye sıkıştırdım. Sürgülü balkon kapısını hallettikten sonra sızlamaya devam eden göğsüme bakmak için aynaya ilerledim.

Kazağımı yukarı kaldırdım. *Kanıyordum.* Beni o kadar sert ısırmıştı ki meme ucum sadece kızarıp yara olmamıştı, aynı zamanda kanıyordu. Böyle şeyler *neden* benim başıma geliyordu? Üstelik tenimi o kadar sert emmişti ki göğsümün etrafında sarımsı morluklar oluşmuştu.

Bunları makyaj malzemeleriyle kapatmak zorundaydım. Yarın kimsenin fark etmemesini umuyordum. Şükürler olsun ki kıyafetler iddialı ya da çok açık değildi, yoksa tasarımcı bu duruma üzülürdü.

Aferin sana, Daisy.

Odam sessizdi. Kimse konuşmuyordu. Kimse ses çıkarmıyordu. Yalnızdım. Kazağımı üstümden sıyırıp bol bir tişört giydim ve yatağa çıktım, altımda bir erkek iç çamaşırı vardı. Uyanık bir şekilde uzanırken pencereye çarpan rüzgârın ıslığına, tavandaki gıcırtılara, koridordan gelen seslere karşı irkiliyordum. Her küçük ses, yorgun bir şekilde kapanmaya çalışan gözlerimin fal taşı gibi açılmasına sebep oluyordu.

Tamam, yeni bir planım vardı. Sırt çantamdan bilgisayarımı alıp yatak başlığına yaslandım. Hayır, sosyal medyayı açmayacaktım. Ama belki... pornonun yardımı dokunabilirdi. Belki de doruğa ulaşmama yetecek kadar mastürbasyon yapmayı hiç denememiştim. Bunu elbette şu anda yapabilirdim.

Bu görev içeri birinin zorla girebileceği ihtimallerden kafamı uzak tutacaktı. En önemlisi buydu.

Bilgisayarımı açtım... Ancak nereden başlayacağıma dair hiçbir fikrim yoktu. Saate göz attım. Paris'te gece üç, New Jersey Princeton'da ise sabah dokuzdu. Uyanmış olmalıydı. Telefonumu bulup hızlı bir arama yaptım ve internette araştırma yapmaya devam ederken sesi hoparlöre aldım.

"Hey," dedi ablam esneyerek. "Paris nasıl..." Sesi yumuşadığında arka plandaki birine fısıldadığını duydum. "Arayan Daisy." Lo yanında olmalıydı.

"Paris güzel. Sana bir sorum var."

"Bana mı?" dedi biraz şaşkın ve biraz da heyecanlı bir sesle. Her-şeyi-bilen-kişi büyük ablam Rose'du ve çoğunlukla soru sormak için ona giderdim ama Lily'yle konuşmak da kolaydı. Tabii, benimle konuşmaya zamanı olduğunda.

"Evet," dedim sıradan bir şekilde. "Bilgisayarımın çökmesine sebep olmayacak hangi porno sitesi iyidir?"

Telefonda uzun bir duraksama oldu. Lily tereddüt ediyordu. "Ben, emin değilim..."

"Lütfen." Sesimdeki çaresizliği duyabiliyordum. Saate tekrar baktım, odamda geçirdiğim her an kalp atışlarım hızlanıyordu. "Senden öğrendiğimi kimseye söylemeyeceğim." Sanırım ablam onun gibi birine dönüşmemi istemiyordu, özellikle de medya erkeklerle kısa ilişkilerim dışında ellerinde hiçbir kanıt olmamasına rağmen beni sürekli onun küçük versiyonu olarak etiketlediği için. Gençtim, on sekiz yaşındakilerin ortalamasına göre daha fazla önüme gelenle yatıp kalkıyordum ama seksten ablam gibi zevk almıyordum. Bir sürü adamla yatma sebebim nasıl doğru yapacağımı ve bunu yapmak için doğru kişinin kim olduğunu bulmak istememdi.

Artık bu hayatımda çok önemli bir şeymiş gibi görünmüyordu. En azından, Ryke birileriyle daha çok takılmamız gerektiğini söyleyene kadar bu şekildeydi. Dürüst olmak gerekirse, bugün sadece iyi bir gece uykusu çekmek istiyordum.

"Sana mesaj atarım," diye fısıldadı biraz dramatik bir şekilde. Lo'ya bakıp kızardığını gözümün önüne getirebiliyordum. Hızlıca gülümsedim.

"Teşekkürler. Sonra konuşur muyuz?"

"Olur. Daha çok aramaya çalışırım ama saat farkı…"

"Biliyorum, berbat."

"Seni seviyorum, görüşürüz," dedi aceleyle. Ardından telefonu kapattı, muhtemelen Lo dikkatini dağıtmıştı. Bir dakika içinde telefonuma bir mesaj geldi.

Tahriketbeni.net -Lily

Porno sitesine giriş yaptım ve en popüler videoya tıkladım. Yüklenmesi birkaç saniye sürdü. Başta ekran karanlıktı, sadece bir kadına ve erkeğe ait hızlı nefes sesleri vardı. Oynat tuşuna bastığımda, şu anda hiç etkilenmediğim için ortaya çabucak bir görüntü çıkmasını umut ediyordum.

Sonunda görüntü belirdi.

Aman Tanrım. İpeksi kahverengi saçları olan bir kız bileklerinden yatak başlığına bağlıydı, erkek dominant bir şekilde üzerindeyken zevkle başını geriye atmıştı.

Ancak aklımı kaçırmama sebep olan şey bu pozisyon ya da bunun bir *porno* olması değildi.

Bu kızı tanıyordum. Bu adamı tanıyordum.

Bunlar Rose ve Connor'dı.

Aman Tanrım. *Çık buradan. Çık buradan!* Çıkış tuşuna basmaya ve görüntülerden kurtulmaya çalıştım ama kaybolmuyorlardı. Üzerinde **ABONE OL!** yazan bir reklam çıkıp duruyordu. Ablamın kocasıyla olan edepsiz seks videolarına abone olmak istemiyordum!

Bunların internete düşmesini hiç istememişlerdi. Bu yüzden, şu anda gerçekleşen şeye karşı kendilerini rahat hissedecekleri konusunda *ciddi* şüphelerim vardı. Geçen sene onların bilgisi olmadan hassas yatak odası anlarını kayda alan ve videoları internete koyan bir yapımcının ihanetine uğramışlardı. Hukuki işlemler başlatılmış olsa da sonucunda videolar burada kalmıştı.

Ben de yanlışlıkla onlardan birine denk gelmiştim.

Ekrana bakmamaya çalıştım. Gözlerimi kapattım, bilgisayarımı kapatıp açtım ancak video hâlâ devam ediyordu. Hızla nefes alıp veriyorlardı. Her şeyi duyuyor ve görüyordum. Şimdilik tek çözümmüş gibi görünen abonelik kutucuğunu doldurdum.

Sahte bir isim ve e-posta adresi yazarken Connor'ın parmaklarını ablamın elmaslarla süslü kolyesine doladığını gördüm. Rose'un başını kaldırıp dudaklarına yaklaştırdığı sırada sertçe bacaklarının arasında gidip geldiği için ablam sertçe inliyordu. Hemen sonra boşaldı. Connor pozisyon değiştirmek için onun içinden çıkmıştı.

AMAN TANRIM! Az önce Connor'ın devasa penisini görmüştüm.

Sonsuza kadar lanetlenmiştim.

Lütfen, birisi gözlerimi *yaksın.* Bilgilerin kalanını doldurarak ekrana tıkladım ve tıkladım.

Sonra hepsi gitti.

İsa aşkına, şükürler olsun. Görüntü gitmişti. Bir nefes verdim. Sanki hayatımın daha garip olması mümkünmüş gibi az önce ablamın kocasıyla seks yaptığını görmüştüm. Ayrıca bu sırada yatak başlığına bağlıydı. Connor Cobalt'a bir daha *asla ama asla* aynı gözle bakmayacaktım. Sanırım... sanırım bunun için rehabilitasyona gitmem gerekecekti.

Akıl sağlığımı toplamaya çalıştığım sırada bilgisayarımdan bir ses yükseldi. Bir *Skype* araması sesi. Biri *beni* mi arıyordu?

Arayanın kullanıcı adı: *RYKE_MEADOWS*

Çok yaratıcı değildi ama tam da onun yapacağı türden bir şeydi. Benim kullanıcı ismimle, yani *flowerchild20*'yle kıyaslanınca sevimsiz derecede renkli görünüyordu. Acaba bu yüzden mi birlikteydik, uyumsuz ve dengesiz olduğumuz için? Belki o *ying* ve ben de *yang*'dım. Ezikçe olsa bile bizim için mükemmeldi.

Gelen aramaya ve ismine bakmaya devam ettikçe midem daha çok altüst oluyordu. Bu gece az kalsın başka bir modelle seks yapacaktım. Onu oldukça berbat bir şekilde elimle becermiştim. Gerçekten de bu olayın ardından Ryke'la konuşmam gerekiyor muydu? *Birlikte olduğunuz falan yok. Sana başka biriyle çıkmanı söyledi.* Bilincim mantıklı bir savunma yapmıştı.

Bu yüzden aramaya tıkladım, ekran açılırken suçluluk duygumun yerini gergin bir heyecan aldı. *Beni* aramıştı. Bu beni düşündüğü anlamına geliyordu, değil mi? Yanaklarımı acıtmaya başlayan gülümsememi saklamaya çalıştım. *Gülümsemeyi bırak. Sakin ol.*

Derin bir nefes aldım.

Yeni bir pencere açıldığında dudaklarım yavaşça aşağı doğru kıvrıldı.

Sert, kadınsı bir ses hoparlörümden yansıyordu. "Evet! Evet, tam orası! Tanrım, evet. Siktir...!" Karanlık odada bile uzuvları ayırt edebiliyordum. Kızın bronz bacakları yatağın ucunda ikiye ayrılmıştı ve sırtı yukarı doğru bükülmüş durumdaydı. Ryke'ın saçlarına asılırken o da yere diz çöküp yüzünü kadının bacaklarının arasına dayamıştı. Yatak onun bedenini gizliyordu.

Beni aramak istememişti. Bir hataydı. Kadın kollarını hareket ettirirken bilgisayara çarpmış olmalıydı, birini görüntülü aradığını fark edemeyecek kadar kendini zevke kaptırmıştı.

Beş dakika içinde hayatımda yakın olduğum üç insanın seks yaptığına tanık olmuştum. Aslında Ryke sadece oral yapıyordu... ama Philly'de şu an sabah saatleriydi. Bu da muhtemelen bütün gece takılmalarının ardından gerçekleşen bir yakınlıktı.

Hayal kırıklığı, huzursuzluk ve kırgınlık ruh halimi paramparça ediyordu.

Bilgisayarı kapatmadan önce kadının bedeni dikkatimi dağıttı. Benden çok daha büyük görünüyordu. Göğüsleri iriydi, muhtemelen D kalıp sutyen giyiyordu, kalçaları belirgindi (kum saati formundaydı) ve dalgalı kahverengi saçları vardı. İkisinin uyumsuz bir çift gibi garip durmasını diliyordum ama birlikteyken bizden çok daha iyi görünüyorlardı. Kadın yirmi sekiz ya da yirmi dokuzunda olsa bile Ryke onu kolaylıkla tatmin ediyordu.

Kadın resmen yatakta eriyip gidiyordu.

İçime kıskançlık yayılırken ifadem kalıcı bir utançla donakalmıştı.

Eklemlerim bilgisayarı kapatmak için harekete geçmiyordu. Bunu izleyerek kendime işkence ediyor olsam da içten içe bunu görmek istiyordum. Belki bu sayede tıpkı onun gibi hayatıma devam etmem gerektiği gerçeğini pekiştirmiş olurdum. *Ian'la düzüşmen gerekiyordu.*

Bilincim kabaydı.

Kadın doruğa ulaşırken zevk dolu bir çığlık atıp çarşaflara tutundu. Tekrar bilgisayara çarpmış olmalıydı çünkü mesaj kutucuğunda **SESSİZ** yazıyordu. Hiçbir şey duyamıyordum. Tekrar çarptı. **SES AÇIK.** İşte devam ediyoruz.

Kadın, *benim* arzuladığım bir zirveden inerken derin nefesler alıyordu.

"Aman Tanrım," dedi başını iki yana sallayarak. "Bu..."

Ryke başını kaldırdı ve kadının dizini öptüğü sırada onu ilk kez gördüm. İçim burkuldu. Kadına bakan gözleri, "*Seni istiyorum ve çok güzelsin,*" sözleriyle doluydu.

Eğer bu hayatına devam ettiğinin bir göstergesi değilse, ne olduğunu hiç bilmiyordum.

BÖLÜM 15

RYKE MEADOWS

Emilia soluklanıyordu. Ben yatağın ucunda doğrulurken bakışları kot pantolonumda gezindi. Çıplaktı, evimdeki örtülerin üstüne yayılmıştı ve teninde bir ter tabakası vardı. Normal şartlarda ona tam bu siktiğimin yerinde hiç tereddüt etmeden sahip olurdum.

Ama dün gece olanlar sikik aklımı karıştırıyordu ve bedenim buna tamamen sabit kalarak tepki veriyordu.

Emilia'yla birkaç ay önce spor salonunda tanışmıştım. Dün gece onu aramamın sebebi Philadelphia Eagles*'ın maçına birlikte gitmekti. Bu yaptığım ilk sikik hataydı. Bugüne kadar futbol maçı izlemeye yalnızca kardeşimi ya da Daisy'yi götürmüştüm. Dün tribünde Emilia'ya döndüğüm anda ise kahverengi saçları, büyük memeleri ve aylardır sahip olmadığım her şeyle beni hazırlıksız yakalamıştı.

Bunu istediğimi sanmıştım. Bedenim tamamen sikik bir keyifle tepki verecek sanmıştım.

Öyle olmamıştı.

* Bir Amerikan futbol takımı. (ç.n.)

Birazcık bile.

Maç sırasında birkaç herif fotoğraflarımızı çekmişti. Yani Daisy, Emilia'nın kolumda çekilen ve çoktan internete yüklenmiş sikik fotoğraflarını görecekti. Birlikte olmadığımız için onun ne düşündüğünü önemsememem gerekiyordu ama bu düşünce sikik ciğerlerimin parçalanmasına sebep oluyordu.

Tanrı aşkına, ona başka birini becermesini söyleyen *bendim.* Buna rağmen, kendisi için iyi olacak bir adam olsa bile herhangi birini bulamamasını umut etmeye *devam ediyordum.*

Aklımdan korkunç görüntüler geçiyordu. Bir modelin onu becerdiği görüntüler. Daisy'nin ellerinin adamın sırtında olduğu, adam içinde gidip gelirken tırnaklarının sırtına saplandığı görüntüler. Bu çok yanlıştı. Daisy bundan tahrik olsa bile yanlış hissettiriyordu. Çünkü tahrik olduğu kişi ben değildim. O herifi vücudundan söküp almak istiyordum. Daisy'yi benden ayırdığı için adamın yüzüne sikik yumruğumu indirmek istiyordum.

Gerçekten... şu anda kendimi yumrukluyor olmam gerekiyordu, değil mi? *Hangi boktan düşünceyle ona başka bir adamı becermesini söyledin?* Sikeyim, onunla birlikte olamazdım. Bunu yapamazdım. Emilia'nın yanında olmamın sebebi buydu. İçten içe beni öldürüyor olsa da birileriyle tekrar çıkmaya başlamam gerekiyordu.

Ama onun başkalarıyla samimi olduğu o sikik görüntü çok acı vericiydi. Birisi beni boğuyormuş gibi hissettiriyordu, boğazım tuzlu su ve öfkeyle yanıyordu.

"Ryke," dedi Emilia. "İyi misin?" Oturur pozisyona gelip bacaklarını yataktan sarkıttı ve elime dokundu. *Hayır, sikik aklımı kaybediyorum. Dışarı çıkmam, on iki kilometre koşmam ve sonra tırmanmaya gitmem gerekiyor. Ama bunu sana söylersem ya benimle gelmek istersin ya da delirdiğimi söylersin.*

Dün gece onu becermemiştim. Tam burada uyuyakalmıştı. Eve gidemeyecek kadar yorgundu, ben de oturma odasındaki koltuğumda sızmıştım. Yarım saat önce uyanmış ve çırılçıplak bir şekilde gelip beni yatak odasına sürüklemişti.

Aletim sertleşmemişti bile.

Şimdi bile hiçbir şey yoktu. Bu sikik şey daha önce hiç başıma gelmemişti. Kahrolası kafamdaki düşüncelere öyle bir batmıştım ki bundan keyif alamıyordum.

Emilia kafası karışmış gibi görünüyordu, yüzüne bir güvensizlik dalgası yayılmaya başlamıştı.

Bakışlarım sertleşirken öne doğru eğilip saçını okşadım. "Hey," dedim. "Seninle ilgili bir durum değil. Siktir, yemin ederim." Yanlış hiçbir şey yapmadığını anlaması için yanağını bile öpmüştüm. *Sorun bendim. Kulağa ne kadar klişe gelirse gelsin, gerçek buydu.*

"Ağırdan alabiliriz," dedi. "Gerçekten sorun etmem, Ryke."

"Hayır." Başımı iki yana salladım. "Ağırdan alacak o sikik havada değilim." *Sadece onu becer.*

Emilia dudağını ısırdı, ardından parmaklarımdan birini ağzına alıp emmeye başladı. Bilinçsiz olarak o dudakların soluk pembe olduğunu, o saçların sarı olduğu, o gülümsenin parlak olduğunu ve o kahkahanın enerjik, tıpkı Daisy'ninki gibi hayat dolu bir olduğunu hayal ettim.

Sertleştim. *Sikerler.*

Kendimi bok gibi hissediyordum. Emilia bu sırada kocaman gülümsüyordu, parmağım dişlerinin arasındaydı. Sonra parmağımı serbest bıraktı. Hâlâ tereddüt ediyordum, bu benim için hiç doğal bir davranış değildi.

"Ne yapmamı istiyorsun?" diye sordu.

Sadece onu becer. "Sırtüstü uzan," dedim gergin bir şekilde.

Yatak başlığına doğru kaydı. Yanlışlıkla örtüleri çekiştirdiği sırada bilgisayarım bana doğru düştü. Sabah e-postalarını kontrol ettiğini söylemişti ama burada takılmaya başlamadan önce sikik bilgisayarı kapatması gerekirdi.

Bilgisayarı alıp şifoniyerime bıraktım. Ekrana göz attım ve...

Bekle o... Daisy. Arama penceresinde onu gördüm ama gözlerimiz buluştuğu an kapattı.

Ne oluyor lan?

Acaba o...

Ne kadarını izlemişti? Neredeyse sikik bilgisayarı duvara fırlatacaktım. İçinde olduğum bu durumda kendime öfkeliydim. Burada tam olarak ne boklar dönüyordu? Bu saçmalık *neden* olmuştu? Zihnimi Daisy'nin sağlığından başka bir şeye vermeye çalıştığım tek günde her şey geri tepmişti. Artık ne yapmam gerektiğini anlamıyordum bile.

Neden boktan saçmalıklar her zaman iyi niyetli insanların başına gelmek zorundaydı anlamıyordum. Ergenliğinde kardeşimin yanında olamadığım için sonsuz bir kötü karmayla karşı karşıya kalmış gibi hissediyordum.

"Sorun ne?" diye sordu Emilia.

"Birini aramam gerekiyor. Bunu erteleyelim mi?"

"Ne oldu?" diye sordu.

"Açıklaması çok zor." Oturma odasını işaret ettim. "Bir arkadaşımı aramam gerekiyor. Duş alabilirsin, sonra seni eve bırakırım."

Cevap vermeden önce tereddüt etti. "Tamam." Öpüşmek için uzandığında alnına bir öpücük kondurmakla yetindim. Onun sikik hislerini incitip incitmediğimi görmek için beklemek istemiyordum. Yatak odasının kapısını arkamdan kapatıp kanepeye oturdum, bilgisayarım kucağımdaydı.

Daisy'yi arayıp çağrıma yanıt vermesini bekledim.

Yanıt vermedi.

Onu tekrar aradıktan sonra telefonumu çıkarıp mesaj yazdım. *Siktiğimin aramasına cevap ver.* Cevap neredeyse anında geldi.

Seni telefondan arayacağım. -Daisy

Hayır. Yüzünü görmem gerekiyor. Üçüncü çağrımı da reddettiğinde beni sikik telefondan aramaya mecbur bırakmıştı. Sesli aramayı yanıtladı. "Üzgünüm," dedi bir anda. "Üç dakika kadar önce beni *Skype*'tan aradın. Konuşmak istediğini düşündüm. Çok fazla bir şey görmedim, gerçekten. Sadece... ne yapıyorsan oraya geri dön-"

"Dönemem. Bu sikik mevzuyu konuşmamız gerekiyor."

"Konuşacak hiçbir şey yok," dedi aceleyle.

Gözlerimi ovuşturdum. "Daisy..." Ne diyecektim ki? *Başka bir kıza oral çektiğim için özür dilerim mi?* Daisy benim sevgilim değildi. Ayrıca tekrar birileriyle çıkacağım konusunda onu uyarmıştım. Eğer bu doğru olan şeyse, o zaman neden kendimi açıklama yapmam gerekiyormuş gibi hissediyordum?

Cevap ortadaydı, sadece bu sikik şeyi kabul etmek istemiyordum. Benim gerçekliğim bu olamazdı.

"Bak, bunu görmek zorunda kaldığın için üzgünüm. İnan bana bu olmasını isteyebileceğim son şeydi."

"Sorun yok. Sadece çok ama çok garip bir gecenin promosyonu gibi oldu. O kadar garipti ki, bunları beynimden silmem yıllarımı alacak."

Kaşlarımı çattım, yere indirdiğim gözlerimi kısmıştım. "Kimse zorla odana girmedi... değil mi?" *Siktir, Ryke.* Elimi saçlarımda gezdirdim. Böyle şeyler söyleyemezdim. "Girebileceklerini sanmıyorum." Odasına bir yabancı girebilirmiş gibi hissetmesini istemiyordum.

"Öyle bir gariplik değil," diye cevap verdi. Sesi tizdi, resmen paranoyası telefon hattı aracılığıyla yükselmişti. Bir saniyeliğine nefesleri hızlandı.

"Hey," dedim bir anda. "Bu gece *Ambien* aldın mı?"

Sakinleşmek için boğazını temizledi. "Telefonu kapattıktan sonra alacağım."

"Bana sikik bir söz ver."

"Sana *sikik* bir söz veriyorum," dedi. Ses tonundan gülümsediğini anlayabiliyordum.

Yatak odamın kapısı hafifçe tıklatıldığında başımı kaldırdım. Emilia oradaydı, tişörtlerimden birini giyiyordu. Kumaş kalçalarını bile zar zor kapatıyordu. "Havlu?" diye fısıldadı.

Antredeki gömme dolabı işaret ettim, parmak uçlarına basarak oraya ilerlediği sırada tişörtüm beline doğru kıvrıldı. Çıplak kıçına bakmadım. Çoğunlukla bunu yaparken Daisy'yi aldatıyormuş gibi hissetmem yüzündendi. İçimdeki suçluluk duygusu orada durmaya devam edip duruyordu.

Emilia'nın konuşmamı duymaması için odama dönmesini bekledim. Arkadaşlarınızın sikik bir şekilde sizi hemen satabileceklerini öğrenecek kadar uzun süredir medyanın içindeydim. Yabancılar çok daha da hızlı satıyordu. Eski üniversite arkadaşlarımdan beş tanesi, konuşmalarımdan birini gizlice dinleyip duydukları şey her neyse onu bir dergiye satarak olabilecek en kolay yoldan para kazanmıştı.

Onlardan özellikle nefret etmiyordum. Sadece, artık davet edildiğim *snowboard* tatillerine ya da sikik doğum günü partilerine gitmiyordum. İki yıl önce Calloway kızları, kardeşim ve Connor haberlere çıktığında hayatta kalmak için bir arada olmamız gerektiğinin farkına varmıştım. O andan sonra, grubumuz dışındaki herhangi birine güvenmenin zor olacağını biliyordum. "*Justin Bieber'dan nefret ediyorum,*" gibi basit bir cümle bile dergiler için bin dolar ederken birine nasıl güvenebilirdiniz ki?

Telefon sessizdi.

"Hâlâ orada mısın?" diye sordum Daisy'ye.

"Evet." Duraksadı. "Şeyle vaktini berbat etmek istemiyorum... buluştuğun kişiyle. Sonra konuşuruz."

"Siktir et," dedim. Günlerdir onunla konuşamamıştım, yüzüne bakmama bile izin vermiyordu. Sadece iyi olduğundan emin olmak istiyordum. "Bu geceyle ilgili tuhaf olan neydi?"

"Gerçekten bilmek istemezsin."

"Şimdi *gerçekten* çok istiyorum."

Kısa bir nefes verdi. "Connor'ın penisini gördüm."

Ne? "Affedersin?"

"Porno arıyordum ve yanlışlıkla Rose'la Connor'ın seks kasetine denk geldim. Dolayısıyla da penisine. Düşününce, açıkça ortada olan versiyonundan bir yıl boyunca kaçmayı başarmıştım. Bunu görmeden *sonsuza kadar* devam edebileceğimi sanıyordum."

Koltuğa yaslanıp utanç içinde burnumun kemerini sıktım. Connor Cobalt'a siktiğimin huzursuzluğunu yaşatacak çok fazla şey olamazdı ama eşinin küçük kız kardeşinin seks yaptığını görmesi… Bu işe yarayabilirdi. Yüzümü buruştururken ifadem giderek sertleşti.

Daisy'nin benimki hariç bir aleti gördüğünü hayal etmek bana zor anlar yaşatıyordu. Midem bulanıyordu.

"Bir şey söyleyecek misin?" diye sordu.

"Ben o videoları görmedim bile."

"Kıskandın mı?"

"Biraz olsun kıskanmadım," diye cevap verdim. Banyodaki duş çalıştığında duvarların ardındaki borular gürledi. Yatak odasının kapalı kapısına ve yerdeki parkelere baktım. "Daisy, deneyip uyumak için porno aramıyordun, değil mi?" Hiç kimse onun bu yoldan gitmesini istemezdi.

"Hayır…" Bir şey daha söyleyecekmiş gibiydi, bu yüzden tekrar konuşmasını bekledim. Yatakta kıpırdandığını duyabiliyordum. "Bu gece bir çocuk geldi."

Sıcaklık aniden on derece düştü. Kafam tekrar okyanusun derinliklerine sokulmuştu, kumlu ve tuzlu su boğazıma doluyordu. Kendinden büyük bir adamın onu becerdiği anlar gözümün önünde canlanınca neredeyse sehpayı tekmeleyecektim. Derin bir nefes alıp sakinleştim. "Öyle mi?" Birkaç kez elimi saçımdan geçirip zaten dağınık olan tutamları biraz daha karıştırdım.

"Evet," dedi Daisy. Konuyu burada öylece bırakmıştı.

"Birlikte porno mu izlediniz?" Yerimden kalkıp sikik mutfağa doğru yöneldim, bir elimle telefonu kulağımda tutuyordum. Buzdolabını açtım, içinde bir şişe su ve *Lucky's*'ten kalan bir sandviç dışında hiçbir şey yoktu. *Sikik duvarı yumruklama.*

"Öyle olsa bu gece garip bir şey daha yaşamış olurdum ama hayır, birlikte porno izlemedik."

"Hâlâ orada mı?" *Bu sikik şeyi düşünme.* Dikkatimi dağıtması için buzluğu açtım. En az buzdolabı kadar boştu, içinde yalnızca donuk bir paket tavuk ve buz kalıbı vardı. Son dört aydır dairemde neredeyse hiç vakit geçirmiyordum. Belki temiz kıyafet ve tırmanma ekipmanlarımı almak için geliyor olabilirdim ancak bunun haricinde hep Daisy'nin dairesindeydim.

Onunla aynı yatakta uyuyordum. Onunla ilgileniyordum. O benimdi. Bana aitmiş gibi hissettiriyordu. Onu başka bir sikik herifle paylaşmak istemiyordum. Ben de başka bir sikik kızla birlikte olmak istemiyordum.

Aksini yapmak hastalıklı bir ihanetmiş gibi hissettiriyordu. Bu noktaya nasıl gelmiştik biz?

"Hayır," dedi Daisy. "Gitti. Ben de belki doğru yapmıyorumdur diye düşündüm, bu yüzden porno aramaya başladım."

"*Neyi?*" diye sordum. Çekmecede bir yulaf paketi bulmuştum. Dişimle ambalajı açıp içindekileri kâseye döktüm. Daisy cevap verdiği sırada su şişesinin kapağını açıyordum.

"Seks yapmayı. Orgazm olamıyorum, sanırım bu fizyolojik bir sorun," dedi duygusuz bir şekilde. Bir keresinde, daha önce orgazm olduğunu söylediğini hatırlıyordum. Okulun bahar tatilinde, Cancun'daydık ve ön sevişmeyi atlayıp direkt sekse geçince daha fazlasını deneyimlediğini söylemişti. Onun adına mutlu olmalıydım ama yanıldığını itiraf etmesi bana daha çok zevk vermişti. Doruğa ulaştığını sanmış olsa da ablalarıyla konuştuktan sonra hissettiği şeyin o zirveye ulaşacak kadar coşkulu bir duygu olmadığını fark etmişti.

"Orgazm *olabilirsin*," dedim. "Olduğunu duymuştum, tatlım."

Cevap yoktu. Ona "tatlım" demiştim, bu bilinçsiz olarak yaptığım bir şeydi ve her söylediğimde dudaklarının kıvrıldığını biliyordum.

"Daisy?"

"Ha?" Küçük bir kahkaha attı. "Tekrar söyleyebilir misin?"

"Hayır." Sikik yulafa şişedeki suyun yarısını koyup kâseyi fazla doldurduğumu fark ederken, "Siktir," diye küfrettim. Hepsini çöpe atmam gerekecekti.

"Üzgünüm," dedi Daisy.

"Hayır, sana söylemedim," dedim. Yulafın hepsini çöpe döktükten sonra kâseyi biraz sertçe lavaboya attığımda parçalara ayrıldı. Bugün neyim vardı böyle? Başımı iki yana salladım. "Seninle telefonda konuşmaktan çok nefret ediyorum."

"Ben de."

Dolaba yaslanarak yatak odamın kapısına baktım. Tekrar açılabileceği için gözümü oradan ayırmıyordum. Evime getirdiğim insanlara karşı aşırı dikkatli olmam gerekiyordu. Bir buçuk yıl önce tek gecelik ilişkilerimden biri sikik iç çamaşırımı çalmıştı. Üstelik sonrasında onu *eBay* üzerinden üç bin dolara satmıştı. "Bu adamla dikkatli hareket ettin mi?" diye sordum.

"Seks yapmadık," dedi.

Gözlerimi kapatıp derin bir nefes aldım. *Siktir. Teşekkürler, Tanrım.* "Bu garip sikik gecenin bir parçası mıydı?"

"Ah, kesinlikle," dedi. "Neden tanıştığım insanlar gözüme çok harikaymış gibi geliyor ve sonrasında onlarla yatağa girdiğimde aniden... yanlış kişi oluyorlar anlamıyorum." Bir an için duraksadı. "Sanırım bu benimle ilgili."

"Bu sikik heriften şimdiden nefret ettim." Az bile söylüyordum.

"Gece onu görsen daha çok nefret ederdin. Bakire olduğumu düşündü ve ilk buluşmada bekâretimi bozacağı için mutlu oldu."

Etrafa ters ters baktım. Zamanı geri sarıp her şeyi baştan başlatmak istiyordum. Ona sikik hiç kimseyle *çıkmamasını* söylemek istiyordum. Keşke kardeşimin istekleri beni etkilemeseydi. "Ondan uzak dur."

"Bunu yapmayı planlıyorum."

Banyodaki su sesi kesildi. "Daisy?"

"Evet?"

"Olduğun yerde neredeyse saat sabahın dördü. Siktiğimin ilacını al ve uyu, tamam mı? Vaktin olduğunda beni ara."

Daisy tereddüt etti. "Şimdi konuşmak için vaktim var."

"İşe gitmeden önce uyuman gerekiyor."

"Bu anlamsız. Beş buçukta saç ve makyaja girmem gerekiyor. İlaç beni saatlerce uyuttuğu için şimdilik uyanık kalmam daha iyi."

Yatak odamın kapısı açıldı. Emilia göğsüne sardığı bir havluyla karşımda dikiliyordu, saçları kuruydu. "Şampuanın kalmamış," dedi. "Dolaplarında da bulamadım." Henüz duş almamıştı.

Siktir. Mutfaktan anahtarlarımı aldım. "Gidip alacağım. Burada bekle."

"Gidip almak zorunda değilsin," dedi.

"Değilim. Arkadaşımın dairesinde var. Alt katta yaşıyor."

"Ben de geleceğim," dedi Emilia. "Bir dakika bekle." Odama döndüğünde dün geceki mavi elbisesini giydiğini gördüm.

Telefon hâlâ kulağımdaydı. "Daisy..."

"Kapatıyorum."

"Hayır," dedim bir anda. Sonraki bir saati paranoyak bir şekilde geçirecekse onunla konuşmamızı burada bitirmek istemiyordum. Korkularına karşı dikkatini dağıtabilirdim. Binlerce kilometre uzakta olsak bile bu sikik şey mümkündü.

Daisy, "Emin misin?" diye sordu.

Emilia odadan çıkarak gülümsedi.

"Evet," diye cevap verdim. Kapıyı işaret ettiğimde önce o çıktı. Kapıyı kilitlememin ardından asansöre bindik. Emilia bana ve kulağımdan ayrılmayan telefona göz attı. Ayrılmayacaktı da. "*Arkadaşım*," dedim Emilia'ya dudaklarımı oynatarak.

Başını sallayıp hareket etmeyen asansöre odaklandı. Sikik butona birkaç kez bastım. Zaten ışığı yanmıştı ama daha hızlı hareket ederek beni bu garip gerginlikten kurtarmasını umut ediyordum.

BÖLÜM 16

RYKE MEADOWS

"Dün terapistimle konuştum," dedi Daisy. Asansör hâlâ aşağıya iniyordu. "*Lucky's*'te neler olduğunu tekrar anlatmamı istedi. Bunun kâbuslarımın son bulmasına yardım edeceğini söyledi."

"İşe yaradı mı?" diye sordum kısaca. Emilia'yı görmezden gelmeye devam ettikçe bedeninin daha çok gerildiğini hissedebiliyordum. Ancak Daisy, Paris'te yalnız başına kalan, korkmuş bir kızdı ve Emilia'yı gölgede bırakıyordu. Hem de her sikik seferinde. Özellikle de konu geçmişle ve onu psikolojik olarak mahveden birkaç olayla ilgili olduğunda.

"Bilmiyorum," dedi Daisy. "Daha önce yardımı dokunmadı. Konuşmanın sadece iyi geldiğini söyleyebilirim." Soğukkanlı bir ses tonuyla alıntı yaptı. "*Lucky's'in dışındaki bir adam bana amcık dedi ve motorumu devirdi.* Bunu artık aştım."

Amcık kelimesi gerilmeme sebep oldu. Benim sikik bir küfürden nefret ediyor olmam ironikti, bunu biliyordum. Ama bunu duymak, sanki birisi sikik kulak zarlarımı tırmalıyormuş gibi beni rahatsız ediyordu. Zihnimin derinliklerinde babamın anneme tekrar ve tekrar böyle seslendiğini duyuyordum. Midemin bulanmasına sebep oluyordu.

"Büyük, sikik bir kısmı atlıyorsun," dedim. "Bu bir günde aşabileceğin bir şey değil."

"Bir gün olmadı," diye tersledi. "Bir yıl *oldu*." Evet, olayın üstünden bu kadar zaman geçmişti ama Daisy'nin medyanın dikkatini çektikten sonra yaşadığı tek şey bu değildi. Bazı insanlar sosyallikleri, zenginlikleri ve soyadları yüzünden Calloway kızlarından kesinlikle nefret ediyordu. Medya onları ayrıcalıklı birer züppe gibi göstermişti, insanlar da bu yüzden öyle olduklarını düşünüyordu. Ancak bu durum, o sikik herife Daisy'nin *Ducati*'sini devirme hakkı vermiyordu. Üstelik Daisy onu durdurmaya çalıştığında adam arkasına dönüp sikik günün ortasında *ona* saldırmıştı.

Keşke orada olsaydım.

O herifi öldürürdüm.

Başka hiç kimseye söylemeyeceği için Daisy'yi hastaneye götürmüştüm. Ailesini endişelendirmek istemiyordu.

Aslında sonrasında bir şekilde öğrenmişlerdi ama kaburgasının kırıldığından hiç haberleri olmamıştı. Ya da sonrasında olayın travmasının bir an olsun onu yalnız bırakmadığından. Bedenindeki birkaç çürükten fazlası olmadığını sanıyorlardı.

Daisy'nin ablalarını ya da erkek kardeşimi ondaki değişimi fark etmedikleri için suçlamıyordum. Daisy iyi olmasa bile iyiymiş gibi görünmeyi seviyordu. Sızlanmaktan, ağlamaktan, sinir krizleri geçirmekten nefret ediyordu çünkü kendisine olgun olmadığının söyleneceğini düşünüyordu. Bizimle, yirmilerindeki insanlarla takıldığı için bu yaftalamadan kaçmak için her şeyi yapardı. Tanrı korusun, kendi yaşının insanı gibi davransa kim bilir neler olurdu?

Sikerler, bir adam size saldırdığında her an bağırma hakkına sahiptiniz. Bunu konuşarak, hislerinizin yükünü başkalarının omzuna yükleyerek onların haftasını mahvetme hakkına da sahiptiniz.

"Beni başka bir şeye ikna etmeye çalışma," dedim. "Bu konuda sikik bir şekilde inatçı davranacağım."

Asansörün kapıları açıldı. Koridora çıktığımda Emilia hemen arkamdan adımlarımı takip ediyordu.

"Tamam," dedi Daisy. "Sen nasılsın? Antrenman yapıyor musun?"

"Gittiğin gün kendi rekorumu kırdım," diye cevap verirken onun dairesinin kapısında durdum. Koyu renk ahşabın üzerindeki altın rengi plakada 437 yazıyordu. Anahtarı kilide yerleştirirken sayıya bakan Emilia'ya göz attım.

"Kaç oldu?" diye sordu Daisy. "Beni götürdüğün dağdaki süreyle aynı mı?"

"Evet, bana bir dakika verebilir misin? Telefonu kapatma."

"Tamam."

İki elimi de kullanabilmek için telefonu cebime koydum. Kapıyı açtığımda Emilia benimle birlikte içeri girip hızlı bir şekilde daireyi süzdü. Ev benimkiyle aynı iç plana sahipti ama Daisy'nin sarı koltuğu, yeşil yastıkları ve tavandan sarkan çok renkli avizeleri vardı.

"Bu arkadaş bir kız," dedi Emilia. Parke zemine yayılan kıyafetlere bakıyordu.

"Bunu söylememiş miydim?" Söylediğime neredeyse emindim.

"Duymamış olmalıyım."

Onu oturma odasından geçirdim, lavaboda bulaşıkların dolu olduğu küçük mutfağın yanından ilerledik. Bunları Daisy için yıkamalıydım, yarısının bana ait olduğundan emindim. Yürürken bir kaykayın üstüne bastım. "Adımlarına dikkat et."

"Pasaklıymış."

Dürüst olmak gerekirse, genelde bu siktiğimin detayını fark etmiyordum. "Benden daha temiz."

Emilia hasır bir sandalyeye çarptığında duvara yaslı olan mor sörf tahtasını devirdi. Kafasına çarpmadan önce sörf tahtasını yakaladım.

Gözleri irileşmişti. Rahatlayarak bir nefes verdikten sonra, "Sörf yapıyor ve Philadelphia'da mı yaşıyor?" diye sordu.

"Öğreniyor ve çok nadir olsa da boş zamanı olduğunda Kaliforniya'ya uçuyor." Daisy korumasıyla birlikte sahildeyken Yosemite'de tırmanış yapmak için onunla birlikte gittiğimi eklemedim.

Emilia'nın yüzüne bir farkındalık ifadesi yayıldı. "Burası Daisy Calloway'in dairesi." Kendi kendine başını salladı. "Zengin." Dudakları gergindi. Artık her bir mobilyaya ve kıyafet parçasına dikkatle bakıyordu. "Evinin anahtarları sende var mı?"

Buna cevap vermedim. Sadece ilerleyip yatak odasına girdim. Tuvaletin kapısı zaten açıktı, bu yüzden orayı işaret ettim. "Önden buyur." Daisy'nin odasında oyalanmak istemiyordum.

Ama o yine de oyalandı.

Gözleri yatağın, baştan savma bir şekilde düzeltilmiş yeşil örtünün üstünde gezindi. Sonra yanında duran sandalyedeki beyaz sutyeni askısından tutup kaldırdı ve parmağında çevirdi.

Ona ters ters bakarken sutyeni elinden alıp yatağa fırlattım. "Onun eşyalarına dokunma."

"Neden ki? Sonuçta onun şampuanını kullanmak üzereyim, değil mi?" Karşı çıkmam için bekledi.

Tersçe ona baktım.

Bakışları tekrar odada gezindikten sonra banyoya doğru çevrildi. "Burada duş alsam nasıl olur?"

"Bu neden ilgini çekiyor?" diye sordum gözlerimi kısarak. "Benim duşumdan bir farkı yok."

Emilia omuz silkti. "Ne kadar çok kız onun yerinde olmak isterdi biliyor musun? O milyar dolarlık bir vâris. On yedi yaşında bir süper model..."

"On sekiz yaşında," diye düzeltirken dirseğimi sandalyeye yasladım. "Bak, o benim arkadaşım. Şampuanını kullanmanı ya da eşyalarına dokunmanı siklemeyecek kadar nazik biri. Ama ben burada birkaç dakikadan fazla vakit geçirmeyi sikime takıyorum."

"Hızlı olurum," dedi Emilia. Banyoya girince peşinden ilerleyip kapıyı kapattım. Ben daha kafamı çeviremeden elbisesini çıkarmıştı. Onu incelememi bekledi. Yapmadım. Bunun için hiç de üzgün değildim.

Duşa girip perdeyi kapatırken, "Camdan duşakabine parası yetmemiş mi?" diye sordu.

İnsanlar, neredeyse Calloway kızları kadar çok param olduğunu ve güven fonumda beklediğini unutuyorlardı. Sadece ihtiyacım olmadıkça o parayı kullanmıyordum. Sahip olduğum en pahalı şey sikik arabamdı.

"Öncelik listesinde üst sıralarda değil," dedim. Suyu açtığı için yüksek sesle konuşuyordum.

Telefonu tekrar kulağıma koydum. "Hey, orada mısın?" Ahizeden tüm konuşmanın ona gittiğini biliyordum.

"Evet," dedi Daisy. "Senin şampuanını kullanmamasını söyle. Benimki kadar güzel kokmuyor."

Sözlerine karşı gülümsedim. Dudaklarımın bu kadar kıvrıldığını görse muhtemelen kocaman gülümserdi. "Benimki iş görüyor. Önemli olan da bu."

"Normalde olsa fiyatı önemsemem ama o doksan yedi sentlik bir şampuan. Tek işi limon otu kokuyormuş *gibi* yapmak."

"Ryke," diye seslendi Emilia. "Burada erkek şampuanı var."

Telefonu kulağımdan uzaklaştırarak cevap verdim. "Biliyorum ve sormadım."

"Umursamıyor musun?" diye sordu merakla.

"Hayır." *Çünkü bana ait.*

Bir dakika bekledikten sonra ekledi. "Kullanabileceğim fazladan jileti var mı?"

"Bunun hızlı bir duş olacağını sanıyordum," demek üzereydim. Ama Daisy'nin sesi ahizeden yükseldi, sadece ben duyabiliyordum. "Tampon kutusunun arkasındaki dolapta."

Her nedense beklentisi yüksek, kıskanç ve sikik-aklını-kaçırmış kızlara çekiliyordum. Dürtüsel davranan, kaba ve inanılmaz akıl karıştıran kızlara alışıktım. Annem eve getirdiğim herkesi azarlayıp "delirmiş" insanları aradığımı söylerdi. Belki de haklıydı.

Belki de biraz delirmiş olanları seviyordum.

Dolabı karıştırırken jilet paketini bulmak için tamponları devirdim. Bir tane jilet aldığım sırada kabarık kapsüllerin olduğu daire şeklinde plastik bir paket gözüme çarptı. Bunun ne olduğunu biliyordum. Sadece neden Paris'te değil de burada olduğunu anlamamıştım. Doğum kontrol hapını alıp tarihlere baktım. Birkaç tanesi hariç neredeyse tamamen doluydu. Haftalar önce hapı almayı bırakmış gibi görünüyordu. Fransa'da bir herifi neredeyse becereceğini söylememiş olsa bu sorun olmazdı.

"Buldun mu?" diye sordu Daisy.

"Evet," dedim sert bir ses tonuyla. Emilia buradayken onunla doğum kontrolü haplarını konuşamazdım.

"O ne?"

Kaskatı kesildim.

Emilia duş perdesinin ardından bana bakarken kolundan sular damlıyordu. Hapları incelerken gözlerini kıstı. "Ah, siktir," dedi kahkaha atarak.

Hapı cebime atıp elimden geldiğince ters bir şekilde ona baktım. "İşte jiletin." Ona doğru fırlattığımda jileti yakaladı ama duş almayı bitirmek yerine suyu kapatıp dışarı çıktı ve havluyu bedenine doladı.

"Bir bakayım," dedi gülümseyerek.

Telefonu kulağıma bastırdım. "Seni arayacağım."

"Neler oluyor?" diye sordu Daisy.

"O mu?" Emilia'nın telefona bakan gözleri parladı.

Sikik yüzündeki ifade hoşuma gitmiyordu.

Emilia, "Hey, Daisy," diye seslendi onun duyabileceği kadar yüksek sesle. "Şampuan için teşekkür ederim. Gençlik ruhu kokuyor."

"Eğlenceli biri," dedi Daisy. Kelimelerinden keyifli bir gülümseme yansıyordu. Genelde yaşıyla ilgili takılmalara alınmazdı.

"Hayır, değil," dedim duygusuz bir şekilde. Ters bakışlarım Emilia'nın üstündeydi.

Ama o hızlı davrandı, bir saniye içinde cebimdeki doğum kontrol hapını ele geçirdi.

"Aman Tanrım," dedi kahkaha atarak. Elindeki paketi sallıyordu. "Erkek şampuanı var ve hap almayı bırakmış." Telefona baktı. "Yatak arkadaşlarına prezervatif takmalarını söylemen lazım, hayatım. Yoksa on altında hamile kalırsın."

"On sekiz yaşındayım," dedi Daisy ruhsuz bir şekilde. Onu hâlâ duyabiliyordum.

Emilia'ya öfkeyle baktım. "Siktir olup gitmen gerekiyor."

Gülümsemesi kayboldu. "Sadece şakalaşıyorum, Ryke." Hapları tekrar bana attığında tek elimle yakaladım. "Daisy bunu biliyor."

"Şu anda *ben* sikik bir şaka yapmıyorum."

Daisy'nin sesinin kulağımda histerik bir hal aldığını duydum. "Dur, Ryke. Onu kovamazsın, bu bilgiyi basına satabilir."

Zaten satacak. Gözlerimi devirerek başımı iki yana salladım. "Seni eve bırakacağım. Sadece, bundan bir şey çıkarma." Hapları iki parmağımın arasında kaldırıp ona neyi kastettiğimi gösterdim.

"Tamam, üzgünüm." Bakışları lavabo tezgâhına çevrildi. "Bu onun tarağı mı?"

Hay sikeyim. "Seni yatak odasında bekleyeceğim." Beş dakika ya da daha kısa süre içinde buradan *çıktığı* sürece ne yaptığı umurumda değildi. Emilia saçlarını tararken yatağa oturup, "Orada mısın, Dais?" diye sordum. Bunu sanki milyonuncu kez soruyor gibiydim.

"Evet, haplar için... Moda Haftası'na yaklaşırken hap almaktan hoşlanmıyorum. Annem, çok kilo aldırdığını söylüyor. Yani... bana kızma."

Eğer sikik heriflerle çıkmasını söylememiş olsaydım şu an bu kadar endişeli olmazdım. Burun deliklerim genişledi, cevap vermem biraz zaman aldı. "Bu senin bedenin, sadece dikkatli ol."

"Olacağım," dedi. Hattın diğer ucuna bir sessizlik yayıldı. "Hey, Ryke?"

"Evet?"

"Onu beni yatağımda becerme."

Yüzümü buruşturdum. "Bunu asla yapmam."

"Emin olmak istedim."

Derin bir nefes verdim. "Seni özledim." *Beni siksinler.* Neden ona böyle saçma bir şey söylemiştim ki?

Çünkü gerçek bu.

"Sadece dört gün oldu," diye cevap verdi.

"Daha uzunmuş gibi hissettiriyor."

"Evet, öyle," dedi yavaşça. "Tırmanış süren ne?"

Neredeyse gülümseyecektim. Son rekorumu kırdığımı söylediğimi hatırlıyordu. "İki dakika, yetmiş üç saniye; yirmi dört nokta üç metre yükseklik."

"Seninle gurur duyuyorum," dedi Daisy. "Tepeye ulaştığında *'Ben altından bir tanrıyım,'* diye bağırdın mı?"

"Bunu yalnızca sen yaparsın, tatlım."

Tekrar uzun bir bekleyiş oldu. Yüzüme yayılan gülümsemeye engel olamıyordum.

Kendini toparladığında kahkaha atarak devam etti. "Bunu bir kez yapmıştım ve gerçek bir dağda bile değildim."

Spor salonundaki tırmanış duvarıydı. En zor dersini tamamlaması tam bir haftasını almıştı. İşin sonunda zafer edasıyla yumruklarını kaldırıp *Şöhrete Bir Adım* filminden alıntı yaparak bağırdığında spor salonundaki herkes onu alkışlamıştı.

Gerçekten çok sevimliydi.

"Daha iyi hissediyor musun?" diye sordum. Kulağa paranoyak ya da endişeli gelmiyordu.

"Seninle konuşurken evet, iyiyim."

"O zaman beni ara. Aramanın sikik bir sorun olmayacağını söylemiştim."

"Seni rahatsız etmek istemiyorum... saat farkı..."

"Sabahın dördü de olsa, gece yarısı da olsa aramana cevap vereceğim, Dais. Sadece ne zaman defilede olduğunu bilmediğim için benim *seni* aramam çok zor."

Uzun bir süre bekledi. Doğru kelimeleri bulmaya çalıştığını söyleyebilirdim. Sonunda kararını verdi. "Teşekkürler, Ryke." İsmimi o gerçek, içten ilgiyle söylemişti. "Gerçekten."

"Biliyorum."

"Saç ve makyaja gitmem gerekiyor. Seni sonra arasam olur mu?"

"Burada olacağım."

Senin için bu sikik şeyi daima yapacağım.

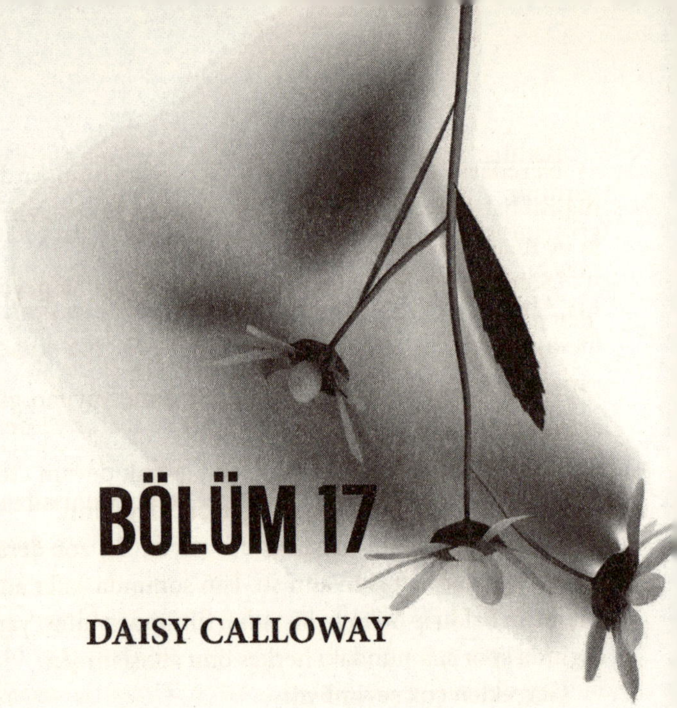

BÖLÜM 17

DAISY CALLOWAY

Stilistler ve gazeteciler, telsizleri ve kulaklıklarıyla sahne arkasında gözleri yuvalarından çıkacakmış gibi görünüyor, oradan oraya koşuşturuyorlardı. Benim gözlerim şiş değildi. Uykusuz olduğum için kuruyan gözlerimi ovuşturdum.

Modeller sıkışık sahne arkasına doluşmuştu ve aceleyle kıyafetlerini giyiyorlardı. Ben de stilist uzun sarı buklelerimi kocaman bir fiyonk şekline getirmeye çalışırken makyaj sandalyesinde oturuyordum. Kadın daha çok saç spreyi sıkıp tel toka taktıkça kafamdaki ağırlık da o kadar artıyordu.

Stilist işini bitirdiğinde kıyafet askılarına doğru ilerleyip elbisemi buldum. Siyah, ağır bir kumaştan fazlası değildi. Dökümlü kumaşla ayırt edilemeyecek türden bir fiyonk şekli yapılmıştı. Evet, elbise devasa bir fiyonktu. *Ben* bir fiyonktum ve saçımda da bir kurdele vardı.

Elbiseyi giymek için soyunmaya başladım.

"*Havindal* koleksiyonundaki hanımlar, acele edin!"

Ah-ah. Elbiseyi daha önce denemiş olmama rağmen, bulması sıkıntılı olan kol bölümlerini zar zor bulmuştum. Kafamı nereden geçireceğimi keşfetmek bile on dakikamı almıştı.

Benden çok da farksız olmayan Christina'nın yanında duruyordum. Arkasında asılı olan fiyonk şeklindeki bluzuna uyacak gri pantolonu giymeye çalışıyordu. Sağ bacağını geçirdiğinde kumaş bir anda yırtıldı.

"Ah, hayır," dedi gözleri irileşirken. Birinin bunu görüp görmediğini kontrol etmek için başını çevirdi. "Ne yapacağım?" Çilli yanakları kızarmıştı.

Tasarımcı tuhaf, zayıf bir kadındı ve içerideki her bir modeli kıstığı yargılayıcı bakışlarıyla süzüyordu.

"Çıkar," dedim genç kız gözyaşlarına boğulmadan önce. Saçımı yapan stilisti yanıma çağırarak tasarımcı fark etmeden yırtığı gösterdim.

"Masamda bir dikiş kutum var. Burada bekleyin," dedi stilist.

Christina'nın üzerinde bir sutyen ve ten rengi bir külot vardı. Ben de daha giyinik sayılmazdım. Hatta fiyonk elbisem biraz göğüs dekoltesi verdiği için üstümde bir sutyen de yoktu. Ian'ın sert tavrı yüzünden göğsüm hâlâ acıyordu ama sararan diş izlerini kapatmak için biraz kapatıcı sürmüştüm. Dışarıdan o kadar fark edilmiyordu ve kimse bu konuda bir şey söylememişti.

Üstümüzü değiştirirken insanlar bize bakmamaya çalışıyordu. Sahne arkası ekibimizin çoğu kadındı. Ancak başımı kaldırdığım anda kapı aralığında birkaç adamın dikildiğini gördüm.

Birinin kamerası vardı.

Kalbim tekledi. *Kamera.* Olduğum yerde donarken vücudum buz kesti. Burada olmak için izinleri yoktu. Kamerayla giremezlerdi.

Üstümüzü değiştirirken olmazdı.

Fakat belki de bu bir sorun değildi. Kimse onları dışarıya atmıyordu. Çıplak olmaya alışık olmadığımız falan yoktu. Yani... henüz çıplak çekimlere katılmamıştım ama artık on sekiz yaşında olduğum için üstsüz çekim yapmaya iznim vardı. Yüksek moda olsun ya da olmasın, sadece tüm dünyanın memelerimi görmesini istemiyordum.

Ya o adamlar paparazzilerse ve dergide yayınlamak için hızlıca bir fotoğrafımı çekmeye çalışıyorlarsa?

Bu iyi değildi. Christina'ya doğru baktım. On beş yaşında, masum ve yeniydi. Üç yıl önceki halimdi. Midem bulanmaya başlarken tenim buz kesti. İçgüdüsel olarak onun önüne geçtim. Eğer fotoğraf çekiyorlarsa bunu benim yüzümden yapıyorlardı ve arkada onun da çıkmasını istemiyordum. Benim hep "sığınak" olarak gördüğüm ve seyircilerle modelleri ayıran sınırı aşan adamlar onu görmesin diye önüne geçtim. Sanırım orada bir sınır yoktu. Herkes beni tamamen görüyordu.

Bu kadar iğrenç hissetmekten hoşlanmıyordum.

Christina beceriksizce bluzunu giyerken yırtılan pantolonu yüzünden defile işinin bittiğini düşündüğü için gözleri buğulanmıştı.

Elbisemi çoktan zar zor üstüme geçirmiştim. "Bırak yardım edeyim." Bir sürü ilmeği ve ayrı kumaş parçaları olan bluzu giymesine yardım ettim. Omzumun üzerinden adamlara bakıp duruyordum. Kıçım direkt lenslerinin odağındaydı.

Kamera ışığı patladı.

Gerçekten flaş patlamıştı.

Benim fotoğrafımı almışlardı. Çıplak değildim ama burada hâlâ giyinen birkaç kız vardı. Bu onların istemediği, izinlerinin alınmadığı bir fotoğraftı. Bir yıl önce olsa belki bunu fark etmezdim. Belki sadece omuz silkip geçerdim. Şimdiyse fotoğrafçılara bağırmak istiyordum fakat sahne arkasındaki telaş dikkatimi birçok farklı yöne çekiyordu.

"Yirmi dakika!" diye bağırdı elinde notluk olan bir kadın. "Modeller, sıraya geçin. Sıraya geçin!"

Christina saçlarını bluzun yakasından kurtardığı anda stilist diktiği pantolonla yanımıza geldi.

Lensin tekrar üstümde olduğunu hissediyordum. Fotoğraf çekiyordu.

Stilist, elbisemi giymeye çalıştığım sırada bozduğum saçımı düzeltirken ağır kumaş bedenime beş kilo daha ağırlık yapıyordu.

"O adamlar," dedim. Elleriyle hızlı bir şekilde gevşeyen tutamları düzeltiyordu. "Burada olmaya izinleri yok."

"Kimin?" Etrafa bakınsa da benim gördüğümü görmemişti. Tam *orada* duruyorlardı. Aramızda altı metre bile mesafe yoktu, sadece benim değil bütün modellerin fotoğraflarını çekiyorlardı. Kalbim deli gibi atıyordu. *Muhtemelen sahne arkası fotoğraflarıyla Moda Haftası hakkında bir makale yazacaklardır. Sorun yok.*

Ama öyle hissetmiyordum. Giydiğim elbiseden daha değerli değildim. Bunu hep biliyordum. Bir elbiseye bana davranıldığından daha insancıl ve nazik yaklaşılıyordu. Çekimlerimden birinde hiç mola vermeden dört saat boyunca bir havuzda durmamı söylemişlerdi.

Dışarısı otuz dereceydi.

Havuz ısıtmalı değildi.

Ve on dört yaşındaydım.

Öncelikli olan şey ise elbiseydi. "Elbiseyi düşürme, Daisy. Ne yaparsan yap, asla suya değmesin."

O zaman *neden* kışın ortasında bir havuzda çekim yapıyorlardı ki?

Yaşadığım birçok kötü deneyimden sadece biriydi. Annemin yanımda olup bana eşlik etmesi büyük şanstı ama insanlarla bağlantı kurmak ve dedikodu yapmak için çoğu zaman ortadan kaybolurdu. Bazen varlığının pek fark yaratmadığı oluyordu.

Tasarımcı bana yaklaşırken sersemlemiş, yorulmuş ve boş hissediyordum. Bedenimdeki kumaşa, elbisenin duruşuna ve bedenimi sarışına baktı.

"Hayır," dedi bir anda.

"Ne?" Omuzlarım düştüğünde karnım guruldadı, gerçekten de dışarıdan duyulabilecek bir ses çıkmıştı. "Sorun ne?"

"Her şey!" diye bağırdı tasarımcı bana. İrkildim. "Seni son gördüğümden beri kilo almışsın."

"Almadım," dedim. Nabzım biraz daha hızlandı. *Almamıştım. Almadığımı biliyordum.*

"Onu ölçebiliriz," diye önerdi stilist.

"Bu yanlış," dedi tasarımcı elbisenin koluna dokunurken. "Bu doğru durmuyor." Elbiseyi düzeltmeye çalıştı ama bana göre doğru görünüyordu. Kafamın işaret ettiği yere nasıl girebileceğini anlamıyordum. Prova sırasında öyle giymemiştim.

"Hayır, hayır, hayır." Tasarımcı zayıf belimi çimdikledi ve elleri kıçıma yöneldi. Elbiseyi aşağı doğru çekerek kıçımı sıktı. "Bu çok dar. Kalçaları çok şişman."

Gülümseyip yüzümdeki bu ifadeyi kaybetmemeye çalıştım. Tasarımcının elleri istediği yerlerde, dokunmasını tercih *etmeyeceğim* yerlerde geziniyordu.

Günlerdir düzgün yemek yemiyordum. Kilo almayı bir kenara bırakın açlık dışında hiçbir şeyim yoktu. Tasarımcı sadece benden hoşlanmıyordu. Onu bir şekilde gücendirmiş olmalıydım.

"Başka bir model istiyorum," dedi. "Onu hazırlayın, saçını, makyajını. *Hemen.*"

Gözlerim irileşti. "Lütfen, bekleyin. Bırakın düzelteyim. Beni defileden çıkartmayın." Bu hafta birden fazla defilede yürümüştüm ama tek bir işten bile kovulmam annemi sinirlendirirdi.

"Elbise üstünde iğrenç duruyor," dedi tasarımcı. Modeller, onun daha fazla hakaret ederek beni azarlamasını izliyorlardı. "Fazla kilolusun. Diğerleri neden seninle anlaşıyorlar anlamıyorum bile."

Christina'nın ağzı kalıcı bir şekilde açık kalmıştı.

Her bir cümleyi ifadesiz bir suratla karşılasam da hislerimi bastırdıkça gözlerim yanmaya başlıyordu. "Yani yapabileceğim hiçbir şey..."

Tasarımcı elbiseyi bedenimden çekip çıkardı. Topuklu ayakkabılarım üzerinde sendelememek dışında yapabileceğim hiçbir şey yoktu. Beni çıplak bırakmıştı.

Sutyenim yoktu. Sadece ten rengi bir string külot giyiyordum.

İki hızlı hareketle artık tamamen giyinik olan bir oda dolusu insanın arasında çıplak kalmıştım. Soğuk hava kollarımı ve bacaklarımı ısırsa da boynum utançtan ısınmıştı.

Tasarımcı yeni bir modele odaklandı. Sarışın. Uzun. Zayıf. Benimle tamamen aynı fiziğe sahip.

Nazik stilist yeni modelin saçlarını taramaya başladı. Yalnızdım, kimse ne yapacağımı ya da nereye gideceğimi söylemiyor, hatta örtünmem için bir sabahlık bile vermiyordu.

Arkamı döndüğümde kameranın yoğun bakışıyla karşılaştım. *Klik, flaş. Klik, flaş.*

Şu anda, on sekiz yaşımdayken iznim dışında çıplak fotoğraflanmıştım ve kendi kariyerimin saldırısına uğramış gibi hissediyordum. Şimdi on beş yaşımda olabilir ve bunu sorun etmeyebilir, olması gerekenin bu olduğunu söyleyip geçebilirdim. On dört yaşımda olabilirdim. Peki on sekiz yaşımda olmam nasıl bir fark yaratıyordu? Artık durumun daha çok farkındaydım. Yanlışlığı görebiliyordum ve bu darbe daha sert etki ederek canımı daha da fazla acıtmaya başlamıştı.

Sonraki on dakikayı kıyafetlerimi bulmaya çalışarak, kollarımı göğsüme sarıp insanların yanından geçip giderek geçirdim. Ağlamamaya çalışıyordum. Ancak gözlerim yaşla doluydu ve bu durumun yaşattığı kırgınlık, okyanusun dibine çakılmama sebep olacak bir tuğla gibi göğsüme oturuyordu.

Artık burada olmak istemiyordum.

Sadece eve gitmek istiyordum.

BÖLÜM 18

RYKE MEADOWS

Otoparka gelince kaskımı çıkarıp motorun kontağını kapattım. Sully'nin orman yeşili *Jeep*'inin Bilgi Merkezi'nin önüne park edildiğini fark etmiştim. Numarasını tuşlayıp hızlı bir şekilde tırmanış ayakkabılarımı giydim ve tebeşir torbamı belime bağladım.

Bugün Bellefonte Taş Ocağı'nda rüzgâr sert esiyor, ağaçlar hep birlikte hışırdıyordu. Tırmanamayacağım kadar berbat bir rüzgâr değildi. Hava açıktı ve en önemlisi de buydu.

Yaklaşan bir fırtına beni öldürebilirdi.

Telefon açıldığı anda, "Yine resepsiyonistle mi flört ediyorsun, Sul?" diye sordum. Geçen hafta karanlık bulutlar çökmeden önce onu Bilgi Merkezi'nin dışına sürüklemem gerekmişti. Dalgalı kızıl saçlarıyla masaya doğru yaslanmış, yakınlardaki üniversitelerden birine giden yirmilerindeki sarışın Heidi'ye karşı olabilecek en klişe sikik tavlama numaralarını deniyordu.

"Bak bakalım şimdi kim yavaşmış," dedi. "Görev bir saat önce kabul edildi ve tamamlandı, adamım. Geç, geç, geç senin ilk adın, ikinci adın ve soyadın olmalı."

"Kız seni yine mi reddetti?" diye sordum. Uçurumun sarp kayalıklarına doğru ilerliyordum.

"Bu sefer değil. Cumartesi günü bir buluşmam var, yani negatif düşünen herkes hayalarımı yalayabilir."

Tempomu koşuya çevirirken gülümsedim. O kadar da çok geç kalmak istemiyordum. Benim yanımda solo tırmanış yapacaktı. Tırmanırken teçhizatlarını sarp kayalığa yerleştirecek ve sonra hepsini tekrar toparlamak zorunda kalacaktı. Serbest solo tırmanışta ise bu lükslerin hiçbiri yoktu. Benim yalnızca tebeşir tozum ve sikik ayakkabılarım vardı.

Hepsi bu kadardı.

Kuvvetli bir rüzgâr taş ocağının içinden akan kahverengi suları dalgalandırdı. Bellefonte'da yapılabilecek geleneksel rotaların çoğunda tırmanmıştım. Ama Sully, Kaliforniya'dan ayrılmadan önce geçmişte ilk serbest solo tırmanışımı yaptığım rotayı tekrar tırmanmamı istemişti. Böylece ölme ihtimalime karşı son jübilemi yapmış olacaktım.

Bu yüzden buraya kadar üç saat boyunca araba sürmüştüm. Yaptığım spor için seyahat ettiğim yerler düşünülünce çok da uzak sayılmazdı. Kardeşimle ya da Daisy'yle takılmadığım zamanlarda tırmanış yapıyordum. Pennsylvania'da gerçekten iyi sarp kayalıklar bulmak zordu. Altmış metreden daha yüksek olan rotalar yoktu.

Yosemite'de tırmanmayı planladığım üç dağdan birinin yüksekliği sekiz yüz seksen metreydi. Geçtiğimiz sene boyunca Sully'yi eğitmek için sürekli Kaliforniya'ya uçmuştum. Ona yol gösterdiğim sırada hep geleneksel teçhizatları kullanıyorduk.

Sayamayacağım kadar çok kez ona hayatım pahasına güvenmiştim.

Rotamdan çıkmak zorunda kalmıştık. Üç sarp kayalığı koşum takımı ve çocukluk arkadaşımla tırmanıyor olmayı planlamış olsam da ikisi olmadan bunu yapıyor olmak hâlâ çok korkutucu geliyordu. Geçmek bilmeyen korkumu sindirebilecek hiçbir özgüven yoktu. Bu duygu hep zihnimin bir kısmında kalacaktı.

Sarp kayalığın düz zeminine bir dakika içinde ulaştığımda nefes alışlarım sakindi. Etrafa bakındım ama Sully'nin soluk mavi tişörtünü ve giydiği haki şortu hiçbir yerde göremiyordum. Solgun teni neredeyse her zaman güneşten yanmış olurdu. "Siktir, neredesin sen?" diye sordum telefonu kulağıma bastırarak.

"Sihirle kayboldum. Weasley* hanesinin soyundan geliyorum. Özel güçlerim var."

Harry Potter çıkana kadar hiç kızıl saçlı sikik bir çocuk olduğu için gurur duymamıştı. Altı yaşımızdayken Rock Base Yaz Kampı'nda tanışmıştık, cılız ve sessiz biriydi. Sonrasında bu sikik tavrı çok çabuk değişmişti. "Bugün çok tatlısın," dedim.

"Çünkü bu özel bir an," diye hatırlattı. "Yukarı bak."

Başımı kaldırdığımda gözlerim yassı kireç taşında gezindi. Otuz altı metrelik yükseklikte el sallayan Sully'yi gördüm. "Bensiz mi tırmandın?" Kaşlarımı çattım. "Bunu birlikte yapmak istediğini sanıyordum."

"Ben buraya gelene kadar plan oydu." Bacaklarını uçurumdan sarkıttı. "Sadece etrafa bir göz atacaktım ama boşluklara ot ve çamur dolduğunu gördüm. Bu yüzden de yukarı çıkarken rotayı temizledim." Omuz silktiğini görür gibi oldum. "Pennsylvania'da otuz altı metrelik bir yükseklikte ölmeni istemedim. Eğer Ryke Meadows'un yolculuğu son bulacaksa, buna değecek bir yerde gerçekleşmeli."

"Teşekkürler, adamım," dedim. Ses tonumun müsaade ettiği kadar minnettarlığımı ona yansıtmıştım. Eğer tırmanırken çatlaklardaki ve tutamaçlardaki o gevşek kayalara denk gelseydim zorluk çekebilirdim. Adam Sully gibi bir arkadaşım olduğu için minnettardım. Özellikle de ünlü olmamın ardından üniversitedeki tüm arkadaşlarım boktan bir hal aldığı için.

Sully bunu asla önemsememişti. Olanlardan çok bahsetmiyordu bile. Bir yaz kampında tanışmış, birlikte tırmanmış ve o zamandan beri bunu yapmaya devam etmiştik. Omzunda çantasıyla gezip üniversiteyi ektiği için bazı aylar onu görmezdim. Para kazanmak için bir spor salonunda tırmanma eğitmenliği yapıyordu. Buluştuğumuzda ise aradan hiç zaman geçmemiş gibi oluyordu.

* *Harry Potter* evreninde yer alan, tüm üyeleri kızıl saçlara ve sihirli güçlere sahip olan bir büyücü ailesi. (ç.n.)

Sanki tekrar yaz kampındaymışız ve kaldığımız yerden devam ediyormuşuz gibi hissettiriyordu.

Hayatım boyunca sahip olmak isteyeceğim türden bir arkadaştı. Sebebi aşırı ciddi sırlarımızı ya da kalp kırıklıklarımızı paylaşmamız falan değildi, bunları zaten yapmıyorduk; aynı şeye tutkuyla yaklaştığımız için böyleydik. Tırmanırken yalnız ölebileceğimi biliyor olsam da her bir başarıyı ve zaferi kutlamak için zirveye ulaşmanın nasıl bir şey olduğunu bilen bir arkadaşa sahip olmak güzeldi.

"Senin için süre tutacağım," dedi Sully. "İlk rekorun kaçtı?"

"Bütün sikik sürelerimi biliyorsun." Bunları eskiden hep kamptaki çocuklara söylüyor, tırmanışımın her yıl hızlanmasıyla övünüyordu. Sonrasında, artık birer eğitmen olduğumuzda bunu profesyonellere söylemeye başlamıştı. Şimdiyse profesyoneller olarak buradaydık, dinleyecek herkese anlatabilirdi.

"Bana hatırlat," dedi Sully.

Elimi tebeşir tozuna daldırıp yukarı doğru giden yolu incelemeye başladım. Sikik kayanın her bir çatlağından ve oyuğundan taşan çim parçalarını görebiliyordum. "Buraya ilk tırmanmam zorlu sikik bir saat boyunca sürmüştü," dedim.

"Son tırmanış süren neydi?"

Ellerimi birbirine vurduğumda tebeşir etrafa uçuştu. "Altı dakika, otuz sekiz saniye."

Gülümsediğini biliyordum. Ama onu görmüyordum bile. "Zirvede görüşürüz."

Dudaklarım kıvrıldı.

Ve tırmandım.

Sully süremi ölçtüğü için kronometremi başlatmamıştım. Ancak eğim son seferimden daha farklıymış gibi hissettiriyordu, üstünden bir sene geçmişti. Kendimi daha hafif, daha özgür hissediyordum. Çok daha güçlü.

Zirveye yaklaşmıştım ve tırmanmaya devam ediyordum. Elim dağın küçük çatlaklarının arasına yerleşiyordu. Parmak uçlarımın sığmasına yetecek bir aralık vardı. İki taş parçasının birleştiği diğer tutamaca uzanana kadar bu tutuşla bedenimi destekliyordum. Hızlı ve düzenli hareket ediyordum. Nefesimi toplamak ya da alternatif bir yolu düşünmek için durmuyordum. Gittiğim sikik yol burasıydı, sadece ilerliyordum.

Kaslarım gerildi. Bedenimin her bir santimi tırmanıştaki yeni pozisyonlara alışıyordu. Bir noktada tüm bedenimi sadece iki parmağımla dengeliyordum. Ağırlığımı ayarlayabilmek için iyi bir dayanak noktası bulmuştum.

Aşağıya bir ya da iki kez bakarak gülümsedim. Yükseklikle ilgili bir sorunum yoktu. Aynı zamanda, eğer düşersem öleceğimi de biliyordum ama insanlar benim ne kadar özgüvenli olduğumun farkında değillerdi. Eğer bunu yapabileceğimi düşünmeseydim yapmazdım.

"Aman Tanrım, ipi yok!" Tepeye yaklaştıkça bir kadının bağırdığını duydum. Başında bir kask vardı ve eğitmeninin yanında durarak cıvatalarla sağlamlaştırılan bir yoldan çıkıyordu.

"Biliyorum," dedi Sully. Hâlâ uçurumun ucunda oturuyordu. "O benim arkadaşım." Gülümsemesi dağınık bir şekilde kulaklarını örten saçlarına doğru kıvrılmıştı.

"Delirmiş," dedi başka bir adam.

Eğitmenleri, "O bir profesyonel," diye açıkladı. "Aynı zamanda, biz kimseye serbest solo tırmanış yapmayı önermiyoruz."

Son üç metreye yaklaştım, burası kolay kısımdı. Kaslarım ağrımıyordu bile. Daha kullanacak çok gücüm vardı ve bu da Yosemite'deki diğer hedeflerimin peşinden gitmek için özgüvenimi arttırıyordu.

Bedenimi Sully'nin yanındaki çıkıntıya doğru kaldırdım. Arkamdaki insanlar yalnızca bakıyorlardı. Ünlü magaziniyle, *reality* televizyonculuğuyla ilgili olabilme ihtimallerine karşın onlarla göz teması kurmuyordum. Bir araya gelmişlerdi, bize aramızdaki mesafeyi korumak istiyorlarmış gibi bakıyorlardı.

Sully'ye döndüğümde yüzünde dengesiz bir gülümseme vardı.

"Ne?" diye sordum.

Sırt çantasını açıp aldığı pastayı çıkardı. Beyaz şekerli krema tırmanış sırasında plastik kapağa yapışmıştı. "Üstünde 'Tırman O Sürtüğe' yazıyordu." Kapağı kaldırıp parmağını şekerli kremaya sürdü. "Sanırım 'Irman Sürtük' olarak anlaşacağız." Gülümsedi. "Daha iyi bile oldu."

Yabancı bir hissi yendiğinizde bunun hakkında şaka yapmak zor oluyordu. Sully'nin omzunu sıktım.

Sırtıma hafifçe vurarak pastayı işaret etti. "Bu arada şu yarısı benim. Sen sürtük yazan kısmı alabilirsin." Pastayı ikiye bölmek için plastik bir çatal kullandı.

Başta tatlıyı sessiz bir şekilde yiyerek taş ocağının engin manzarasını izledik. Dik uçurumlardan birinden aşağıdaki suya atlayan adamın korku ve heyecan dolu bağırışlarını duydum.

Uzun bir sessizliğin ardından, "Süreni sormadın," dedi Sully.

Daha kısa olduğunu biliyordum. Zirveye dokuz metre varken bunu hissetmiştim. "Tam altı dakika mı?" diye sordum.

Başını iki yana sallayarak gülümsedi. "Beş kırk."

"Hadi be." *Siktir, bu cidden iyi.* Başardığım hedeflerimi düşündüm. Gelişimim ve yolculuğum altı yaşında meraklı bir çocuk olmakla başlayıp serseri ergenliğimle, ardından da azimli bir yetişkin olmamla ilerlemişti. Hepsi hızla gözlerimin önünden geçti. Sanırım Sully'nin en başından beri olmasını beklediği şey buydu.

"Muhtemelen neden seni bu uçurumun tepesine getirip pasta ikram ettiğimi merak ediyorsundur."

"Aslında hayır," dedim.

Gülümsedi. "Küfürbaz ağzın ve o göz korkutucu surat asma olayının yanı sıra, muhtemelen tanıştığım en iyi insansın. Üstelik yirmi beş yıldır da buralardayım." Kahkaha attı. "Bir tırmanışçı için oldukça uzun bir ömür. Neredeyse yolun yarısına yaklaştım."

Su şişesine uzanıp bir yudum aldıktan sonra tişörtümün koluna ağzımı sildim. "Birlikte tırmanış yaptığımızda eşyalarımı taşıdığın ve önden gittiğin için sana iyi davranıyorum. Seni sinirlendirirsem arkanı dönüp sikik ipimi kesebilirsin."

Alayla güldü. "Aynen. Buna bir an olsun inanmam."

"Neden?" diye sordum bu sefer ciddiyetle. "Sikik bir düşüş yaşamamam için beni koruyan hep sen oluyorsun."

"Evet ve konu sen olunca bunu yapan tek kişi benmişim gibi hissediyorum. Tırmanış olsun ya da olmasın, hiç fark etmez. Kardeşinle bazı *ağır* sorunlar yaşadığın biliyorum ama buna rağmen diğer insanlara ve bu spora vakit ayırıyorsun." Onunla buluşmak için vakit ayırmamdan bahsediyordu.

Başımı sallayarak, "Evet," dedim. Başka nasıl cevap vereceğimi bilmiyordum.

"Lancaster'dayken bana bir kardeşin olduğunu söylediğini hatırlıyorum." Başını iki yana salladı. "Çok uzun zaman önce olmuş gibi geliyor."

Bakışlarım karardı, o günü hatırlıyordum. Tırmanamayacak kadar öfkeliydim ve ailemle ilgili ona açıldığım sayılı andan biriydi. Bu konuyu medeni bir şekilde konuşmamıştım. Bağırmıştım. Sesimdeki acıyı duyan tek kişi de yaz kampından arkadaşımdı. "Ondan sikik bir piç diye bahsetmiştim."

Sully bana bir bakış attı. "On beş yaşındaydık, öfkeliydin." Önemli bir şey değilmiş gibi omuz silkti. "Önemli olan sonrasında ne yaptığın. Hatalar yaparsın ve onları düzeltirsin, hayat bu."

"Dağda bir hata yaparsak ölürüz, Sul."

"Ben burada tamamen mecazi konuşurken gerçekçi konuşmak zorundasın yani?" Alaylı bir şekilde kınayarak başını iki yana salladı. Pastayı havaya kaldırıp sanki yüzüme çarpacakmış gibi yaptı. Böylece aramızdaki ağır konuşmayı sonlandırdık. Arkadaşlığımız, sahip olduğum en kolay arkadaşlıktı.

"Eğer bunu yaparsan seni sikik dağdan iterim, Sully." Tam uçta oturuyorduk ve birbirimize vurmaya başlarsak çabucak düşebilirdik.

"Sadece bu pastayı Daisy'ye götür diyecektim." Parmağını tekrar şekerli kremaya sürerek yaladı. "Onun gibi pastaya eriyip biten bir kızı hiç görmedim."

Nasıl kaya tırmanışı yapacağını göstermek için Daisy'yi spor salonuna götürmüştüm. Sully de oradaydı, on yaşında iki çocuğa eğitmenlik yapıyordu. Onun işini tam zamanlı olarak asla yapamazdım. İnsanlar yüzde yüz performanslarını göstermedikleri zaman onlarla çok ters konuşuyordum ama bu çok da şaşırtıcı değildi. Sully o gün vardiyasından sonra bizimle kafeye gelmişti ve Daisy orada çikolatalı üç dilim pasta yemişti.

"Philly'de değil," dedim. Dedikoduları takip etmediği için onun Moda Haftası'na gittiğini bilmiyordu. "Resmen bir aydır da tatlı yemiyor. Yüzüne doğru pasta uzatırsan muhtemelen salyaları akar."

"Ah," dedi Sully. "Zavallı kız. Nerede?"

"Paris'te modellik yapıyor."

Islık çaldı. "İşleri hep karmakarışık yapıyor, değil mi?" Bana bir bakış daha attığında bu sefer gülümsemesi büyümeye başlamıştı.

"Ne?" diye tersledim.

Omuz silkti. "İkinizin arasında küçük bir şey var. Heidi'yle benim aramdaki gibi sevimli bir şey değil ama anlarsın ya, sonucunda oraya varacaksınız."

"Aramızda bir şey yok," dedim.

Beni duymazdan geldi. "Düğüne beni çağırmayı unutma, tamam mı? Sağdıç olmam falan gerekmiyor ama en azından düğün fotoğraflarında olmayı beklerim. *Photobombing** yapmaya da karşı değilim."

"Siktir git," dedim.

Kalbine dokundu. "Ben de seni seviyorum."

Telefonum cebimde titriyordu, çıkarıp arayan kişiye baktım.

DAISY CALLOWAY.

Sully omzumun üzerinden baktı. "Sence onun hakkında konuştuğumuzu mu hissetti?"

"Öyle olsaydı şaşırmazdım."

"Senin sesin benimkinden daha yüksek," diye karşı çıktı. Konuyu nereye bağlayacağını biliyordum.

"Bunu açmam gerekiyor."

"Üstüne çok gitme. Kız genç ve hassas."

Ona ortaparmak çekip kahkaha attığı sırada aramaya cevap vermek için yerimden kalktım.

---

* Komiklik yapmak için kendini ya da bir nesneyi kameranın kadrajına sokarak absürt bir durum oluşturma eylemidir. (ç.n.)

Yeşil tuşa basarken dağın zirve noktasına doğru yürümeye başladım. Buranın yüzeyi düzdü ve insanlar aşağıdaki kısımlara yayılmıştı, yaptıkları sohbetler etrafta yankılanıyordu. Saate baktım. Burada sabah sekiz, orada ise gecenin ikisiydi.

Arama bağlandı ve sonrasında hat düştü. Kaşlarımı çatarak telefonuma baktım. Sikeyim, yüzüme mi kapatmıştı o? Belki de yanlışlıkla aramıştı. Onu geri aradım.

Bu sefer telesekreteri devreye girdi. "Selam, ben Daisy. Duck* olan da Duke **olan da değil. Buchanan ***olan hiç değil. Calloway olan. Eğer yanlış numarayı aramadıysanız bip sesinden sonra isminizi bırakın, aydan döndüğümde sizi arayacağım. Çok beklemeyin. Biraz uzun sürebilir." BİİİP.

"Beni tekrar ara ya da mesaj atıp iyi olduğunu söyle," dedim kısaca. Sonra telefonu kapattım

Sully'nin yanına dönmek üzereyken telefonum tekrar çaldı. Aşırı garip davranıyordu. "Hey, neler oluyor?"

Burnunu çekerek konuşmaya çalıştı ama sesi havada asılı kaldı. Ağlıyordu.

Göğsüm sıkıştı. "Siktir. Daisy, sorun ne?"

Dudaklarının arasından dökülen sesin titremesine neden olan bir nefes verdi. Ardından derin bir iç çekerek sanki nefes alamıyormuş ve boğuluyormuş gibi bir ses çıkarttı.

Siktir. Siktir. Elimi başıma yasladım. "Dais..."

"Ben... Yapamam..."

Ben buradayken ve o da oradayken sikik bir panik atak geçiremezdi.

"Şşşt, Şşşt," dedim elimden gelen en nazik şekilde. Birini sakinleştirmek sahip olduğum bir beceri değildi. Uçurumdan atlayan kızların peşinden atlardım. Mantıksız maceraları olan çılgın hatunlara eşlik ederdim. Onlara nasıl tekrar ayağa kalkacaklarını öğretirdim. Sikik gözyaşları dökerken onlara sarılırdım.

---

* Disney'in yarattığı çizgi film karakteri Daisy Duck'a gönderme yapılıyor. (ç.n.)

** The Dukes of Hazard isimli komedi dizisinin karakteri Daisy Duke'a gönderme yapılıyor. (ç.n.)

*** Muhteşem Gatsby filminden/kitabından Daisy Buchanan'a gönderme yapılıyor. (ç.n.)

Ama bunları yapabilmek için orada değildim. Binlerce kilometre uzaktaydım.

"Derin sikik nefesler al. Sakin ol," dedim sertçe. Elimi indirerek yumruğumu sıktım ve tekrar açtım.

"Ben... kusacak... gibiyim..." Öksürdü, gerçekten kusana kadar kuru bir şekilde öğürdüğünü duydum.

Siktir.

Sully endişeli bir şekilde yanımdaydı. "*Neler oluyor?*" dercesine bana bakıyordu.

Sadece başımı iki yana salladım. "Daisy," dedim elimi nemli saçlarımdan geçirirken. "Hey, şu sikik anda benimle konuşman gerekiyor. Derin nefesler al. Ölmüyorsun, öyleymiş gibi davranmayı bırak." Onu sakinleştirebilmek için sadece şerefsizlik yapmayı biliyordum. İlerleyebileceğim tek şey buydu.

Kustu ancak sesi korkunç bir şekilde öksürmüş gibiydi. Sonra *her nasılsa* normal bir şekilde nefes almaya başladı.

"Aferin kızıma," dedim.

Kısa bir nefes verdi. "Benim... fotoğraflarımı çektiler... ve kimse umursamadı..."

Neyden bahsediyordu böyle? Bir modeldi, tabii ki fotoğraflarını çekeceklerdi. "Söylediklerin kulağa hiç mantıklı gelmiyor." Bu sikik uçurumun tepesinde duramazdım. Sikeyim, onunla sadece *konuşamazdım.* Sully'nin sırt çantasına ilerlediğimde aceleci adımlarımı takip etti.

"Çıplaktım," dedi Daisy. Ses tonunda bir ürperti vardı. "Tasarımcı... beni şovundan attı ve beni soydu..."

Benimle dalga geçiyor olmalısın. Olduğum yerde donakaldım, bir elimle saçlarımı çekiştirdim. "Kimse bir şey yapmadı mı?"

Tekrar bir ağlama krizine girdi.

Neredeyse sikik pastayı uçurumdan aşağı tekmeleyecektim. Neredeyse aklımı kaçıracaktım. Bağırmamak için olduğum yere çöktüm. Siktir, insanlardan nefret ediyordum. En çok önemsediğim kişilerin saçmalıklarla uğraşmak zorunda olmasından nefret ediyordum.

"Hey, siktir. Konuş benimle," dedim. Artık tamamen sessiz olduğunu fark etmiştim. "Daisy?" Hiçbir şey yoktu. "Daisy!" Telefonuma baktım. *Sinyal yok*. Hat düşmüştü. Tekrar aradım ama hâlâ sinyal yoktu. Telaşla Sully'ye baktım.

"Sinyal yok," dedi telefonunun ekranına dokunarak.

Hızla yerimden kalkarken "bu sikik yerden inmeliyiz" ruh halime büründüm. "İnmemiz gerekiyor." Çantasını alıp onunla indiğim zaman kullandığım ekstra koşum takımını buldum. Sully bu sırada ipi toplayıp eşyalarımı ayarlıyor ve karabinaları kilitliyordu. Elleri hızla hareket ederken ben de bacaklarımı sikik kemerlerin içinden geçiriyordum.

"Biri ona zarar mı vermiş?" diye sordu. Bakışları üzerimde geziniyordu.

Bacaklarımdaki kemerleri sıkılaştırdım. Fiziksel bir zarar değildi. Motosikletiyle kaza yapmamıştı ama sanki biriyle kafa kafaya çarpışmış gibi hissediyordum. "Bilmiyorum," dedim. Aslında hep canının yandığını düşünüyordum. Sadece onunla ilgilenebilmek için yanında olmadığımda durum farklıydı. "Onunla tekrar sikik telefonda konuşmam gerekiyor."

"İki kat ip kullanırsan daha hızlı inersin." İnmem için bana fazladan bir ip attığında ipleri sekiz şeklinde çift balıkçı düğümüyle bağladım. Sonra düşme ihtimalime karşın ucuna ekstra bir düğüm daha attım. Beni kurtarabilecek son güvenlik önlemi buydu.

"Hazırsın," dedi Sully. "Bir tane çapam var. Onu al. Eşyalarımı toplamam gerektiği için ben senden daha geç inerim."

Başımı sallayarak kemerimi çapaya bağladım. Göğsümdeki baskıyı hafifletmek için bir nefes aldım. Altmış metre yukarıdan bakarken aklımdaki bütün sikik şeyler yerine oturdu.

Bu kıza duygusal olarak çok bağlıydım. Eğer iki yıl önce birisi bana onun ağladığını söylese onunla ilgilenmeleri için Lily'yi ya da Rose'u arardım. Ama artık Daisy'yi koruyan kişi olmak istiyordum. Onu kollarına alan kişi olmak istiyorum. Saf mutlulukla tekrar kendine gelene kadar onu rahatlatan kişi olmak istiyordum.

Onunla geçirebileceğim bir günü dahi kaçırmak istemiyordum. O oradayken burada olmak istemiyordum.

Bu hisleri geri alamazdım.

Saatte iki yüz kırk kilometreyle ilerliyordum. Siktiğimin frenlerine basmam gerekirken ona doğru hızla yaklaşıyordum.

Nasıl duracağımı biliyordum.

Ama durmayacaktım.

Durmak istemiyordum.

Sikik gerçek buydu.

BÖLÜM 19

DAISY CALLOWAY

Paparazziler otelimi bulmuştu.

Kaldırımın kenarına çekilen SUV araçların gizli servis değil de kameramanlarla dolu olduklarına emin olmak için bir kez balkon kapısından başımı uzatmıştım. Flaşlar neredeyse beni kör edecekti. Bir dalga halinde *klik, klik, klik* sesleri yükseliyordu. Kapıyı hemen kapattım, kalbim deli gibi atıyordu.

İş için otelden çıktığım her an onlardan kurtulmaya çalışmıştım ama Mikey yanımda ağır bir tempoyla sürerken hepsinden kurtulmamız mümkün değildi. Şimdiyse korumam kendi otel odasındaydı, ben de kendi odamdaydım.

Defileden atılmamın üzerinden bir gün geçmişti, gazetelerdeki manşetlerin sebebi bu olaydı. Artık eskisinden daha da büyük bir haber haline gelmiştim. Ryke'ın benimle konuşmasının, taş ocağında geçirdiği vakti anlatıp beni sakinleştirmesinin ertesi günüydü.

Neredeyse yanımdaymış gibi hissetmiştim.

Ama değildi.

Şimdiyse annem delirmiş gibi bana mesaj atıyordu. *Gidip hemen tasarımcıyla konuşman ve aranızı düzeltmen gerekiyor. Özür dile. Ona bir şey al…*

Böyle devam edip duruyordu. Sanki tasarımcıya gidip *rüşvetle* tekrar gözüne girebilirmişim ve beni sevmesini emredebilirmişim gibi. Bu işler öyle yürümüyordu.

Annem pes etmemeye devam ettikçe bu reddedilişi kabullenmem daha da zorlaşıyordu.

Sahne arkasındaki çıplak fotoğraflarımı düşünemiyordum bile. Eğer onlar basına sızarsa... Şu ana kadar bir şey olmamıştı ama yine de midemi bulandırıyordu. Bu düşünce dün gece porselen tuvalete yapışmama sebep olmuştu.

Saçlarımı yukarıdan bir topuz yapıp gergin bir şekilde odamda volta atmaya başladım. Sonra tekrar perdelerin arasından dışarıya baktım. Alnımda bir ter katmanı oluşurken midem çalkalanıyordu. Gece yarısıydı ve hiçbir şey yapamazdım. Onlar etrafımı sarmadan dışarı çıkamazdım ama burada kalmam da mümkün değildi. Otel odama bir esir gibi hapsolup yüksek dozdaki paranoyamda boğulamazdım.

Buradan çıkmam gerekiyordu. Nefes almak zorundaydım.

Cüzdanımı kot şortumun cebine attım. Ardından atletimi çıkarıp üstünde "Gerçeküstü Kalsın" yazan uzun kollu bir *sweatshirt* giydim ve kaçarcasına odadan çıktım. Küçük motosikletimi korumam yanımda olmadığı sürece mümkün olduğu kadar hızlı sürüp paparazzilerden kurtulabilirdim. Her yere gidebilirdim. Bir göle, nehre ya da buz gibi suya atlayabileceğim bir yere. Herhangi bir yere.

Bu anlık plan aklımda yer ederken merdivenlerin kapısını açtım. Yanımda Ryke ya da Mikey gibi güvendiğim birisi olmadan asansöre binmekten hoşlanmıyordum. Onlar olmadığında topuklarımın üzerinde ileri geri sallanıp yuvalarından çıkacakmış gibi bakan gözlerimle ekranda yanan sayıları takip ediyor ve asansör durup kimseyi almasın diye dua ediyordum.

Merdivenler daha iyiydi. Daha özeldi, eski bir arkadaşım gibi tanıdığım biriyle karşılaşma ihtimalim daha düşüktü. Paris'te bu ihtimalin sıfıra yakın olduğunu biliyordum ama buna rağmen merdivenlere yönelirken korku içime yayılıyordu.

Kalp atışlarım asla giderek hızlanan ritmine bir son verip yavaşlamıyordu. Çünkü merdivenler daha iyi olsa da en mükemmel seçenek değildi. Bir merdivende saldırıya uğramamıştım ancak filmlerde düşmanların ilk gittiği yer merdivenlerdi, değil mi? Kötü adamın, hikâyenin kahramanını kovaladığı yerdi.

Ama kahraman genelde merdivenlerden kaçardı. Sanırım bunu ben de yapabilirdim.

Beşinci kattaydım ve lobiye doğru birkaç kat aşağıya inmem gerekiyordu. Floresan ışıklar bazı köşeleri aydınlatsa da diğer köşeler loştu. Kat sayıları duvarlara yazılmıştı.

4.

Bir saniye durup dinledim. Üst taraftan bir kapı çarptı. *Ah, tanrım.* Biri beni buraya kadar takip mi etmişti? Benim katımdaydı. Sesler yakından geliyordu.

Hızla koştum.

3.

Duyduğum fazladan adım sesleri gürültülü bir şekilde içeride yankılandı. Hızlanmaya başlamıştı, bana yetişiyordu. Nefeslerim düzensizleşti. Tutmadığımdan emin olmak için derin bir nefes verdim.

2.

Elim tırabzanlarda kayarken ayaklarım belirsiz bir şekilde hareket ediyordu.

"Daisy!"

Olduğum yerde dondum. Buz kestim. Bu olamazdı…

Arkamı döndüğümde ağzım açık kaldı. Aklımı kaçırıyordum.

"Sen gerçek olamazsın." Duraksadım. "Philadelphia'dasın."

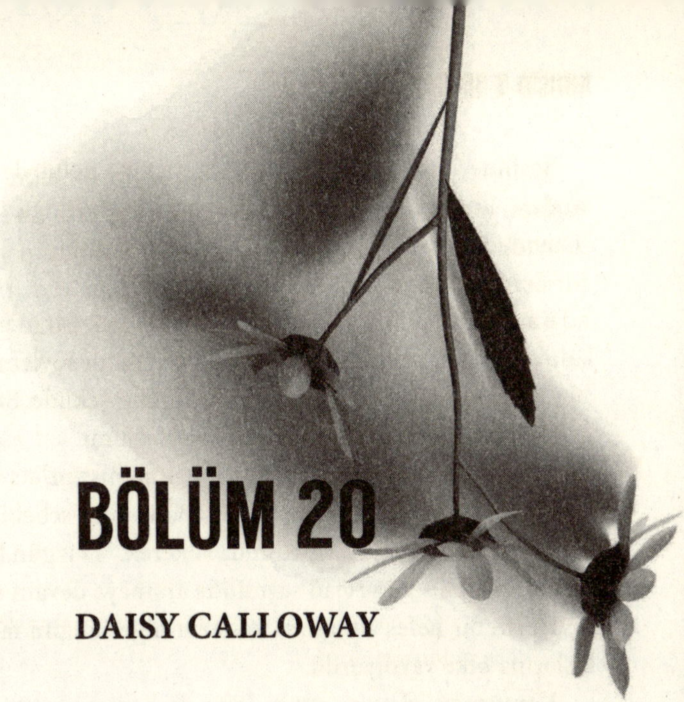

BÖLÜM 20

DAISY CALLOWAY

Ryke benden dört basamak yukarıda duruyordu. Üzerinde deri bir motor ceketiyle koyu renk kot pantolon vardı. "Sen beni aradıktan sonra uçağa bindim. Bu sikik yere az önce geldim." Beni gözleriyle baştan aşağıya süzdü, bedenimin soğukluğunu alıp ısınmasını sağlayan taş gibi sert bakışlarını uzun bir süre üzerimde gezdirdi. Gerçek gibi görünüyordu. "Asansörle senin katına çıktığımda merdivenlere yöneldiğini gördüm. Seni korkutmak istememiştim."

İçime bir rahatlık yayıldı, gerçekten buradaydı. Benim için mi gelmişti? "Korkmadım," dedim.

"Kendinden geçmiş gibisin," dedi dümdüz bir şekilde. Bakışlarının tekrar yüzümde gezinmesini izledim. Göğsü karmaşık bir ritimle inip kalkıyordu. Aramızdaki boşluğu kapatarak dört basamak aşağıya indi. Boy avantajı hâlâ ondaydı, yukarıdan gözlerime bakıyordu.

"Artık değilim," dedim yavaşça.

Birkaç kez başını sallayarak olanları sindirdi. "O garip sikik herifle buluşmaya mı gidiyordun?" diye sordu. Gözleri kararmıştı.

Sesinde birazcık kıskançlık sezmiştim. Belki de sadece beni Ian'dan korumak istiyordu. Kıskançlık duyduğu falan yoktu. "Duymadın mı? O hiç de rahat bir yastık değildi."

"Senin sikik yastığın benim sanıyordum."

Kaskatı kesildim. "Benim yastığım olmak istememiştin, hatırladın mı? Hatta yerine başka bir şey bulmamı söylemiştin."

"Nasıl gidiyor peki?" diye sordu sert bir şekilde. Şerefsiz tarafına hızlı bir geçiş yaptığını hissedebiliyordum.

"Harika," dedim. "Hiç daha iyi uyumamıştım."

"Gözlerinin altındaki koyu renk halkaların sebebi bu olmalı."

"Beni yakaladın," dedim omuz silkerek. "Düzgün bir yastık bulamadım ama senin rican sayesinde aramaya devam ediyorum."

Derin bir nefes aldığında kaslarının gerildiğini fark ettim, bakışlarına öfke yayılıyordu.

Konuşmaya devam ettim. "Sen de benim yerimi doldurdun." Boğazıma bir yumru oturuyordu. "Ona oral çekmekten keyif alıyormuş gibi görünüyordun." Kararlı bir şekilde bana bakmaya devam ederken öfkesi artıyordu. Cevap vermediği için omuz silkerek devam ettim. "Bu da iyi bir şey, biliyor musun? Sen başkalarıyla çıkıyorsun, ben başkalarıyla çıkıyorum-"

Dudakları benimkilerle buluşurken beni göğsümde aniden patlayan şiddetli bir arzuyla öptü. Engel olamadığım nefessiz bir inilti dudaklarımdan kaçıp gitti.

Bedenlerimiz sanki yıllardır bu yakınlık için ölüp bitiyormuş gibi birbirine bağlandı. Bacaklarımı kavrayıp *ikisini de* beline sardığında bedenimi duvara, tam buraya, *kendine* hapsetti. Dili çabasızca ağzımda hareket ederken mümkün olan en doğal şekilde benimkiyle dans ediyormuş gibiydi. Parmaklarım gür, yumuşak saçlarına uzandı ve onları hep hayal ettiğim şekilde çekiştirip parmaklarımı aralarında gezdirmeye başladım.

Sonunda benden ayrıldığında sanki tüm bedeni karşımda eriyormuş gibi elini başımın üstüne yaslamıştı. "Yerime birini bulmana gerek yok. Bana sahip olabilirsin, tatlım," dedi alçak erkeksi bir ses tonuyla.

Nefes almaya çalıştım. "Tekrar söyle."

Dudakları kulağımı okşadığında sıcak nefesi beni ısıttı. "Sadece seni öpsem nasıl olur?" Tekrar dudaklarıma yaklaştığında birbirimize açlıktan ölüyormuşuz gibi saldırdık. Her bir öpücüğümle onun tadını aldım. Bedenim göğsüne doğru bir yay gibi kıvrılmıştı, bana yaslanan sertliğini hissedebiliyordum.

Ayak bileklerimi beline sardım. Sıcaklığında, bu çılgınca zevkte eriyip bitiyordum. Tüm bunların ne anlama geldiğini düşünmek için durmadım. Sadece daha önce hiç tatmadığım hislere odaklandım.

Benden tekrar ayrıldığında bu sefer boynumu öpmeye başladı. Dudakları yumuşaktı ama dokunuşu tıpkı kendisi gibi sert ve baskıcıydı. Bir sonraki iniltim kulak tırmalayıcı bir yakarış gibiydi. Bacaklarımın arasındaki nokta sertliğiyle buluştu, bizi ayıran tek şey kıyafetlerimizdi. Dudaklarının baskısıyla göğüslerime doğru bir yol izledi, belim kıvrılırken kendimi ona doğru ittim. Ryke karşılık olarak kasıklarını bana daha da sert bastırdı.

Saçlarımı açtığını ve tokamı bileğine taktığını zar zor fark ettim. Uzun sarı tutamlar vahşi bir şekilde etrafa yayıldı. Aramızdaki yoğunluk arzumuzu harekete geçiriyordu. Kalçalarımı tutup beni duvardan ayırırken kendimi ona bastırdım. Sırtım merdivenin tırabzanlarına yaslandı.

Beni tekrar öptü. Bedenimi daha da yukarı kaldırdığında inledim. Artık kıçım tırabzanların üstündeydi. Merdiven boşluğundaki yüz yirmi metrelik yükseklik hemen arkamdaydı ve tehlikeliydi. Aldığımız risk karşısında kalp atışlarım hızlandı.

Ryke beni güvenli bir şekilde tutarak kollarını sıkıca bacaklarıma sardı. Kendini ileriye doğru ittiğinde sertliği çoktan sızlamaya başlamış olan o noktayı buldu. Daha önce kendimi bir an içinde bir adama bu kadar kaptırdığım hiç olmamıştı.

Ryke Meadows, bedenimin ve ruhumun can bulmasını sağlıyordu.

O sadece benim yastığım olmaktan fazlasıydı.

Kurdumdu.

Korumamdı.

Her şeyimdi.

Dudaklarımız her buluştuğunda aramıza yeni bir tür enerji yayılıyor gibiydi. Ellerimiz bu yeni, cezbedici yerleri keşfetmek için hareket ediyordu. Ellerimi kot pantolonunun içine sokarak sıkı kalçalarına uzattığımda kaburgalarımın üstündeki çıplak, hassas teni okşadı. Benden inanılmaz derecede daha dayanıklıydı, nefesimi toplamayabilmem için beni öpmeyi bırakmak zorunda kaldı.

Parmaklarını yanan dudaklarımda gezdirirken, "Erkeklerle ilgili düşündüğün bütün sikik teorilerin yanlış olduğunu kanıtlayacağım," dedi.

Göğsüm sıkıştı. Tam şu anda bayılabilirdim. Gerçekten bu anın asla gelmeyeceğini düşünmüştüm. "Öpüşmemenin, öpüşmekten daha seksi olduğuna dair bir teorim vardı." Çok aptaldım. Ryke'la bunu sonsuza kadar yapabilirdim.

"Biliyorum," diye cevap verdi. "Peki ya şimdi?" Gözleri dudaklarıma indi.

Genişçe gülümsedim. "Sadece beni öp."

Dediğimi yaparken dudakları bir gülümsemeyle kıvrıldı. Ancak tavrı bir önceki kadar mest edici ve şehvetliydi. Eli şortumun içine sızdı, iç çamaşırımı geçerek kalçalarıma uzanıp sıktığında omzuna doğru inledim.

Kendimi ona bastırırken saçlarını daha sert çektim. Dudaklarının kenarına bir öpücük kondurarak onu bir saniyeliğine dudaklarımdan uzak tuttum. Tekrar beni öpmeye çalıştı ama karşı koyup birkaç santim geri çekildim. Dudaklarıma bakarken şehvetli bakışlarıyla beni izliyordu, dudakları aralıktı. Aramızdaki boşluğu kapattığımda dilim dilinde gezindi, bedenindeki kasları sertleşti.

Boğazından bir inilti yükseldi.

Buz gibi soğuk olan tüm çatlakları ısıtıyordu. Onunla olmakta rahatsız edici hiçbir şey yoktu.

Doğru hissettiriyordu.

Onunla tekrar oynadım. Geri çekildiğimde bilinçsiz olarak arkamda beni tutacak bir duvar olduğunu düşündüm. Ama hiçbir şey yoktu. Bir anda geriye doğru düşmek üzereyken kıçımdan tuttuğu eliyle beni tırabzanlara sabitledi. Baş aşağı, bedenimdeki tüm kan beynime hücum ederken orada durmama izin verdi.

İçimdeki nefes kesici hisler on kat daha artmıştı. Kahkaha attığımda beni tekrar kaldırdı. Sanki zorla bir hız trenine binmişim gibi saçlarım dağınık bir şekilde yüzüme düşmüştü.

Bir an sonra sesim boş merdivenlerde yankılandı. "Ön sevişmeyi atlamanın seksi daha iyi yaptığına dair bir teorim vardı, hatırlıyor musun?"

Bir sınırı aşmıştık ve asla yavaşlamayacak, en yüksek hızda ilerlemeye devam edecek türden insanlar olduğumuzu biliyordum. Bunu onunla yapmak istiyordum. Beyzbol sahasında koşan atletizm yıldızları gibi üstün bir başarı kazanmamızı istiyordum.

Yanağımı öptü. Bu neredeyse tekrardan öpüşmeye başlamamıza sebep olacaktı ama tüm gücümüzle saldırmamak için kendimizi dizginledik. "Şimdi olmaz," derken bakışları kanvas saatime doğru çevrildi.

"Yorgun değilim," dedim. "Hatta ben..." Söyleyemedim bile.

"Islak mısın?" Elini kıçımdan çekerek şortumun ön kısmına doğru yönlendirdi. Siktir. Parmakları külotumun içine girmemişti. Sıcak noktayı avuçladığı sırada bakışları benden hiç ayrılmıyordu. "Benim için yeteri kadar ıslanmamışsın, tatlım."

Ah. Derin bir nefes alarak kollarımı boynuna doladım. *Beni o noktaya ulaştır.* Külotumu kenara itip parmaklarını içeri sokacağını düşündüğüm anda elini şortumdan çekti.

"Neden durdun?" Kaşlarımı çattım. "Merdivende olduğumuz için mi?"

Sert bakışları beni içine çekiyordu. "Calloway, seni her bir koridorun her bir köşesinde becerir, sonra yalnızca emin olmak için hepsini en baştan yaparım."

Ağzım açık kaldı.

"Ayrıca seni bir merdivende becermem, yatakta becermemden daha muhtemel."

"Neden?"

Parmaklarını saçlarımın içinden geçirerek başımı geriye yatırdı. "Çünkü bu sikik şey daha eğlenceli." Beni tekrar güçlü bir şekilde öptüğünde tüm bedenim ona doğru çekildi. Kalçalarım kasıklarına değiyordu. Yüzünü bana çevirirken belimi sertçe tuttu. "Siktir," diye homurdandı. Bakışları birbirimize dokunduğumuz noktaya indi. Aleti zonklayan noktamı okşuyordu.

"Ne kadar büyüksün?" diye sordum derin bir nefesle. Onu kot pantolonundan hissedebiliyordum. Büyük olduğunu biliyordum. Sert olduğunu biliyordum. İstediğim her şey olduğunu biliyordum.

"Bugün öğrenmeyeceksin."

Altdudağımı sarkıttım.

"O yeşil gözlerinle bana yavru köpek bakışları atma."

"Taştan kalbini eritmiyorlar mı?" diye dalga geçtim.

"Sikik bir taş eriyemez," diye karşılık verdi. "Sadece ısınır."

"Şu an yanıyor musun?"

Kaşları havalandı. "Sence?"

Tekrar gülümsedim. "Yani..." Bir şeyin farkına vardığımda dudaklarım yavaşça aşağıya doğru büküldü. Bana "sevgilisiyle" ilgili ciddi bir şekilde hiç cevap vermemişti. "Philly'ye döndüğümüzde o kıza gidecek misin?" Bu sadece ailelerimizden uzakta olduğumuz için yaptığımız bir Paris kaçamağı mıydı?

Bana ters ters baktı. "Siktir, hayır."

"Geçen geceki modelle tekrar çıksam üzülür müsün?"

Tepkisi her şeyi söylüyordu. Sertçe beni ayaklarımın üzerine indirerek iki yanımdaki tırabzanları tuttu. Karanlık gözlerine öfke dalgaları yayılıyordu. "Başka bir modelle çıkmak mı istiyorsun?" Kelimeleri kulağa yapmacık geliyordu, sanki küfretmemek için ciddi bir çaba sarf ediyormuş gibiydi.

"Vay be, bunu küfretmeden söylemeyi becerdin."

"Beni öldürüyorsun."

Parmağımla göğsünü dürttüm. "Gidip başka bir herifle yatmamı söylediğinde kalbimi *ezip* geçtin."

"Siktiğimin şeyini söylemedim-" Hayal kırıklığıyla homurdanırken elini saçında gezdirdi. Üzgünken bunu yapmasına bayılıyordum. İçimi aleve veriyormuş gibi hissettiriyordu. "Başka birini becermeni hiç istemedim! Tanrı aşkına, başka bir adamla takılmanı söylemek bile kalbimi paramparça etti." Ceketinin cebine bakarak daha da sinirli bir şekilde homurdandı. Titreyen telefonunu çıkardı ve aramayı reddederek cebine geri koyarken, "Bana bak," dedi.

Gözlerim gözleriyle buluştu. Beni tırabzanın ortasında kollarıyla bir kafese almıştı. "Başka sikik bir herifle flört etmeni izleyemem."

Bu konuyu tekrar açmamam gerekiyordu ama açtım. "Başka bir kıza oral yapmanı izledim." Acı tekrar içime yayılırken bu görüntü midemin kasılmasına sebep oldu. "Onun dizini öptün. Ona güzelmiş gibi baktın-"

Büyük eliyle ağzımı kapattı. "Siktir, kes şunu." Maratonlar koşan, dakikalar içinde dağlara tırmanan adam karşımda nefes nefese kalmıştı. "Onunla hiç yatmamış olsam da gördüğün şeyi geri alamam. Keşke bunu yapabilseydim."

Onunla hiç yatmamış. Bu neredeyse gözyaşlarına boğulmama sebep olacaktı. Bu anın onu ne kadar parçaladığını görebiliyordum, sert duruşu ve çattığı kaşlarına bakarken onunla birlikte ıstırap duyuyormuş gibi hissediyordum.

Elini ağzımda tutmaya devam etti. "Hayatımda bir sürü boktan şeyi görmezden geldim ama bu güzel şeyi artık görmezden gelmek istemiyorum. Çok acı veriyor." Bana içtenlikle baktığında göğsüme saf ve sıcak bir his yükseldi. "Bu gece seni öptüm çünkü dudaklarının sadece benimkilere dokunmasını istiyordum. Şu andan sonsuza kadar. İşte sikik gerçek bu." Elini aşağıya indirdi.

Kalbim göğsüme sertçe çarpmayı durduramıyordu. *Şu andan sonsuza kadar.* Ellerimi kollarında gezdirmeye başladığımda geri çekilmedi. Ciddiydi. Benimle birlikte olmak istiyordu, artık başkalarıyla çıkmak yoktu. "Peki ya kardeşin?" diyerek milyon dolarlık o kritik soruyu sordum. "Ve annem... babam?" Onlar bizim için büyük birer engeldi.

"Bu sana kalmış," dedi Ryke. "Onlara söyleyebiliriz ya da bunu gizlice devam ettirip yaş farkının onlar için sorun olmayacağı bir noktaya gelmesini bekleriz."

"O tam olarak ne zaman olacak?"

Başını iki yana salladı. "Bilmiyorum. Belki yirmine girdiğinde."

Bir buçuk yıl. Sanırım o kadar bekleyebilirdim. Eğer şimdi herkese söylersek annemin onu benden koparıp alacağını görebiliyordum. Bir sürü baş ağrısı, bir sürü kalp kırıklığı görüyordum. Sadece iyi bir şey istiyordum. Derin bir anlam yüklemeden iyi bir şey elde etmek istiyordum. Bu yüzden, "Kimseye söylemek istemiyorum," dedim.

Başını salladı, cevabım onu rahatlatmış gibi görünüyordu. Kardeşiyle yüzleşmeye hazır olduğunu sanmıyordum. Biraz geri çekildi ancak beni izlemeye devam ediyordu, yüzünü buruşturmuştu. Ian'dan bahsettiğimde yüzünde beliren ifadenin aynısıydı. "Senin için tekrarlayacağım," dedi. "Çünkü hâlâ ne istediğim sikik şeyi anlamamış olmandan endişe ediyorum."

Gülümsedim. "Tamam."

"Birlikteyiz," dedi hiç zaman kaybetmeden. "Kimse bu sikik şeyi bilmiyor olsa da senin dışında kimseyle olmayacağım. Gösteriş için başkalarıyla çıkmayacağız. Sadece bekâr olduğumuzu düşünecekler."

Başımı salladım. "Bu hoşuma gitti."

Telefonunun titrediğini duydum. Cebinden tekrar çıkardığında sinirliydi, ikinci aramayı da reddetti. "Üst kattaki odana çıkmalıyız."

Oyunbaz bir gülümsemeyle başımı eğdim. "Ne kadar cüretkârsın."

"Çok tatlısın," diye cevap verdi. "Ama düzüşmeyeceğiz. Orada iki kişiyle buluşacağız."

Kaşlarımı çattım. "Ne?"

"Yalnız gelmedim."

Gözlerim yuvalarından çıkacak gibi irileşirken midem altüst oldu.

"Başka kimseyi endişelendirmeden seni kontrol etmek için Philly'den çıkabileceğimi sanıyor muydun? Onlar da haberleri okudu." *Havindal* koleksiyonundan atıldığımı öğrenmişlerdi.

"Kim?" diye sordum. "Kimlerle geldin?"

Belime uzanarak beni merdivenlerden yukarı yönlendirdi. "Sürpriz."

Sürprizleri severdim.

Ama bu sefer, her ne olursa olsun benim için kötü bir şeydi. Ryke'la yalnız olmak kulağa ateşli, şehvetli bir tatil gibi geliyordu. Ablalarımdan birini ya da onun *kardeşini* bu resmin içine ekleyince garip ve huzursuz... ama kesinlikle daha tehlikeli bir şeye dönüşüyordu.

Tehlike. Çok çekiciydi. Aslında en başında bizi birbirimize çeken şey de tam olarak buydu.

Bunun yeni bir şeyin başlangıcı olduğunu şimdi fark ediyordum.

BÖLÜM 21

RYKE MEADOWS

Koridorda ona doğru ilerlediğimiz sırada kardeşim kollarını yukarı kaldırdı. "Seni on kez aradım. Ne halt ediyordun?"

Arkamdaki Daisy'yi işaret ettim. Merdiven boşluğuna dönüp onu tekrar kollarıma almayı tercih edecek olsam da şu anda aramızda normal bir mesafe vardı. "Onu bulmaya çalışıyordum. Odasında değildi."

"Otomata gitmiştim," dedi Daisy. Yalanını parlak, büyük ve güzel bir gülümsemeyle gölgelemişti.

Lo biraz rahatladı. Bir beyzbol şapkasını tersten takmıştı ve 90'lardan kalma sikik bir çocuk gibi duruyordu. Ancak bunu yapmasının sebebi insanlardan kendini gizlemekti, bu konuda çok başarılı olduğu söylenemezdi. Erkek modellere benzeyen dikkat çeken çarpıcı yüz hatları vardı.

Daisy, "Bana bakmak için mi geldiniz?" diye sordu daha da büyük bir gülümsemeyle. Otel odasının önünde durduğumuzda olduğu yerde zıplayarak kardeşimin yanındaki diğer kişiye baktı.

Boyu birkaç santim daha uzun olan Connor Cobalt.

Connor'ın şirketinin jetine atlayıp buraya gelen sadece üç kişiydik.

Daisy'yle yalnız olduğumuz bu yeni duruma hiçbirimiz alışık değildik. Genelde yanımızda Calloway kardeşlerin en küçük ve vahşi olanı değil, Lily olurdu.

"Evet," dedi Lo. "Nasılsın?"

"Biraz daha iyiyim." Daisy bir tutam saçı kulağının arkasına sıkıştırdı.

İnanılmaz berbat görünüyordu. Bu konuda hiçbir şey söylemedim, bence herkes onun uyumadığının farkındaydı. Siktir, gerçekten çok solgun duruyordu, bedeni zayıftı ve yapmak istediğim tek şey ona sarılıp yatağına yerleştirmekti. Endişemi dışarıya yansıtıyordum ama bu yüzden peşimi bırakmayacaklarsa bile umurumda değildi. Cidden endişeliydim ve bu şekilde kalmayacaktım.

"Tamam..." dedi kardeşim. Daisy'yi süzerken onun sözlerine inanmıyordu.

Lo'dan benimle birlikte gelmesini istemiştim. Ruhsal durumu beni aşırı endişelendirdiği için onu geride bırakmam da en az Daisy'yi bırakmam kadar zordu.

Fakat hepimiz kardeşimin bu hislerine Daisy'yle arkadaşlığımın sebep olduğunu biliyorduk, bu yüzden ortam oldukça gergindi. Artık arkadaşlık sınırını geride bırakmıştık ve bunun ağırlığını göğsümde hissedebiliyordum.

Yalanlar.

Yalanların bırakacağı yaralara alışıktım, hemen ardından suçluluk duygusu gelirdi. Her zaman öyle olurdu.

"Kötü haber," dedi Lo. Bana doğru dönmüştü. "Connor işi batırdı."

Küçük bir kahkaha attım. "Bu sikik sihirli cümleyi hiç duymayacağımı sanıyordum."

"Az önce söylediklerinden nefret ediyorum," dedi Connor sıradan bir şekilde. Sanki gerçekten umurunda değilmiş gibi söylemişti ama dudakları aşağı doğru kıvrıldığı için umursadığını anlamıştım.

Sihir. Connor sihirden nefret ederdi.

Aynı zamanda hatalı olmaktan da nefret ederdi. "Ne yaptın?" diye sordum.

"Hiçbir şey," dedi Connor. "Bu yüzden de batırmadım."

"Otel odası rezerve etmeyi unutmuş," diye açıkladı Lo. "Bu hafta sonu Paris'te Ragbi Dünya Kupası ve Moda Haftası olduğu için burada ya da yakınlarda müsait bir oda yok."

Siktir. "Böyle bir şeyi nasıl unutursun?" diye sordum Connor'a. Ona bu kadar güven duyduğum için rahatsız hissediyordum ama dürüst olmak gerekirse fotografik bir hafızaya sahipti. Yapacağı şeyleri hatırlatması için her yere şemalar çizer, uyarılar yazar, sikik notlar alırdı.

"Sizi ilgilendirmiyor ama karımla kavga etmekle meşguldüm," dedi Connor. "Aklım başka yerdeydi." Araları hâlâ bozuk muydu?

"O iyi mi?" diye sordu Daisy. Ablasına mesaj atmak için telefonunu cebinden çıkardı.

"Normalde olduğu gibi," dedi Connor belli belirsiz.

"Sürtüksü," diye açıkladı Lo. "Sinirli, obsesif kompulsif." Sonra gülümsedi. "Tanrım, buraya gelmediği için mutluyum."

Connor'ın kaşları havalandı. "Ben de mutlu olmaya başlıyorum. Dürüst olmak gerekirse, beş yaşındaki iki çocukla uğraşacak durumda değilim." Bir an için duraksadı. "Eğer anlamadıysan, senden ve ondan bahsediyorum."

Lo bir kahkaha atarken bu hakareti hiç ciddiye almadı. İşte bu saçmalık çok can sıkıcıydı. Bunu ona ben söylemiş olsam bana soğuk davranırdı. Ancak Connor o ılımlı ve rahat tavrıyla istediğini söyleyebiliyordu, kardeşim de bu sözlere hiç gücenmiyordu.

Bu beni o kadar sinirlendirmişti ki Daisy'ye doğru dönerek elimi uzattım. "Anahtar kartın." Cebindeki kartı alıp bana uzattı. Kapıyı açtım, dahil olmadığım konuşmalarının devam ettiğini duyabiliyordum.

"Mesajıma cevap vermiyor. Onu aramalı mıyım?" diye sordu Daisy.

"Hayır," dedi Connor odaya girerken. Hemen arkamdan beni takip ediyorlardı.

Tuvalet kapısının kolunun altına bir sandalye yerleştirmişti. Diğerleri fark edip bir şeyler sormadan önce sandalyeyi düzelttim.

"Ben de endişelendim," dedi Daisy. "Normalde bana anında cevap verirdi."

"Buna alınma," diye başladı Connor. "Rose'dan yedi yaş küçüksün ve ben yaş farkını umursamıyor olsam da eğer onu teselli edersen kendini zayıf hisseder. Rose'un kafasında, teselli etmek onun işi."

"Ama sen onu teselli edebilir misin?" diye sordu Daisy.

"Ben kocasıyım, dengiyim."

Daisy'nin o son kelimeye takıldığını hissedebiliyordum. Ablasıyla eşit olamadığı, hatta bir şekilde daha *aşağıda* olduğu fikri omuzlarının düşmesine sebep olmuştu.

"Hey," diyerek ona bir işaret yaparken başımı iki yana salladım. "O her ne bok söylüyorsa üstüne çok düşünme."

Bana bakmıyordu bile. "Eğer beni teselli etme görevi onunsa neden burada değil?" diye sordu Connor'a.

Connor'ın yüzüne gölgelediği bir öfke yayıldı. "Bana meydan okuyor." Connor ellerini siyah kumaş pantolonunun ceplerine soktu. "Onu üzen şeyin ne olduğunu fark etmemi istiyor ve beni yenmek için her şeyi yapar."

"Hafta boyunca toplantıları olduğunu söyledi sanmıştım," dedi Lo kaşlarını çatarak.

"Belki vardır." Connor ellerini siyah kumaş pantolonunun ceplerine soktu. "Yine de, kardeşleri için tüm toplantılarını iptal ederdi. Burada olmalıydı. Aslında burada *olurdu ama* savaşı kazanmak istiyor ve bu da aramıza bir okyanus kadar mesafe koymaktan geçiyor." Siktir, ilişkileri çok garipti.

"Sen ne sakladığını düşünüyorsun?" diye sordu Lo.

"Bilsem oyun bitmiş olurdu ve o da bizimle birlikte buraya gelirdi," dedi Connor basit bir şekilde.

"Belki ben öğrenebilirim," diye önerdi Daisy.

"Sanmıyorum," dedi Connor. "Muhtemelen bunu bilen tek kişi Lily." Rose'un bir şeyler için gideceği kardeşinin o olmayacağı konusunda dürüst davransa da bu durum Daisy'nin canını yakıyordu. Saçını tekrar kulağının arkasına itip banyoya yöneldi.

Connor hızla yanımızdan ayrıldığını fark etmişti.

Ona doğru bir adım atarken sesimi alçalttım. "Tanrı şahidim olsun, Daisy'nin yanında nazik olmayı öğreneceksin."

"İlk olarak, benim yanımda tanrıyı şahit tutma. Benim olduğum mekânları dinlemiyor. İkinci olarak, onun bununla başa çıkabileceğini sandım. Bugün bir sürü şeyi yanlış yorumluyorum, bunu itiraf edebilirim." Nadiren yaptığı bir şey olsa da dişlerini sıktı.

"Eve gitmen gerekiyorsa git," dedim Connor'a.

Lo kollarını kavuşturdu. "Ama Lily onun yanında. Rose şu anda her ne yaşıyorsa kardeşinin onunla ilgileneceğini biliyorsun."

Lily, Princeton'da dersleri olduğu için kalmak zorunda kalmıştı. Aramızda hâlâ üniversiteye giden tek kişi oydu.

Kardeşimin seyahat boyunca Connor'ın burada kalmasını istediğinin farkındaydım. Buradan sonra Kaliforniya'ya yapacağımız yolculuğa başlayacaktık. Eğer Connor şimdi eve giderse bizimle birlikte gelemezdi.

"Eve dönsen bile," dedim. "Rose sana söylemez."

Connor başını salladı. "Burada kalmam daha iyi. Şu an birlikte olsaydık birbirimizi kırıp dökerdik."

Çantalarımızı yerleştirip otel odasını incelememizden birkaç dakika sonra Daisy şortu ve atletiyle banyodan çıktı. Saçı hâlâ topuz şeklindeydi. Artık üzgün görünmüyordu. Kardeşim yere eğilip çantasını karıştırmaya başladığında, Daisy dudaklarında çekingen bir gülümsemeyle bana yaklaştı.

O yumuşak pembe dudakların dudaklarımda olduğunu, dilimin ağzında olduğunu hatırlıyordum. Sikik bir rüya gibiydi. Bakışlarımı çantasını karıştırmaya devam eden kardeşime çevirdim.

Bir elimi saçlarımda gezdirirken aklımdaki görüntüyü bastırmaya çalışıyordum. Odanın tam ortasındaydım, Daisy bana doğru yaklaşıyordu. Aramızda birkaç santim kala durduğunda dikkatle hareketlerini izledim. Yukarıdan ona bakıyordum.

Nazikçe fısıldadı. "Doğum kontrol hapımı getirdin mi?"

Bakışları bir anlığına kardeşime çevrilmişti ama sırtı bize dönüktü. Şimdilik onun için endişelenmemeye çalıştım.

"Hemen ilaca başlayıp kendi isteğinle iki kilo alacak mısın?" diye sordum aynı fısıltılı tonla.

Başını sallarken sığ nefesler alıyordu. Üstünde sutyen yoktu, genelde giymezdi ancak şu anda vücuduna oturan atletinden sertleşen meme uçları görünüyordu. Meme ucunu ağzıma alıp dilimi üzerinde gezdirdiğimi düşünmemeye çalışırken zorlandım. İlk öpüşmemiz daha yeni olmuştu ama ona yapmak istediğim, onunla yapmak istediğim bir sürü şey vardı. Kimseye söylemememize mutlu olmamın sebeplerinden biri de bizi yavaş ilerlemek zorunda bırakmasıydı.

Connor ve Lo burada olmasaydı, onu merdivenlerde becermiş olurdum.

Sonra bir de yatakta becerirdim.

Ancak bu her şeyi büyütürdü. Zamanın uzaması, ilk seferimizi daha da iyi yapacaktı. İnanılmaz derecede harika olmasını çok istiyordum.

Bakışlarımı göğüslerinden gözlerine çevirdim. Uyarımı fark ederek kollarını göğsünde kavuşturdu, yüzü çoktan kızarmıştı. "Bu bana neredeyse hiç olmaz," dedi kısık sesle.

"Seni becerdiğimi düşünmeyi bırak," diye fısıldadım. "Belki o zaman olmaz." Yüzüne düşen bir tutam saçı okşadım.

Sanki düşüncelerini doğru tahmin etmişim gibi gülümsedi. "Kulağa pek eğlenceli gelmiyor." Banyo eşyalarını alıp yerinden kalkan erkek kardeşime tekrar baktı. "Doğum kontrol hapları?" diye sordu.

"Çantamın ön gözünde." Ondan birkaç adım uzaklaşıp sehpadaki oda servisi menüsüne bakmaya başladım.

Kardeşim dişlerini fırçalarken tuvaletin kapısını açık bırakmıştı. Daisy bu sırada omuz çantamın fermuarını açıyordu. Connor dikkatini bilgisayarın ekranından ayırmış, bakışlarını yerde diz çöken Daisy'ye çevirmişti.

O bir şey soramadan Daisy söze girdi. "Yatakta kim yatıyor?"

"Sen," dedi Connor.

"Bu aptalca. Ryke ve Lo aynı yatakta yatabilirler, ben de bu gece koltukta yatarım."

"Hayır," dedik tuvaletten bağıran kardeşimle aynı anda.

"Yatağın *tamamını* harcamak istemiyorum."

Connor ekledi. "Ryke seninle yatağı paylaşabilir. Sorun çözüldü." Hızla bir şeyler yazarken gözlerini bilgisayarın ekranından ayırmıyordu. "Ne yetenekliyim ama."

Lo kapı eşiğinden bakarken diş fırçası ağzındaydı. "Uçakta bir şeyler mi çektin sen? Çünkü biz bu *odadayken* Daisy'yi ağabeyimle aynı yatağa koyabilmek için kafanın güzel olması lazım."

"Seksten bahsetmedim." Connor yazmayı bıraktı. "Bunu en az senin kadar ben de izlemek istemiyorum."

Daisy'nin yanakları kızardı. *Siktir, bu cidden harika.* Porno kasetini gördüğünü unutmuştum. Menüyü kapattım. Bu pek de hayal etmek istediğim bir şey değildi.

Elimi saçımda gezdirdim. "Ben yerde yatacağım. Sorun değil."

"Tabii ki. Yer seviyesindeyken muhtemelen evindeymiş gibi hissedersin," dedi Connor genişleyen gülümsemesiyle.

O araya girdiğinde Lo beni savunmuyordu. Bunu başkası söylemiş olsaydı belki savunurdu. Connor'ın saçmalıklarına sırf o öyle biri olduğu için katlanmak zorundaydım. "Siktir git," dedim. İyi bir karşılık vermek için vaktimi harcamak istemiyordum bile.

Bu sadece onun daha çok övünmesine sebep oldu.

Lo banyoya dönüp suyu tekrar açtı.

Daisy'yi izledim. Elleri sikik çantanın cebindeydi ve onları sadece ağzına bir ilaç atacağı zaman dışarı çıkarmıştı. Hemen sonra fermuarı hızlı bir şekilde çekip yerinden kalktı.

Connor onun hareketini yakalamıştı. Şüpheyle bize bakıyordu. "Sen az önce ne aldın?" diye sordu. Ses tonu alçaktı, onun kardeşimi şüphelendirmeyecek kadar nazik biri olduğunu gösteriyordu.

"*Advil*," diye yalan söyledi Daisy kolaylıkla. "Karnım ağrıyor." Tek kelime daha etmeden yatağa girdi. Connor'ın ona inanmadığının farkındaydım. Daisy'nin aklından geçenleri benim gibi bilen biri varsa o da Connor'dı. Ama çoktan işine geri dönmüştü ve onun söylediği herhangi bir şeyden rahatsız olmuş gibi görünmüyordu. Ancak kardeşim huzursuzdu. Tuvalette biraz daha oyalanmasını izledim.

Daisy'nin *Ambien*'ı sehpanın çekmecesindeydi. İki hap çıkarıp ona uzattım. Connor'a doğru baktı ama o şu anda kendini meşgul ediyor ve artık bizimle ilgilenmiyordu.

Suyu uzattığımda tereddüt etse de aldı. Paranoyak bakışları balkon kapısına çevrilmişti.

Connor'ın duymaması için, "Kilitleyeceğim," dedim fısıltıyla. "Ancak tuvalete kimsenin saklanmayacağına güvenmen gerekiyor." O kapı için yapabileceğim hiçbir şey yoktu.

Başını salladı. "Tamam." Dirseklerinin üzerinde doğrularak bakışlarını dudaklarımda gezdirdi.

Onu şu an öpemezdim. Çünkü eğer bizimle ilgili şimdiden söyleyebileceğim bir şey varsa; bir öpücük, asla sikik bir öpücük olarak kalmazdı. Beş dakika boyunca sürecekti ve kardeşim buradayken bunu yapamazdık.

Elimle yavaşça kalçakemiğine dokundum, parmaklarımı atletinin üzerinden kaburgalarında ve göğsünde gezdirerek onu şaşırttım. Özellikle başparmağımı sert meme ucunda gezdirdim ve o tahrik olarak kaskatı kesildiğinde gerildim.

Böyle bir şeyi yapmamak için kendimi çok uzun zamandır engelliyordum. Bu kadar ileri gitmek bile yüz seksen derece dönmek gibiydi. Adrenalin patlaması sikik başımı döndürüyordu. Yatakta, dokunuşumun altında ışık saçan zayıf bedenini izledim. Bu his aletimi sararken durmam öncekinden bile daha zordu.

Sonra kardeşimi düşündüm.

Yüzüme bir yumruk indirdiğini.

Bunun yardımı dokunmuştu. Bir noktaya kadar. Ama hemen ardından Daisy'yi başka bir adamla hayal ettim. İşte *bu*, *Bu çok yanlış, Ryke. Geri dön*, diye düşünmeme engel oldu. *Geri dön, Ryke.*

Asla geri dönmeyecektim.

Benim için bu kadardı. Bu sikik şeyi elimden gelen en iyi şekilde sürdürmek istiyordum.

Daisy'nin dudakları aralandığında derin bir nefes kaçıp gitti. Sonra yüzüne çok parlak bir gülümseme yayıldı.

Kardeşimin odaya girdiğini hissettiğim anda elimi ondan çektim. Daisy o kadar kızarmıştı ki kendini toplamak için yastığına doğru döndü.

Bu duyguları hissedişini izlemeye bayılıyordum. Özellikle de bunları çok uzun bir süre boyunca reddettiğini bildiğim için. Onu coşku dolu bir hisse kavuşturmayı her şeyden çok istiyordum.

Balkon kapısını kilitlemek için yanından ayrıldım. Kilit acınasıydı ve bir kapı mandalından daha fazlası değildi. *Siktir, hiç uyumamış olmasına şaşırmadım.* Ardından giriş kapısını da kilitledim ve zinciri yerine taktım. Sonunda arkamı döndüğümde Connor bakışlarını bilgisayardan kaldırdı.

"Duydun mu bilmiyorum ama Sara yine sorun çıkartıyor," dedi bana.

"Annem zaten sikik bir tsunamiye sebep oldu. Artık her ne sorun çıkarıyorsa duymak bile istemiyorum."

Connor durumu görmezden gelmeme izin vermeyerek bana telefonunu gösterdiğinde lanet şeyi elinden aldım. Ekrandaki makalenin başlığı şöyleydi:

SARA HALE İLE HER ŞEYİ ANLAT RÖPORTAJI YAKINDA 60 DAKİKA'DA.

"Benimle dalga geçiyor olmalısın," dedim. Annemin resmine kaşlarımı çatarak bakıyordum. Oturduğu sandalyede bacak bacak üstüne atmıştı, arka planı lacivert olan bir yerde oturuyordu. Benim saçlarım babamınki gibi koyu renkti, anneminki gibi değildi. Annem kızıl kahverengi saçları ve biraz sivri olan burnuyla Julia Roberts'a benzetilirdi. New Jersey'nin fakir kasabalarından birinde büyümüştü, bir savaşçıydı. Telefonda babamla kavga ettiği zaman öyle söylerdi.

"Nereden geldiğimi biliyor musun sen?" derdi alayla. *"Yokluktan buraya geldiğim halde burada kalamayacağımı ve oğlumu senden koruyamayacağımı mı sanıyorsun? Ben bir savaşçıyım. Başımı suyun üstünde tutmak için her şeyi yapacağım. Buna inanmıyorsan bir daha düşün derim, Jonathan. Bir daha düşün!"*

Sikik kininden kurtulamayan bir kadındı.

Gelecek röportajın detaylarını veren küçük puntolu makaleyi inceledim.

Sara, Jonathan'la olan evlilik sorunlarını, oğlu Ryke Meadows'la yaşadıklarını ve onunla tekrar bağ kurmak için yakarışlarını bize açıyor. Aynı zamanda Loren Hale'e karşı olan iddiaları tartışıyor. Röportajın ön gösteriminde şöyle söylüyor: "Jonathan'la olduğum on iki yıl boyunca ona sözel ve ruhsal olarak saldırmak dışında hiçbir şey yapmadı. Kendi oğlumun babasıyla yaşadığı travma... Yaptığı şey için Jonathan'ı asla affetmeyeceğim."

"Telefonumu kırma, lütfen," dedi Connor kontrollü ses tonuyla. "Karımla aramdaki yaşam çizgisi o."

O kadar sıkı tutuyordum ki ekran kırılmak üzereydi, telefonu tekrar ona attığımda kaslarım alev almıştı. "Şimdi de Jonathan'ın beni travmatize ettiğini düşünüyorlar," dedim başımı iki yana sallayarak. Hayatımda bunlar nasıl oluyordu?

Connor telefonunu cebine koydu. "Makale, sözlerinden birini çarpıtmış olabilir. Kesit kesit. Röportajı izleyene kadar üzülme."

Başımı iki yana salladım. "Her neyse." Birkaç düzenli nefes aldığımda soluklarım normale döndü. Buna rağmen şu an gidip sikik bir şeye vurmak istiyordum. Spor salonunda enerjimi boşaltmaya ve bu baskıyı göğsümde tutmaktansa sağlıklı bir şekilde atmaya ihtiyacım vardı.

Tekrar Daisy'ye baktım. Kapanan gözlerini açık tutmaya çalışırken yataktan beni izliyordu. Başı yastığın üzerindeydi.

"Keşke insanlar daha nazik olsaydı," dedi esnemeden önce yavaşça.

Siktir, keşke öyle olsaydı.

BÖLÜM 22

RYKE MEADOWS

Uyuyamıyordum.

Neler olacağını bilirken bu mümkün değildi.

Daisy örtülerin altında dönüp duruyor, sikik görünmez düşmanını tekmeliyordu. Saat sabah beş sularıydı. Tam o anda çığlık atmaya başlayarak yerinden fırladı. Gözlerini açıp yatak başlığına doğru çekilirken boşluğa doğru yumruklar savurmaya başladı.

Kulaklarıma dolan tiz çığlıklar anında Connor ve Lo'yu da uyandırmıştı. Hemen yerimden kalktım ve bakışları benim göremediğim, orada olmayan bir şeye dalıp giden Daisy'nin yanında buldum.

Hâlâ uyuyordu.

Siktiğimin korkunç noktası da tam olarak buydu.

"Neler oluyor?" dedi Lo. Connor'la aynı anda uyanmışlardı.

"Daisy, Daisy," diyerek şansımı denedim ama işe yaramıyordu. Hazır olduğunda uyanacaktı. Yatağa geçip dizlerimin üzerinde ona uzandım. Yumruğunu omzuma indirerek sanki ona saldıran benmişim gibi sertçe vurdu.

"Git buradan!" diye bağırdı. Hissettiği korku iri yeşil gözlerine yansıyordu. "Beni yalnız bırak! Sadece beni yalnız bırak! Bunu istemiyorum! Bunu istemiyorum!" Korku dolu gözyaşları yanaklarından dökülüyordu.

Siktir, harika.

Lo yatağa doğru koştu. "Daisy? Neler oluyor..." Kardeşim yatağa çıktığında Daisy çığlık atıp bağırmaya devam ediyordu. Etrafa o kadar çok tekme savuruyordu ki çarşaf ayaklarının dibinde toplanmıştı. Yatağa tutunuyordu. Lo yatakta doğrularak onu kollarının altından tutmaya çalıştı.

Daisy dokunuşu hissettiği anda ona acımasızca saldırıp yumruklarını her yönden vücuduna indirmeye başladı. Lo teslim olur gibi ellerini kaldırarak bana baktı. "Neler oluyor burada?"

Yatakta onunla doğrularak Daisy'ye yukarıdan baktım. Elimle hafifçe kardeşimin göğsüne vurdum. "Hâlâ uyuyor."

Kaşlarını çattı. "Gözleri açık." Ona bir yastık attığında Daisy tekrar çıldırdı, gözyaşları yanaklarından akıyordu. Kalbim deli gibi çarpıyordu.

"Daisy, iyisin," dedi Lo. "Burada kimse yok." Hâlâ cevap vermiyordu. Lo yatağın yanındaki Connor'a doğru döndü. Bizim aksimize o yerde duruyordu.

Yüzünde anlaşılmaz bir ifadeyle Daisy'nin histerik hareketlerini izliyordu.

Sikeyim, kendine bir zarar vermesinden korkuyordum. Tırnaklarını avucuna batırmaya başlamıştı. Ayak bileğinden tutup onu yatağa doğru çektim. Sanki dikenli bir telle sarılmış gibi karnının üstüne devrildi.

Eğilip onu sırtüstü çevirdiğimde bana saldırdı. "Hayır, hayır!"

Bu kadar kötü görünmesinden nefret ediyordum. Özellikle de çığlıkları duvarları aşar ve birisi yakarışlarını duyarsa otel çalışanlarını harekete geçirebileceği için onu uyandırmayı çok istiyordum.

Dizlerimi bacaklarına bastırarak sabitlerken bileklerini bedeninin iki yanında tuttum. Bu şekilde tuzağa düşürüldüğü için ortalığı ayağa kaldıracak bir çığlık attı. Elimle ağzını kapatmak zorunda kaldığımda kafasını *sertçe* yüzüme geçirdi. Canım yanıyordu, kanın tadını alabiliyordum. Dudağım patlamıştı.

Lo, Daisy'nin elini tutmak için eğildi ve onu bırakmadı.

Bu kâbusları görürken gerçekte olduğundan daha güçlüydü, benim hayal dahi edemeyeceğim bir adrenalin patlamasıyla korku onu yönlendiriyordu.

Gözyaşları yanaklarından aşağıya akarken gözleri kızarmıştı. Öne doğru eğilerek yüzüne yaklaştım ve yanaklarını sıktım. "Uyan!" diye bağırdım. "Daisy! *Siktir*, uyan!" *Hadi, tatlım. Bununla savaş.*

"Nabzı kontrolden çıktı," dedi Lo. Sesi endişe doluydu.

Elimi ağzından çekip göğsünün üst kısmına dokundum. Kalbi resmen yerinden fırlayacak gibiydi, uyanması ve sakinleşmesi gerekiyordu.

"Hayır!" diye bağırdı yeniden. Sesi sanki ölüyormuş, biri onu öldürüyormuş gibi çıkıyordu. Alnında terler birikmişti, sıcak gözyaşları çenesinden akıyordu. "*Lütfen*," diye inledi başını iki yana sallayarak. "Lütfen..."

"Uyan," diye homurdandım kulağına doğru. Nemli saçlarını yüzünden geriye taradım. *Sikeyim, uyan artık.*

"Dikkatli ol," dedi Lo.

Onu incitmiyordum. Daisy'ye işkence eden kişi zihninin içerisindeydi. Omzumun üzerinden Connor'a baktım. "Bana bir bardak su verebilir misin?"

Daisy tekrar bağırmak üzereydi, yine elimle ses çıkarmasına engel oldum.

"Eğer uyku terörü yaşıyorsa yüzüne su dökmemelisin."

Kardeşim ters ters Connor'a baktı. "Neler olduğunu biliyorsun ve paylaşmak istemiyor musun?"

Beni mahveden suçluluk duygusunu görmezden gelmeye çalışarak yatağa baktım. *Neler olduğunu sen biliyordun, Ryke. Hem de aylardır.*

Connor, "Uyuyor," diye açıkladı.

"Bana sadece siktiğimin suyunu ver," dedim. "Onu boğmayacağım." *Bunu daha önce yaptım.*

Connor beni süzerken kaşlarını çatarak su şişesini bana uzattı. Sanırım ne yapacağımı merak ediyordu.

Boştaki elime biraz su dökerek saçlarını tekrar yüzünden geriye ittim ve uyanacağını umarak onu biraz serinlettin.

Daisy bu yeni his karşısında irkilerek tekrar saldırdı. Ama bedenini aynı pozisyonda tutmaya devam ettim, o elimden kurtulmaya çalışırken Lo da kolunu tamamen tutuyordu. Gözlerinden akan yaşları ve yüzünü saran korkuyu izledikçe kaslarım alev alıyor gibiydi.

"Nasıl hâlâ uyuyor olabilir?" diye sordu Lo. "Ryke'a bakıyor."

"REM uykusu ve uyanıklık arasında," diye açıkladı Connor. Gözleri benimkilerle buluştu. "Bu sorunu ne kadar süredir devam ediyor?"

Başımı iki yana salladım. Daisy bacağını dizimden kurtararak tekrar beni tekmelemeye çalıştığında onu düzelttim. "Sikeyim, bilmiyordum."

Bana inanmıyordu. "Onu daha önce böyle görmedin mi?" diye sordu tek kaşını kaldırarak.

"Neden gördüğümü düşünüyorsun?" diye karşılık verdim ters ters bakarak.

"Çünkü ona en yakın olan kişi sensin ve bu seni şaşırtmış gibi görünmüyor."

"Tabii ki şaşırdım," diye karşılık verdim.

Connor başını iki yana salladı, bana hâlâ inanmıyordu.

"Sadece sikik bir tepki verdim, Connor," diye cevap verdim. Kardeşim, bakışları aramızda gidip gelirken kaşlarını çattı. Şüphelerini benim lehime yorumlamaya çalışması canımı inanılmaz derecede yakıyordu. "Bunu bir olaya çevirmeyi kes." Daisy'nin gözleri yavaşça bana odaklandı. Gergin vücudu gevşese de telaş hâlâ gözlerindeydi.

Elimi ağzından çektim. "Daisy?"

Birkaç kez gözlerini kırpıştırdı. Lo kolunu bıraktığında onu yatakta oturur pozisyona getirdim. Aklı karışmış bir şekilde kafasına dokundu. Gözlerime gerçekten baktığında ifadesi paramparça oldu ve tekrar ağlamaya başladı.

Anında onu kollarıma aldım, yüzünü ellerine gizlemişti. "Buradalardı," dedi. "Burada beni bıçaklıyorlardı-"

"Hey," dedim sertçe. Başını okşuyordum. "Güvendesin. Burada ben, Connor ve Lo dışında kimse yok." Kucağımda, kollarımda, pek çok kez olduğu yerdeydi.

Ancak sikik olay şimdi farklıydı.

Daha önce hiç insanların önünde bu şekilde durmamıştık. Birbirimizden hiç arkadaştan daha fazlası olarak bahsetmemiştik.

Lo yataktan indi. "Daisy, *onlar* kim?"

Sıcak gözyaşları gri tişörtümü ıslatırken göğsüme doğru mırıldandı. "Kötü adamlar."

Lo kaşlarını çattı. "Ne dedi?" diye sordu bana.

"Kötü adamlar," dedim. "Sikik bir kâbustu." Ancak ne kadar hayali bir olay olsa da o üç dakika onun için gerçekti ve görmeye alıştığım kötü rüyaların hepsinden daha şiddetliydi.

İlaç almayı neden hiç istemediğini anlıyordum ama biraz uyuması gerekiyordu. İkisi de birbirinden kötüydü.

Daisy kollarını kollarımın altından geçirerek bana sıkıca sardığında kardeşim, "*Buna izin veremezsin,*" dercesine uyaran bir bakış attı.

Endişesini anlıyordum. Eğer bu durumda olan kişi o olsaydı ben de aynı şekilde hissederdim. Ama hiçbir şekilde ondan ayrılmak istemiyordum.

Yine de bunu yapmak zorunda olduğumu biliyordum.

Kulağına fısıldadım. "Seni yatağa yatıracağım ve uyuyacaksın."

"Ne?" diye fısıldadı. İrileşen gözleriyle bana bakarken başını iki yana salladı. "Hayır, Ryke. Yapamam..."

"İyi olacaksın," dedim. Kollarını kendimden ayırarak onu tekrar yatağına yerleştirdim.

"Hayır," diye inledi. Hızla yataktan doğruldu. "Hayır, lütfen bunu yapma... Sana ihtiyacım-"

"Daisy," dedim bastırarak. Dudaklarım kulağını buldu. "Siktiğimin uykusuna dalmayı tekrar denemelisin." Yataktan kalktığımda bacaklarına sarılarak alnını dizlerine yasladı. Hıçkırıyordu.

Kardeşime döndüğümde kalbim sıkışıyordu. Ellerimi, "*Şimdi ne sikim yapmamı istiyorsun?*" dercesine havaya kaldırdım.

Endişeyle kaşları çatılmıştı. "Daisy? Ne yapabiliriz? Telefondan Lily'yi arayabilirim."

Başını iki yana sallayarak gözyaşlarını sildi. "Sizi uyandırdığım için üzgünüm."

Kardeşim onunla konuşmaya devam ederken Connor bir anda elini omzuma koydu. "Seninle konuşmalıyım," dedi sessizce.

Kızgın görünüyordu. Masmavi gözleri suçlarcasına beni delip geçiyor ve parmakları tenime saplanıyordu. Çok nadiren bu şekilde hislerini gösterirdi ve şu anda bilinçli olarak görmeme izin veriyordu.

Biliyordu.

Daisy'nin sorunlarını bir sır olarak sakladığımı biliyordu, muhtemelen bu travmatik ana şahit olduğu için fark etmişti.

Daisy'nin sorunlarını onunla konuşmak istemiyordum. "Belki sonra," dedim elinden kurtularak.

"Ryke, bu *ciddi*."

"Siktiğimin ciddiyetini fark etmediğimi mi sanıyorsun?" diye fısıldadım öfkeyle. Bize bakan Lo'ya döndüm ama hiçbir şey söylemiyordu, bu yüzden konuyu kapattık.

Lo, Daisy'ye bir su şişesi uzattı. Daisy küçük yudumlar alırken yatak başlığına yaslanmıştı. "Bu kaç kez oldu?" diye sordu kardeşim.

"Çok değil." Daisy elinin tersiyle gözlerini ovaladı. "Sadece bir kâbus."

"Lanet odadaki en akıllı adama göre öyle değil."

"Dünyadaki," diye düzeltti Connor. Öfkesini kardeşime yansıtmıyordu. "Üçünüzden daha akıllı olmak o kadar da büyük bir başarı değil." Sonra duraksadı. "Alınmayın."

"Siktir, ben çok alındım," dedim.

"Ah, üzgünüm," dedi duygusuzca. "Senin hislerini hiç umursamıyorum."

Lo bize bir bakış attı. "Şimdi hiç sırası değil." İçmeyi bıraktığında suyu Daisy'nin elinden aldı. "Uyku terörlerin ya da adı her neyse, bunun için bir şey yapacak mısın, yoksa sihirli bir şekilde geçmesini mi bekleyeceksin?"

Daisy zayıf bir şekilde gülümseyerek, "Sihir," dedi. "Üç mavi periye ve Tinkerbell'e danıştım. Sanırım beni korudular."

Lo ona ters ters baktı.

"Şaka yapıyorum," dedi Daisy. "Doktora gittim. Bu geceki kadar kötü olmuyordu. Sanırım geçen günkü defile yüzünden böyle oldu, kafam hâlâ yerinde değil." Hastalığının derecesini düşürüyordu. Şu an ben olsam sözlerine inanırdım.

Lo'nun inandığını biliyordum.

Connor'ın inanamadığını biliyordum.

Az önce şahit olduğu şeyler söylediklerini çürütüyordu ve Connor kolaylıkla onun tatlı ses tonuyla güzel gülümsemesinin ardını görebiliyordu. Daisy'nin depresif olduğuna dair birkaç kez benimle konuşmuş, bir terapiste gitmesinin gerekebileceğinden bahsetmişti. İnsanlara uzaktan tanı koyabiliyordu ve sadece bunu istediği zaman kullanıyordu.

Daisy başını ahşap yatak başlığına dayadığında atletinde ter lekeleri vardı. Sanki bir maraton koşmuş gibi uzuvlarını hareket ettiremiyordu. Ayağına kramp girmesini ve baldırındaki kasın kasılmasını izledim. Bacağını göğsüne çekip yüzünü buruşturarak kendine masaj yapmaya başladı.

Normalde bunu yapan ben olurdum.

Ancak şu anda yatağın ucunda duruyordum, olanları itiraf etmeye çok yakındım. Sadece ona sarılmak istiyordum. Kardeşime gerçeği söylersem beni odadan atıp çantamı yüzüme fırlatacağından ve bir uçağa atlayıp gitmemi söyleyeceğinden emindim.

Daha önce söylediği gibi hayatına girmeme izin vermişti ve şimdi de bir yırtıcı gibi sevgilisinin kardeşinin peşinden gidiyordum.

Sikik amacım hiçbir zaman bu olmamıştı.

Tabii ki onu becermek istiyordum. Ama bundan daha fazlası vardı. Hep dahası vardı.

Sessizliğimi koruyarak çenemi ovaladım. Bu gece çok fazla olay olmuştu. Daisy için doğru olan şeyi yaptığımda kardeşime yanlış yapıyordum. Hayatıma devam etmemin tek yolunun kardeşimle geçmişimi toprağın altından çıkarmak olup olmadığını merak ediyordum.

O boktan kasırgaya hazır mıydım bilmiyordum.

Sadece geçmişi onunla birlikte unutmak istiyordum ama bunca zaman boyunca güçlü kardeşin hangimiz olduğunu da merak ediyordum.

Lo babamızla yüzleşmişti. Hislerini düzene sokmuştu. Ayık kalmaya çalıştığı *sırada* babamızla ilişkisini yeniden kurmuştu.

Başaramayan bendim.

Belki de bu sikik şeyin değişmesi gerekiyordu.

BÖLÜM 23

DAISY CALLOWAY

"Ryke, patlayan dudağının olayı ne?" Flaşlar patlarken paparazziler etrafımı çevirdi. Mikey kolunu kaldırmış halde açık kumral saçları ve bermuda şortuyla önümde duruyordu. Ryke da omzumdan tutarak beni otelin cam kapılarına yönlendiriyordu.

"Daisy'nin eski sevgililerinden biriyle kavga mı ettin?"

"Kardeşin sana yumruk mu attı?"

"Neler oldu?"

Neredeyse hepsi aynı soruyu soruyordu, Ryke onlara hiçbir şey söylemedi. Başparmağımdaki yüzüğün çarptığı elmacıkkemiği morarmaya başlamıştı. Keşke zamanı geri alıp bilinci yarı açık bedenimi sarsabilseydim ve kendime aklımı kaçırmaya bir son vermem gerektiğini söyleyebilseydim.

Ona daha önce de uyku terörü sırasında vurmuştum ama bu kadar kötü değildi.

Otelin güvenli alanına girdiğimiz anda sesler kesildi. Mikey bana doğru döndü. "Büfe kapanmadan gidip yiyecek bir şeyler alacağım ama öncesinde güvenli olması için size odanıza kadar eşlik etsem iyi olur."

"Gidip şimdi bir şeyler yiyebilirsin," dedi Ryke. "Ben ona göz kulak olurum."

Teknik olarak patron ben olduğumdan Mikey onaylamam için bana bakıyordu. "Git," dedim. "Benim için leziz bir şeyler ye."

"Kalamar." Yalandan bir açlıkla karnını okşadı.

Şu an kulağa çok lezzetli geliyordu.

"Hey, dışarıda durun!" Otel kapıcılarından biri kapıyı açan kameramana bağırdı. Lensler renkli cama dayanmıştı ve hâlâ fotoğraflarımızı çekmeye çalışıyorlardı.

"Gitsek iyi olacak," dedim. Mikey'den ayrılarak otel lobisinde asansör beklemeye başladık.

Ryke onun gözden uzaklaşmasını izledikten sonra başıyla bana bir işaret yaptı. "Her zaman sana ayak uyduramıyor olsa da burada olması iyi."

Gözlerimde bir flaş patladı, lensin arkasında büyük bir beden vardı. Gözlerimi kırparken kalbim tekledi. Kaynağı aramak için etrafıma baktım ancak çevremizde, lobideki asansörlere bavullarını sürükleyen insanlar dışında kimse yoktu.

"Daisy," dedi Ryke. Ona bakmamı sağlamak için yüzümü tuttu.

Alnımda ter damlaları birikiyordu. "Gerçek değildi," diye fısıldadım. Flaş ışığı zihnimin içindeydi.

Ryke daha da endişeli bir şekilde bana baktı. "Ne gördün?"

Derin bir nefes aldım. Bu daha önce de olmuştu. "Sanırım kameramanın odama girdiği gündü." Bu olay korumam yanımda değilken ve grubumuz bir süreliğine Philly'de birlikte yaşarken olmuştu. Normalde olduğundan daha fazla dikkat çekiyorduk, ayrıca fotoğraflarımız çok para ediyordu.

"Bana anlatabilir misin?" diye sordu. Çenemdeki elleri sıcaktı. Benden henüz ayrılmasını istemiyordum, bu yüzden onu tutmak için bileğine uzandım.

"Ne olduğunu biliyorsun," diye fısıldadım. "Oradaydın." Daha önce terapistime de bunu tekrar anlatmıştım ve hâlâ aynı hissediyordum. Hâlâ geçmişte yaşandığını hissediyordum ama eğer öyleyse neden sürekli bir yerlerden sızıp beni korkutuyordu? Bu hatırayı serbest bırakmak istiyordum. Serbest bırakmaya çalışmış olsam da o beni bırakmayacaktı.

"Sadece iki cümle, Dais."

Olayı hatırlarken tenimi bir soğukluk sardı ve titredim. Ryke beni kendine çekti. Zorlukla yutkundum. "Ben uyurken fotoğraf çekmeye başladı ve flaş seslerine uyandım. Sana seslendim, koridorun karşısındaki odadan gelip onu dövdün. Son."

"Son değil," diye karşı çıktı.

Ablalarım ve birlikte oldukları erkekler bunun son olduğunu sanıyordu. Öyle olmalıydı. Kameraman izinsiz girdiği için ceza almıştı. Ryke iki parmağını incitmişti. Babam da yaşadığımız şehir evinin dışına daha fazla güvenlik görevlisi yerleştirmişti. Her şey yolundaydı.

Sanırım benim zihnim hariç her şey iyiydi.

"Ah, evet," diye devam ettim zayıf bir gülümsemeyle. "O andan sonra benimle her gece film izliyordun."

Gözlerini devirdi.

Fakat benimle geçirdiği bir gecenin bir haftaya ve ardından bir aya dönüştüğünü biliyordu. Bu anı hiç düşünmemiştik. Her gece televizyon arka planda çalışırken uyuyakalıyordum. Uyandığımda etrafıma bir battaniye sarılmış, Ryke da odadan gitmiş oluyordu.

"Sonra ebeveynlerinin evine taşındın, her şey sikik bir haldeydi," dedi.

Hazırlık okulundan mezun olup ailemin evinden taşınmadan önce on ayım daha vardı. Annemin bu kadar genç yaştayken tek başıma bir dairede yaşama fikrime karşı çıkacağını sanmıştım. Ama bunu ne kadar istediğimi görmüştü.

Yaptığı en büyük nezaketti. Asla unutmayacaktım. Kendi başıma yaşamama izin vermişti, böylece Ryke'ın yakınında yaşayabilecektim. Rose'la kalabilirdim ama zaten Lily ve Lo'nun bağımlılıkları onu yeterince endişelendiriyordu. Eğer onunla yaşarsam benim sorunlarımın da onu tüketeceğini biliyordum.

Kendi hayatını yaşamasını istiyordum. İlgi odağı olmak ya da birilerinin daha fazla üzülmesine sebep olmak istemiyordum.

Ryke'ı kendi sorunlarıma çekmek zaten yeterince büyük bir yüktü. Bunu sevdiğim daha fazla insana yapmayı hayal edemiyordum.

Ryke başparmağını gözümün altında gezdirdi. "Eve geri taşındığın o on ay beni deliye döndürmüştü."

"Neden?"

"Kaygılarını yatıştıramayacağım on aylık bir süreydi, kapılardan gelebilecek hiçbir şeye karşı seni koruyamazdım. Bir koridor, bir kat ya da bir oda uzakta değildim. Senden yarım saat uzaktaydım, Dais." Bir an için duraksadı. "Siktir, ikimiz de biliyoruz ki o on ay seni değiştirdi."

Konuşmaktan hoşlanmadığım, boğazımın kasılmasına sebep olan bir şeydi.

Geceye karşı olan basit korkum çığlıklar içinde uyandığım anlara dönüşmüştü. Hayatımdaki tüm korkularım durmaksızın rüyalarıma giriyordu.

Asansörün sesini duyduk. İrkildim ama bu ses aramızdaki gerginliği bölmüştü.

Beş kişilik bir ailenin geçmesine izin verdik. Küçük çocuklar bavullarını kapıya doğru sürüklüyorlardı. Tekrar Ryke'ın yüzündeki morluğa baktığımda midem altüst oldu. Parmağımdaki altın yüzüğü çıkarıp eline bıraktım. "İşte, bunu geri alabilirsin." Ona vurduğum için çoktan özür dilemiştim. O da kontrol edemediğim şeyler için her özür dilediğimde yaptığı şeyi yapmıştı.

Bana ters ters bakmıştı.

Ryke yüzüğe bakarken ifadesi karardı. "Bunu sana ben verdim. Geri istemiyorum." Elimi tuttu ve yüzüğü sadece avucuma bırakmak yerine yavaşça parmağıma geçirdi.

Merdivenden beri ilk kez neredeyse yalnız sayılırdık.

Yani, eğer asansör gelirse öyle olacaktık.

"Bunu bana sen vermedin," diye karşı çıktım. "Bir poker oyununda kazandım."

"Aynı sikik şey."

Yüzüğü çok fazla takmıştım. Başparmağıma uyması için ölçüsünü yeniden aldırmıştım ve kuyumcu yüzüğün önündeki tasarımın bir İrlanda hanedan arması olduğunu söylemişti.

Bir aile arması.

Bu konuyu hiç açmamıştım ama artık birlikte olduğumuza göre onunla konuşmak istiyordum. "Bunun bir aile yadigârı olmadığını söylemiştin," dedim. Beni dikkatle izliyordu.

"Değil."

"Bu bir İrlanda hanedan arması, Ryke," dedim. "Baban İrlandalı."

Omuz silkti. "Babamındı ama nesilden nesile geçtiği falan yok. Onundu ve on bir ya da on iki yaşıma geldiğimde bana verdi. Hatırlamıyorum bile. Hiçbir anlamı yok."

"Biliyorum," dedim. "Çünkü insanlar anlamı olan aile yadigârlarını pokerde ortaya koymazlar." Babasıyla ilişkisi kopmuştu, bu durum kanıt niteliğindeydi. Güvende olması için cebinde babasının verdiği antika bir köstekli saat taşıyan Lo'ya hiç benzemiyordu. Kardeşi tarihi bir şeye sahip olduğunu kanıtlamak için saati bir kez Connor'a göstermişti.

Ryke sanki anne ve babasını hayatından silmek istiyormuş gibi onları görmezden geliyordu. Belki de kırgınlık ve nefret dolu geçmişe boyun eğmek yerine olanları unutmak daha kolaydı.

Ryke tekrar asansörün çağrı tuşuna bastı. Gözlerine yayılan o karanlıkla bana yukarıdan bakıp dudaklarını ovuştururken, "Gerçek şu ki," dedi. "Yüzüğü çıkarmanı istemiyorum. Bana ait bir şeyi takıyor olmanı çok sevdim."

Gülümsedim. *Sevdim.* Ne kadar süredir olduğunu merak ettim. O poker oyununu Cancun'dan döndüğümüz uçuşta oynamıştık.

On altı yaşındaydım.

Halka açık bir yerde sayılırdık ama yine de ona doğru bir adım attım. Vurduğum yerden kesilen altdudağını inceliyordum.

"Acıyor mu?" diye sordum.

"Hayır," dedi Ryke. Bana attığı düşünceli bakışlar, çıktığım erkekler arasında onun kadar tehlikeli ve gizemli hiç kimsenin olmadığını bana hatırlatıyordu.

Asansörün sesini tekrar duyduk. Elimi aşağıya indirip içeri geçtiğimde hemen arkamdaydı. Şükürler olsun ki bavulu olan yaşlı bir çift diğer asansörde bekliyordu.

Aramızda birkaç santim vardı, beşinci katın çok yakında olduğunu fark ettim. Öpüşmek için *belki* otuz saniyemiz olabilirdi. Uzanıp düğmeye dokundu ama benim katım yerine yirmi sekize basmıştı.

"Bir yolculuğa mı çıkıyoruz?" diye sordum dudaklarım yukarı doğru kıvrılırken.

"Sen çıkıyorsun."

Kapılar kapandığında beni hem merak hem de arzuyla kendine çeken o erkeksi enerjisiyle bana döndü.

O benim kurdumdu.

Ama beni ısırmak yerine dudaklarımı tutkuyla öptü, bedenlerimiz birbirine değdiği anda alev almıştı. Dili dilime dokunduğunda inledim. Elleri kalçalarımı sahiplenircesine kavrayıp beni yukarıya kaldırdığında bacaklarımı beline sardım. Ciğerlerimdeki hava boşalırken saçına tutunup sertçe çektim.

Derinden gelen bir inilti dudaklarından firar etti.

"Ryke," diye inledim. Beni asansörün köşesine yasladığında kafam duvara çarptı. Öpüşü yavaşlarken içimin kasılmasına sebep olan gerginliği arttırdı. Onun dili, tutuşu ve deneyimi tarafından sarılmışken kendimi susturdum.

Eli bacaklarımın arasına, kot şortumun dış kısmına yöneldi. O noktayı avuçladığında bacaklarım kasıldı. *Ahh!* En küçük sinirlerim bile sanki aletini içime sokmuş gibi tepki veriyordu.

Genellikle erkekler onları elimle becermemi ya da oral çekmemi söylerlerdi. Artık seçim şansım olmasını ve aklımdan geçen her şeyi yapabiliyor olmayı seviyordum. Bu yüzden boynunu öptüm. İlk başta yavaşça öptüğümde diğer eli tişörtümün altına uzandı.

Sonra tenini sertçe emdim, saçlarını iki elimle çekiştiriyordum. Göğsüme doğru inmeyi bırakarak elini destek almak için duvara yasladı.

"*Siktir*," diye fısıldadı.

Tekrar inledim.

En sevdiği kelimeyi çok fazla tekrar ediyordu ama söylediği her seferde eriyip gidiyordum. Dudaklarımız sanki çok uzun süre ayrı kalamazmış gibi yeniden birbirini buldu. Daha çok vakti olsa şortuma doğru iner miydi merak ediyordum.

Sanırım inerdi.

Nefeslerimi kontrol edebilmem için tekrar durduğunda, "Hangi kattayız?" diye sordu.

Omzunun üstünden baktım. "Yirmi dört."

Yanağımı öptü, sonrasında bu öpüş tekrar dudaklarımızı birleştirdi. Ayrıldığımızda beni yere bırakarak beşinci katın düğmesine bastı. Asansör yirmi sekizinci katta durdu. Ne yazık ki, bir grup kadın model gürültülü bir şekilde kahkaha atarak kulübe gidiyormuş gibi görünen kıyafetlerle içeri girmişti.

Rusça konuşuyorlardı ve bizi tanımıyorlardı bile.

Ryke yanıma geldi. "Saçımı beğeniyorsun demek?" diye sordu kaşlarını kaldırarak.

Parmak uçlarımda kalkıp izin vereceğini bildiğim için parmaklarımı saçlarında gezdirdim. Buna rağmen aramızdaki heyecanlı gerginlik manyetik bir çekim gibi bedenimi ona doğru çekiyordu. Gerçekten daha fazla vakit geçirmenin bir yolunu bulmalıydık. "Yumuşak ve tutabileceğim kadar uzun olmasını seviyorum."

Kasları gerildiğinde bakışları dikkatli bir şekilde, daha çok fısıldaşıp bize bakan kızlara çevrildi. Ellerimi tutup aşağıya indirmem için zorlarken kaşlarımı çattım, aklım karışmıştı. Sonra bir anda konuşmaya başladı ancak benimle konuşmuyordu. *Onlarla* konuşuyordu.

Rusça.

Tek kelimesini bile anlamıyordum ama ses tonu onlarınkine benzer bir tınıdaydı.

Aralarındaki en uzun kız omzunun üstünden bakarak kahkaha attı. "Sevimli çift olmuşsunuz," dedi yarım İngilizcesiyle.

Ryke akıcı bir şekilde cevap verirken gözleri kısıktı.

Kız başını sallayarak aynı dilde bir şey söyledi ve yirminci katta arkadaşlarıyla birlikte indi.

Kapılar kapandığı an koluna vurdum. "Neden Rusça konuşabildiğini bana söylemedin?" İspanyolcayı akıcı konuşabildiğini biliyordum ama Rusça okullarda yaygın olarak öğretilen bir dil değildi.

Kolunu duvara yasladı. "İlk sikik sorunun, '*O kızlar ne dedi?*' olması gerekmez miydi?"

Başımı iki yana salladım. İngilizce konuşmaya başlamamızın ardından kızlara ters ters bakmıştı ve onların bizi dinleyip hakkımızda fısıldaştıklarını fark etmiştim. "Konuşmalarımızı dinledikleri için onları ayıpladın, değil mi? Sonra kız rahatsız edici bir şey söyledi." Genişçe gülümseyerek kaşlarımı kaldırdım. "Doğru bildim mi?"

Çenemi kaldırdı. "Siktir, ne zaman bu kadar akıllı oldun sen?"

"Duymadın mı? Sihirli bir lambaya rastladığımda ikinci dileğim buydu. *Connor Cobalt*'tan daha zeki olmak. Henüz bunu bilmiyor."

"Sikik egosunu şişirme," diye cevap verdi. Connor'ın egosu onun için bir yaşam kaynağı sayılırdı.

Ellerimi kollarının üstünde gezdirerek ensesinde birleştirdim. "Söylesene," dedim oyunbaz bir gülümsemeyle. "Rusçayı hazırlık okulunda mı öğrendin, yoksa gizli ve belalı bir CIA ajanı mısın?"

Geri çekildi. Geçmişi hakkındaki her şey onu itiyordu. Yine de merak ediyordum, öylece Rusça konuşup sanki ciddi bir mesele değilmiş gibi davranamazdı. "Evet, Maybelwood'da biraz öğrendim." Omuz silkti. "Dilleri kolay öğreniyorum."

Hikâyenin tamamı kesinlikle bu değildi. "Ve?" diyerek onu teşvik ettim.

Kendini açmaya tereddüt ediyordu ama bir süre bekledikten sonra cevap verdi. "Altı ya da yedi yaşlarımdayken annem özel öğretmen tutuyordu. Onlar öğretti." Tavana bakarak başını iki yana salladı. "O kadar çok küfrediyorum ki insanlar aptalın teki olduğumu, iyi bir sporcu olsam da sikik bir aptal olduğumu sanıyorlar. Aksini ispatlamak da umurumda değil. Bir anlamı yok."

Söylediklerinden daha iyi olmana rağmen insanların söylediklerini umursamamak için bence gerçekten güçlü olmak gerekiyordu. Bunu yapmanın neden onu memnun ettiğine dair hiçbir fikrim yoktu. "Neden Rusça?"

"Çünkü annem öğrenmemi istiyordu," dedi. "Aynı zamanda İspanyolca, İtalyanca ve Fransızca da biliyorum."

Ona bakakaldım. "Bekle, ne?" Koluna tekrar vurdum. "*Fransızca* biliyor musun?" Rose ve Connor sürekli Fransızca konuşuyorlardı. Ryke da bu bilgiyi kendine saklıyordu. "Aman Tanrım." Sinsice gülümsedim. "Bunca zamandır onların ne konuştuğunu biliyor muydun?"

"Çoğu aptalcaydı."

"Birbirleriyle tahrik edici konuşuyorlar mı?" Bunu hep merak etmiştim.

"Bazen," dedi Ryke. "Ama konuştukları zaman sikik şeyi dinlememeye çalışıyorum. İnan bana."

Asansörün ekranındaki sayı çok kısa zamanda ondan dokuza ve hemen ardından da sekize indi.

Ryke'ın kafasının içinde gizli olan çok fazla şey vardı ve yıllardır hepsini kendine saklıyordu. O tahmin ettiğimden daha kendi başına, daha yalnızdı. Böyle olmasını tercih ediyordu.

"Lo biliyor mu?" diye sordum.

Kaşlarını çattı. "Neyi?"

"Rusça, Fransızca ve bu durumu."

Başını iki yana salladı. "Hayır. Bir önemi yok."

"Ama... bunlar seni sen yapan şeyler," dedim. "Senin bir parçan, değil mi?"

Çenesi kasıldı. "Hatırlamak istediğim sikik parçalar değiller, Daisy."

Annesi tarafından kontrol edilmekten bahsediyordu. Bana kalırsa çocukluğuna dair o kadar fazla şeyi unutmayı seçiyordu ki, bu onu tıpkı kardeşi gibi işkence görmüş karanlık bir figüre dönüştürüyordu. Parmak uçlarımda kalkıp yanağını öptüm. "Bana gerçeği söylediğin için teşekkür ederim."

Asansörün kapıları açılırken dışarı çıktım. Koridora adım attığımız anda elimi yakalayıp parmaklarımızı birbirine geçirdi. Bu hızlı ve dürtüsel hareket kalbimi ateşe vermişti.

BÖLÜM 24

RYKE MEADOWS

Telefonu kulağıma sertçe bastırırken Connor'ı yanlış duyduğumu düşünüyordum. "Affedersin?"

"Rose'la konuşmak için yaklaşık on dakikalığına dışarı çıktım. *Fizz* ve patates kızartması dışında bir şey sipariş edeceğini sanmıyordum."

"On siktiğimin dakikası arkanı döndüğünü ve kardeşimin de o sırada *bir şey* içtiğini mi söylüyorsun?"

"Bilmiyorum. Bence bir şey içti. Bana bakmıyordu, bu yüzden de *Fizz* ve rom içtiğini düşündüm."

"Sikik bardağı elinden al." Otel odasına doğru hızla ilerlerken elimi telaşla saçlarımdan geçirdim.

"Üzgün," dedi Connor. "Tüm gün paparazzilerin saldırısına uğradık, babanla ilgili sorular sordular. Bunları kaldıramadı."

Rue St-Honoré'de* alışveriş yapıyor olmaları gerekiyordu. Connor karısı için bir *Hermes* almadan önce Lo bana mesaj atmıştı. Eşyaların çoğunu eve kargolaması gerekiyordu. Kardeşim iyi giydi ama siktir, onu arayıp sormam gerekiyordu.

* Paris, Fransa'nın birinci bölgesindeki bir cadde. (ç.n.)

"Sakın kardeşimin bağımlılığına sikik bahaneler üretmeye çalışma," diye homurdandım. "O hasta, Connor."

Daisy endişeyle beni izlerken atletinin üzerine kestane rengi bir balıkçı kazağı giydi. Kazağın üzerinde üç altın *Quidditch** çemberi vardı ve üstünde "Ben Tutucuyum"** yazıyordu. Dudaklarını oynatarak, "*İyi misin?*" diye sordu.

Ona cevap veremedim. Sadece yerdeki halıya dik dik baktım. "Connor, sikeyim, çok ciddiyim. O sikik içkiyi hemen elinden al."

"Otelin yanındaki bardayız."

İşte o anda anladım. Lo, Connor'ın içtiğini fark ettiğinden habersizdi. "Siktiğimin kötü polisi olmamı mı istiyorsun?"

"Birinin onun tarafında olması gerekiyor, Ryke," dedi Connor. "Herkes ona karşı duruyormuş gibi hissedemez."

"O sikik bir alkolik!" diye bağırdım. "Bir *barda* bile olmaması gerekiyor. Bana sikik dünyadaki en zeki insan olduğunu ve onun elinden bir içkiyi bile alamadığını söylüyorsun."

"Ben yaparsam bunun hiçbir faydası olmayacağını bilecek kadar zekiyim. Bu konuda inatçı olduğunu çoktan kanıtladın. O rolü ben almayacağım."

"Şu an senden içtenlikle nefret ediyorum." Titriyordum, inanılmaz öfkeliydim ve bunun sebebi Connor'ın yanlışlıkla kardeşime arkasını dönmesi miydi, yoksa bunu benim yapmam mıydı bilmiyordum. "Ben kötü olurken sikik en iyi arkadaşı sen olmak istiyorsan tamam. Artık umurumda değil."

Telefonu kapatıp derin nefesler aldım. "Gitmemiz gerekiyor." Daisy'ye baktığımda koluna bir çanta takmıştı.

"Hazırım," dedi.

Ceketimi aldım ve odadan siktir olup çıktık.

Kameramanlarla ve kırmızı beyaz ragbi ceketleri giyen fanatiklerle dolu kalabalık sokakta yolumuzu bulmaya çalışırken elim Daisy'nin belindeydi.

"Bastır İngiltere!" diye bağırdı sarhoş bir adam İngiliz aksanıy-

---

* *Harry Potter* serisinde büyücüler tarafından oynanan bir takım oyunu. (ç.n.)

** *Quidditch*'te topun çemberlerden geçmesine engel olan takım oyuncusu. (ç.n.)

la. Sikik yumruğunu havaya sallıyordu, elinde aynı zamanda bir bira duruyordu. Güney Amerikalı rakiplerine kaybetmiş olmalarına rağmen arkadaşları adamın yanında bir zafer şarkısı söylüyordu.

Daisy hayranları merakla izlerken tüm bu kaosa karşı gözleri parlıyordu. Eğer ona çevrilmiş kameralar olmasa hayranlardan birine yaklaşıp sırf eğlence için bir sohbet başlatırdı.

Üçüncü kez kardeşimi aramaya çalıştım ama telefonunu açmıyordu. Onu öldürecektim. Hayır, önce Connor'ı ve sonrasında da erkek kardeşimi öldürecektim.

"Siz ikiniz çıkıyor musunuz?" diye sordu kameraman.

"Ne kadar zamandır birliktesiniz?"

"Öp onu, Ryke." O fotoğraf çok fazla para ederdi.

Sürekli birlikte görüntülendiğimiz için bir süredir etrafta dedikodular dönüp duruyordu. Bu da annesinin benden daha çok nefret etmesini ve erkek kardeşimin bize daha temkinli yaklaşmasını sağlıyordu. Ancak omzundaki ve belindeki elim ya da sarılmamız dışında ortada gerçek hiçbir kanıt yoktu.

Daisy kameramanlardan birine bakarken dudakları kıvrılmıştı. "Motosiklet süren erkekleri öpmüyorum."

Neredeyse gülümseyecektim ama bu söylediği her bir kameramanın on soru daha sormasına sebep oldu. İlerlemeye devam ederken insanlar etrafımızda toplanıyordu.

Aniden, "Daisy, arkanda garip biri var," dedi kameramanlardan biri.

"Evet, ucubenin teki. Dikkat etsen iyi olur, Daisy!"

Başımı çevirdiğimde ona yaklaşan kötü niyetli adamı fark ettim. Elinde kamera yoktu ama siktir, Daisy'nin saçına dokunuyordu. Cebinden bir makas çıkarmıştı. Herifin sikik kolunu anında iterek ona uyaran bir bakış attım. Kameralara vurduğum için üç kez mahkemeye çıkmıştım. Hatta bir "yayaya" bile yumruk atmış ve saldırıdan mahkemeye verilmiştim. O sikik yayanın, Daisy'nin dairesini dürbünle izlemesine rağmen. Bunu kanıtlayamazdım. Kuş gözlemi yaptığını söylemişti. Ayrıca halka açık bir sokaktaydı.

Ne saçmalık ama.

Adam sanki onu kirletmişim gibi ellerini kaldırdı. *Sikik herif.*

Daisy'nin arkasında durarak omuzlarından tuttum ve onu ileri doğru ittim. "Neydi o?" diye sordu bakmaya çalışarak.

"Sikik herifin teki."

Dışarı çıktığımızda iyi bir tavır takınıyordu. Normalde Lily'nin olduğu gibi telaşlı ya da korkulu değildi. Sadece enerjik ve hayat doluydu. Geceleri yalnız kaldığında ise ortada bambaşka bir hikâye oluyordu.

Arkasına dönüp geriye doğru yürümeye başlarken bana bakıyordu. Bakışları saçlarımdan başlayarak erkeklerin yaptığı şekilde çok yavaş bir şekilde ayaklarıma doğru inerek beni süzdü. Bunun aklımı ve aletimi mahvetmediğini söylersem yalan olurdu...

Flaşlar artık kör edici bir şekilde etrafımızda patlıyordu.

Güzel bir kızın aydınlanıp karanlıkta kalmasında hipnotik bir şey vardı. Bir anda onu tamamen, oyunbaz gülümsemesi ve cesur yeşil gözleriyle görebiliyordum. Bir anda tamamen gecenin karanlığında saklanabiliyordu.

Bu aynı zamanda beni çok korkutuyordu. Aramızda sadece bir metre vardı. İleriye doğru attığım her adımda o da bir adım geri gidiyordu. O karanlık anlarda da temelli gidip gitmeyeceğini merak ediyordum. Işıkların patladığını hayal ettiğim anda artık gülümsemiyordu. Tekrar patlayan ışıkla gözlerindeki korkuyu göreceğimi biliyordum.

O tek bir ihtimal beni ruhumu parçalayan bir güçle ona doğru itti. Belinden tutup onu çevirmek üzereyken bir anda durdu. Bedenlerimiz birbirine çarptı. Herkes bizi izliyordu. Ortamdaki heyecanlı gerginlik nefesimizi kesmek için yeterliydi.

"Yürü," dedim sert bir şekilde. "Yoksa seni sikik omzuma atacağım."

Olduğu yerde beklerken gülümsemesi büyüyordu. Onu taşımak için artık bir bahanem olduğu için çok mutluydum. Beni aşırı sinir ediyordu. Bunu neredeyse paparazzilerin önünde olduğumuz her anda yapıyordu.

Onu hızla tutup ellerimi kalçalarına koydum ve omzuma attım. Kahkaha attığı sırada avucumu kıçına yerleştirmiştim.

Evet, siktir. Babası artık gerçekten benden hoşlanmıyordu. Bunun da yardımı olmayacaktı.

Connor, kendimi kötü duruma düşürecek şeyler yaptığım için aptal olduğumu düşünüyordu. Özellikle de niyetimi açıkça söylemekten çekinmediğim o andan beri. İşin sonunda ne düşünmek istiyorlarsa onu düşüneceklerdi. Şerefsizin teki olduğumu düşünen herkese ruhumu açamazdım. Önemli olan kişilere bile açamıyordum.

Barın kapısına ulaştığımızda Daisy'yi nazikçe yere indirdim ve kameramanlar barın fedaileri tarafından uzaklara itildi. Resmen girmek için muhtemelen otuz dakikadır bekleyen insanları aşıp anında içeri girmiştik.

Kapı arkamızdan kapandığında gürültü yalnızca yoğunlaştı. Gürültücü sarhoş insanların bulunduğu yerler favorim sayılmazdı. İçeridekilerden bazıları modeldi, güzel yüzleri olan zayıf kızlardı.

İşte kardeşim oradaydı. O da neredeyse bir model gibi görünüyordu, keskin elmacıkkemikleriyle aralarına kolayca karışıyordu.

Kıçı *sikik* bar taburesindeydi ve bar dumanla doluydu. Connor hemen yanında oturuyor, sanki ortada hiçbir sorun yokmuş gibi bir bardak su içiyordu.

Onları öldüreceğim.

"Daisy!" diye seslendi bir kız. Çilli, oldukça genç bir model kocaman bir gülümsemeyle yanımıza gelip ona sarıldı.

"Christina!" Daisy kıza gülümsedi. "Burada ne yapıyorsun?" Bakışları, "*Ben iyiyim, kardeşine git,*" dercesine bana çevrilmişti.

Bu yüzden arkadaşıyla konuşmasına müsaade ederek bara doğru ilerledim. "Selam," dedim bir elimi kardeşimin omzuna koyarak. *Fizz*'ini yudumlayıp sanki koyu renkli gazozda hiç alkol yokmuş gibi davranıyordu. "Alışveriş nasıldı?"

"Sıkıcı," dedi Lo. Connor'la paylaştığı tabaktan bir patates kızartması aldı. Barın arkasındaki içki raflarına öfkeyle bakıyor, tehlikeli küçük bir şerefsiz gibi görünüyordu. İçmeye başladığı zamanlarda kardeşimi başka nasıl tanımlayacağımı bilmiyordum. Etrafa hep, "*Senden ve bu siktiğimin yerindeki herkesten nefret ediyorum,*" diyen bakışlar atıyordu. Tek fark bu bakışın şu anda bin kat yoğunlaşmış olmasıydı.

Durmaksızın başımı sallarken bakışlarım öfkeyle doluydu. Diğer yanındaki sikik tabureyi alıp ikisinin arasına çektim. Şu anda Connor'ın, kardeşimin yanında olup onu teselli etmesine izin vermeyecektim. Lo'nun sikik bir güvenceye ihtiyacı yoktu, bu yüzden aradaki bağı tek hamlemle kesip atmıştım.

Connor sessizliğini korurken bana karşı çıkmadı.

Genç bir kız olan barmene elimle işaret yaptım. "Size ne getirebilirim?" İngilizceyi iyi konuşuyordu.

"O ne içiyorsa." Bardağı işaret ettim.

Lo tek yudumda içeceğini bitirdi. "Ben bitirdim, hadi buradan gidelim." Yerinden kalktı.

Elimi tekrar omzuna yerleştirdim. "Kıçını yere indir. Sikik bir içecek istiyorum." Onu yerine oturmaya zorladım.

"Kulağa babam gibi geliyorsun, farkında mısın?" diye karşı çıktı. Beni durdurmak için bir kurşun sıkmıştı.

Ama hamlesi yeterince iyi değildi. Az önce yaptığı şeyi bana söylemesi gerekiyordu. Onu görmezden gelerek içkimi hazırlayan barmeni izledim. Kız bardağın içine buz attı.

"Ryke," dedi Lo ters bir şekilde.

Ona döndüm. "Ne var?"

İtiraf edeceğini sanıyordum ama gözünün ucuyla barmeni izlediğini fark etmiştim. Sonra soruma cevap verdi. "Hadi gidelim."

"Sana söyledim. Sikik bir içki istiyorum."

Sessiz kaldı, barmen bardağa *Fizz* döküyordu. Lo'ya baktığım sırada alkol eklediğini tahmin ediyordum.

Lo dişlerini sıkarak kolunu bara yasladı, gözü dalarken düşüncelerde kaybolmuş gibiydi. Beni durdurup durdurmayacağını merak ediyordum. İçtiğini itiraf etmesini istiyordum. Ama barmen bardağı bana doğru uzattığı halde sessiz kalmaya devam ediyordu.

"Yenilememi ister misin?" diye sordu kız Lo'ya.

Başını iki yana salladı. "Hayır, böyle iyiyim."

"Şerefe." Bardağımı ona doğru kaldırdığımda kıstığı sikik gözleriyle beni izliyordu. Bardağın kenarını dudaklarıma dayadım. *Durdur beni, Lo.*

Riskli bir oyun oynuyorduk.

Tek bir kasını oynatmıyor, sikik tek bir kelime etmiyordu.

Bardağı kaldırdım, *Fizz*'in tatlı tadı *viskinin* sertliğine karışmıştı.

İskoç viskisi.

Alkol içmişti.

İçmeye devam ettikçe daha sinirli ve daha endişeli hale geliyordum. Ben bardağın yarısını içerken bir şey söylemesini, bardağı elimden almasını bekliyordum. Ama gözlerine küçük bir pişmanlık yayılsa da sanki bu boktan şeyi hak ediyormuşum gibi soğuk ve ölümcül bakışlarıyla beni izliyordu. Sanki bu içki, onu yirmi yıldır görmezden gelmemin cezasıydı.

Bardağı bıraktım.

Olanların ağırlığını sindirmem biraz vaktimi aldı.

Dokuz yıllık ayıklığımı az önce bozmuştum.

Doğrudan ona baktım. "Umarım tadını çıkarmışsındır."

"Hangisinin? İçmemin mi, yoksa içerken seni izlememin mi?"

Ona patlamamaya çalışıyordum. Sikeyim, kaslarım alev alıyordu. Bardağın kalan yarısını içmek üzere tekrar uzansam da şaşırtıcı bir şekilde bardağı elimden alıp barmene uzattı.

"Bu kadarı ona yeter," dedi Lo. Bana döndüğünde devam etti. "Ayıkken bu kadar büyük bir şerefsizsen sarhoşken nasıl biri olduğunu hayal bile edemiyorum."

Tabureden atlayıp kalabalığın içinde kaybolmadan önce kolunu yakaladım. "Bu saçmalığa devam edemezsin," diye homurdandım. "İçki içmek istiyorsan beni araman gerekiyordu. Konuşup seni vazgeçirmem gerekiyordu."

"Belki de seninle konuşmak istememişimdir!" diye bağırdı bir anda. Bar taburesinden kalktığında onu takip ettim. Sadece birkaç santimlik boy avantajım vardı. Birbirimize bakarken aramızda çözümlenmemiş bir nefret kol geziyordu.

Çocukluğum hakkında hiçbir şey bilmiyordu ve sormasını beklemiyordum. Tek isteğim yanlış yaptığım şeyi düzeltme fırsatıydı. Lo'nun yanında olmayı, onun ağabeyi olmayı. Bunu çok zorlaştırıyordu. Benim hareketlerimi hiç Connor'a yaptığı gibi alttan almıyordu.

"O zaman Lily'yi ara," dedim. "Sikeyim, şu an seni görse gözyaşlarına boğulacak olan nişanlını ara. İçtiğin zaman sikik aklında o var mıydı? Bunun onun üzerinde nasıl bir etki bırakacağını düşündün mü?"

Lo'nun yüz ifadesi değişti. Bana yumruk atmayacaktı. "Bu saçmalıklarla işim bitti," derken buradan çıkıp gitmek üzereydi.

Bu kadar kolay gitmesine izin vermeyerek kolundan tuttum. "Sikik sorunlarından kaçamazsın. Hayatının her anında olmaya devam edecekler. Onları çözmen gerekiyor."

"Sorunları *çözmekten* bahsetme. Babama bir mesaj bile atmadın. Sanki hayatta değilmiş gibi onu görmezden geliyorsun." Başını iki yana sallarken gözlerinde kin vardı. "Bana yaptığının aynısını ona da yapıyorsun. Peki neden elinden gelen en iyi şeyi yapıp ben bu sikik dünyada yokmuşum gibi davranmıyorsun?"

Kelimeleri keskin bir şekilde tenime saplanırken karnıma sağlam bir yumruk yemişim gibi acı bedenime yayıldı. Lo kavga etmek için yumruklarına hiç gerek duymuyordu. Beni itip geçse de Connor onu bardan çıkmadan önce sakinleştirmek için durdurdu.

Bar tezgâhına tutunarak nefeslerimi normal hale döndürmeye çalıştım. Sonunda bunu başarabildiğimde kalabalıkta Daisy'yi aradım. Christina'nın ve keskin çene hatlarına sahip başka bir erkek modelin yanında durduğunu görebiliyordum. Çocuk Daisy'ye doğru yaklaşıp konuşurken dudaklarını yalıyordu.

Ne oluyor lan?

Bu gece olmaz.

Bunu görmek sikik insanları aşıp ona ulaşmam için yeterliydi. Daisy'nin Christina'ya doğru dönen, erkek modelden uzaklaşan ve onu sessizce reddeden vücut dili hoşuma gitmemişti.

Bira şişeleri ve dökülen likörle dolup taşan bir masanın yanında duruyorlardı. Viskinin tadı hâlâ dilimdeydi, midemi bulandırıyordu. Bazı insanlar annelerin şefkatle taşıdığı parfüm kokusunu, babalarının tişörtlerindeki sigara kokusunu, losyonu, şampuanı hatırlarlardı. Ama ben sikik golf kulübünde babam karşımda otururken yanımızdaki viskinin kokusunu ve tadını hatırlıyordum. Keskin bakışlarını, sanki dünya onun için çok yavaş dönüyormuş gibi can sıkıcı bir şekilde kadehe vurduğu parmaklarını hatırlıyordum.

Geçmişimi, tüm kötü anılarımı sindirmiş gibi hissediyordum. Bu mide bulandırıcı bir nostaljiydi.

Daisy'ye yaklaşırken bunu göz ardı etmeye çalıştım. Beni gördüğü an yüzü aydınlansa da ifademi fark ettiğinde parıltılı bakışları soldu. "Gitmemiz mi gerekiyor?"

"Henüz değil," dedim elimi beline uzatarak. "Arkadaşın kim?" Herif tüm siktiğimin vakti boyunca elindeki birayla birlikte beni süzüyordu. Aynı zamanda gözbebekleri de büyüktü.

"Bu Christina," dedi Daisy. Kolunu genç modelin koluna sardı. Kız ürkek bir şekilde gözlerime bakarken yanakları çoktan kızarmıştı. "Benimle aynı ajanstan."

"Sen Ryke Meadows'sun," dedi kız gergin bir kahkaha atarak.

"Evet," dedim. "Hoş kolye." Zincirde yunus şeklinde bir safir vardı. Christina dudağını ısırarak gülümsemesini gizledi. Kaşlarımı kaldırdığımda başını döndürmüşüm gibi bakışlarını kaçırdı. Daisy benim yanımdayken hiç böyle olmuyordu. On beş yaşındayken benim yanımda heyecanlandığını düşünüyordum ama sohbet ederken hiç sıkıntı yaşamıyordu. Sanki arkadaş olmak için doğmuş gibiydik.

"Bu Ian," diye tanıştırdı Daisy. "Bir-"

"*Ford** modeliyim." Ian elini uzattı. Tokalaşırken ikimizin de tutuşu sertti. *Onunla yatmış.* Bunu gözlerinde görebiliyordum. Öyle olmasa bile takılmışlardı. Bir anlığına alanımı korumak istiyormuşum gibi hissettiren bir öfke beni ele geçirdi. Kolumu

* Amerika'da bir modellik ajansı. (ç.n.)

Daisy'ye sarmak istiyordum ama bunu insanların içinde tam olarak yapamazdık.

Ian başıyla Daisy'yi işaret etti. "Ben de ona buradan sonra bir salsa kulübüne gitmeliyiz diyordum."

Daisy bana baktı. "Ben de ona ritmik olarak zorlandığımı söyledim. Lily iyi bir dansçıdır." Daisy haklıydı. Dans konusunda iyi değildi ama bu durum ona hiçbir zaman engel olmamıştı. Bunu umursamıyor olmasına bayılıyordum.

Ian bir kahkaha attı. "Buna inanmıyorum." Bakışları sanki sikine yaslanıp sallandıklarını hayal eder gibi Daisy'nin kalçalarına indi.

Siktir, seni sikik şerefsiz.

Ona ters ters baksam da, "*Evet, kahrolası kızı ben kaptım, kıskan şerefsiz,*" der gibi birasını yudumlayarak gülümsedi.

"Salsa denemek isterim," dedi Christina elini kaldırarak.

Ian, "Bak," dedi Daisy'ye. "En azından onun gibi bir denemen lazım. Sana öğreteceğim." *Cesedimi çiğnemen lazım.* Kolunu Daisy'nin omzuna atıp ve sikik bir şekilde sarılmak için uzandığı sırada aralarına girdim.

"Üzgünüm," dedim. "Ona sikik kıçına nasıl sürtüneceğini öğretmeyeceksin."

Ian kısa bir kahkaha attı. "Bence ne yapacağını ve yapamayacağını söylemene ihtiyacı yok. O büyük bir kız."

"Evet," dedim. "Aynı zamanda *benim* kız arkadaşım." Bakışmamızı bölmesem de yanımda duran Daisy'nin yüzüne kocaman bir gülümseme yayıldığını hissedebiliyordum. Elimi tutup sanki beni öpmek istiyormuş ama yapamayacağının farkındaymış gibi parmak uçlarında kıpırdanmaya başladı. Sikik kelimeyi söylemiş olsam bile birinin elinde fotoğraflı kanıt olması başka bir şeydi.

O kanıt, dünyamızı altüst etmeye yeterdi.

Ian bize baktı. "Ara verdiğinizi söylemiştin sanki?" diye sordu Daisy'ye.

Biz birlikte olmadan önce sevgilisi olduğundan bahsederek ona yalan söylemesine şaşırmamıştım. Bundan daha fevri şeyler yaptığı da olmuştu.

"Tekrar birlikteyiz," dedi Daisy.

Ian bana bakarken tekrar gülümsemeye başladı.

Onunla geçirdiğin geceden bahsetme, şerefsiz.

Ancak bahsetti. "Ayrıldığınızda takıldığımızdan sana bahsetmiş miydi?"

"Kafanı kopartmamı mı istiyorsun?" diye sordum. "Çünkü sikik boynunu kırmama çok az kaldı."

Ian tekrar dudaklarını yaladı. "Sadece söylüyorum, gerçeği bilmeyi hak ediyorsun. Hatta parmağımı kıçına soktuğumda inledi. Bunun hoşuna gittiğini biliyor muydun?"

Sikik yumruğumu suratına indirdiğimde parmaklarım çenesiyle buluştu. Masaya doğru devrilirken bira şişelerini yere döktü. Ardından gerçekten hızlı bir şekilde ellerini teslim olurcasına havaya kaldırdı.

"Hop, hop," diye kekeledi.

"Nereden geldiğini bilmiyorum," dedim. "Ama benim büyüdüğüm yerde söylediğin şey yüzünden adama bir yumruk atmaktan fazlasını yaparlar."

"Cidden birlikte olduğunuzu düşünmedim," dedi Ian. Sanki kariyerine zarar vermişim gibi kızaran çenesine dokunuyordu.

Bedenim zihnimin içine sızıp Daisy'nin üzerinde kelimelerimden fazlasıyla hak talep etmemi söylüyordu. *Sikeyim, onu öp.*

Ama etrafımızdaki insanlar telefonlarının kameralarını açmış, tartışmamızı internete yüklemek için kaydediyorlardı.

Hiçbir şey yapamazdım. Bu ilişkiyi tüm dünyanın önünde resmileştiremezdim. Büyük sonuçlarla karşılaşmadan bunu yapmam mümkün değildi.

"Hadi gidelim," dedi Daisy. Beni kapıya doğru çekiştiriyordu. "Christina, hadi."

"Benimle kalmak istiyor," dedi Ian. "Değil mi, Christina?"

Daisy kolunu kızın omzuna sardı. "Birlikte partileyeceğiz, üzgünüm."

"Kendi adına konuşabilir," dedi Ian. Christina'nın bir karar vermesini bekliyordu.

Kız çekinerek kapıyı işaret etti. "Daisy'yle takılacağım." Bir parça saçı kulağının arkasına ittiğinde Daisy onun omzunu sıktı.

"Kız gücü," dedi büyük bir enerji taşıyan parlak gülümsemesiyle. Bu gülümseme tüm odayı aydınlatmıştı. "Hadi." Elimi bırakıp Christina'nın elini tuttu ve kapıya yöneldiklerinde kol kola girdiler. Kız anında rahatlayarak bu yeni keşfettiği mutluluk karşısında gülümsedi.

Ian ileri doğru bir adım attığında elimi göğsüne koydum. "Sakın bir şey denemeye çalışma." O kız on dört ya da on beş yaşlarındaydı ve Daisy'nin bu herifle garip gecesinden bahsettiği zamanı düşününce kızın yaşını pek umursayacağını sanmıyordum.

Ian olduğu yerde durduğunda kızları dışarı kadar takip ettim. Lo ve Connor çoktan kalabalık sokağa çıkmışlardı.

Daisy, "Herkes dev gibi!" diye uludu karanlık gökyüzüne doğru. Gerçekten de bir kurt gibi yapmıştı. "Uzun insanlar diyarındayız!"

Christina kahkahalarına engel olamıyordu. Daisy başını çevirdiğimde onu izlediğimi gördü.

"*Ne sikim yapıyorsun sen?*" dercesine kaşlarımı kaldırdım. Tekrar uluyarak dolunayı işaret etti. "Çiftleşme çağrımı beğendin mi?" diye sordu.

"Çağrıya cevap veren sikik herifleri göremiyorum."

"Ben görüyorum," dedi gülümseyerek. Doğruca bana bakıyordu.

"Evet. Eğer bu doğruysa becerme işini daha sonra yapacağım, tatlım." Gözlerim bu sefer daha çok parlamıştı çünkü şakamızın altında sikik bir gerçek yatıyordu.

"Köpek pozisyonu mu olacak, yoksa bacağıma mı sürtüneceksin?"

"Bacağına değil."

"Daha yukarıya mı?"

"Diğer alternatifler neler? Seni ayak bileklerinden becerecek değilim."

Savunurcasına ellerini kaldırdı. "Ayaklardan hoşlanan insanlar var."

"Ben amlardan hoşlanıyorum. Artık biliyorsun." Filtresiz cevabım kızarmasına sebep oldu.

Gülümsedi. "O zaman daha sık ulumalıyım." Sevimliydi. Hep böyleydi. Elimde olsa onu öperdim ancak kardeşimin ne durumda olduğuna bakmam gerekiyordu.

Lo'ya doğru döndüm. Siktiğimin ebediyeti boyunca yıldızların arasına karışıp bir daha asla bu hayatı yaşamak zorunda kalmamayı diliyormuş gibi gökyüzüne bakıyordu. Bu bakıştan nefret ediyordum. On beş yaşındayken bakışlarım bu şekildeydi. Bir şeyleri tekmeleyip avazım çıktığı kadar bağırıyordum. Sonunda nefesim kesilmiş bir şekilde bahçemdeki çimlerin üzerine devriliyor ve sikik gökyüzüne bakıp, *"Burada ne yapıyorum? Neden bu dünyadayım? Yaşamak bu kadar acı verici olmamalı,"* diye düşünüyordum. Yolumu çevirip kardeşimle tanışmaya karar verene kadar hayatımın hiçbir anlamı yoktu.

Bu hastalığa ya da yaptığım seçimlere karşı onu kaybedemezdim.

Connor'ın eli kardeşimin omzundaydı ve dudakları sanki sikik bir uçurumdan atlamaması için onu ikna ediyormuş gibi hareket ediyordu. Durumu bu noktaya getiren benmişim gibi hissediyordum.

Trafik sıkışıktı ve taksiler zar zor ilerliyordu. Otele doğru kısa bir yürüyüş yaptığımız sırada paparazzilerin çoğu dağılmıştı. Onların yerine sokaklar ragbi hayranlarıyla doluydu, her yerde o kırmızı beyaz kazaklar vardı.

Uzakta Eyfel Kulesi yeşil bir şekilde parlıyordu. Muazzam büyüklükteki yapının önündeki ekranda Ragbi Dünya Kupası'nın görüntüleri oynuyordu.

Daisy'ye tekrar baktığımda gülümsemesi yüzünden silinmişti. Bana omuz silkerek Christina'ya döndü ve kulağına bir şeyler fısıldadı. Keşke kardeşimle hiç bağlantısı olmasaydı. Keşke birbirlerini hiç tanımasalardı. Böylece her şey çok daha kolay olabilirdi.

Kızlar kaldırımda atışan bir grup adamı izlemeye başladılar. Kadınlar ya da ragbi maçı hakkında kavga ediyorlardı. Buradan ne olduğunu anlayamasam da sarhoşlardı, hakaret edip göğüslerini şişiriyorlardı.

Yakınlardaki inşaat yüzünden insanlar birbirlerine normalde olması gerekenden daha yakındı. Yapı iskelesi barın hemen yanındaydı, alanı kapatıyordu. Kontrplaklar ve diğer materyaller çimentonun etrafına atılmıştı, etraftaki çimenleri ve çukurları kapatıyorlardı.

"Hey, hadi geri dönelim," dedim Daisy'ye.

Başını sallasa da bakışlarını büyüyen kavgadan ayırmadı. Daha çok insan kaldırıma yığılmaya başlayarak kardeşimle arama giriyorlardı. Kardeşime ulaşmak için çoğu modellerden ve iriyarı hayranlardan oluşan kalabalığın içine girdim. Etrafta fıçıdan baş aşağı içki içmeye çalışan yapılı bir adam bile vardı, ayaklarını arkadaşları tutuyordu. Kazağı boynuna doğru düşmüştü ve büyük göbeği kot pantolonundan fışkırmıştı. Arkadaşı yağlarını salladığında hep birlikte kahkaha attılar.

Lo'ya yaklaştığımda Connor biraz yana çekildi ama kardeşimin bakışları benimle buluştuğunda keder doluydu. "O viskiyi içmemeliydin," dedi. Gözleri vicdan azabıyla parlıyordu ama *özür diliyor* değildi. O kelime dağarcığında bulunmuyor sayılırdı, bu yüzden söylemesini beklemiyordum.

"Bir sikik bardak beni bağımlı yapmayacak, Lo."

Dudaklarını ovuşturarak acı, tatsız bir kahkaha attı. "Ne şanslısın." Söylediği sert cümleye karşı irkilip başını iki yana sallamakla yetindi.

"Otele dönmemiz gerekiyor-" Sırtıma bir dirsek çarptı ve o vuruşla bir başkasına itildim. Başımı kaldırdığımda hemen arkamda, mavi yakalıymış gibi görünen iki sakallı adamın arasında yeni bir kavga başladığını fark ettim.

Çığlıklar etrafa yayılırken olabilecek her sikik tarafa itiliyordum. Kavgalar kaldırımdan taşarak kalabalığı yavaş akan trafiğe doğru itti. İnsanlar arabaların kaputlarına devriliyordu. Araçların arasında sendeliyorlardı. Bazıları arabaların pencerelerine vurmaya başladığında camların kırılma sesi kulağıma doldu.

Ragbi maçı ve İngiltere'nin kaybetmesi hakkında bağırıp duruyorlardı. Öfkeli ve sarhoş hayranlar barlardan çıkmış insanları kenara itiyorlardı. Kardeşimi yakalamaya çalışıyordum. Zihnim bana ayak uydurmaya çalışırken kalbim deli gibi atıyordu.

İsyan çıkarıyorlardı.

Biz de tam ortasında kalmıştık.

Başımı çevirdiğimde uzun bir adam kardeşimin yüzüne vurdu. Lo adamı tişörtünden yakalayıp karnına vurarak ona karşılık verdi. Herif ikiye katlanırken bir başkası beni sikik deri motosiklet ceketimden çekiştiriyor, yere sermeye çalışıyordu. Arkama dönüp herifi kendimden uzaklaştırdım.

Daisy. Daisy neredeydi? Başım bir sağa bir sola dönüyordu. Onu bıraktığım yerde göremiyordum. Christina da gitmişti.

Etrafta koşuşturan ve bağıran çok fazla insan vardı. Yangın. Birisi az önce olduğumuz barda yangın çıkarmıştı. Alevler pencereleri yalıyordu.

Siktir. Connor birisi ona yumruk atarken eğildi ve korkan bir kızı yüzüstü yere düşmeden hemen önce belinden tuttu.

"Daisy!" diye bağırdım. *Neredeydi bu kız?* İnsanları düşmancıl bir tavırla kendimden itmeye başladım. Onu neden yalnız bırakmıştım? "DAISY!"

Sikik tüm insanlar bağırıyordu. Tıpkı Daisy'nin söylediği gibi, burası dev insanlar diyarıydı. Ondan daha uzun modeller olduğu için normalde olduğu gibi göze çarpmıyordu. Yere düşen insanlara bakmaya başladım. Acıyla inleyen bir kızı kaldırdım, bacağı yanlış tarafa doğru kıvrılmıştı. Onu sokak lambasının olduğu yere kadar taşıyıp zarar görmeyeceği bir yere yerleştirdim.

Arkamı döndüğümde aynı demir lambanın altında Christina'yı buldum. Tam önündeki adam bir başkasına yumruk atarken irkildi. İnsanlar bu tarafa doğru yığılmaya başlıyordu.

"Christina," diye seslendim. Yanaklarında gözyaşları vardı.

Bakışlarımla buluştuğunda daha çok ağlamaya başladı.

"İyi misin? Daisy nerede?"

Christina başını iki yana salladı. "Beni karmaşanın dışına itti ama kalabalığa karıştı. Onu bulamadım..." Eline doğru hıçkırarak kavga eden bir sürü adamın olduğu yeri, isyanın tam ortasını işaret etti.

İkinci kez düşünmedim. Kalabalığa daldığımda birinin dirseği daha başıma doğru savruldu. Çeneme birinin kafası çarptı. İnsanları itip kendime siktiğimin yolunu açmaya çalışıyordum.

Sonra onu gördüm.

Titreyerek duruyordu. Alnından kan damlıyordu. Kanın kaynağı saçlarının dibindeydi, sanki birisi köklerini koparmış, insanlardan birine yakalanmış gibiydi. Titriyordu, kafası karışmıştı. Ona ulaşmaya çalıştım ama birkaç adam beni geriye doğru iterek yüzüme yumruk attı. Acıyı hissedemeyecek kadar Daisy'ye odaklanmıştım.

Adamların arasından geçip onlara daha güçlü bir şekilde vurdum.

Daisy alnına dokundu ve görüşünün netleşmesi için birkaç kez gözlerini kırpıştırdı. Bakışları beni bulduğunda gözlerine bir rahatlık yayıldı.

"Ryke." Gürültünün ardından ismimi söylediğini zar zor duyabiliyordum ama dudaklarından ismimi okumuştum. Uzaktan siren sesleri geliyordu ancak bu sikik trafikte buraya yakın zamanda polis ya da ambulans ulaşamayacaktı. Bu çılgınlıkta gelmeleri mümkün değildi.

Kaldırım kenarında duruyordu. Bir anda arkasından bir adam yaklaştı. Ona doğru ilerlemesini sikik bir yavaş çekimde izlerken elimden gelen en yüksek sesle bağırdım. "DAISY!" Sikik insanları kenara itsem de kalabalık beni çekip götürüyordu. "*DAISY!!!*"

Adamın elinde iki birim kalınlığında bir tahta vardı, kaldırımda ve sokakta duran inşaat atıklarından biriydi. Tahtayı sanki bir sopa gibi tutuyordu.

Adamın yüzünü göremedim. Bedenlerin yarattığı kargaşada yüzü gölgeler içinde kalmıştı. Ancak tahtayı salladığını gördüm. Daisy yüzünü çevirdiği anda tahta yanağına sertçe çarptı.

Bedeni güçlü bir şekilde cansız ve hareketsizce yere çarptı.

Aklımı kaçırdım.

Beni ondan uzak tutan her şeyi iterken gerekenden fazla bağırarak küfrediyordum. İnsanların onun bedenine basmasından korkuyordum. Ona *sonunda* ulaştığımda hayatımın en hızlı ve en yavaş anlarını yaşıyor gibiydim.

Anında bilinçsiz bedenini kollarıma alıp yukarıya kaldırdım. *Onu buradan çıkarmam gerekiyor.* Tek düşüncem buydu. Kalabalığın kenarından geçerken bir kez daha ona baktım. Yüzü göğsüme düşmüştü ama teninden akan ıslaklığı hissedebiliyordum.

Gözyaşları değildi.

Kandı.

Siktiğimin kanı o kadar fazlaydı ki beyaz tişörtümü kızıla boyamaya başlamıştı.

Kalbim boğazımda atıyordu. Zar zor nefes alıyordum. İnsanların arkadaşlarını aradıkları; Fransızca, Almanca, İngilizce ve Rusça seslenip telefonlarını kulaklarına dayadıkları bir alana girmeyi başardım.

Kardeşimi aramıyordum bile. Sadece *hastaneyi* düşünüyordum. Sikik bir hastaneye ihtiyacı vardı.

Sakin bir nefes alırken onu kollarımla özenle sardım. Birisi omzuma dokunduğunda saldırmak üzere ona dönsem de adamın yaşlı olduğunu, beyaz saçlara ve gözlüklere sahip olduğunu fark ettim.

Kulağında bir telefon vardı, ifadesi kasvetliydi. Kollarımda duran Daisy'yi ve sokağı işaret etti. "L'ambulance est coincée dans les embouteillages." *Ambulans trafiğe sıkıştı.*

"À quelle distance se trouve l'hôspital le plus proche?" diye sordum. *En yakındaki hastaneye ne kadar var?*

Bir yönü işaret etti. "Hôpital de l'Hotel-Dieo, environ 5 kilomètres." *Beş kilometre kadar.*

Üç mil vardı.

Daisy kollarımdayken o mesafeyi on beş dakikada ya da biraz daha kısa sürede koşabilirdim. Yaşlı adama bir teşekkür mırıldanarak harekete geçtim.

Başını düzeltmeden önce birkaç kez göğsüme çarptı.

Bu kızı hayatımda çok fazla taşımıştım.

Ama bu kesinlikle en kötüsüydü.

Koştum.

Saatte iki yüz kırk kilometre.

Sikik yolda asla durmadım.

Hiçbir şey için.

Sadece devam ettim. *İyi olduğun şey bu, Ryke.* Tek şey bu olabilirdi.

BÖLÜM 25

RYKE MEADOWS

Acilin kapılarından içeri girdiğim an bir sedye getirildi. Doktorlar ve hemşireler onu kollarımdan alıp beyaz çarşafların üzerine yerleştirdiler. Floresan ışıkları gözlerimi yakıyor, alnımdan ter damlıyordu. Sedyeyi çift kanatlı mavi kapıya doğru takip etmeye çalıştım ama birkaç hemşire önüme geçerek ellerini havaya kaldırdılar.

"Onu bırakamam," dedim. *Siktir, onu bırakamam.*

Hemşirelerin dudaklarının hareket ettiğini anlamam biraz vakti aldı. Fransızca konuşuyorlardı. Onları anlamadığımı düşünerek İngilizce konuşmaya başladılar. Aklım karmakarışıktı.

"Bayım, oturmanız gerekiyor. Sizi temizleyip neyiniz olduğuna bakacağız."

"Buraya gelin," dedi diğeri.

Beni koridorda, bekleme odasının dışında büyük beyaz bir tartıyla tezgâhın yanında duran sandalyeye oturttu.

"Onu bırakamam," dedim tekrar. "Oraya dönmem gerekiyor."

"Yatışı yapılıyor," dedi kırklı yaşlardaki hemşire. Sarımsı kahverengi saçları omuz hizasındaydı. Pembe bir önlük giyiyordu, isimliğine baktım. Janet. "Şu anda onunla ilgileniyorlar. Emin ellerde."

Diğer hemşire göl mavisi bir önlük giyiyordu, biraz daha genç ve esmerdi. Kaşıma ıslak bir gazlı bez bastırdı. Siktir, kanadığının farkında bile değildim.

Yere bakarken deli gibi bedenimi parçalayıp çıkmak isteyen çığlığımı zar zor bastırıyordum. *Neden?* Bunun neden onun başına geldiğini bilmek istiyordum. Neden bu sikik şeyin olması gerekmişti? Bu bir kâbustu. Uyanacaktım. Siktiğimin her bir saniyesi uyanabilirdim.

Ama uyanmadım. Burada, yabancı bir şehirde, bir hastanede kanlar içindeydim. "Kollarınızı yukarı kaldırın," diye emretti Janet. Mekanik olarak dediği şeyi yaptığımda tişörtümü çıkardı. Bir kez daha ellerime baktığımda ne kadar kırmızı olduklarını fark ettim, Daisy'nin kanıyla lekelenmişlerdi. Midem altüst oldu.

"Margery, kova," dedi Janet aceleyle.

Esmer hemşire çenemin altına krem rengi geniş bir kâse koyduğunda içimdekileri çıkardım.

"Adın ne, tatlım?" diye sordu Janet. Sırtımı sıvazlıyordu.

Kolumla ağzımı sildim. "Ryke."

Beni televizyondan ve haberlerden hatırlamış gibi birbirlerine baktılar. Şükürler olsun ki, bu bilgi karşısında büyük bir olay çıkarmamışlardı. Telefonumu alıp bir numara tuşlarken ellerim titriyordu. Telefonu kulağıma yasladım ama siktiğimin hattı çalmıyordu bile. Kardeşimin telefonu kapalıydı.

O da olmaz. Bugün iki kişiyi kaybedemezdim. Bir sürü sikik saçmalıkla başa çıkabilirdim fakat bu olmazdı. Bununla nasıl başa çıkacağımı bilmiyordum. Sandalyemden fırlayıp numarayı tekrar tuşladım, elimi başıma koymuştum. Yanımdaki iki hemşire beni daha büyük bir endişeyle izliyorlardı.

"Kardeşimi bulmam gerekiyor," dedim sesli bir şekilde. Kalbim hızla atıyordu.

"Sana tuvaleti göstereyim," dedi Margery. "Ellerini yıkayabilirsin-"

"Kardeşimi bulmam gerekiyor," dedim başımı iki yana sallayarak. Tekrar aradım. *Hiçbir şey yok.*

"Şoktasın," dedi Janet. Anlamam için yavaş bir şekilde söylemişti. "Lütfen, sakinleşmelisin."

İçinde olduğum durum düşünüldüğünde, bence şu an oldukça sakindim. Gözlerimden sıcak yaşlar akıyordu. İsteklerini görmezden gelip Connor'ı aradım.

Telefonu ikinci çalışta açtı. "Neredesin?" diye sordu, sesi korku doluydu. *Korkuydu,* hem de yaşanan her sikik anda sakin kalan adamın sesindeydi.

"Hastane. Lo nerede?"

"İyi. Benim yanımda."

Normal bir şekilde nefes almaya çalıştım. Durumu kabullenmeye çalıştım ama göğsümdeki yük kalkmamıştı bile. "Hangi sikik sebeple telefonlarıma cevap vermiyor?"

"Birisi telefonuna bastı. Telefon kırıldı. Senin yanına geliyoruz. Daisy seninle hastanede mi?"

"Evet." Bu tek kelimeyle nefesim kesilmişti. Çözülüp ağlamaya başlamamak için burnumu sıktım. Siktir, ben çok nadiren ağlardım. Sikik gözyaşlarına boğulduğum anlar bir elin parmaklarını geçmezdi.

Connor uzunca bir bekleyişin ardından konuştu. "O hayatta mı?"

Bu soru beni dizlerimin üzerine çökmeye zorlamıştı. Derin nefesler aldım, hiçbir şey beni bu ıstıraba hazırlayamazdı. Başımı iki yana salladım. "Ben... bilmiyorum."

Beş kilometre boyunca nabzı olmayan bir kızı taşımış olabilirdim. Bakmamıştım.

Sadece koşmuştum.

BÖLÜM 26

RYKE MEADOWS

Beş saat olmuştu. Connor, bu beş saatin dördünde doktorlarla tartışarak Daisy'yi görmemiz için onları ikna etmeye çalışmıştı. Ancak "sadece aile" ziyaret saatlerindeydik ve arkadaşları olarak odaya girebilmemiz için sabaha kadar beklememiz gerekiyordu. Beyin ölümü gerçekleşmişse bile hiçbir şey söylemiyorlardı. Bildiğimiz tek şey bir odada olduğu ve nefes aldığıydı.

Connor Cobalt ilk kez konuşarak kötü bir durumu çözememişti. Keşke bu geceki tek olay bu olsaydı. Doktorla konuşmaya çalıştığımda bağırmaya başlamıştım ve beni dışarı çıkarmak için güvenliği çağırmışlardı. Şu anda halıyla kaplı bekleme odasının kestane rengi deri sandalyesinde oturuyordum. Saatin zar zor hareket etmesini izliyordum. Televizyonda bir haber kanalı açıktı, isyanın Paris'i ve yerel mağazaları mahvetmesinin görüntüleri oynatılıyordu.

Midem bulanmadan zar zor izleyebiliyordum.

Kardeşim yanımda uyuyakalmıştı, sağ gözü mosmordu. Geldiğinde pek bir şey söylememiş olsa da ikimizin de yüzünde aynı kederli bakış vardı. Janet bana temiz beyaz bir tişört vermişti. Bu sayede kardeşim en azından üstümdeki kanı görmemişti.

Şimdiyse kederin yeni bir evresindeydim. Bedenim uyuşuktu, zihnim yavaşlamaya başlıyordu. Bunun kıçımdan yediğim sikik sakinleştiriciyle yarı yarıya ilgili olduğunun farkındaydım. Bu yüzden Janet'a teşekkür etmeliydim.

Telefonum yedinci kez titredi. Arayana baktım. **BABAM.** Birkaç kez telefondaki ismi "Jonathan" olarak değiştirmeyi düşünmüştüm ama hâlâ babamdı. Böyle olmamasını ne kadar istediğimin bir önemi yoktu.

Mesaj atmamıştı, bu yüzden her sinir bozucu aramayla beni telefonu açmam için dürtüyormuş gibi hissediyordum. İşe yarıyordu. Bu sefer onu reddedemeyecek kadar duygusal olarak bitap düşmüştüm. Telefonu kulağıma koydum. "Ne istiyorsun?"

Rahatlayarak nefes verdi. "Bana kahrolası bir kalp krizi geçirtmeye çalışmakta başarılı oldun, Ryke." Kısık sesle birkaç küfür mırıldandı. "Loren iyi mi? Her aradığımda telefon meşgule düşüyor."

"İyi." Tekrar kardeşime baktım. Göğsü derin uykusunda inip kalkarken alkol onu tetiklemişti.

Bu hayatımın en kötü gecesi olabilirdi. Benim için en önemli iki insana karşı başarısız olmuştum.

"Haberlerde isyan başlamadan önce yakınlarda çekilmiş fotoğrafların var. Arada kalmış olabileceğini düşündüm." Camın cama çarpma sesini duydum, kendisine bir içki dolduruyormuş gibiydi.

"Kapatmam gerekiyor," dedim.

"Kahrolası bir saniye bekle," dedi babam. "Nasıl olduğunu bilmek istiyorum."

Nasılım? Uyuşmuş gibiydim ama tüm duygularım sert bir şekilde yüzeye çıkıp içimden akmak istiyorlardı. Sesim beni terk edene kadar bağırabilirdim. Dizlerim iki büklüm kalana kadar koşabilirdim. Sikik *babam* benden bunu istiyordu. Boğazımdaki sert yumruya rağmen yutkundum. "Şu anda konuşmak isteyeceğim son insan sensin."

"Konuşmamız gerekiyor, Ryke."

"Neden? Siktir, yine onu senden uzaklaştırdığım için beni mi suçlayacaksın?" Lo rehabilitasyona ilk gittiğinde babam sanki onun beynini yıkamışım gibi davranmıştı. Sanki rehabilitasyon kötü bir kararmış gibi. Sanki Lo bir alkolik bile değilmiş gibi.

"O uzun zaman önceydi," diye cevap verdi. Uzun bir süre bekledikten sonra başta içkisini yudumladığını düşündüm. Ancak kelimeleri bir araya getirmeye zorlanıyormuş gibi boğazını temizledi.

"Dinle, benim..." Gözlerimi kapattım. *Sevgilim* demek üzereydim. Derin bir nefes aldım. "Sikeyim, çok önemsediğim biri iyi değil. Bu yüzden seninle geçmişi tekrar etmeye vaktim yok."

"Tamam," dedi. Tahmin ettiğimden çok daha hızlı bir şekilde pes etmişti. "Dikkatli ol, Ryke. Eğer o saçma kaya parçasına tırmanmadan önce seninle konuşamazsam şunu söylemek istiyorum..." Tekrar boğazını temizledi. "Seni seviyorum ve eğer bana inanmıyorsan kimliğindeki isme bak. Dikkatli ol." Telefonu kapattı.

Lo'ya onu sevdiğini hep söylüyordu. Babamızın yaptığı tüm şerefsizce şeyler sevgi yüzündendi. Seni seviyorum demesine ya da hislerinin kanıtı olarak ilk adımı, *onun* adını belirtmesine şaşırmamıştım. Bir yanım o baba sevgisini kucaklamak istiyordu. Diğer yanım da medyayla konuşmamı sağlamaya çalıştığını fark ediyordu. Arkadaşça takılırsa belki onun tarafını tutabileceğimi umduğunu.

Bunların hepsi bir parçası olmak istemediğim şeytani bir oyundu.

Birkaç dakika sonra babamı, annemi ve kardeşimi bir kenara alıp tüm aile dramasını zihnimin arkalarına ittim.

Connor bekleme odasının köşesinden içeri girdiğinde elinde iki bardak kahve vardı. Yumrukların çoğundan ve isyanın darbelerinden kurtulmayı başarmıştı. Hiçbir yeri morarmamıştı ama alnında küçük bir kesik vardı. Kahveyi bana uzattığında teşekkür edercesine başımı salladım. İfadesi hâlâ huysuzdu, normalde olduğu gibi anlaşılmaz değildi.

"Kızlar ne zaman Paris'e iniyor?" diye sordum bir yudum alarak. Lo bir süre telefonda Lily'yle konuşmuştu ama ne konuştuklarını bana söylememişti. Connor'ın da bir saat boyunca Rose'la konuştuğunu biliyordum.

"Gelmiyorlar," dedi Connor kısaca.

Kaşlarımı çattım, onu yanlış duymuş olabileceğimi düşünüyordum. "Ne?"

"Paris'e gelmiyorlar," dedi kelimelerin üstüne basarak.

"Kardeşleri hastanede," dedim. "Siktir, anlamıyorum. Buradaki Lily olsa Rose *anında* buraya gelirdi." Kahveyi o kadar sıkı tuttum ki karton bardağın kapağı açıldı ve kahve pantolonuma dökülerek beni yaktı. "Sikeyim," diyerek küfrettim. Yerimden kalkıp çöpe atmadan önce kalan kahveyi hızlıca içtim.

Connor çöp kovasının yanına ilerleyip bana yaklaştı. "Ben de senin kadar öfkeliyim."

Ona baktım. Gözlerindeki hüzne rağmen kasları rahattı. Bu onun dışarıya göstereceği sikik hislerden fazlasıydı ama benim hissettiğim şeyi hissettiğinden de şüpheliydim. "Bence değilsin, Cobalt. Birazcık bile."

"Karım üzgün, ayrıca bana nedenini söylemeyecek kadar gururlu ve inatçı. Bir sırrı açık etmekten korkuyorsa ve bu sır bir tür zayıflık olarak kabul edilebilecekse o sırla mezara gidecek türden bir kadın. Yani kahrolası zihnim karman çorman."

"O zaman git," dedim. "Seni kimse burada tutmuyor."

"Lo alkol aldı," dedi Connor duygusuz bir şekilde. "Daisy hastanede. Sen mahvolmuş haldesin. Sizi yalnız bırakmayacağım."

"Ben sikik mahvolmuş bir halde değilim."

Koridoru işaret etti. "Muhtemelen yüz kiloluk iki adamın seni yere yatırmasını izledim. Yüzlerine tükürdün."

Ters ters baktım. "Bana tekme atmaya çalıştı." Çok alçakça sikik bir hareketti. "Fark etmez. İstediğin buysa kal ya da git. Gerekirse sonra Lily'yi arayıp neden burada olmadığını sorarım..."

"Lo çoktan denedi," dedi Connor. "Lily ve Rose, yarın uçağa bineceklerini söylediler."

Kollarımı açtım. "O zaman neden kavga ediyoruz ki? Buraya gelecekler."

Connor başını iki yana salladı. "Bunun nasıl ilerleyeceğini biliyorum. Daisy uyanık ve tutarlı bir ruh halindeyse, onunla telefonda konuştukları an -ki kesinlikle konuşacaklar- ablalarını gelmemeye ikna edecek. Böyle ciddi bir olayda bile onların gününü, haftasını mahvetmek istemeyecek."

Haklıydı. Daisy acısıyla insanlara yük olmaktan keyif alan biri olsaydı, ablalarına uykusuzluğundan ve korkunç sikik hazırlık okulu arkadaşlarından bahsederdi. Ben kendi dairemdeyken ebeveynleriyle yaşadığı o on ayda neler olduğundan bahsederdi. Sorunlarının, Lily'nin bağımlılığıyla ölçülebileceğini düşünmüyordu ama öyleydi. Onun sorunları da en az o kadar önemliydi.

Yere bakarken gözlerim yine yanmaya başlamıştı. Daisy'nin garip bir yerde, yabancı bir ülkede, yanında tanıdık kimse yokken uyandığını aklımdan geçiriyordum. Siktir, bu çok korkunçtu ve bu durumdan onu kurtarmak istiyordum. "Birisi annesini aradı mı?"

"Hayır," diye fısıldadı Connor. "Samantha hiçbir şey bilmiyor. Rose ise ona şimdi mi, yoksa sonra mı söylemeleri gerektiğinin kararını Daisy'ye bırakmak istiyor. Özellikle de Moda Haftası'nın kalanını kaçıracağı için Samantha'nın bunu iyi karşılamayacağını hepimiz biliyoruz."

"Yine de annesi onu seviyor," dedim. "Endişelenir. En azından onu aramalıyız."

"Ryke," dedi kısık sesle. "Seni hastaneden attırır. İnternete baktım, birisi Ian'la bardaki kavganızı internete yüklemiş. Samantha bir şekilde Daisy'nin yaralanması yüzünden seni suçlayacak ve olay çıkarıp onu daha çok üzecek. Hassas bir durum, bu yüzden önce ona sormalıyız."

Başımı salladım. Sadece Daisy'nin bir şeylere cevap verebilecek kadar kendinde olmasını umut ediyordum. Ya konuşamazsa? Siktir, ya kör olduysa? Durumu konusunda hiçbir şey bilmiyorduk.

Connor bir süre daha tepkimi inceledikten sonra ekledi. "Ayrıca *Ünlü Takipçisi* Daisy'yi omzuna attığın fotoğrafı internete yüklemiş." Duraksadı, bana bakarken masmavi gözleri kısılmıştı. "Bu arada, elin Daisy'nin kıçındaydı. Onunla gerçek bir ilişkin olsun istiyorsan babasının ne düşüneceğini daha çok önemsemelisin. Eğer önemsemezsen de onun eniştesi olarak şimdiden söylüyorum, *vazgeç*."

Bu Connor'ın yeni bir tarafıydı, Daisy'yi koruyordu. Belli etmesem de bunu takdir ettim. "Ne istediğimi nereden biliyorsun?"

"İnsanları çok iyi okurum. Onu Paris'te ilk görüşümüzü baz alarak onu öptüğün konusunda yüzde yüz eminim. Dudakları kızarıktı. Kendisi de biraz kızarmıştı. Sen de öyle."

Ağzımı açtım ama sözümü kesti.

"Lo bunu anlamadı, anlamaz. Birçok insanın benim görebildiklerimi gördüğünü sanmıyorum."

"Bir şeyi ispatlarken neden kendine sikik bir iltifat etmen gerekiyor?"

"Gerçekleri söylüyorum."

Kollarımı göğsümde çaprazladım. "Tamam, Al bakalım, Cobalt. Onu belinden tutup erdemli bir şekilde ya da sertçe öpmemin hiçbir farkı yok. Ne sikim yaparsam yapayım babası beni sevmeyecek. Annesi benden *nefret* edecek. Gerçek bir ilişki yaşamak için onların onayına ihtiyacım olduğunu düşündüğün için *seni de* sikeyim. Hissettiğim sikik şey gerçek ve annesinin bunu benim için doğrulamasına ihtiyacım yok."

Connor sanki aptalmışım gibi başını iki yana salladı.

Sikeyim, şu an bir şeye vurmak istiyordum ve o da karşımda kendini beğenmiş bir şerefsiz gibi durarak bana hiç yardımcı olmuyordu. Şu ana kadar sakin kalmamı sağlayan iğnenin etkisi giderek azalıyordu.

"Nasıl gerçek?" diye sordu. "Eğer arkadaşlarınızdan ve ailenizden saklamak zorundaysanız ilişkiniz bir oyundan ibarettir, Ryke."

"Siktir git," dedim.

"Hayır, sen *siktir git*," diye karşılık verdi oldukça alışılmadık bir şekilde. O kadar alışılmadık bir tepkiydi ki kaslarım gerildi. "Seni savundum. Lo size karşı dururken olgun birer yetişkin olduğunuz konusunda onu ikna etmeye çalışan kişi *bendim*. İkinizin gelecekte kurabileceği bir ilişki fikrini destekledim, hâlâ destekliyorum ama bu yolculuktan sonra sana ne kadar inancım olduğunu tekrar gözden geçirmeye başladım."

Bu tepkinin sikik fotoğrafta elimi Daisy'nin kıçına koymamdan daha fazlası için olduğunu anlayabiliyordum. Daisy otel odasında çığlıklar içinde uyandıktan sonra, Connor'ın benimle yapmak istediği o "konuşma" buydu. Neden beni parçalara ayırmak için bu anı seçmişti ki?

Onun bu gece ne kadar öfkeli olduğunu yanlış hesaplamıştım. Haklıydı, gerçekten çok kızgındı ve saldırı halindeydi. "Uyku sorunlarından birine bahsetmeliydin," dedi. "Diğerlerinin arasında en çok senin, onun sağlığından endişe edeceğini düşünmüştüm. Haberleri vermek için ablalarına koşan kişinin sen olacağını düşünmüştüm. Daisy'nin güvende olmasına emin olmak ve onu korumak için *her şeyi* yapacağını düşünmüştüm."

"Sikeyim, her şeyi yaptım!" diye bağırdım. Bekleme odasında uyuyan bazı insanlar hareketlenmeye başlıyordu.

"O zaman neden kimse bilmiyor?"

"Hiç kimseye söylemek istemedi," dedim. "Rose ve Lily'nin uğraşması gereken sorunları vardı. Annesini, seni ya da bir başkasını bu sorunlarla endişelendirmek istemedi. Gizli bir şekilde halletmek istedi."

Connor söylediklerimi sindirmek için bir dakika bekledikten sonra sordu. "Peki ne kadar süredir bununla uğraşıyor, Ryke?"

Başımı iki yana salladım. "Tek bir olaydan ibaret değil. Bir şeylerin birikimi."

"Ne kadar süredir?"

Bunu ondan gizleyemezdim. "Bir yıldan fazla oldu."

Gözleri donuklaşmaya başlasa da durmaksızın başını salladı. "Hepsi medya yüzünden, değil mi? Paparazzi odasına girdi, o adam motorunu mahvetti ve ona saldırdı. Bunların hepsi onu gösterdiğinden daha fazla etkiledi."

"Başlangıcı bunlardı."

"Rose kardeşiyle yeterince ilgilenmediği için çok üzülecek." Connor sanki hâlâ haberi olmamasına rağmen karısının yaşayacağı acıyı hissetmiş gibi derin bir nefes verdi. "Dürüst olmak gerekirse, bunu daha erken fark etmemiş olmama inanamıyorum."

Gözlerimi devirdim. "Bu aramızda kalacak. Bunu ablalarına söyleyecek kişi Daisy olmalı."

Onaylarcasına başını salladı. "Doktora gitti mi?"

"Paris'e gelmeden önce düzenli olarak terapiste gidiyor, uyku araştırmalarına katılıyordu." Bildiğim her şeyi ona sıraladım. İlaç ve terapi dışında uykusuzluğunu çözmek için kimse ona yeterli bir çözüm vermemişti. Sadece şans dilercesine orta ve işaretparmaklarını çaprazlayıp bir gün bundan kurtulmayı diliyordu.

Connor telefonunu çıkarıp bir şeyler yazmaya başladı. "Tüm doktorlarının ve terapistinin ismi gerekiyor."

"Kulağa Rose gibi geliyorsun."

"Ciddiyim. Onu götürdüğün kişilerin en iyisi-"

"Connor," diyerek sözünü kestim. "Sikeyim, o *benim* sevgilim. Gittiği herkesi üçer kez araştırdım. Benim işimi yapmana gerek yok. Onunla ilgilenmek için yeterli beceriye sahibim."

Telefonunu cebine koymadan önce tereddüt etti, bana bu konuşmanın başında olduğundan daha çok saygı duyuyormuş gibi bakıyordu. "Yani ilişkinize bir isim koydunuz?"

Başımı salladım. "Evet, koyduk." Hislerimi bastırırken burun deliklerim genişledi. *Sikik bir hastane odasında ve belki canı için savaşıyor. Verdiğim hangi yanlış kararlar yüzünden şu anda orada? Nerede sıçıp batırdım?*

Bazen kardeşimle tanışmaya hiç karar vermeseydim hayat nasıl olurdu merak ediyordum. Kafam kuma gömülü yaşamayı seçmiş olsaydım.

Annem, Lily'nin seks bağımlılığını hiç bilmeyecekti.

Siktiğimin dünyasına bu haberi hiç yaymayacaktı.

Medya olmayacaktı.

Daisy huzur içinde uyuyacaktı.

Lily bu kadar sikik bir utanç içinde olmayacaktı.

Connor ve Rose'un seks hayatları internete yayılmayacaktı.

Kardeşim de büyük ihtimalle hâlâ içiyor olacaktı.

Derin bir nefes aldım. Bu gece, normalde taşımaya alışık olduğumdan daha fazla pişmanlığı omuzlarıma yüklüyordu. "Her zaman doğru şeyi yapmadım, Connor," dedim. "Mükemmel değilim. Ama kardeşimle ve Daisy'yle ilgilenmek için çok çaba sarf ediyorum. Eğer onları incitiyorsam bunu bana şimdi söylemelisin." Gözlerine baktım, oyun oynamıyordum. Şaka yoktu. Duruşlarımızdaki ciddiyet nefes almayı bile zorlaştırıyordu. Sikik ruhumdan geçen şeyi söyledim. "Dahil olarak kimsenin hayatını mahvetmek istemiyorum. Niyetim hiçbir zaman bu olmadı."

Connor bitap bir şekilde kahkaha atarken gözlerinin kenarlarında yaşlar vardı. "Ryke..." Başını iki yana sallayarak parmaklarıyla dudaklarını okşadı. Sonra elini aşağıya indirdi. "Kollarında o varken beş kilometre *koştun*. Kardeşinin varlığı ebeveynlerinin boşanmasına sebep oldu ama yine de ayık kalmasına yardım etmek için vaktinin ve enerjinin çoğunu feda ettin. Onların hayatında sorun yarattığını nasıl düşünebilirsin? Onlar için yaptığın şey kahramanlık dışında bir şey değil ve eğer bunu göremiyorsan körsündür, dostum."

Yanağımdan sıcak bir damla gözyaşı aktı.

Sikeyim, yalnız olmaktan çok yorulmuştum. Connor'ın buradan siktir olup gitmemi söylemesinden çok korkmuştum. Çünkü bu artık kendimi içinde göremediğim bir hayata geri dönmek demekti. Daisy o hayatı benim için değiştirmişti. Beni, bir başkasıyla paylaşabileceğim ve başkaları bana eşlik ederken mutlu bir şekilde yaşayabileceğim bir hayata alıştırmıştı. Tek başıma olduğum bir gelecek kasvetli görünüyordu. Ancak geleceğim kardeşimle, arkadaşlarımla ve *onunla* doluyken bu sikik dünyada daha parlak hiçbir şeyi olmuyordu.

O güneşti. Ben karanlıktım.

Eğer o giderse sönüp giden o sikik aydınlığı öpüp vedalaşırdım.

O olmadan, aydınlığı bir daha asla görmeyeceğimi biliyordum.

BÖLÜM 27

DAISY CALLOWAY

Gözlerimi açtığımda kafam karışıktı. Görüşüm bulanıktı ve hiçbir şeye odaklanamıyordum. Halsiz bir şekilde gözlerimi kırpıştırdım. Kollarım ve bacaklarım çok ağırdı. Zihnim kafamdaki hafiflik, yüzümdeki uyuşukluk, parmaklarımdaki karıncalanma gibi fiziksel olarak hissettiğim anormallikler dışında hiçbir şeyi algılayamıyordu.

Önce gölgeleri, karanlığı ve aydınlığı seçebildim. Bana yakında duran sandalyeden bir figür kalktı.

Bir uyku teröründen uyanmıyordum.

Bu çok daha farklı hissettiriyordu.

Son hatıramı, buraya uzanmadan önce gördüğüm son şeyi anımsamaya çalıştım.

Umduğum kadar hızlı bir şekilde hatırlayamıyordum. Çok belirsizdi.

Şükürler olsun ki kulaklarım duyuyordu. "Daisy," dedi kalın, tanıdık bir ses. Ses tonu hâlâ sertti ama dizginsiz bir endişeyle doluydu. "Beni duyabiliyor musun?"

Başımı sallamaya çalıştım. Sanırım bunu yapıyordum. Birkaç

kez gözlerimi kırpıştırdığımda görüşüm odaklandı. Ryke bir hastane yatağının yanında duruyordu. *Benim* hastane yatağımın. Yüzüne, yanaklarındaki çiziklere, moraran gözündeki ve çenesindeki lekelere baktım. Kaşına bir sürü dikiş atılmıştı.

"Ryke," diye fısıldadım, sesim çatallıydı.

Gözlerimde yaşlar birikti. Onu hiç böyle hırpalanmış bir şekilde görmemiştim. Elim hislerimi gizlemek için içgüdüsel olarak ağzıma ilerledi ancak bu hareketim koluma bağlı bir damar yolunu çekiştirmeme sebep olmuştu. Bu hissin kaynağına bakmak için bakışlarımı aşağıya çevirdim. Elimin üzerindeki tüpler kucağımın yanında duruyordu.

Ryke yatağın ucuna, bacaklarımın yanına otururken açık mavi bir örtünün altında olan bacaklarımı okşadı. "Su ister misin?" O da en az benim kadar bunalmıştı. İfadesi içinde filizlenen o hissi gizlemek için sertleşiyordu.

Başımı iki yana salladım. "Sen... yaklaşır mısın?" Eline uzansam da tutunabildiğim tek şey boşluktu. Onu daha fazla görebilmek için yatakta doğrulmaya çalıştım ancak tüm bedenim sanki bir kamyon çarpmış gibi ağrıyordu. *Çarpmış mıydı?* Yanlışlıkla trafiğe mi karışmıştım? *Lütfen birisi onu da incitecek aptalca bir şey yapmadığımı söylesin.*

Olanlar yüzünden dehşete kapıldığım için gözyaşlarına boğuldum.

"Daisy, ağlama," dedi Ryke. "Bunu atlatacağız." *Biz.* Bir kumandanın üstündeki tuşa bastığı sırada sadece söylediği şeye odaklanmıştım. Yatak oturur pozisyona gelirken gıcırdadı. Ryke bacağımın yanından bana doğru yaklaştı.

Gözyaşlarımı durdurmak için bir nefes vererek uzandım. Parmaklarım yanağında geziniyordu. Titreyen elimle aldığı zararı incelememi izledi, dikişlere odaklandım. "Kaşın..."

"İyi." Bileğimi tutarak dokunmama engel oldu.

"Yara izi kalacak," diye mırıldandım.

İfadesi neredeyse değişecekti. Başını iki yana salladı. "Sikerler, hiç umurumda değil."

Zayıf bir şekilde gülümsedim ama bu hareket canımı yaktı. *Neden acıdı ki?* Dudaklarım aşağıya doğru kıvrıldı. "Ne oldu?" diye sordum.

Âdemelması hareket etti. "Hatırlamıyor musun?"

"Hayır," diye fısıldadım. "Ben... aptalca bir şey mi yaptım? Sen... beni trafiğe doğru takip etmedin, değil mi?" Bunun bir ihtimal olduğunu düşününce, olayın bende kötü bir etki bırakacağının farkındaydım. Hayatı dolu dolu yaşamaya çalışırken bazen düşüncesiz ve bencil olabiliyordum. Ama Ryke'ın beni hiç durdurmuyor olmasını hep sevmiştim.

Nasıl çılgınca bir şey yaptıysam Ryke Meadows da yapmıştı.

Kayak alanından kaymak.

Köpekbalıklarıyla dolu okyanusta kafeste durmak.

Uçurumdan atlamak.

Uçurumdan atlamak. On beş yaşındaydım. Suya dalmıştım. Peşimden atlamıştı. Aklıma biraz tanıdığı biri için bunu yapabilecek başka hiçbir erkek gelmiyordu. İşte o an, Ryke'a kapılmıştım. Gerçekten ve mecazen. Birlikte olamasak bile onun arkadaşım olabileceğini biliyordum.

Şimdi buradaydık.

Bir hastanede. "Belki de seni yalnız bırakmalıyım," diye fısıldadım.

"Neden bahsediyorsun sen?"

"İncinmezdin..." Kaslarının gerilmesini, kaskatı bir şekilde oturmasını inceledim. Onun giydiklerine benzemeyen beyaz tişörtü alt kısmından tuttum.

Ellerimi tutarak beni durdurdu. "Daisy," dedi zorla. "Ben iyiyim."

"Tişörtünü çıkar."

"Hayır."

Tekrar gülümsedim. *Ah.* "Reddettiğin tek kız olabilirim."

"Sikeyim, bu *hiç* doğru değil," diye homurdandı. İçinde olduğum hastane yatağına baktıktan sonra derin bir nefes alıp verdi. Tişörtünü kaldırdığında ağzım açık kaldı.

Elim karnına ve göğsüne yayılan sarımsı morluklarda gezindi. Anka dövmesinin bazı yerleri kanıyordu. "Arkanı dön, lütfen," dedim yavaşça.

Oturduğu yerde yarı yarıya arkasını döndüğünde daha da kötü olan yaralar gördüm. Koyulaşan sarı ve mor renkleri. Yaralarını öpmek istiyordum ama öne eğildiğim an beni yakamdan tutarak yavaşça arkamdaki yumuşacık yastığa doğru itti.

"Hatırladığın son şey ne, Dais?" diye sordu ciddiyetle.

Zihnimi zorladım. "Bar." *Otelin yanındaki bara gitmiştik.* "Lo..." *Alkol içmişti.* "Christina'yı barda gördüm ve..." *Ian.* "Yapmadınız... yoksa siz..." *Kavga mı etmişlerdi?* "Ian..." Birkaç kez gözlerimi kırpıştırdım. Görüntü oluşmaya başlıyordu. Hayır, kavga uzamadan bitmişti. Hepsi bu kadardı. "Christina'yla dışarıdaydım. Otele gitmek üzereydik."

Sonra olanların görüntüleri zihnimde belirdi. Kaldırımda bağıran iki iri adamı izliyordum. Birbirlerini göğüslerinden itiyorlardı. Bir yumruk sallandığında sarhoş adamlardan ve saldırgan tavırlarından hızla kaçtım. Anında Christina'yı uzağa itsem de bu sırada birinin ceketinin fermuarı saçıma takılmıştı. Sonrasında da geriye doğru çekilmiştim.

"Ryke..." Kaldırımda hissettiğim korku geri döndüğünde monitördeki kalp atışlarının sabit *bip*, *bip*, *bip* sesleri hızlanmaya başladı. Birilerinin ayakları bana, karnıma, bacaklarıma çarpıyordu. Sonunda boştaki elimle saçımı kurtarabildiğimde başka bir şeye takıldım. Bu sefer alnıma doğru sertçe çekildim. Adrenalin, acıyı bastırıyordu. *Bipbipbipbip.*

"Daisy, bana bak," dedi Ryke. Elini bacağıma uzatarak beni sıkıca tuttu.

Son gördüğüm şey aklıma gelirken endişeli bakışlarıyla buluştum. Kendimi yerden kaldırmıştım. "Seni gördüm," diye fısıldadım. "Oradaydın." Gözlerimizin buluştuğunu hatırlıyordum. Gözleri öfkeyle, çaresizlikle ve midemin burkulmasına sebep olacak bir acıyla doluydu.

Adımı haykırmıştı. Sert bir şey yüzüme çarpmadan öne duyduğum tek şey buydu.

Yüzüme.

İlk kez elimi kaldırıp yanağıma dokundum. Hissettiğim tek şey bant ve gazlı bezdi. Ancak altında her ne varsa gülümsemeye çalıştığımda acıyordu.

BİPBİPBİPBİP!

"Sikik derin nefesler al," dedi kolumu okşayarak.

Biri iki kez kapıyı tıklattı ve hastane odasının kapısı açıldı. Pembe önlük giyen bir hemşire başını içeri uzatmıştı. "Daisy, uyanmışsın." Gülümsedi ve başka birine bir şeyler fısıldamak için arkasını döndü. "Gidip onun arkadaşlarına haber verir misin?" Kapıyı arkasından kapatıp bana yaklaştı. "Adım Janet. Nasıl hissediyorsun?"

Bir bardak su doldurup bana uzattı. Bir yudum aldığımda bardağı Ryke'a doğru uzattım. "Bir ayna alabilir miyim?" diye sordum kadına.

Bipbipbipbip.

Telaşı bir kenara bırakıp hislerimi açıklayamıyordum. İçimde hissettiğim tüm bu duyguları anlayabilmem için önce yüzümü görmem gerekiyordu.

"Önce hastanenin psikoloğunu çağırmamı ister misin?"

Ne? "Ryke." İrileşen gözlerimle ona döndüm.

"Sadece ona bir ayna verir misiniz?" dedi Ryke sert bakışlarıyla.

Kadın başını sallayarak onayladı. "Tamam." Janet tereddüt ederek çekmeceden çıkarttığı aynayı bana uzattığında elinden aldım.

Aynayı yüzüme doğru kaldırdım. *BipbipBİPBİPBİP.*

Bandajlar sol yanağımdan çeneme kadar iniyordu. Dudağım şişmişti, iki gözümün altında da koyu renk morluklar vardı. Ben... Ryke'tan çok daha kötü görünüyordum. Bu yüzden bana, "*Benim sikik yaralarımdan konuşmayı bırak*," dercesine bakmış olmasına şaşırmamalıydım.

Uzanıp bandajı açmaya çalıştığımda Janet elimi yüzümden çekti. "Dokunma."

"Görmem gerekiyor." *Ne* olduğunu bilmiyordum bile.

Mavi önlüklü bir hemşire Connor ve Lo'yla birlikte içeri girdi.

"Hey," dedi Lo zayıf bir gülümsemeyle. "Nasılsın?" Örtünün üzerinden ayağıma dokundu. Gülümsemesine karşılık vermek istedim ama bunu yapmak çok canımı yakıyordu.

"İyiyim," dedim.

Connor sadece başını salladı. "Sana neler olduğunu anlattılar mı?"

"Sayılır," diye mırıldandım. "Yüzümde ne sorun olduğunu görmek istiyorum."

"Bilmiyor mu?" Lo kaşlarına çatarak sanki bu ağabeyinin hatasıymış gibi ona baktı.

"Siktir, oraya daha yeni geliyorduk."

"Yardım edeyim," dedi diğer hemşire yatağa yaklaşarak. "Zaten yaranın sargılarını değiştirmemiz gerekiyordu."

Hemşirelerin ikisi de bana doğru eğildiğinde Ryke yerinden kalktı. Yatağın ucundaki Lo ve Connor'ın yanına geçmişti. Kalbim hâlâ aynı *bipbipbip* hızında atıyordu.

Janet yavaşça bandı çıkardı ve bandajı çekmeye başladı. Bandaj birkaç dikişe takılmıştı... Hayır, *bir sürü* dikişe takılmıştı.

"Derin bir yaraydı," diye açıkladı Janet mümkün olan en nazik şekilde. "MR çekildi. Her şey normaldi. Doktorlar biraz sarsıntı geçirmiş olabileceğini söylediler ama bunun dışında iki hafta içinde iyi olacaksın, dikişler çıkacak. Kalacak olan tek şey bir..."

"Yara izi," diyerek cümlesini bitirdim. Gazlı bez ve bantları yüzümden çıkarttıklarında karşımda duran şeyi görebiliyordum. Alnımdan başlayıp yanağım boyunca ilerleyen ve çeneme doğru inen kırmızı bir yaraydı. Sanki bir noktada yanağım kesilmiş gibi dikişleri hissetmek için dilimi ağzımda gezdirdim.

"Nasıl..." *BİPBİPBİP.* Ryke'a baktığımda gözlerim yuvalarından fırlayacak gibiydi.

"İki birim kalınlığında bir tahtayla sana vurdular. Doktorlar, keskin kenarının yanağını kesmiş olabileceğini düşünüyor."

"Sana bir tetanos aşısı yapıldı," dedi mavi önlüklü hemşire beni rahatlatmak için.

"Psikoloğu çağırabiliriz," dedi Janet.

Çünkü bu yara izi sonsuza kadar orada kalacaktı. Artık dergilere çıkan ve podyumlarda boy gösteren güzel Daisy Calloway olmayacaktım. Artık bir model değildim.

Artık annemin can attığı kişi değildim.

Gözlerimi kapatıp başımı geriye yaslarken kalp atışlarım yavaşladı. Derin bir nefes aldım. Kendimi ilk kez böyle hissediyordum, sessiz gözyaşlarım dökülmeye başladı. Göğsümden ağır bir yük kalkmıştı.

"Üzülmen çok normal," dedi Janet.

Gözlerimi açarak başımı iki yana sallarken dudaklarımdan zayıf bir kahkaha döküldü. "Üzgün değilim." Çenem titredi. Gözyaşlarımı silerek devam ettim. "Rahatladım." Bakışlarım Ryke'la buluştu. "Ne kadar hastalıklı bir şey bu?" Ardından böyle hissetmemem gerektiğini bildiğim için gözyaşlarına boğuldum.

Ryke anında yanıma gelerek beni kollarıyla sarıp göğsüne çekti.

Bu ana kadar nasıl bir tutsaklıkta olduğumu fark etmemiştim. Böyle korkunç bir şey, bu kadar iyi hissettirene kadar.

Ayrıca kısmen suçlu olduğumu biliyordum. Eğer bu kendi hakkımı savunmam gerektiğini söylemiyorsa, o zaman hiçbir şeyin söyleyebileceğini sanmıyordum.

BÖLÜM 28

DAISY CALLOWAY

Ağrı kesiciler sızmama neden olmuştu. Bu yeni bir uyku türüydü. Diğerlerinden daha iyi olduğu tam olarak söylenemezdi. Kendimi hep uyuşuk ve sersem gibi hissediyordum. Üstelik hâlâ medyadan önce sahip olduğum o harika uykuları arzuluyordum. Ryke hastanedeki son günümde bana enerji içeceği getirdiği için şanslıydım.

Lightning Bolt! yudumlarken yanıma getirdiği bavulumu karıştırıyordum. Çocuklar çoktan benim adıma otelden çıkış yapmışlar ve eşyalarımızı toplamışlardı.

"Ajansını aradın mı?" diye sordu Ryke.

"Evet, dün gece arayıp istifa ettim." Moda Haftası'nın son günü Revolution Modellik Şirketi'ni arayıp şöyle söylemiştim: *"Artık modellik yapmak istemiyorum. Üzgünüm ama bu gece defilede yürümesi için başka birini bulmanız gerekiyor. Önümüzdeki üç haftada veya gelecekte çalışıyor olmayacağım."* Sesim büyük ablamın sahip olduğu gibi özgüvenli ya da cesur değildi. Ancak bu konuşmaya, annemle yapacağım telefon görüşmesinin bir ön denemesi gibi bakıyordum.

Nedenini sormuşlardı.

En büyük gerçeği söylemiştim. *"Modellik yapmayı sevmiyorum."*

Şirket işi zorlaştırmaya çalışmadı. Hastanede geçen sonsuz düşüncelerle dolu sessiz gecelerimin ve iki günümün ardından bu karara varmıştım. Kariyerim yüzüm sebebiyle bitmişti ama sağlığım, duygularım ve mutluluğum için bunun çok daha öncesinde bitmesi gerekiyordu. Suçu yara izine atmak işin kolayıymış gibi hissettiriyordu. Her zaman olması gereken asıl şeyi yapmazsam kendimi daha iyi hissetmeyeceğimi biliyordum.

Bir kot şort ve üstünde "Ben Kahrolası Bir Denizkızıyım" yazan bir tişört buldum. "Bu nasıl?" diye sordum Ryke'a V yaka tişörtü gösterirken.

Neredeyse gülümseyecekti ve bu da benim için yeterliydi.

Çantamın fermuarını çektim. "Üstümü değiştirirken perdeleri kapatır mısın?" Yüzüne, *"Çıkmana gerek yok,"* der gibi baktım.

İfadesi ölçülemeyecek kadar sertti. Düşüncelere dalan gözlerinin ardında yatanı anlayamıyordum. Yüzüm sebebiyle benden ayrılacak mı diye sorgulamaya çalışmıyordum. Sadece, *"Bunu atlatacağız,"* demişti. Bana bir arkadaş olarak mı, yoksa daha fazlası olarak mı yardım edeceğini merak ediyordum.

Bu düşünceler karnımda birer delik oluşmasına sebep olacaktı.

Sanırım aklında ne olduğunu öğrenmek üzereydim. Connor ve Lo, bizi kiralık arabada bekliyordu. İlk uyandığım andan beri ilk kez yalnız kalmıştık. Lo'nun bizi yalnız bırakmak konusunda endişelendiğini sanmıyordum. Özellikle de işleri batırıp alkol aldıktan sonra kardeşine güvenmeye çalıştığını fark etmiştim.

Aynı zamanda Rose ve Lily'yle de konuşup Paris'e uçmalarına engel olmuştum. Lily'nin üniversitede geri kalmasını ya da Rose'un moda işindeki toplantılarını sırf beni görmek için iptal etmesini istemiyordum. Onları biraz ikna etmem ve iki saat boyunca tartışmam gerekmişti ama bu seferlik kazanmıştım. Buna rağmen, Rose onunla görüntülü konuşma yapmamı sağlamıştı fakat bandajın altındaki yarayı ona göstermeyi reddetmiştim. Hayatımın sonuna kadar bana her baktığında zaten göreceğini söylemiştim. Yani birkaç hafta daha bekleyebilirdi.

Ryke'ın kornişlerdeki perdeyi çekip odaya biraz daha mahremiyet katmasını izledim. Kot pantolonumu ve tişörtümü yatağın ucuna koydum. Hastane elbisesi ince bir çuval parçası gibi bedenimde duruyordu. Sessizlik, kalp atışlarımı hızlandırmıştı. Şansıma artık o makinelere bağlı değildim ama *bip bip bip* seslerinin yerini kesik nefeslerim almıştı.

Ne yapacağını kestiremiyordum ve bu gizem beni anında çekmeye başlamıştı. Birkaç adım yaklaşarak yarı yolda durdum. Aramızda bir iki metre vardı. Karşımda duruyordu, yapısı ve sert çene hattı erkeksiliğini açık bir şekilde ortaya çıkarıyordu. Sanırım Ryke Meadows'un ağırlığı ve koruması altında yaşayıp böyle bir hayattan memnun olabilirdim.

Bu düşünce dudaklarımın yukarı doğru kıvrılmasını sağladı. Yanağımdaki sızıyı ve hareketime karşılık hissettiğim acıyı görmezden geldim. Lanet olsun, gülümsemek istiyordum. Bu yüzden gülümseyecektim.

Beni yakından izlediği için tüm küçük hareketlerime dikkatle bakıyordu. Sonra öne doğru birkaç adım attı, bana bir metre kadar yaklaşmıştı. Su ve toprağa benzeyen odun kokusunu aldığımda güçlü bir şekilde içime çektim. Ona dokunmadan önce düşüncelerini ve hareketlerini çok merak ediyordum.

Gözleri benimkilerle buluştuktan sonra hastane elbisemin yakasına indi. Bana hiç eksikmişim, sevilemeyecek kadar zarar görmüşüm ya da başa çıkılamayacak kadar hassasmışım gibi bakmıyordu. Bunun yerine bakışları sanki ilk kez bu kadar yakınmışız gibi üzerimde geziniyordu.

Bir adım daha attı, artık göğsü her nefeste göğsümü okşuyordu. Öne doğru eğildiğinde kaskatı kesildim. Dudakları kulağımı gıdıkladı. "Siktir, sen çok güzelsin."

Genişçe gülümsedim. Bu kelimeler artık öncekinden daha büyük anlam ifade ediyordu. "Tekrar söyle."

"Bu sikik şeyi sana göstersem nasıl olur?" Sıcak nefesleri boynumu ısıttıktan sonra tam da o noktayı hiç vakit kaybetmeden öptü. Bedenim hemen ona doğru kıvrılarak tepki verdi. Ryke başımın arkasını tutup her bir sinirimi uyandıracak bir titizlikle boynumu emmeye başladı.

"Ryke," diye fısıldadım yavaşça. Tiz bir inilti dudaklarımdan kaçıp gitti.

Kollarım onunkilerin altındaydı ve sırtını sanki bana aitmiş gibi sıkıca tutuyordum. Hastaneye yatırılmamın hemen ardından tahrik olduğuma inanamıyordum. Ancak ağrıyan uzuvlarım, onun sahiplenici tutuşunun altında pelte gibi gevşemişti.

Saçlarımı açıp tokayı bileğine taktıktan sonra sert eliyle uzun saçlarımı daha önce birçok kez yaptığı gibi karıştırdı. Bu his başımı döndürdü, kalbim hızla atıyordu.

Dudakları tekrar boynuma döndü. Parmaklarını elbisemin arka kısmındaki iplere uzattığında sadece bu sabah giyinmeye başlarken üstüme geçirdiğim bir iç çamaşırı giyiyordum. Kumaş üstümden düştüğünde soğuk tenimi ısırdı, moraran kollarım ve bacaklarım ürpermişti. Tüm bu morlukları görünce geri çekileceğini düşünerek kaskatı kesildim ancak yalnızca morlukların etrafını canımı yakmamaya dikkat ederek beni tamamen bırakmadan nazikçe öptü.

Keşke öpücüklerine karşılık verebilseydim. Acımıyor olsa bile, Ryke canımı acıtmak istemediği için dudaklarımın kendisine yaklaşmasına izin vermezdi. Ama bana gösterdiği bu yakın ilgi, en iyisiydi. Elleri kalçalarıma, arka tarafında papatya baskısı olan sarı renkli pamuk külotuma doğru uzandı.

Öpücüklerinin göğsüme doğru inmesini izlerken ağzım açık kaldı. Karşısında zaten çıplaktım, açacağı bir sutyen giymiyordum. Başı sağ göğsüme doğru inmeye başladı ama meme ucuma yaklaştığında Ian'la olanlar gözümün önüne geldi. Keskin acı. Isırık. *Kan.*

Korkuyla geri çekildiğimde Ryke bu telaşlı tepkime karşı hiçbir şey söylemedi. Sadece belimden tutup beni yukarıya kaldırdı. Bacaklarımı etrafına sardığımda yatağa doğru ilerledi. Bedenimi açık mavi örtünün üzerine yatırdıktan sonra hiç vakit kaybetmedi. Bacaklarımı açıp arasında diz çökerken meme ucumun yanındaki aynı noktayı öptü.

Ama bu sefer hassas tenimi emerken yüz ifademi izliyordu. Gözleri hep üzerimdeydi, tepkimi inceliyordu. Bu yüzden bana yaklaşmıştı. Bu pozisyon daha iyiydi. Pelvisi hemen benimkine yaslanıyordu. Ayak bileğimi onunkine sararak kendimi güvenceye almıştım.

Meme ucumu öperken nefesimi tuttum, dili sert tomurcuğun üstünde yalnızca bedenimi hafifletecek bir arzuyla geziniyordu. Diğer eli sol memememi okşamak için uzandığında kesilen nefesime bir inilti eşlik etti.

Biraz daha sertçe emdiğinde gerildim, bir an sonra yavaşladı. Bu his aslında… "Ahh," Tekrar inledim. *Vay be.* Zorlayıcı tutkusu olması gerektiği gibiydi, bacaklarımın arasında yeni bir istek ve arzuyla zonkluyordu. Daha sert bir şeyi arzuluyordum. Bu ölçüde hiç deneyimlemediğim bir şeyi.

"Seni çok istiyorum," dedim nefesim tekrar kesilirken. Sırtına tutunduğumda tişörtü yukarı kıvrıldı. Kalçalarımı büyük bir baskıyla ona doğru ittiğimde inledi. Boğazından yükselen bir sesti.

Terli saçlarımı alnımdan itip doğrulduğunda elleri uzun ve ince bacaklarımın üstünde geziniyordu. Yeni keşfettiği ateşli ve yoğun bir şehvetle bacaklarıma baktı. "Senin sikik bir sürü parçanı seviyorum," dedi boğuk bir sesle.

Kalçalarımın iki yanındaki örtüye tutunarak kendimi ona daha sert bir şekilde ittim. "Pantolonunu çıkar," dedim inlercesine. Genelde huzursuz kısmın daha hızlı bitmesi için erkeklerin pantolonunu çıkarmamasını isterdim. Bu seferki çok yabancı bir histi, her bir saniyesine bayılıyordum.

"Şimdi seks yapmayacağız. O fantezini sonraya sakla, tatlım." *Tatlım.*

Gülümsedim. Acı yoktu, bu duygu hissettiğim cinsel hazzın içerisinde boğulmuştu.

Ryke öyle güçlü bir şekilde "tatlım" diyordu ki ses tonu kelimenin nazikliğiyle çelişiyordu. Böyle olup olmadığımızı merak ettim. Onun sertliğine karşı yumuşaklığım. Onun kabalığına karşı tatlılığım. Onun kaya gibi oluşuna karşı vahşiliğim.

Hoşuma gitmişti.

Bileklerimi tutarak beni kendinden ayırdı ve bacaklarımı iki yana açtı. Bir anlığına duraksadığında içerideki sessizliği, nefeslerimi dinledi. Sanırım birisi bizi yakalamadan önce ne kadar vaktimiz olduğunu hesaplıyordu. Hastanedeydik. Halka açık bir yerdi. Ama Ryke bir şekilde burayı dünyadaki en özel ve en güvenli yermiş gibi hissettirebiliyordu. Şükürler olsun ki, sonunda yaptığı şeye devam edecek gibi görünüyordu.

Dizimin üst kısmını öptükten sonra yoğun bakışları benimkilerle buluştu. İki parmağını *ağzına* kısa bir anlığına sokmasını izledim. Sadece bunu izlemek bile yatağa daha sıkıca tutunmamı sağlamıştı. Başım yastıktayken uzanamayacağım kadar uzaktaydı.

Elini külotumun altına soktuğunda sıcak parmakları sızlayan noktanın içine girdi. Anında parmaklarının etrafında kasılarak inledim, ağzım kalıcı olarak açık kalmıştı. Dudaklarının kenarı kıvrıldığında ellerimden birini yataktan ayırdı.

"Hiç bu kadar ıslanmış mıydın?" diye sordu Ryke. Parmaklarımı aynı noktaya bastırdı, onun sıcak dokunuşunun aksine benim soğuk temasım berbat hissettiriyordu. *Sadece* ıslak değildim. Sırılsıklamdım. Ayrıca arzuyla şişmiştim.

Başımı iki yana salladım. "Kendi kendime yaparken zorlandığım şeyi yaptın."

"Bu sikik durumun değişmesinin sence de vakti gelmedi mi?"

Daha genişçe gülümsedim.

"Gülümseme," dedi Ryke. "Siktir, seni incitmek istemiyorum."

"İncitmen mümkün değil." Hayatımın yalnızca tam zıttı sayılabilirdi. Hayatımda olan en pozitif güçtü. Tanıştığı herkese karşı böyleydi. Buna emindim.

"Kıpırdama," diye karşılık verdi.

Gülümsememe engel olmak için dudağımı ısırdığımda elimi bırakıp iki parmağını içimde hareket ettirmeye başladı. Yıllardır aradığım o hassas noktayı bulmuştu. Keşke iç çamaşırımın altına giren elini, derinlerimdeki parmaklarını görebilseydim. Bu beynimin ön kısmında asılı kalmasını istediğim bir görüntüydü.

Çok uzaklaşmasını istemiyordum. O beni parmaklarıyla becerirken yavaşça doğrulduğumda bana, *"Sikeyim, beni öpemezsin,"* bakışını attı.

Alnımı göğsüne yaslayarak pamuk kumaşın altında hareket eden eline baktım. İçimde biraz kıpırdanması gerekse de doğru yeri tekrar buldu. Diğer eliyle başımın arkasını tutuyordu. Hissettiğim arzu ve içgüdülerim yüzünden kalçalarımı hareket ettirerek onu daha derine aldım. Bu yeni hisler karşısında inliyordum.

"Yavaş," diye fısıldadı ama artık o kadar yakındım ki kumaşı bacağıma indirerek bana ne yaptığını gösterdi.

Ryke'ı, elini, bacaklarımın arasında oluşunu, parmaklarının içimde hareket edişini görmek bile beni kendimden geçirecekti. "Ryke," dedim nefesim kesilirken. "Ryke, Ryke, Ryke." Sırtına tutunarak kalçalarımı parmaklarıyla aynı ritimde hareket ettirmeye başladım. Daha önce hiç yaklaşmadığım büyüleyici bir dağa tırmanıyordum. Beni oraya götüren de Ryke'tı.

Sırtımı tekrar örtüye yaslasa da benden ayrılmadı. Böylece o da benimle birlikte uzanmıştı. Bedenimin üzerinde duruyordu ve çok yakındı. Ryke tamamen giyinikken ben çıplaktım ancak onun verdiği aidiyet duygusu altında güvende hissediyordum.

"Durma," diye inledim. "Ryke." Destek almak için koluna tutundum.

Arzulu bakışlarıyla bir kez daha buluştuktan sonra ayak parmaklarım kıvrıldı, sırtım havaya yükseldi ve gözlerim devrildi. Her bir parçam sanki kafamda ve bedenimde bin tane havai fişek patlıyormuş gibi hissettiriyordu.

Boşaldım.

Hayatımda ilk kez boşaldım.

Sonunda.

Nefesim yavaşlarken ve bedenim birkaç kez daha kasılırken beni bırakmadı.

Bu hissettiğim en iyi şeylerden biri olduğu için kahkaha attım. Bir dönüm noktasıydı. Üstelik aletini içime itmemişti bile.

"Çikolatadan daha iyi mi?" diye sordu. Hâlâ aralık olan dudaklarımı yaladım. Kolunu başımın yan tarafına yaslamış halde bana bakarken bedenine destek oluyordu.

"Bilmiyorum," dedim nefes nefese. "Sanırım net bir cevap vermeden önce beş ya da altı kez daha denemeliyim." Oyunbaz bir şekilde gülümsedim.

"Cevabını çok çabuk duyacağımıza dair içimde güçlü bir his var."

"Güçlü hislerini seviyorum," dedim.

"Boşalmanı izlemeyi seviyorum," dedi sanki basit bir gerçekten bahsediyormuş gibi. Ancak hiç de basit değildi.

"Ne kadar çok?"

Sağlam olan yanağımı öptükten sonra fısıldadı. "Asla tahmin edemeyeceğin kadar çok."

Lanet olsun. Parmaklarını içimden çıkartıp örtüye sildikten sonra ıslak iç çamaşırımı aşırı yavaş bir şekilde bacaklarımdan sıyırdı. O kadar yavaştı ki bedenim tekrar kıvranmaya başlamıştı. Külotu ayaklarımdan çekip aldığında yüzüstü dönerek yatağa doğru inledim. "Bana şimdi sahip ol," dedim örtülere doğru boğuk bir şekilde.

Dizlerinin üzerinde dururken beni de kalçalarımdan tutup aynı şekilde yukarıya kaldırdı. "Kadınlara böyle sahip olmam," dedi kıçımı sıkarken.

"Onlara işkence edersin," dedim başımı çevirerek. "Seninle seks yapmadan önce iki kez boşalamam."

"Sikik bir iddiaya var mısın?" dedi gözlerini kısarak.

Gülümsedim. "Evet, varım. Hadi şimdi deneyelim."

"Vaktimiz yok," diyerek konuyu kapattı. Denemeye değerdi. Bacaklarımın arasını örtüye sildikten sonra yavaşça beni belimden tutup yere indirdi. Tamamen çıplaktım. Çantamdan temiz bir iç çamaşırı almasını izledim.

Giyinmeme yardım etti. Yumuşak pamuk kalçalarımla buluştuğu an tişörtü başımdan geçirerek şortumu da giymeme yardım etti. Benimle yeni bir ölçüde ilgileniyordu. Sevilmekten daha fazlasını hissetmemi sağlıyordu. Gerçekten ona aitmişim gibi hissediyordum.

Şortumun fermuarını çekerken boynuna tutundum, bedeni yine bana çok yakındı. Düğmeyi delikten geçirdiği sırada kasları gerildi. Nefeslerim düzensiz bir hal alıyordu. Bu nasıl mümkün olabilirdi? Daha *az önce* orgazm olmuştum.

İşini bitirdiğinde ona baktım. "Sanırım bu sorumu cevaplıyor."

"Hangi sorunu?"

"Bizim için her şeyin bu kadar olup olmadığını soracaktım."

Kaşlarını çattı. "Siktir, neyden bahsediyorsun sen?"

Karanlık ifadesine tekrar bakmadım. Sahip olduğu her bir tehlikeli özelliğe sarılıyordum. "Yüzüme olanlardan sonra sadece arkadaş kalmak isteyeceğini düşündüm."

Akıl karışıklığı ters bir bakışa dönüştü. "Sikik bir modelsin diye seninle birlikte değilim."

"Biliyorum."

"Belli ki bilmiyormuşsun."

"Artık biliyorum."

Bu cevap onu memnun etmemişti. "Senin için bunu dile getirmem gerekeceğini düşünmemiştim, Calloway."

"İşte şimdi aklım karıştı."

Başını iki yana salladı. "Bir aydan daha fazla takılmak isteyeceğim hiçbir sikik kızla tanışmadım ama sonra seninle arkadaş oldum ve..."

Sözünü kestim. "Ben de tekrar arkadaşım olmaya dönebileceğini düşündüm."

"Hayır, bunu yapmak *isteyeceğimi* düşündün. Sikeyim, sadece büyüleyici olduğun için seninle olduğumu mu düşünüyorsun? Daisy, on sekizine girdiğin *an* seninle olabilirdim. Beni sertleştiren sikik ateşli bir kızla seks yapmak, kardeşimle ilişkimi riske atmaya değmez."

Derin bir nefes aldım. "Riske atmaya değecek şey ne o zaman?"

"Sahip olduğumuz bu sikik şey," dedi Ryke. "Seni fiziksel yakınlıktan daha fazlası için seviyorum." Pürüzsüz yanağımı okşayarak gözlerimin içine baktı. "Seni seviyorum, Dais. Çünkü siktiğimin en büyük kalbine sahip siktiğimin en vahşi kızı sensin. Hayatımda olmasaydın..." Sanki bu anlaşılamaz bir görüntüymüş gibi başını iki yana salladı. "Siktiğimin en mutsuz adamı olurdum."

Kelimeleri bir sürü hisle birlikte içime yayıldı. Ne kadar kaba sözler olsalar da dudaklarından harika bir şekilde dökülmüşlerdi; çünkü yüzde yüz Ryke Meadows'un sözleriydiler. Aralarındaki en önemli üçlüye odaklandım.

"Sen beni seviyorsun," diye fısıldadım.

Kısa bir kahkaha attı. "Sen de kahrolası bir kızsın."

"Tekrar söyle."

Tüm bedenimin ürpermesine neden olacak şekilde gülümsedi. "Siktir. Seni seviyorum, tatlım."

Öpmek için ona uzandığımda yaralı olduğumu unutmuştum ama o çenemden öperek çaresizce daha fazlasına dönüşmek isteyen dudaklarımızı dokunuşuyla kontrol altına aldı. Öpücüğümüz vahşi bir hal almadan alnımı öpüp mırıldandı. "Hiçbir yere gitmiyorum."

Bir ilişkinin fiziksellikten önce bu kadar ruhsal ve duygusal bir şey olduğunu hiç bilmiyordum. İşleri tersten mi yapıyorduk, yoksa doğrusu bu muydu merak ediyordum.

Bu doğru. Beni dünyadaki en mutlu kız yapacak o kişiyi bulmuştum ama onu ne kadar süre boyunca yanımda tutabileceğimi merak ediyordum. Şu andan, en sonuna kadar bizi birbirimizden ayıracak çok fazla dış etken olup olmadığını merak ediyordum.

Şimdilik sadece anı yaşayacaktım.

Ryke Meadows'la anı yaşa.

Öldüğümde mezar taşıma bunun yazılmasını istiyordum.

BÖLÜM 29

DAISY CALLOWAY

Janet içinde tüm değerli eşyalarımın ve o gece giydiğim kanla kaplı kestane rengi balıkçı kazağımın olduğu plastik poşeti bana uzattı. Ryke koridorun ilerisinde telefonla konuşup benim çıkmamı beklerken altın yüzüğümü parmağıma taktım.

"Oradaki vezne penceresine gitmen gerekiyor, hastane faturasını sana verecekler."

Başımı salladım. "Ambulans ücretini de ekleyecekler mi?" Fransız tıp sisteminin nasıl işlediğini bilmiyordum.

Janet kaşlarını çattı. "Ambulans ücreti yok. Bilmiyor musun?"

Başımı iki yana salladım. "Hayır ama ben..." Beynimi zorlarken gözlerimi kırpıştırdım. Bar hastaneye yakında değildi, o zaman nasıl...

"Seni taşıdı," dedi Janet. Sanki o geceyi hatırlamak onun için bile duygusalmış gibi elini göğsüne yasladı. "Hastane kapılarından girdiğinde onun kollarındaydın. İsyandaki insanlardan on dakika önce geldi."

Gözlerim dolarken elimden geldiğince gözyaşlarımı bastırdım. Sesim titredi. "Buraya kadar koştu mu?"

Başını sallayarak rahatlatmak için bileğime dokundu. Telefonda sert bir şekilde bilmediğim biriyle konuşan Ryke'a baktım. Sanki telefonun diğer tarafındaki kişinin onu tamamen dinlemesini istiyormuş gibiydi. Benim hikâyemin kahramanıydı ama sanki önemsizlermiş gibi bu anların herhangi birinden bahsetmiyordu.

Ancak çok önemlilerdi. Herkes onun eksik yanlarını görüyordu. İnsanlara, zeki olmayan bir atlet ya da agresif bir şerefsiz olduğunu düşünmeleri için izin veriyordu. Sanki o kadar uzun zamandır yalnızdı ki, değerini insanlara göstermeye karşı ilgisini kaybetmişti.

Sanırım onu hayatıma alarak piyangoyu kazanmıştım.

Ryke bana göre hayattaki her gürültülü an, her huzurlu sessizlik, çılgınlık, üzüntü, tez canlılık ve dinginlikti. Onunla olmak için her şeyden vazgeçerdim ama annemin yapacaklarına engel olmanın bir bedeli olmadığını hissediyordum. Ne pahasına olursa olsun bizi ayrı tutacaktı.

Bunu tıpkı kötü bir kehanetmiş gibi derinlerimde hissedebiliyordum.

BÖLÜM 30

RYKE MEADOWS

"Rose'un sakladığı kahrolası şey ne?" diye patladım telefondaki Lily'ye. Daisy eşyalarını ayırma işini hallediyordu, ben de onu beklerken ablasını aramaya karar vermiştim.

Daisy elindeki plastik poşetle bana baktıktan sonra vezne penceresini işaret etti, sırada duruyordu.

Lily'nin cevabını beklerken ona başımı salladım. Pek bir şey açıklamasını beklemiyordum.

"Lo'ya da söylediğim gibi, bu konuda konuşmamak için Rose'la antlaşma imzaladım. Tıpkı *Ya-Ya Sisterhood*'da* olduğu gibi ve sözümden dönmem mümkün değil. Bilgin olsun diye söylüyorum, Rose korkunç biri. Bir bıçak alıp kan yeminlerinden bahsetti ve ben daha farkına varamadan avucumu *kesti*." Sesini alçalttığında neredeyse komik olduğu için onu ciddiye almak zordu. Ama oldukça ciddiydi. "Bunu yapan da ayakkabıları olmadan parke zeminde *yürüyemeyen* bir kız. Hiçbir şey söylemene gerek yok, ben de şaşırdım."

Gözlerimi devirdim. "Lily," dedim bastırarak. "Eğer ciddi bir şeyse kardeşime söylemen gerekiyor."

---

* Orijinal ismi "*Ya-Ya Sisterhood*" olan ve ülkemizde "Aramızda Kalsın" olarak yayınlanan drama-komedi filmindeki kız kardeşlik dayanışması. (ç.n.)

"Antlaşma," dedi dişlerinin arasından. "Ya kız kardeşim beni lanetlediyse? Hiçbir şey söyleyemem."

"Sikik batıl inançlara bu kadar inanıyor olamazsın."

"Rose öfkelendiğinde doğaüstü bir güce sahip oluyor olabilir. Onu gerçekten kızgınken görmediğin için hiçbir şey söyleyemezsin."

"Şok tabancasıyla kardeşimi vuracak kadar sinirlendiğini gördüm, buna ne dersin?"

"O farklı bir öfke," dedi Lily. "Bunu hallediyoruz, tamam mı? Bence Lo'nun senin yanında olması iyi, ben de burada biraz Rose'la birlikteyim."

Kaşlarımı çattım, Lily'den bunu duyabileceğimi hiç düşünmemiştim. Genelde erkek kardeşimin dibine yapışmış gibi oluyordu ya da kardeşim ona yapışıyordu. "Gerçekten o olmadan iyi misin?"

Cevap vermeden önce aramızdaki sessizlik uzadı. "Yani... onu anlatamayacağım kadar *çok* özlüyorum. Burada olmaması canımı yakıyor ama ilk rehabilitasyona gittiği zamandan daha iyiyim. Daha iyi bir noktadayım."

"Biliyorum," dedim. O zamanlar onu aradığımda neredeyse her seferinde ağlıyordu. Bu sikik olay acınası sayılırdı ve ilişkilerini anlamıyordum, öyle koşulsuz bir aşkı anlayamıyordum. Ancak sonra, Daisy gittiğinde üç gün boyunca sikik aklımı kaybetmiş gibi hissetmiştim. Üstelik Lily'ye kardeşim gittikten sadece yedi gün sonra sinir bozucu davrandığı için bağırmıştım, şimdi ikiyüzlü olan kimdi?

"İki haftaya bir araya geliyoruz değil mi?" diye sordu Lily. "Çok uzun olmayacak."

"Bunu Daisy'den bir sürpriz olarak saklamak istediğinize emin misiniz?" diye sordum. Rose hiç durmaksızın beni arayıp onu *üzmeden* görmenin yollarını arıyordu. Onlara bizimle yolda buluşmalarını ama Daisy'nin yüzü biraz iyileşene kadar beklemelerini söylemiştim. Kabul etmişlerdi.

"Sürprizleri seviyor," dedi Lily. "Yoksa ona söylerdik."

Bu konuda haklıydı. "Sadece, normalden erken gelmeyin. Hepinizle otuz günümü bir arabada geçiremem. On sekiz bile zaten yeterince fazla."

"Yolculuğa New York'tan başlamak isteyen sen değil miydin?"

Gergin bir şekilde inledim. "Canımı sıkıyorsun, Calloway."

"Sadece diyorum ki, eğer Kaliforniya'ya daha yakın bir yer seçmiş olsaydın arabada bu kadar uzun süre geçirmek zorunda kalmazdık."

"Bu söylediğin yolculuğun sikik amacıyla çatışıyor. Söz hakkı sana ve Rose'a kalsaydı, yolculuğa *doğruca* Kaliforniya'dan başlamamız gerekiyordu."

Biraz duraksadıktan sonra cevap verdi. "İşte bu kulağa iyi bir fikir gibi geliyor."

Tekrar gözlerimi devirip derin bir nefes verdim. "Bana bir söz verir misin?" diye sordum.

"Değişir. Şeytani hiddetini serbest bırakmasına sebep olacak şekilde ablama verdiğim sözü bozmamı içeriyor mu?"

"O sır her ne ise, güvende olacağınıza söz ver. Bizimle buluşurken yolda da dikkatli olun. Kardeşim sensiz yaşayamaz. Ben gereksizim, sen değilsin."

"Gerçekten kendin hakkında böyle düşünüyor olamazsın," dedi yavaşça.

"Sadece söz ver, Lily."

"Söz veriyorum ama Lo'nun sana ihtiyacı var, Ryke. Sen onun ağabeyisin."

Başımı iki yana salladım. Lo'ya göre, Connor'la eşit seviyedeydim. Neredeyse aynı sikik zamanlarda tanışmıştık. Hatta Connor onunla benden birkaç ay önce tanışmıştı. Tanrı aşkına, düğününde kimin sağdıç olacağına karar vermek için bize yazı tura attırmıştı. Ağabeyi olduğum için bu unvanı kazanmamıştım. Bir yıldan kısa süre içinde, evlendiği sırada onun yanında duracaktım, hem de tamamen *şanslı* olduğum için.

Yazı tura yüzünden.

Beni çok kolay bir şekilde hayatından atabilirdi ve hâlâ burada olmamın tek sebebi, beni ne kadar güçlü itiyor olursa olsun gitmeyi sürekli reddediyor oluşumdu.

Ama Daisy... İçten içe biliyordum ki, kardeşimden beni uzaklaştırabilecek olan şey oydu. O anın gelmesine olabildiği kadar karşı koyacaktım ama zihinsel olarak buna hazırdım. "Tabii," dedim. "Dinle, şu *Yada Sisterhood* her neyse onu yap-"

"*Ya-Ya,*" diye düzeltti beni.

"Her neyse," dedim. "Sadece, Rose'un önünü kesmesine izin verme. Hakkını savun."

"Kardeşime de bunu mu söylüyordun?" diye sordu aniden konuyu değiştirerek.

"Ona bir sürü sikik şey söylüyorum," dedim. "Ve evet, içlerinden biri de bu."

"Güzel," dedi Lily. Neredeyse şapşalca bir şekilde olsa da kararlılıkla başını salladığını gözümün önünde canlandırabiliyordum.

"Sikeyim, şu an kafanda bir hayvan mı takıyorsun?" diye sordum.

"Ne olduğunu biliyorsun."

"Hayır bilmiyorum."

"O bir Wampa şapkası."

"*Star Trek* saçmalığı mı?" diye sordum. *Star Wars* olduğunu biliyordum ama onun canını sıkmak hoşuma gidiyordu.

"*Star Wars.* Lo böyle söylediğin için seni tekmeleyebilirdi."

"Etrafta olmaması iyi oldu o zaman." Kardeşim, cinayet işleyebilirmiş ve aynı anda kadınları kendine eritebilirmiş gibi görünen sikik bir çizgi roman ineğiydi. Çok garipti. Kimin aklına gelirdi ki? Dokuz yıl öncesinde benim aklıma gelmemişti.

Bir süre bekledikten sonra, "Daisy nasıl?" diye sordu.

Durduğu yerde kıpırdanan Daisy'ye baktım, aynı yerde çok uzun süre beklediği için huzursuzlanmıştı. Bandajlı yanağı diğer tarafındaydı. Görebildiğim izler yalnızca gözlerinin altındaki morluklardı. Boşaldığı zaman yüzünde beliren gülümsemeyi, attığı kahkahayı ve onu saran gerçek mutluluğu hatırladım. Modellikle ilgili bu zor kararları vermeden önce keşke başına böyle bir şey gelmeseydi diye düşünüyordum ama sonunda bu kararı verdiği için mutluydum.

"O iyi olacak," dedim Lily'ye. "İyi görünüyor." *Çok güzel görünüyor.*

"Yaptığın şey için teşekkür ederim," dedi Lily. "Hepimiz buna minnettarız, biliyorsun."

Kelimelerimi dikkatli bir şekilde seçmedim. Sadece sikik kelimeleri söyledim. "Onun için her şeyi yaparım."

"Bu sefer farklı mı?" diye sordu.

"Ne demek istiyorsun?"

"Birkaç yıl önce Cancun'da olan olaydan bahsediyorum, o zaman da Daisy'yi kurtarmış sayılırdın. Sadece şimdi farklı hissedip hissetmediğini merak ettim." *Nereye varmaya çalışıyor?*

"Ya açıkça söyle ya da hiç söyleme."

Lily bir iç çekti. "Neden bu kadar kabasın?"

"Öyle olduğumu sanmıyordum," dedim.

"Onu şimdi, o zamanlar olduğundan daha çok mu seviyorsun?" diye sordu açıkça.

"O zaman on altı yaşındaydı," dedim. "Onunla çok takılmıyordum." Gerçek bundan çok daha karmaşıktı.

"Ya açıkça söyle ya da hiç söyleme," diye karşılık verdi Lily. Benden on kat daha *az* olan bir sertlikle söylemişti.

Neredeyse gülümseyecektim. "O benim için çok fazla sikik anlama geliyor, Calloway." Hâlâ ilkinden daha iyi bir cevap değildi ama Lily'yi memnun etmiş gibiydi.

"Bunu Lo'ya söyledin mi?" diye sordu.

"Ne fark eder ki? Ne görmek istiyorsa onu görüyor." Ben davetsiz misafirdim, kollarını açtığı ve hayatına aldığı sikik heriftim. Aletimi Daisy'nin yakınlarındaki bir yere sokarsam sanki ailesini, arkadaşlarını, *dünyasını* sikmişim gibi hakarete uğramış hissedecekti.

"Ona ne verirsen onu görüyor," dedi Lily yavaşça. "Ve ona çok fazla bir şey vermiyorsun, Ryke."

Elimi saçlarımdan geçirirken iç çektim. Kendi kardeşimle olan geçmişimi açmaktan çok korkuyordum. Sikik gerçek buydu. Ona çok uzun süre boyunca yanlış yapmıştım ve tekrar bunu konuşmaya başlarsam onu daha çok itecekmişim gibi hissediyordum. Bana yakın olması için ona hiçbir sebep vermiyordum. Geçmişimde *yıllarca* süren nefret vardı, sikik sevgi değil.

Bunu neden anlatacaktım ki? Bundan ne gibi sikik bir çıkarım olacaktı?

Sadece hepsini unutup hayatıma devam etmek istiyordum.

Daisy veznedeki sıranın ön kısmına ulaşmıştı.

"Kapatmam gerekiyor," dedim Lily'ye.

"Daisy sizinle Kaliforniya'ya gelebildiği için mutlu mu?" diye sordu telefonu kapatmadan önce.

"Evet," dedim. Bu sikik gerçek göğsümün kabarmasını sağlıyordu. "Onu koruyacağım."

"*Kendine* dikkat et," diye vurguladı Lily. "Tırmanan sensin. Bilgin olsun, düşme ihtimaline karşı yanıma ilk yardım çantası alıyorum."

"Sikik yara bantların beni kurtarmayacak."

"Ön yüzünde Wolverine baskısı var. O *herkesi* kurtarabilir."

Sanki beşinci kez yapıyormuşum gibi gözlerimi devirdim. "Hepimizin oraya tek parça varmasını umalım."

Daisy bana doğru yürümeye başladı.

"Kapatıyorum."

"Görüşürüz." Konuşmayı sonlandırdığımızda kolumu Daisy'nin omzuna attım ve çantasını aldım. Koruması Mikey, tatil için iki hafta daha Fransa'da kalacaktı. Medyanın dikkatini dağıtacağını ve onları yolumuzdan uzak tutacağını umut ediyorduk. Uzun süredir ilk kez, basından uzak olmalıydık.

"Sikik bir maceraya hazır mısın, tatlım?" diye sordum.

Bana sıkıca sarılarak cevap verdi. "Bu macerada kapkekler, Ryke Meadows ve motosikletler var mı?"

"Son söylediğinin yerine sikik bir kiralık araba var."

Gülümsedi. "O zaman bu kocaman berbat maceraya hazırım." Ardından duraksayarak ekledi. "Seninle."

Şakağını öptüm.

Yosemite'ye 30 gün.

Sikik geri sayım başlasın.

BÖLÜM 31

RYKE MEADOWS

Yolculuğa başlayalı yedi gün olmuştu ve kardeşimle çoktan kavga etmeye başlamıştık.

"Ne kadar kahrolası uygunsuz davrandığını biliyor musun?" Arabanın ön koltuğunda bana doğru dönmüştü, çenesini sıkıyordu. En şaşırtıcı nokta konunun Daisy'yle hiçbir ilgisinin olmamasıydı.

Lily'yle ilgiliydi.

Sikik nişanlısıyla.

"Oldukça kahrolası uygunsuz davranıyorum," diye itiraf ettim omuz silkerek. "Hepimiz bunu biliyoruz sanmıştım. Neden bu konuda beni takip ediyorsun?"

Lo, "*Ciddi misin?*" dercesine bir bakış attı. "O saçmalıkları onunla konuşamazsın. Lily kahrolası bir seks bağımlısı."

Connor'ın bakışları dikiz aynasından benimle buluştuğunda direksiyondaki elleri gergindi. Herhangi birimizin tarafını tutuyorsa da belli etmiyordu. Daisy'yse yanımda saçlarını uzun bir örgü yapmakla meşguldü.

Sesli bir şekilde inledim. "Seks hakkında konuşurken çok utanıyor. Ona bir iyilik yapıyordum, ayrıca şu an bana neden bağırdığını anlamıyorum. O konuşma aylar önce oldu." *Lil konuyu ancak şimdi açmıştı. Kardeşimle sikik saatler boyunca kısıtlı bir alanda kalacağım bir zamanda.*

Lily'yle sık sık konuşurduk ama halka açık yerlerde seks konusuna nasıl geldiğimizi hatırlamıyordum. Belki de bunu özlediğinden bahsettiği için olabilirdi. İyileşme sürecinde olduğu için sahip olduğu kısıtlamalarından biri de buydu. Salonlarındaki koltukta oturmuş Lo'nun spor salonuna gitmek için üstünü değiştirmesini bekliyordum ve Lily'ye o işi yaptığı yerleri sormuştum.

Yüzü kızarmıştı ve cevap verirken kekelemişti. Sikik cinsel maceralarımı listelersem kendini daha rahat hissedeceğini düşünmüştüm.

Plajlar.

Tuvaletler.

Golf sahaları.

Ormanlar.

Otoparklar.

Asansörler.

Parklar.

Alışveriş merkezleri.

Spor salonu soyunma odaları.

Sikik liste gerçekten de akıp gidiyordu. Her yerde, özellikle de dışarıda düzüşmeyi seviyordum. Lily bu konuda biraz açılmaya başlamıştı. Niyetim cinsel serüvenlerimizi birbirimizle paylaşmamız değildi ama onun seks hayatı hakkında daha az utanç duymasını istiyordum. Aklımı sikseler yeriydi.

Bir keresinde Lo'yla sinemada seks yaptıklarını söylemişti. On sekiz yaşındayken lunaparkın sikik dönme dolabında yaptığını söylemişti.

İlk düşüncem şuydu: *Bunun için ona hakkını vermeliyim.* Kulağa gerçekten eğlenceli geliyordu.

Sonra pamuk şeker büfesinin sırasında tanıştığı rasgele bir adamla yaptığını söylemişti.

İçim burkulmuştu. Onun için. Kardeşim için. Keşke Lily de seksten benim kadar keyif alabilseydi ama bu onun için tamamen farklı bir şeydi. Daha karanlık bir şey.

"Onu rahatlatmaya çalışmana minnettarım," dedi Lo. Buna rağmen sesindeki vurgu hiç de minnettarmış gibi değildi. "Ama Tanrı aşkına, halka açık yerlerde seks yapmanın ne olduğunu netleştirmem için bana mesaj atıyor." Başını iki yana sallayarak telefona döndü ve mesajı okudu. "*Eğer çadır bize aitse çadırda seks halka açık yerlerde seks yapmak sayılır mı? Çünkü insanlar çadırlarda yaşıyor. Yani aslında bir ev gibi ve ev de halka açık bir yer değil, mahrem bir yer. Yani çadırda seks, mahrem bir yerde seks yapmak demek.*"

Connor (bana kalırsa) ses çıkartmamak için kendini çok sıkıyordu ama sonunda kahkahalara boğuldu.

"Biliyorum," dedi Lo. "Bu çılgınca. Sizi kokainin bir uyuşturucu olmadığına ikna etmeye çalışan birinin mesajını okumak gibi."

"Peki bu sikik şeyin benim hatam olduğunu nereden çıkarttın?"

Lo kaşlarını kaldırdı. "Çünkü ona, bunun halka açık yerlerde seks yapmak sayılacağını söyledim ve anında şöyle cevap verdi: *Ryke halka açık yerlerde çok seks yapmış. Belki de bir seks bağımlısıdır.*" Bakışlarını bana çevirdi. "Sonra da sohbetinizle ilgili kahrolası uzun bir konuşma yaptık."

Daisy gülümseyerek bana baktı. "Halka açık yerlerde seksi seviyor musun? Market gibi mesela?"

"Evet, sikik kavunların ve mahsullerin önünde," dedim alayla.

"Ben pişirilebilen ürünlerin önünde yapmayı tercih ederim. Çikolatalı kurabiyeler. Pasta karışımları." Gülümsemesi büyüdü.

Lo bize baktı. "Hayır," dedi net bir şekilde. "Oralara sakın girme." Bakışları Daisy'nin üzerindeydi. "Halka açık yerlerde seks yapma. Bu çok iğrenç."

"Hey," diyerek araya girdim. "Bırak ne istiyorsa yapsın."

"Evet, tabii. Gidip tutuklan, Dais," dedi Lo. "Ya da daha iyisi, markette birisiyle düzüş ve kasiyerlerden biri de koridorun kenarından telefonuyla seni kaydetsin. Dünyaya anlatmak için harika bir hikâye olur."

Daisy'nin alaylı bir cevap vermesini bekliyordum ama bunun yerine ifadesi ciddileşti. "Lily'nin halka açık yerlerde seks yapmasının iğrenç olduğunu mu düşünüyorsun?"

Lo'nun ifadesi değişirken başını iki yana salladı. "Tabii ki hayır. O iğrenç değil."

"Ama ben yapsam iğrenç olurdu," dedi Daisy göğsüne dokunarak. Alnı kafa karışıklığıyla kırışmıştı.

Lo'ya ters ters baktım. Tam da bunu söylemişti.

"Öyle demek istemedim," dedi Lo iki büklüm olarak. "Sen sadece… sensin, Dais. Daha gençsin."

"Lily on sekiz yaşındayken dönme dolapta seks yapmış," diye karşılık verdim soğuk bir şekilde. "Konuyu yaşa bağlama. Sikik gerçeği söyle, Lo. Daisy'nin seks yaptığını düşünmek *senin* için iğrenç. Nerede yaptığının bir önemi yok."

Daisy, "Sorun yok, beyler," dedi hızla. "Konuyu açtığım için üzgünüm." Pencereye yaklaşırken kardeşimle karşı karşıya kalmama sebep olduğu için yüzünde bir suçluluk duygusu belirmişti. Dürüst olmak gerekirse, söylediği her şey zaten Lo'yu sinirlendirecekti. O böyle biriydi.

Lo bana uzun uzun baktı. "Bir dahaki sefere Lil'le konuşurken daha dikkatli ol. Sikik bekâretini bir golf sahasında kaybettiğine dair atıp tutmalarının yardımı olmuyor. Bunu denemek isteyecek ve ben de ona hayır demek zorunda kalacağım."

"Bir kez olsun yatak odasının dışında yapamaz mısınız? Daha iyiye gittiğini sanıyordum," dedim.

"Bunu isteyemez," dedi Lo. "Ve sikik şeyi istemeye başlayacak. Buradaki kısır döngüyü görebiliyor musun?"

"Evet." Onunla yatmayacaktı ama bundan daha fazlasını da biliyordum. Lily için endişeleniyordu. Hep endişeleniyordu.

"Pencereleri kim kilitledi?" diye sordu Daisy bir anda.

Başımı çevirdiğimde kapı kolunun üstündeki butona basıyordu, karşılığında hiçbir şey olmadı. Daisy otuz dakikadan daha uzun süre sabit duramazdı. Onu bir saatliğine SUV aracın içine oturttuğunuzda kafasını, kolunu, bacaklarını ve eninde sonunda tüm bedenini pencereden çıkarmaya çalışacaktı. Lo çoktan üç ya da dört kez onu deri koltuğa oturtmuştu.

Yanına doğru kaydım.

"Ben kilitledim," dedi Connor. "Ryke yavru köpeğini zapt edemiyor diye ilk cezamı yemeyeceğim."

Lo, "Hey," diyerek araya girdi. Kaşlarımı çattım. Beni mi tutacaktı? "Daisy'nin *onun* olduğunu söyleme."

Gözlerimi devirdim. "Sikik pencerenin kilidini aç, Connor."

"Hayır, böyle iyi," dedi Daisy bana yaklaşarak. "Kimsenin başının belaya girmesini istemiyorum." Uzun sarı saçlarını kulağının arkasına iterek bacağını benimkine sürttü. Morlukları geçmişti ve bu sabah Ohio'da bir doktor dikişlerini almıştı. Yanağındaki yara izi kapanmıştı ama kızarıktı.

Yine de önceki halinden on kat iyi görünüyordu. Topuz yaptığı saçlarını açıp neşeyle dağıttım. Saçları sanki yatakta dönüp durmuş ya da ormanda koşmuş gibi karmakarışıktı.

Ona yakından bakıyor oluşumu izlerken gerildi. Birlikte olmadan önce ben de ona aynı tepkiyi veriyordum. Kardeşimse ince bir çizgide yürüdüğüm ve o çizgiyi aştığım için yarım saatte bir bana uyarırcasına ters bakışlar atıyordu.

"Saçlarımın uzun olmasını seviyor musun?" diye sordu.

"Hayır çünkü senin nefret ettiğinin farkındayım." Eline bir makas almadan öne benim fikrimi almayı bekleyip beklemediğini merak ettim. Sanırım saçlarını kesmek, modellikten istifa ettikten sonra yapacağı ilk spontane hareket olacaktı.

"O zaman neden saçlarımı her topladığımda açıyorsun?"

Kardeşim ön koltukta olduğu için sikik cevabımı genele vurmam gerekiyordu. Bu yüzden şöyle söyledim: "Kızların saçlarının dağınık olmasını seviyorum."

"Yani '*az önce düzüştük*' dağınıklığı mı?"

Konuya girmişti bile. Gülümsememek için kendimi zor tuttum.

Kardeşim, "Daisy," diyerek araya girip yüzünü buruşturdu. "Ağabeyime öyle söyleme."

"Haklısın," dedi Daisy. "D'yle başlayan kelime biraz rahatsız edici." Başını bana doğru eğdi. "Peki '*az önce seks yaptık*' dağınıklığı mı?"

Lo başını birkaç kez iki yana salladıktan sonra kulaklığını takıp kapının köşesinde duran kazağını top haline getirdi. "Kendinden yedi yaş büyük bir adamla flört etmeye son verdiğinde beni uyandır. Bu iğrenç."

Daisy'nin gülümsemesi soldu.

Lo'yu seviyordum ama bazen gerçekten sikik bir şerefsize dönüşebiliyordu.

Connor sessiz kalarak yola odaklandığında bu fırsatı Daisy'yi neşelendirmek için kullandım. Onu belinden tutarak açtığım bacaklarımın arasına yerleştirdim. Bu sürpriz onu tekrar gülümsettiğinde bir elimi tişörtünün içine sokarak sırtına masaj yaptım, diğer elimle de omuzlarını ovuyordum.

Ben bu kadar yakınken gergin kasları rahatlamadı. Parmaklarım omzunu yoğurdukça, diğer avucum sırtında gezindikçe daha da gerildi ve destek almak için dizlerime tutundu.

Bilinçli olarak kıçını sertçe kasığıma itiyordu. *Sikerler.*

Elimi tişörtünün altından çekip parmaklarımla saçlarını taradım. "Çok vahşi göründüğün için saçlarının açık olmasını seviyorum ama ne yaparsan yap sevmeye hep devam edeceğim." Kendi isteklerine göre saçının uzunluğunu ve rengini *seçmesini* istiyordum. Annesi ve ajansı onun dış görünüşüne çok karışmışlardı. Onların sikik yerini almayacaktım.

Arkasını döndüğünde ellerim omuzlarından düştü. Yarı yarıya kucağımda oturuyor sayılırdı. Sadece kıçı benim değil, koltuğun üstündeydi.

"Bıçağını alabilir miyim?" diye sordu.

Yukarıdan ona bakarak yüzünü avucuma aldım ve başparmağımı pürüzsüz yanağında gezdirdim. "Ne bıçağı?"

Ayak bileğime doğru uzandığında kolundan tutup onu durdurdum. Dudaklarına bir gülümseme yayıldı, haylazlık gözlerinde dans ediyordu. "Yatarken üstüne aldığın bıçak," diye fısıldadı ipeksi bir ses tonuyla.

Bıçak şu anda üstümdeydi ama geceleri bileğime bağlamaya bir son vermiştim. Artık birinin dairesine girmeyeceğini düşündüğümü ve endişeli olmadığımı görürse kaygısının hafifleyeceğine inanıyordum. "Bıçağım hakkında konuşma, Calloway," dedim alayla.

İleriye doğru gelerek kucağıma yerleşti. "Bıçağını seviyorum."

Siktir, o şeytani bir kızdı. Erkeklerin onunla ilişkilerini sürdürememesinin bir sebebi vardı. Yatakta muhtemelen bir erkek onu baskılarken olduğu yerde sabit kalmıyordu. Aynı zamanda kontrolün tamamını almak için de yalvarmıyordu. Deneyimin bir parçası olmak istiyordu, bu yüzden onu becerdiğimde eşit yoğunlukla o da beni becerecekti. Aramızda sekse yansımasını beklemediğim bir olay vardı ama yansıyacağını kesinlikle biliyordum.

Bakışlarım sertleşirken kadınların çoğunun korktuğu bir şekilde ona baktım. Ancak korku duymak yerine gözleri parladı, içimdeki karanlıkla hipnoz olmuştu. "Ne düşündüğün sikimde değil" tarzındaki düşünce yapım bazı insanları korkutuyor olsa da onu çekiyordu. Hep çekmişti.

Derin bir nefes alıp elini saçlarımda gezdirdikten sonra dudakları kulağıma dokundu. "Sen benim kurdumsun." Elleri enseme düşerken onu izlememi seyrediyordu.

"Sevimli," dedim.

"En sevimlisi mi?" Gülümsedi.

Başımı iki yana sallayıp öne doğru eğildim ve kulağına fısıldadım. "En sevimlisi, kollarımda olup uyuyakalmadan önce üç veya dört kez boşalman."

Parmakları ensemi daha da sıkı tuttu. "Bir kez bile zor geliyorum," diye fısıldadı.

Kaşlarım havalandı. "Benimleyken gelmen çok hızlı oldu," diye fısıldadım. Botuma uzanıp tırtıklı bıçağı çıkarttığımda dudaklarıma bakıyordu.

Bıçağı ona uzattığımda ucuna dokundu, kanını akıtmıyordu ama keskinliğine bakıyordu.

"Saç kesebilir," diyerek onu rahatlattım.

Hâlâ uzaklara dalmış gibi bıçağı incelemeye devam ediyordu. Sonra kısık sesle mırıldandı. "Daha önce hiç öyle bir adamla seks yapmadım."

Kaşlarımı çattım. "Seni kollarına alan biriyle mi?"

Başını salladı. "Genelde başlarını yastığa yaslayıp üstte olmamı izliyorlar."

Bu cidden beni rahatsız ediyordu, öfkem ifademe yayıldı.

"Birlikte olduğum diğer erkeklerden bahsetmemeliydim. Bunu söylemenin ilişkide pot kırmak gibi bir şey olduğunu biliyorum." Kucağımdan kalkarak bileğimdeki tokasını aldı.

"Önceden takıldığın kişilerden bahsettiğin için üzülmedim," dedim. Arabanın ön tarafına baktım. Connor şerit değiştirip hiçbir şeyle ilgilenmiyormuş gibi yaparken kardeşim koltuğunda uyuyakalmıştı. Connor'ın bizi duyabileceğini sanmıyordum ama duyuyorsa bile muhtemelen duyduklarını kendine saklayacaktı. Saçlarını alçak bir atkuyruğu yapan Daisy'ye baktım.

"Sinirli görünüyordun," dedi.

"Siktir, öyleyim," diye fısıldadım. "Daha iyisini hak ediyorsun."

"Daha iyisi ne?" diye sordu.

"Sana dikkatini veren biri," dedim. "Sen sormadan neyi sevdiğini ve sevmediğini anlayan biri." Öne doğru eğilip kulağına fısıldadım. "Boşalırken çığlık atacağın kadar seni ıslatan biri."

Yüzü biraz kızarırken saçına tokayla bir düğüm daha atıp fısıldadı. "Üç yıl önce neredeydin?"

On beş yaşındaydı. Yirmi iki yaşındaydım.

"Üç yıl önce," diye fısıldadım. "Haplandığın yılbaşı partisinde seninle tanışmıştım ve seni arabama taşıyordum."

Başını iki yana salladı. "Ondan önce benimle evimde tanıştın. Bana el salladın."

Hatırlıyordum. "Lily'nin kardeşi olduğunu bilmiyordum. Dürüst olmak gerekirse, yirmi iki yaşında olduğunu ve Rose'un arkadaşlarından birisi olduğunu düşünmüştüm."

Lily mutfakta nar yiyen uzun boylu sarışın kızı işaret ettiğinde onun büyüleyici olduğunu düşünmüştüm. Bu yüzden el sallamıştım. Yüzü aydınlanmıştı ve beni hızlıca süzerken sevimli bir gülümsemeyle dudakları kıvrılmıştı.

Hemen o anda onu becermek, bir şeylere başlamak istemiştim. Uzun süreli ilişkileri mi, kısa süreli ilişkileri mi, yoksa tek gecelikleri mi tercih eden kızlardan olduğunu merak etmiştim. Sadece gülümsemesine, enerji yayan kaygısız doğasına ve güzel yüzüne bakarak bu üç seçenekten herhangi birini yapabileceğimi düşünmüştüm.

Ona yaklaşıp buluşabilir miyiz diye soracaktım ama Lily sikik planlarımı patlatacak bir şey söylemişti.

"Ah, o benim en küçük kardeşim." Ağzından çıkan sözler bunlardı.

İfadem sertleşmişti. "Senden büyük görünüyor."

"Biliyorum ama on beş yaşında."

On beş. Henüz hiçbir şey yapmamış olsam da sanki gerçekten yanlış bir şey yapmışım gibi garip bir his beni sarmıştı. Anında Daisy'ye sırtımı dönüp sikik dürtülerimle düşündüğüm ve hayal ettiğim her şeyi derinlere gömmüştüm.

"Gerçekten Rose'un arkadaşı olduğumu mu düşündün?" diye sordu.

"Evet," dedim. *Büyük, sikik bir hata.*

Gözleri dalarken bunu sindirmeye çalıştı.

O sırada koltukta duran telefonum titredi. Mesaja baktığımda hayal kırıklığıyla iç çektim.

60 Dakika röportajım bu akşam yayınlanıyor. Umarım izleyebilirsin. Seni seviyorum. -Annem

Kelimelerin beni etkilemesine izin vermeden mesajı sildim.

"Bu uzunluk nasıl?" diye sordu Daisy. Tokası hemen göğsünün üzerindeydi. Rose'un uzun saçlarının ve Lily'nin omuz hizasındaki kısa saçlarının arasında bir uzunluktu.

"Daha kısa yapmak istiyorsan benim için sorun olmaz," dedim sertçe. Benim yüzümden uzun kalmadığından emin oluyordum.

"Hayır, böylesi iyi hissettiriyor." Bıçağı tekrar bana uzatıp dizlerinin üzerinde oturdu. "Kesmeni istiyorum." Sanki kendini ana hazırlıyormuş gibi güçlü bir nefes aldı.

"Saçını kesmeyi kaç kez hayal ettin?" diye sordum ciddi bir şekilde.

"Bir milyon kez."

Bunu benim yapmamı istiyordu. Birlikte yaptığımız her şeyin; motosiklet sürmemizin, köpekbalıklarıyla yüzmemizin, şnorkelle dalmamızın, hava dalışı yapmamızın, kayaya tırmanmamızın arasında en samimi olanı buydu. Çıktığımız için değil, bu onun için çok fazla anlam ifade ettiği için.

Bunun olmasını yıllarca beklediği için.

Elim bıçağın kabzasına sarılırken elimle atkuyruğunu tuttum. Beni izlerken avucu bacağıma uzandı.

Hemen tokanın üstünden kestiğimde sarı tutamlar hızla kesildiği için gülümsemesi büyüdü. Saniyeler için atkuyruğu elimdeydi ve saçları düz olmasa da elmacıkkemikleriyle aynı hizadaydı.

Saçlarına dokunurken sanki kaba elleri olan birisi tarafından mahvedilmiş değil de bir profesyonel tarafından kesilmiş gibi gülümsedi. Bıçağı tekrar botuma yerleştirip bileğimdeki kılıfa oturttum.

Yanağımı öpüp pencereye yönelirken düğmeye bastı. "Connor, açabilir misin? Sadece rüzgârda saçımın nasıl hissettirdiğini görmek istiyorum."

Connor dikiz aynasından ona baktı. "Değişir. Yine uluyacak mısın?"

Daisy başını hızla iki yana salladı. "Hayır. Ulumak yok, söz veriyorum." En büyük gülümsemesiyle durmaksızın düğmeye basıyordu. Bu sefer istediğini alacağını biliyordu.

"Kırsal yollardayız," dedi Connor. "Buralarda çok polis olmaz." Tennessee'deki Dumanlı Dağlar'a doğru gidiyorduk. Tek şeritli yolun iki tarafında da ağaçlar vardı.

Connor sonunda pes ederek pencerelerin kilidini açtı. Daisy *klik* sesini duyar duymaz yerinden fırladı, pencere çoktan aşağı inmeye başlamıştı. Vücudunun yarısını arabadan dışarı sarkıttı. Pencerenin kenarında oturuyordu.

"En kötü etkiyi kimin bıraktığından emin değilim," dedi Connor. "Onunlayken sen mi, yoksa seninleyken o mu?"

Neredeyse gülümseyecektim. Daisy'yi ayak bileğinden tutarak ne yapıyorsa devam etmesine izin verdim. "Eğer düşerse onu içeri çekerim," dedim. Gücüme güveniyordum. Hayatımın çoğunu kaya tırmanışı yaparak ve koşarak geçirip kendimi geliştirmiş olmasaydım ona ayak uyduramazdım.

Daisy ellerini havaya kaldırarak kahkaha atı. Rüzgâr kısa sarı saçlarını dağıtıyordu. Gözlerini kapatıp derin nefesler aldı.

Özgürlük yaşla gelen bir şey değildi. Hukuki olarak bir yetişkin olduğunuzda sihirli bir şekilde yanınızda belirmezdi.

İnandığınız şeyi savunduğunuz zaman gelirdi. Şu anda, Daisy'nin hissettiği huzurun siluetini görebiliyordum.

Ancak üç gün önce annesini aramıştı ve modellikten istifa ettiğini söylediğinde Samantha telefonu onun yüzüne kapatmıştı. Öylece yüzüne kapatmıştı. Daisy'nin açıklamasını dinlememişti. Sonra da Rose'u arayıp bu konuyla ilgili diğer kızına söylenip durmuştu. Annesinin sikik iftiralarında benim ismim vardı.

Daisy'nin modellik yapmaması benim suçumdu.

Onu buraya gelmeye ben zorlamıştım.

Samantha aramızdaki arkadaşlığın onun istifa etmesine sebep olduğunu düşünüyorsa, Daisy'nin yüzünü görünce aklına ne geleceğini merak ediyordum.

Onun da benim hatam olacağından hiç şüphem yoktu.

BÖLÜM 32

DAISY CALLOWAY

"Ağır hiçbir şey yeme," dedi Ryke. Bir masada bacak bacak üstüne atmış oturuyordum. *John's Backwoods Smokehouse*'un duvarlarında geyik ve antilop başları asılıydı. Akşam yemeği için Kentucky Dağları'nda durmuştuk ve artık hem dikişlerim alındığı hem de modellik yapmadığım için gerçek yemekler yiyebilecektim.

"Bu öneri hoşuma gitmedi." Bakışlarım aç bir kurt gibi devasa menüdeki resimlerde gezindi. Sulu biftekler. Küçük kaburgalar. Barbekü sandviçler. Yağlı hamburgerler.

Gurlayan midem hepsini istiyordu.

"Sikeyim, hasta olacaksın. Aylarca meyve ve sebze yedikten sonra kırmızı et yemeye geçemezsin."

Menünün üzerinden ona baktım. "Bir teorim var." Dramatik bir efekt katmak için duraksadım. "Bence midem çelikten yapılmış."

Ryke pipetinin kâğıdını buruşturup yüzüme attığında saçıma yapıştı. Gülümsesem de menünün arkasından ne yaptığımı göremiyordu.

Lo yanımda oturduğu halde aramızdaki hareketlenmenin farkında değildi. Diğer dolu masalara bakıp bizi fark eden biri olup olmadığını düşünmekle meşguldü. Şu ana kadar kimliklerimizi gizli tutmuştuk.

Kimsenin beni görmemesi için beyzbol şapkamı gözlerime doğru eğdi. Yara izim duvar tarafındaydı, bu yüzden birisi şans eseri fotoğrafımızı çekerse kesiği göremeyeceklerdi. Ayrıca bu şapka *benim* değildi. Ryke kendi şapkasını vermişti.

Connor, Lo'nun karşısında suyundan bir yudum aldı. "Bir şey saklıyormuş gibi davranırsan insanlar genelde bunu gerçekten yaptığını düşünür," dedi ona.

Lo ters ters baktı. "Tüm yolculuk boyunca takip edilmek istemiyorum sadece." Suyuna limon sıkarken bardağa sanki kendisine hakaret etmiş gibi bakıyordu. Sanırım içinde viski olmadığı içindi.

"Kimse nerede olduğumuzu fark etmedi," dedi Ryke. "İyiyiz."

Lo başını sallayarak buna inanmaya çalıştı.

Menünün üzerinden Ryke'a bakmaya devam ediyordum, sadece gözlerimi görebiliyordu. Onun dikişleri de alınmıştı. Kaşının ortasında bir kesik vardı. Küçüktü ama fark ediliyordu. Tamamen iyileştikten sonra bir yara izi kalacaktı.

Yüzünü incelediğimi yakalasa da ondan utanmadım. *Önce kimin bakışlarını kaçıracağı* konusunda yarıştığımız tehlikeli bir oyun oynuyorduk. Ben bakışlarımı kaçırmayacaktım. Kucağına tırmanıp yüzünü yalamak istiyormuşum gibi ona bakıyordum. Ryke ise yoğun, sert, baskın, alfa ve biraz da şerefsiz bakışlarıyla bana bakıyordu. İşte Ryke Meadows buydu. Tek bir bakışı topuğumu bacaklarımın arasındaki noktaya bastırmama sebep olmuştu. Sızlayan noktaya uyguladığım baskı güzeldi.

Gözlerini ilk kaçıran olmaktan korkuyordum. Bu yüzden, "Benim yara izim seninkinden büyük," diyerek menünün arkasından tekrar gülümsedim.

Karanlık ifadesi asla bozulmuyordu. "Benim sikim de seninkinden büyük."

Ahhh. Hadi be. Bir kahkaha attığımda Lo irkildi. Benimle uygunsuz bir şekilde konuştuğu için ağabeyini azarlamayı bırakmıştı. Sadece başını iki yana sallayarak siparişlerimizi alması için garsona işaret yaptı.

Ryke'a onu becermek istiyormuşum gibi görünen bir bakış daha attım, bakışlarım yumuşasa da gözlerim hâlâ kısıktı. Modellik için farklı ifadelere çalıştığım için bakışlarımın oldukça iyi olduğunu söyleyebilirdim.

"*Beni sertçe becer,*" diyen *cilveli* bakışıma rağmen gözlerini benden ayırmadı. Bu aramızda bir oyundu ama içime işleyen bakışları bedenimin normal sıcaklığını ciddi bir şekilde arttırıyordu. Sanırım sonunda sadece flört etmekten ileriye gidebildiğimiz için durum biraz daha farklıydı. Artık birlikte olduğumuz için öpüşmeye, okşamaya ve düzüşmeye kadar gidebilirdi. Sadece kardeşi ve Connor'ın önünde olmazdı.

Garson masamızın yanında durdu. "Sipariş vermeye hazır mısınız?"

"Evet," dedi Lo. Onun hamburger siparişiyle Connor'ın somon siparişine az çok dikkatimi vermiştim. Ryke, "*Bir noktada bakışlarını kaçırman gerekecek, tatlım,*" dercesine kaşlarını kaldırdı.

Tamam, bu turu kaybetmiştim. Belki gelecek sefere bu oyun birbirimize dolanmış bir halde biterdi. Hızlıca yiyecek seçeneklerimi düşünüp güzel sarışın garsona gülümsedim. "Bir bonfile ve fırında patates alacağım."

Ryke başını iki yana sallasa da kararımı değiştirmem için beni zorlamadı. Garsona baktı. "Ben de aynısından alacağım." Menüleri kıza uzattığımızda mutfağa doğru ilerlemeye başladı. "Benim midem bulanmazken seninkinin neden bulanacağını gör bakalım," dedi Ryke.

"Benim midem çelikten yapılmış," diye tekrarladım.

"O sikik teori henüz ispatlanmadı."

"Doğru."

Connor telefonunda bir şeyler yazdıktan sonra cebine attı. Bana bakıyordu. "Artık modellik yapmadığına göre üniversiteye başvuracak mısın?"

Bu konunun gündeme geleceğini biliyordum ve konuyu açanın o olmasına şaşırmamıştım. "Üniversiteye gitmemi mi istiyorsun?" diye sordum.

"Hepimiz sevdiğin şeyi yapmanı istiyoruz," dedi Connor. "Bunu çözmek için üniversite iyi bir yer ama herkese uygun değil." Tatsız bir kahkaha atan Lo'ya baktı.

"Tabii, üçüncü sınıfında okulu bırakan çocuğa dönün," dedi Lo ters bir şekilde.

Connor omuz silkti. "Sen iyi bir örneksin. Utanma, bu bir gerçek."

"Asıl gerçek," dedi Lo. "Senin kibirli bir şerefsiz olman."

"Gerçek," diye karşılık verdi Connor. "Senin yakışıklı bir göt olman."

Lo alayla kalbine dokundu. "Bir iltifat ve bir hakaret. Beni hemen becer, aşkım."

Ryke gözlerini devirdi. Peçetemin kenarını düzeltip bir gül yaptığım sırada o da pipetimin kâğıdını top yapıyordu.

"Üniversite yok," dedim onlara. "Tüm gün bir sıranın arkasında oturup ders dinlemek istemiyorum."

Connor anlayışlı bir şekilde başını salladı.

"Belki işin sonunda giderim," dedim. "Sadece yakında değil."

"Peki, ne yapacaksın o zaman?" diye sordu Lo.

"Henüz bilmiyorum," diye itiraf ettim. Kâğıttan gülün ucunu elimde çeviriyordum. "Bu yolculuğun karar vermeme yardımcı olacağını düşünmüştüm." Keşke Ryke gibi olsaydım. Onun mesleği yaptığı spordu. Başardığı serbest solo tırmanışlarla bir sürü kaya tırmanışı dergisine çıkmıştı. Güven fonuyla yaşamaya devam ederken üç tırmanış reklamında oynamıştı ve şöhreti sayesinde ona *milyonlar* ödemişlerdi. Bir çeşit erkek jilet markasının yüzü olmuştu, hep tıraşsız olduğu göz önüne alınınca bu komikti. Aynı zamanda *REI* ve *Under Armour** için de birkaç reklamda rol almıştı.

Aslında gösterişli bir hayat yaşıyordu. Benimse bunu sermayeleştirecek bir yeteneğim yoktu.

Sanırım bu bir yalandı.

Bir yeteneğim vardı: Modellik.

Peki ya iyi olduğunuz alan sevdiğiniz şey olmadığında neler oluyordu?

* ABD merkezli bir spor giyim markasıdır. (ç.n.)

Şu an o noktadaydım. Sıkışmıştım.

Masada birinin telefonu titredi. Annem olabileceğini düşünerek telefonuma baktım. Benimle konuşmaya hazır olabilirdi. Açıklamak istiyordum ama bana pek fırsat tanımıyordu.

Telefonumda mesaj yoktu.

Bakışlarımı kaldırdım, Ryke telefonun ekranına bakarken çenesini sıkıyordu. Ekrandaki bir tuşa bastı. Annesinden ya da babasından gelen mesajı sildiğini biliyordum. Bunu daha önce yaptığını görmüştüm. Telefonunu deri ceketinin cebine yerleştirdi.

Şu an onun ebeveynlerine sempati duymaktan kendimi alamıyordum. Görmezden gelinmenin nasıl bir şey olduğunu biliyordum ve can yakıyordu. Fakat bir şey söylemeye hakkım yoktu, değil mi? Annesiyle, babasıyla ve Lo'yla olan her şey benim araya karışamayacağım kadar karmaşıktı.

Connor *Superheroes & Scones** hakkında Lo'yla konuşmaya başladı. Lily'yle sahibi oldukları çizgi roman ve kahve dükkânıydı. *Vergi ve kâr marjı* kelimelerini yakaladım.

Ryke başını salladı. "Bunu yapmayı nereden öğrendin?" Bakışları kâğıttan güle çevrildi. Yıllardır bunları yapmamı izliyordu ama bu ilk soruşuydu.

Bazen peçetelerle oynadığımı fark etmiyordum bile. Sadece alışkanlık olarak yapıyordum. "Sosyeteye takdim edilirken eğitmenler masalarda saatlerce oturmamıza sebep olurdu. Gerçekten sıkılıyordum."

"Kendin mi öğrendin?"

"Evet," dedim. "Havalı şekiller yapmakla ilgili internette bir makale buldum." Peçeteden yaptığım çiçeği bitirerek ona uzattım. "Ryke, bu gülü kabul eder misin?" dedim alayla. Bunun bir *The Bachelor*** alıntısı olduğunu biliyordu. Hep birlikte yaşarken tüm bölümlerini kaydedip uyumaya çalıştığım sırada ona izletiyordum.

"Bu seninle çıkan bir sürü sikik herif olduğu anlamına geliyor."

Alayla nefesim kesilmiş gibi yaptım. "Ama sen benim bir nu-

* Süper Kahramanlar & Çörekler. (ç.n.)

** *ABC* kanalında yayınlanan bir Amerikan flört ve ilişki reality programıdır. (ç.n.)

maramsın." Onu daha iyi görebilmek için başımdaki beyzbol şapkasını kaldırdım.

"Eğer cidden bir kızla çıkıyorsam," dedi Ryke. "Hayatındaki *tek* kişi olsam iyi olur."

Olduğunu biliyordu. Gülümseyerek gülün alt kısmını sıktım ve kulağımın arkasına yerleştirdim. Çok geçmeden yemeklerimiz önümüze geldi. Tabak masada kayarken biftek *tam olarak* resimdeki gibi görünüyordu.

"Başka bir şeye ihtiyacınız var mı?" diye sordu garson.

"Bir tatlı menüsü," dedim. Çoktan çikolatalı pastanın hayalini kurmaya başlamıştım. Eğer yoksa bir sıcak *brownie* dilimiyle devam edecektim.

"Tabii, hayatım." Kız yanımızdan ayrıldığında bifteğimi büyük parçalara bölmeye başladım, hiç vakit kaybetmek istemiyordum. Beynim, *Ye, ye, ye!* diye bağırıyordu.

İlk lokmamı alırken gözlerimi kapattım. Lezizdi.

Sihirliydi.

Yemekleri seviyordum. Dört lokmadan sonra suyumdan bir yudum aldım. "Söylemiştim, çelikten bir mide."

Ryke yemeğini çiğnerken kaşları tekrar havalandı, benim kadar iyimser değildi.

BÖLÜM 33

DAISY CALLOWAY

Teorinin yanlış olduğu ispatlanmıştı.

Restorandan ayrılmamızdan bir saat sonra yediğim et midemi düğümleyerek zorla boğazıma yükselmişti. Hatta restoranda tatlı bile yememiştim. O noktada midem kötüydü ama olay çıkarmak istememiştim. Sadece bonfile yüzünden "tok" olduğumu söyleyip tatlıyı atlamıştım.

Ryke'a göre kusacağımın ilk belirtisi de oydu. İkinci de arabanın arkasında hareket etmiyor olmamdı. Acı verici şekilde olduğum yerde sabittim.

Sonra kusmuştum.

Şükürler olsun ki arabaya değil, yolun kenarına.

Ryke haklı olduğu için biraz üzgündüm ve hem tatlılara hem de iştah açıcı yiyeceklere gömülemediğim için daha da üzülüyordum. İşleri ağırdan almaktan nefret ediyordum. Fakat belli ki midem çelikten yapılmamıştı, bunun yerine plastik gibiydi.

Bu da hiç eğlenceli değildi.

Birkaç saat geçtikten sonra midem yatışmıştı ve dağlardaki bir motele yerleşmiştik. Görünürde bir *Hilton* ya da *Holiday Inn* yoktu. Sadece ismi *Big Cove Motel* olan küçük garip bir mekân vardı. Sarı duvar kâğıtlarıyla kaplıydı, banyo fayansları küflenmiş gibiydi ama tilki desenli yatak örtüleri temiz görünüyordu.

İki oda tutmuştuk. Biri benim, diğeri onlar içindi. Sanırım Lo bana mahremiyet ve yalnız başına vakit geçirme fırsatı sunarak nezaket göstermişti. Lily olmadan onun etrafında olmaya alışık değildim ve sanırım o da birçok şeyden dolayı huzursuzdu. Kardeşinin etrafında olmamdan. Üç erkeğin etrafındayken ablalarımın yanımda olmamasından. Sınırlı bir alanda yolculuk yapmamdan.

Ama yalnızken ne kadar paranoyak olduğumun farkına varmamıştı. İçtiğim ağrı kesicilere rağmen, Ryke gecenin ikisinde yanıma geldiğinde tamamen uyanıktım ve varlığı odanın sıcaklığını değiştirerek beni ateşe vermişti.

Sonra bir şekilde işe koyulmuştuk.

Son yirmi dakikadır dokunuşlarımız ve öpücüklerimizle takılıyorduk. Yukarıdan bana bakarken dudakları şişmişti. Üzerimde sadece Ryke'ın favorisi olan tişörtüm vardı. Üzerinde şöyle yazıyordu: *Siktir, seni sikik şerefsiz.*

Bakışlarım içimde yeni hisler uyandıran ereksiyonunda gezindi. Beklemek zordu. Özellikle de sadece haftalardır değil, yıllardır bekliyormuşuz gibi hissettiğim için. Eğer ilişkimiz onun kardeşinden ve benim ablalarımdan, yani herkesten gizli olarak değil de normal bir şekilde başlamış olsaydı merdivendeki o gün seks yapmış olurduk. İkimiz de biraz dürtüsel hareket ediyorduk.

O gecenin bu gece olup olmadığını merak ediyordum.

Öyle olduğunu umuyordum.

"Ne kadar büyüksün?" Cevabı çoktan biliyor sayılırdım. İnce kumaştan yapılmış pantolonu hayal gücüme pek bir şey bırakmıyordu.

Beni örtülere doğru yatırdığında bedenimi dirseklerimle destekledim. Dizlerinin üzerinde üstümde dururken yavaşça pantolonunu aşağıya indirmeye başladı. Tekrar doğruldum, ona daha yakın olmak istiyordum.

Aleti dışarı fırladı, tamamen uyarılmıştı. Bilinçsiz olarak birlikte olduğum tüm erkekleri, gördüğüm tüm sikleri düşündüm ve kalbim tekledi. İçime daha önce giren her şeyden daha büyüktü. Connor'ın porno kasetinden bir görüntü gözümün önüne geldi. Ah, Tanrım.

Beynim o bilgiyi yakmak istiyor olsa da zihnimden bir türlü gitmiyordu. Sanırım neredeyse aynı boyuttalardı. Connor'ınkini sadece göz ucuyla görmüştüm ama evet, bu kadarını bilmek bile çok garipti.

Ryke'ın aletine odaklandım. Yüzümün hemen önünde durup *benim* dikkatimi çekmek için yalvaran o şeye.

Ryke çenemi tuttu. "Ben içine girmeden önce delicesine ıslak olacaksın, tatlım."

Beni incitmek istemiyordu. Sıcaklığıma uzandığında beni parmaklarıyla becereceğini düşündüm. "Seni boşaltmak istiyorum," dedim açıkça. "Ya da boşalırken seni izlemek istiyorum. Benim boşaldığımı iki kez gördün. Ben de seninkini görürsem adil olur."

Gerçekten onu ağzıma almayı denemek istiyordum. Bu meydan okuma çekiciydi ama içimde tam olarak bu sebep yüzünden aletini bana göstermeyi ertelediğine dair bir his vardı. Bunu yapmak isteyebileceğimi ve beni boğabileceğini biliyordu.

Pek bir şey söylemedi, ben de zaten söylemesini beklemiyordum. Ryke, karanlık gözleriyle konuşan bir adamdı. Ağır sessizliği her yanımı sardığında pantolonunu çıkararak tamamen çıplak kaldı. Bakışlarımı bedeninde gezdirdim. Her bir kası belirgin ve sert görünüyordu. Gerçek değilmiş gibiydi. Üstelik daha önce modellerle birlikte olmuştum.

"Tamamını ağzıma sığdırmak istiyorum," dedim boğuk ve arzulu bir sesle.

"*Siktir...*" Kelimeyi sert bir nefes verirken söylemişti, bakışları dudaklarımdaydı. Oral çekme konusunda iyi bir pratiğim vardı, bu yüzden onun bana yaptığı kadar iyi bir şekilde ona zevk verebileceğimi biliyordum. Sadece denememe izin vermesini umuyordum.

Bir anda dizlerinin üzerine doğrulduğunda yatak altımızda

hareket etti. Onu beklerken çok heyecanlıydım. Yataktan inip dizlerimi halıyla kaplı zemine dayadım.

Bana bir bakış attı. "Yatakta yapabiliriz, Dais."

"Biliyorum ama böyle olması hoşuma gidiyor." Yukarı bakıp yüzünü görebilmek istiyordum. Bu pozisyonda daha kolaydı. Yatağın ucunda oturup bacaklarını aşağıya sarkıttığında bakışları karanlık ve baş döndürücüydü. Uzanıp saçlarımı yüzümden geriye taradı ve başımın arkasını tutarak beni ereksiyonuna yönlendirdi.

Uzunluğunu yalamadan önce gülümsedim. Karın kasları gerilirken elimi kaslı bacağına yerleştirdim, bacağı da dokunuşumun altında kasıldı.

Onu ağzıma almadan önce, "Bunun sikik bir yarışma olmadığını unutma," dedi.

Daha parlak bir gülümsemeyle başımı salladım. Ağzımı olabildiğince geniş bir şekilde açtığımda aletini alt tarafından tutup bana yardım etti. Dudaklarından dökülen alçak sesli iniltiyi bastıramamıştı.

Dilimin üzerinden boğazıma doğru derinlere gittikçe bedenine daha çok yaklaşıyordum. Ryke yerinden kalkmak için yatakta kıpırdandı ve bir anda aleti daha derinlere indi. İki elimi de kalçasına yerleştirdim ve geriye yalnızca beş santim kalırken başımı eğdim. Onunla ne kadar dolu olduğumu betimleyemiyordum bile. Keşke onun gördüğü şeyi, aletinin dudaklarımın arasında olduğunu görebiliyor olsaydım.

"*Siktir,*" diye inledi.

Aletinin sonuna ulaştım, tamamı ağzımdaydı. Gözlerine baktığımda yukarıdan bana bakıyor ve bu anı aklına kazıyordu. Ellerimin altındaki kıçı gerildiğinde nazikçe üç santim kadar geri çekildim. Kendini iterek tekrar ağzımı doldurdu. Bu harekete devam ettiğimiz sırada bacaklarımın arasındaki nokta tekrar sızlamaya başladı. Özellikle de ateşli bir zevkle yüz ifadesinin değişmesini izlediğim anda.

Elimi kıçından çekerek mümkün olduğunca eğildi. "Kendine dokun, tatlım."

Daha önce hiç kendime dokunma konusunda başarılı olamamıştım ama bu pozisyondayken, o çıplak ve tamamen ağzımdayken, *her yerim* inanılmaz hassaslaşmıştı. Onun daha önce yaptığı dairesel hareketi ve hem hızlı hem yavaş arasında değişen ritmi tutturmam uzun sürmedi.

Bir gecede üçüncü kez boşalacağıma inanamıyordum. Bunun mümkün olabileceğini hiç düşünmemiştim.

Kendimi sınırda hissediyordum, belki o da öyleydi. Havai fişeklerin kafamda patlayacağını düşündüğüm an bitişikteki odanın kapısının açıldığını duydum.

O havai fişeklerin yerini ani bir histeri alırken içgüdüsel bir tepki verdim.

Mümkün olabilecek en kötü anda geri çekildim.

Çünkü siki ağzımdan çıktığı an…

Boşaldı.

Yüzüme.

BÖLÜM 34

RYKE MEADOWS

Hassiktir.

Onun yüzüne bakmaktan kendimi alamıyordum. Normalde olsa menimin yanaklarında, dudaklarında, hatta göz kapaklarında olması beni tahrik ederdi. Siktir, herhangi bir erkeği taştan daha çok sertleştirebilirdi. Ancak şimdi olmazdı. Connor Cobalt odaya girdiğinde, Daisy çaresizce yüzünü silmeye çalışırken kapıyı kapattığı anda olmazdı.

Daisy iki elini kullanarak işi daha da berbat bir hale sokuyordu. Yüzü utançla kızarmıştı.

"Dais... siktir." Hızlıca pantolonumu çekip eğildim ve Connor'ı görmezden geldim.

Anında içim endişeyle dolmuştu. Yerdeki tişörtü bulup nazikçe Daisy'nin yüzünü silmek için kullandım. Ona kendini sikik bir porno yıldızı gibi hissettirmektense onunla ilgilenmeye çalışıyordum.

Tam da o an geri çekildiğine inanamıyordum. Sikik kötü bir zamanlamaydı.

Connor boğazını temizledi.

"Hmm... Açıklayabilirim," dedi Daisy.

"Gerçekten gerek yok," dedi Connor gergin bir sesle. "Oralın ne anlama geldiğinin gayet farkındayım."

Daisy'nin yanakları daha da kızarırken yüzümü buruşturdum. *Çok sağ ol, Cobalt.* Bu durumu olduğundan daha da tuhaf bir hale sokuyordu.

Daisy'den başımı çevirmeden cevap verdim. "Ne bok istiyorsun?" Saçlarını yüzünden geriye itmeye çalışıyordum ama işe yaramıyordu. Tutamlar ıslanmış ve yanaklarına yapışmıştı. Sikim kasılıp sertleşmekle beni tehdit etse de Daisy'nin gözlerini ve utancını her gördüğümde gerçeğe dönüyordum.

Aklından neler geçtiğini hayal bile edemiyordum.

Elimden geldiğince hızlı bir şekilde onu temizledim ama ikimiz de buradan ayrılamayacak kadar donup kalmıştık. Kalkıp yüzünü yıkaması için onu tuvalete bile götüremiyordum.

"İkiniz de delisiniz," dedi Connor. Masmavi gözleri benden Daisy'ye çevrildi. "Böyle şeyler yaptığınız her dakika ilişkinizi attığınız risk büyüyor. Arabada seks konuşmak, Lo ve benden *bir* duvar uzakta sanki yakalanmak için yalvarıyormuşsunuz gibi düzüşmek. Bu yüzden ikinize de dostane bir uyarı yapacağım." Bakışlarını bana çevirdi. "Ya sizi yakalamadan onlara söyleyin ya da sakin davranın. Benim yerimde Lo *olabilirdi* ve emin olun onun öfkesi çok çirkin olacaktır."

Dikkatli davrandığımızı zannediyordum ama bir an için o kadar da dikkatimizi vermemiştik. Eskiden belli sınırlarla flört ederdik ve şimdi o sınırların bir kısmını devirmiştik, bu sikik aklımı karıştırıyordu. Bu gizliliğin sonsuza kadar sürmeyeceğini biliyordum. Kesinlikle planladığımız gibi bir buçuk sene sürmeyecekti. Ama en azından birkaç ayımız olabilirdi, sadece zamana ihtiyacımız vardı. Özellikle de bizim birlikte olma fikrimizden nefret eden insanlarla uğraşmadan önce.

"Bunu bize söylemek için siktiğimin sabahına kadar bekleyemedin mi?" diye hırladım.

"Gürültülü olmaya başlamıştınız," dedi Connor duygusuz bir

şekilde, gülümsemiyordu. "Bana sonra teşekkür edebilirsiniz." Daisy'ye bakarak bütün bedeninin kaskatı kesilmesine sebep oldu. Saçında bir noktayı atladığımı fark ettim. Silmek için tişörtümü kullanırken midem düğümlendi, hâlâ üzerinde olmasından nefret edeceğini biliyordum.

"Umarım bu diğer ilişkilerinden farklıdır," dedi Connor, Daisy'ye içtenlikle. *Siktir.*

"O sikik konulara gerçekten girecek misin?" diye sordum. Bedenim öfkeyle doluydu. Ben diğer dangalaklardan değildim. Bana ilk oral çekişinde o içeri girmişti. Bu beni sikik bir şerefsiz gibi gösteriyor olabilirdi ama aynı zamanda sikik bir kötü şanstan ibaretti.

"Evet," dedi Connor. "Onu, Julian'a benzer bir şey yaptıktan sonra yatak odasından çıkarken görmüştüm."

Daisy'nin eski sevgilisinin ismi resmen içime oturmuştu. Yumruklarımı sıktım, onu durmaksızın yumruklamak istiyordum. O herifin sikinin Daisy'nin ağzında, hatta bedeninin beş metre yakınında olduğunu bile düşünmek istemiyordum. O sikik görüntünün gözümün önünden *gitmesini* istiyordum. Tabii ki Connor, bu konuyu beni sinirlendirmek için açmıştı. Başımı iki yana sallayarak yumruğumu duvara indirme isteğimi bastırdım. Bunun yerine tuvalete gitmeye karar verdim. Havluyu alıp musluğa uzatırken öfke içimde kol geziyordu.

Odaya döndüğümde Daisy'nin konuştuğunu duydum. "Ryke diğer adamlar gibi değil, Connor."

Connor'a ters bir bakış attım. "Şu anda sadece sikik bir şekilde utanabilir misin acaba? Nasıl hâlâ burada duruyorsun?"

"Hayatım boyunca hiç utanmadım," diye cevap verdi. Ağzından çıkan her kelimeye karşı onu boğmak istiyordum. Sikeyim, çok can sıkıcı biriydi.

Eğilip sıcak havluyu Daisy'nin yanaklarında gezdirmeye başladım, diğer elimle de çenesini sabit tutuyordum. "Ah, öyle mi?" diye sorarken bakışlarım Connor'a doğru döndü. "Ya Daisy, seni düzüşürken görseydi? O zaman ne kadar utanırdın?" Bunun sonu iyi bir yere varmayacaktı ama kendini bir tanrıymış gibi hissetmesinden artık bıkmıştım, dokunulmazmış gibiydi. Daisy'ye sebep olduğu utancın en azından bir kısmını hissetmesini istiyordum.

Daisy'nin gözleri irileşti. "Ben utanırdım," dedi ayak bileğimi sertçe tekmelerken. Dudaklarını oynatarak, "*Kes şunu*," dedi.

Planım çok iyi düşünülmemişti. Dişlerimi sıktım, siktiğimin her şeyine karşı öfkeliydim. Julian'ın konuya dahil edilmesi buna hiç katkı sağlamamıştı.

Connor kaşlarını kaldırdı. "O kasetleri mi izlemiş?" Ses tonu alınmaktan çok şaşırmış gibiydi.

Bu sefer çenemi kapalı tutup havluyu Daisy'nin alnında gezdirirken ona konsantre oldum.

"Kazara," dedi Daisy bir anda. "Bakmamaya çalıştım, gerçekten." Ben bile o kasetleri izlememiştim ama onun için daha tuhaf bir durum olduğuna emindim. Sonuçta kasetlerde ablası ve onun kocası vardı. Sanki tüm bunlar yüzünden utancından ölecekmiş gibi omzumu sıktı. Elimden geldiğince onu yatıştırarak sağ elimle başını okşadım ve diğer elimle yüzünde kalanları silmeye devam ettim.

Connor sessiz kaldı, ifadesi anlaşılmazdı. Bu durumu onun için çok daha zor bir hale sokuyordu.

İşim bittiğinde Connor'ın yüz ifadesini incelemek için yerimden kalktım. Fakat hiçbir şey anlaşılmıyordu, bu yüzden sormak zorunda kaldım. "Şimdi nasıl hissediyorsun, Cobalt?"

"Rahatsız," dedi Connor sakince. "Biraz da endişeli. Pornomuza rastlamanın o kadar kolay olacağını düşünmemiştim." Daisy'ye bakarken kaşları çatıldı. "Hangi sitedeydi?"

"Siktir, senden nefret ediyorum," dedim alayla. "Cidden." Berabere kaldığımız için o tatmin edici hissi yaşamak istemiştim. Daisy onu çıplak görmüştü. O da *bunu* görmüştü. Ancak Connor, o zaferi bana vermeyi reddediyordu. Elimizde öyle ya da böyle bu sikik, tuhaf durum kalmıştı.

Connor sanki sitenin ismini not alacakmış gibi telefonunu çıkardı.

"Hatırlayamıyorum. Lily önermişti," diye mırıldandı Daisy.

Connor'la aynı anda donakaldık. Lily'nin porno izlememesi gerekiyordu, eğer izliyorsa... Seks bağımlılığından iyileşme kılavuzunda bu kötüye gitme olarak kabul ediliyordu.

Daisy'nin gözleri, "*Ne dedim ben?*" dercesine irileşti.

"Yine porno mu izliyor?" diye sordu Connor.

"Hayır. Sadece ben sorduğumda bu siteyi önerdi. Delirmeye gerek yok, beyler. Herkesin aşırı tepki vermesinden nefret ettiğini biliyorsunuz. Geçen hafta *sen*..." Suçlarcasına beni işaret ederken ablasını savunuyordu. "...işi biraz uzun sürdü diye tuvalete daldın. Bunun ne kadar utanç verici olduğunu biliyor musun?"

Evet, biliyordum. Orada onun yanındaydım. Yüzü devasa sikik bir domatese dönerken bana bağırmıştı. Ancak alternatif seçenek, yani kötüye gitmesi ya da daha kötüsü... intihar etmesi gerçekleşeceğine onu on kez daha utandırmayı tercih ederdim. Böyle bir şeyin olması kardeşimi mahvederdi. Hepimizi mahvederdi. Lily'yi en kötü halinde, bir tuvalette sikik aklını kaçırmışken görmüştüm. Sık sık eğer içeri girmesem acaba ne olurdu diye merak ediyordum.

Hiçbirimiz bunu şansa bırakmayacaktık.

Connor iç çekti. "Ona sonra mesaj atarım. Sen..." Bana baktı. "Odana dön. Lo'nun sizin bu sözde-ilişkinizi öğrenmesini istemiyorum. Sen de..." Daisy'ye döndü. "Bir daha onun yüzüne boşalmasına izin verme." *Sikeyim.*

"Siktir git, Cobalt." Onu agresif bir şekilde kapıya doğru ittim. Dudaklarının kenarındaki o sikik gülümsemeyi yok etmeyi çok fazla istiyordum. Buna rağmen kapıyı yüzüne kapatmakla yetindim. Arkamı döndüğümde Daisy ayağa kalkmıştı.

"Bu daha önce başına geldi mi?" diye sordu. Bakışları benimkilere çevrilmişti. Bir kızın yüzüne boşalmak mı? *Hayır. Asla.* Şimdiye kadar bunu hiç düşünmemiştim bile.

Siktir. Çok üzgünüm, Dais. Bunun hoşuna gitmediğini biliyordum. Bu gece yaşanması gereken bir şey olmadığını biliyordum.

"Sikeyim, sen ilksin," dedim.

"Benim için de öyle," dedi gülümsemesini zorlukla bastırırken. Connor gittiği için gözlerinde bir parıltı, yükselen bir kahkaha ve durumun gerginliğinden ötürü bastırılan gözyaşları vardı. Ona doğru ilerleyerek başının arkasını tuttum ve parmaklarımı saçlarında gezdirdim. Bir nefes verdi. Bu hoşuna gidiyordu.

"Üzgünüm, Calloway."

"Üstümde olman hoşuma gitti."

Ona bir bakış attım. "O şekildeyken hayır."

"O şekildeyken hayır ama... bir deneyimdi." Sırıttı.

Connor, gerçek bir ilişkide olduğumuza inanmıyor olabilirdi ancak ben buna başladığımız için çok mutluydum. Onun beklediği, benim de can attığım o ana gelmeden önce tüm bu sikik küçük anların tadını çıkarttığımız için mutluydum. Diğer herkes ne derse desin, bu sikik şey şu an bizim açımızdan yürüyordu.

BÖLÜM 35

DAISY CALLOWAY

Otelin duşundan çıktığımda, kamp yapmaya başlamamızdan önce sıcak suyun tadını tamamen çıkarmıştım. Gerçek çadırlar, kamp ateşleri ve kalbimin heyecandan pır pır etmesine sebep olacak her şey vardı. Üzerinde "Burası Paris Değil" yazan tişörtümü alırken bakışlarımı bir anlığına kaldırıp televizyona baktım. Gülümsemem solduğunda tüm bedenim kaskatı kesildi.

Sara Hale ekrandaydı.

Ryke'ın annesi.

Bir haber segmenti olan *60 Dakika* röportajı dün gece yayınlanmıştı. Görüntüde Ryke'ın annesi muhabire dönüktü ve altın kahverengi saçları düzleştirilmişti. Söylediklerini anlayabilmek için dikkatimi oraya verdim. "Yaptığım şey Calloway ailesine hain bir saldırı değildi."

"Ancak Lily Calloway'in seks bağımlılığıyla ilgili bilgiyi dergilere sattınız, değil mi?"

"Evet ama o kızı incitmeye çalışmıyordum. Sadece gerçeği saklamaktan yorulmuştum. Jonathan Hale'in ihanetini gözeterek *yıllar* geçirdiğimi anlamanız gerekiyor. Onu açık etmenin tek yolu, Jonathan'ı spot ışığının altına koymaktı. Bunu başarmak için de görebildiğim tek bir yol vardı. Lily'ye duygusal olarak sebep olduğum kırgınlıklar yüzünden özür diliyorum. Ancak o kız Loren'la, yani Jonathan'ın oğluyla bağlantılıydı. Oldukça karmaşık bir aile ihtilafına karışmıştı."

"Sanki o bir yemmiş gibi konuşuyorsunuz."

"Eğer o şekilde görünüyorsa tekrar özür dilerim." Sara duraksayıp ciddiyetle ellerine baktı. Ancak gözlerinin ardında ifadesindeki yumuşaklıkla çelişen bir katılık, bir sertlik vardı. "Bir anne olarak her gün yıpranıyordum. Gerçek oğlumu saklamak zorundaydım, Loren kendi çocuğummuş gibi davranmaya zorlandım. Sadece Jonathan'dan özgür kalmak istedim ve oğlumun da özgür olmasını istedim."

"Buna gerçekten zorlandınız mı?" diye sordu muhabir. "Boşanma anlaşmasını imzaladınız. Neye razı olduğunuzu biliyordunuz."

"O zamanlar bekâr, genç ve aklı karışık bir anneydim. Korkuyordum, bunun oğlum için en iyisi olacağını sandım."

"Ryke."

"Evet, Ryke."

Bitişikteki otel odalarını birbirine bağlayan kapıda bir hareketlilik hissedince başımı kaldırdım.

Ryke. Bakışları karanlıktı ve sanki bir süredir izliyormuş gibi ekrana bakıyordu. Saçları diğer banyoda duş aldığı için ıslaktı. Connor'ın dün geceki uyarısından sonra kendi odasına dönmüştü. Gitmeden önce kilitleri kontrol etmesini istememiştim bile. O korkunun üstesinden gelebilmek için elimden gelenin en iyisini yapıyordum.

Neredeyse tekrar yola koyulma vakti gelmiş olmalıydı, bu yüzden beni almaya gelmişti ama bakışları televizyon ekranında kalmaya devam etti.

Sara sandalyesinde doğruldu. "Şimdiyse boşanma anlaşmasıyla ona yalnızca zarar verdiğimi fark ettim."

Ryke bir elini ıslak saçlarından geçirerek odada ilerlemeye başladı. Uzaktan kumandayı ararken bakışları yere çevrilmişti.

"Ne söyleyeceğini dinlemek istemiyor musun?" diye sordum tarağımı omuz çantama koyarken.

"Bu kendini daha iyi göstermesi için yapılan sikik bir medya saçmalığı."

"Nasıl bu kadar emin olabiliyorsun?" diye sordum.

Ryke yüzünü bana çevirdi. Ondan hiç korkmuyordum ve korkmamı istediğini de sanmıyordum. Fakat gözleri kin ve çok derinlere yer etmiş bir öfkeyle dolu olduğu için ona bakmak zordu. "Kulağa cevaplarını daha önce çalışmış gibi geliyordu. Bu kadar sikik resmi bir şekilde konuşmaz."

Kaşlarımı çattım. "Gerçekten mi? Benim annem öyle konuşur."

"Benimki konuşmaz. Duygusaldır. Gerçek olsa ya ağlıyor ya da bağırıyor olurdu. Kendini geri tutup böyle duygusuz durmaz." Televizyonu işaret etti. "Onu yalnızca sikik zengin arkadaşlarını etkilemeye çalıştığı zamanlarda böyle görüyordum."

Bu benimle annesi hakkında en çok konuştuğu andı. Uzaktan kumandayı ararken onu izledim ama çok özenli aramıyordu ve bakışları sanki düşüncelere dalmış gibiydi.

"Onu özlüyor musun?" diye sordum.

Yerde tişörtlerimden birini bularak bana attı. "Bazen ama bu sikik şeyin bir önemi yok, Dais."

Tişörtü çantamın cebine sıkıştırdım. "Ama o senin annen..." Bir daha kendi annemle hiç konuşmamayı hayal edemiyordum. Ondan kaçmak istediğim zamanlar olsa bile sonsuza kadar kaçmak kulağa acı verici geliyordu.

Başını iki yana salladı. "Senin herkesin nazik ve kutsal olduğunu düşündüğün iyimser dünyanda yaşayamam. O kadar fazla iyi insan olduğuna inanamayacak kadar çok kötü insan gördüm."

"Ancak o değişebilir..." diye başladım. Ryke için daha iyi bir şey istiyordum. Yapamayacak olsam bile sorunlarını alıp çözmek istiyordum. Bu konuda hiç kontrolüm yokmuş gibi hissetmek canımı yakıyordu.

"Neyi değiştirebilir ki, Daisy?" Omuz silkti. "Lily'nin hayatını çoktan mahvetti," diyerek konunun üzerinde dursa da bakışları karanlıktı. "*Senin* hayatını ve Rose'unkini mahvetti. Benim sikik kalbimi kırdı. Bu siktiğimin işi bitti."

Zorlukla yutkunduğumda boğazımda bir yumru vardı. "O benim hayatımı mahvetmedi," dedim yumuşak bir şekilde.

Ryke ters ters baktı. "Hiç başlama bile." Çünkü geceleri çığlık attığımı görmüştü, korkak ve ürkek bir kıza dönüşmemi izlemişti. Her şeye sebep olan kişi Sara Hale'di.

"Onunla bir ilişki kurmaya çalışsan üzülmezdim," diye ekledim. "Sadece bunu bilmeni istiyorum."

Kumandayı arama işini bırakarak bana yaklaştı ve ellerini yanaklarıma uzattı. "Teşekkür ederim," dedi kısaca başını sallarken. "Ama bu hiçbir şeyi değiştirmeyecek."

Başka ne söyleyeceğimi bilemediğim için ben de başımı salladım. Boğazım tıkanıyordu.

Sessizliğim karşısında ifadesi kararırken kaşlarını çattı. "Onu affedemem," dedi. "Sikik bazı sebepler yüzünden, kollarımı ona açmak güçlülükten çok zayıflıkmış gibi hissediyorum."

"Onu özlesen bile mi?"

Başını salladı. "Evet, onu özlesem bile. Bu yüzden öyle düşünüyorum." Başımı öptü. "Ailemin sorunlarına çok kafanı yorma, Dais. Bunlar benim saçmalıklarım. Seni ortasına çekmeyi gerçekten istemiyorum."

Ona baktım. "Yine de benimle konuşmak istediğin için mutluyum."

Bana aklı karışmış gibi baktı. "Neden istemeyecektim ki?"

Yaşım yüzünden.

Zihnindeki parçalar yerine oturmuş olacak ki devam etti. "Bu şeyleri konuşmak için hiç olgun olmadığını düşünsem şu an birlikte olmazdık."

Dudaklarım kıvrılmaya başladı ama haber masasındaki muhabir konuşmamızı böldü. "Sara Hale'in, Ryke Meadows ya da Loren Hale'in babaları tarafından cinsel ya da fiziksel şiddete uğradıklarına dair bir kanıtı yok. Buna rağmen, Loren babasının yanında yaşarken bunların onun başına gelmesinin mümkün olduğunu söyledi. Devam eden bu davayla ilgili detayları internet sitemizden öğrenebilirsiniz..."

Ryke yeniden kumandayı aramaya başlamıştı bile. Muhabir yeni bir başvuru bilgisi daha vermeden önce sonunda kumandayı bulup televizyonu kapattı.

Tüm bu sorgulama olayı hakkında ne bildiğini sormadım. Bu konuşmayı bitirdiğini söyleyebilirdim. Bugün benimle paylaştıkları için bile şanslı sayılırdım.

BÖLÜM 36

RYKE MEADOWS

Kaliforniya'ya doğru biraz ilerlemiştik. Çok fazla değildi. Yaklaşıyorduk.

Güneş batmadan önce Dumanlı Dağlar'ın merkezine ulaşmıştık. Söylediğim gibi, hâlâ sikik bir uzaklıktaydık. Fakat bu yolculuğun olayı Kaliforniya'ya hızlı bir şekilde gitmek değildi. Kardeşimin rahatlaması, nefes alması ve içindeki sikik huzuru bulmasıydı.

Ben de biraz bunu yapmalıydım.

Connor, çamura batan pahalı makosen ayakkabılarıyla arkasına döndü. Bu görüntü paha biçilemezdi: Connor Cobalt, ormanın ortasında siktiğimin takım elbisesiyle duruyor ve muhtemelen hayatında ilk kez bir yere ait değilmiş gibi görünüyordu.

Bir reklamcılık yetkilisiyle konuşuyor ya da ıssız yerde bir inziva planlıyor olsa bile yüzüne sikik sahte bir gülümseme yerleştirip buna uyacak şekilde günlük giyinirdi. Ancak şu an kendisi için bir çadır kurmanın sonunda alacağı bir ödül yoktu. Sadece arkadaş olduğumuz ve bunu yapmasını söylediğimiz için yapıyordu.

"Orada iyi misin, Cobalt?" diye sordum.

Bana ortaparmağını kaldırdı. Gözlerine yayılan rahatsızlığı görebiliyordum. Onu daha çok tanıdıkça hislerini yakalamanız daha kolay oluyordu.

Lo gülümsedi. "Hey, şuna bakın. Connor, Ryke'ın ana dilini öğrenmiş."

"Niye otelde kalmadığımızı tekrar söyler misin?" diye sordu Connor. "Nasıl yaşamaktan hoşlandığını görmeyi sevmediğimden değil, Ryke ama bazılarımız yatağı yere tercih ediyor."

"Buna kamp yapmak deniyor," diye karşılık verdim.

Connor bana bir bakış attı. "Kamp yapmanın tanımını unutmuştum. Şimdi bana hatırlattığına göre, tüm dünyam aydınlandı." Gerçek siniri aslında telefonundan kaynaklanıyordu. Telefonunu gökyüzüne doğru kaldırıp yeniden sinyal almaya çalıştı. Zaten Rose için endişeliydi, şimdi onunla iletişimi kesildiği için daha da büyük bir şerefsize dönüşmüştü.

İşin iyi tarafı birçok karakterle başa çıkabiliyordum, Connor Cobalt'ın kibirli karakteri de dahil.

"Bu kadar sikik derecede akıllı olan birine göre benim etrafımda aptalca davranmayı çok seviyorsun."

"Lo'nun da söylediği gibi," dedi Connor. Telefonunun tuşlarına bastığı için dikkati biraz dağılmıştı. "Senin yaşama tarzına erişmeye çalışıyorum." Bana az önce aptal demişti. Hayal kırıklığına uğramış gibi bir nefes verdikten sonra telefonunu cebine attı. "Buraya kadar hepsi berbattı." Daisy'nin erzakları boşaltmasına yardım etmek için arabaya döndü.

Lo çadırları kurduğumuz yerdeki taşları ve dalları tekmeleyerek sırtımıza batabilecek şeyleri temizliyordu. Bunu gözleri dalmış, düşüncelerinde kaybolmuş bir şekilde yapıyordu.

"Hey." Yanına yaklaştım. "Sen de sikik bir otele gitmek istiyor musun?"

Etrafımızı saran dolu ormana bakarak çam ağaçlarını işaret etti. "O ağaçların arkasında bir karavan görmemişsin gibi davranma." Bizi diğer kamp alanlarından ayıran uzun ağaçları işaret ediyordu.

Burası ulusal bir parktı. Başka kampçılar vardı ve bunu değiştiremezdim. En azından biraz mahremiyetimiz vardı ama buna rağmen korkularını anlıyordum. Bu yolculuğun paparazzilerden uzak olması gerekiyordu. İnsanlardan uzakta ve medyasız yaşamamız içindi.

Ona söz verdiğim şey buydu.

Eğer yolculuk yapan bir aile bizi tanıyıp fotoğraflarımızı çeker ve internete yüklerse sıçardık. Ancak şu anda elimden gelenin en iyisi buydu.

"Bizi burada bulmayacaklar, Lo."

Gözleri karardı, bana tam anlamıyla güvenmiyordu. Hiç güvenecek miydi bilmiyordum. "Rehabilitasyondayken hazırda bekleyen beş yıldızlı bir gurme şef vardı. Senin sözde rehabilitasyonun beklentilerimi gerçekten karşılamıyor."

"Sikik bir kâhya ya da hizmetçi çağırmadığım için özür dilerim, kıçını silmen için kokulu tuvalet kâğıtlarını çantaya atmayı da unutmuşum," diye tersledim onu. Kendini dışarıya gösterdiği gibi zengin bir züppe değildi. Sadece bir tepki görene kadar insanları sıkıştırmayı seviyordu. "New York'taki o sikik rehabilitasyona gitmek istiyorsan seni durdurmayacağım, Lo. Sadece sana bir seçenek daha veriyorum." Kollarımı açtım. "Açık hava. Medyadan uzakta özgür olmak. Bir aylığına sikik normal bir hayat. Rehabilitasyon merkezinin sana sunmayacağı bir şey." En azından herkesin onun Loren Hale olduğunu bilmediği bir yerdi. Bir başka ünlü daha bu sıralar merkeze kayıt yaptırıyordu.

Bir saat mekanizması gibiydi.

Cevap vermesini beklediğimde Connor yanımıza geri geldi, kardeşimi izlerken neye karar vereceğini duymayı bekliyordu. Her kararını desteklerdim ama rehabilitasyona gidecekse buna müsait bir yerlerde olmayı istiyordum. O New York'tayken ben boktan bir telefon sinyaliyle yollarda olamazdım.

Yani rehabilitasyona gitmeyi seçerse, Kaliforniya yolculuğu bitecekti. Daisy ve benim için. Bu durumda önce kardeşimi seçerdim, seçmek zorundaydım.

Uzun bir sessizliğin ardından Lo bana baktı. "Bu gece sosisli ve hamburger var mı?"

Bedenim rahatlayarak gevşedi. "Evet," dedim başımı sallayarak. "Sana uyar mı?"

"Connor pişirmediği sürece uyar. Orta az pişmişin kırmızı ve kanlı olduğunu anlamıyor."

"Hayır, orta az pişmişin ne demek olduğunu anlıyorum," diye karşı çıktı Connor. "Aynı zamanda escherichia coli* ne demek onu da anlıyorum."

"Sikeyim, neden sadece 'e. coli' demiyorsun ki?" diye sordum.

"Çünkü kısaltmalar tembelce ve ben belli ki öyle biri değilim."

Sormamam gerekirdi.

Daisy bütün katlanabilir sandalyeleri bir anda taşımaya çalışıyordu. Ona yardım etmek için adım attığımda kardeşim göğsüme elini koydu. "Ben hallederim." Güçlü bir şekilde omzuma vurarak beni sessizce uyardıktan sonra düşmeden önce Daisy'yi yakalamak için koşmaya başladı.

Daisy yığından iki sandalye alırken kahkaha atıyordu.

"Ters ters bakıyorsun," dedi Connor.

"Siktir git." Söylediğim şeye rağmen çenemin kasılmasına sebep olan gerginliği gevşetmeye çalışıyordum.

"Belki yoluna çıktığı için kardeşini öldürmek istemiyormuşsun gibi bakabilirsin."

"Bu çok zor," dedim dürüstlükle. Boynumu kaşıdım. "Benim yerimde olsan ne yapardın?" Motelde olandan sonra bunu sormam mazoşistçe olabilirdi. Yine de cevabını duymak istiyordum.

"Senin yerinde olsaydım mı? Yani kardeşimin sevgilisinin kız kardeşi olan, Sara Hale'in dölü olduğum için annesi benden nefret eden, en küçük ve en vahşi kızına korumacı yaklaşan babasının benden hoşlanmadığı, on sekiz yaşındaki bir kızı beceriyor mu olsaydım?"

Onu azarlamak için ağzımı açsam da sözümü kesti.

"Senin yerinde olsaydım," dedi başını eğerek. "Ben de o kızın yanında olurdum. Kuyruksuz maymundan bir sevgilisi olduğunda, yalnız olduğunda ve tüm sırtlar ona çevrildiğinde, hiçbiri-

* Kalın bağırsakta enfeksiyona neden olan bakteri. (ç.n.)

mizin farkına varmadığı ağır şeylerle başa çıktığında." Sakin ses tonu, içindeki yükselmek üzere olan öfkeyi bastırdı. Hepsi bu kadardı. "Senin yerinde olsaydım, insanların en kötü yanlarımı görmelerine izin vermeye bir son verir ve sonunda onlara iyi olanları gösterirdim." Omuz silkti. "Belli ki sen değilim." Ormanlık araziye baktı. "Sen de ben değilsin."

"Bu sikik tartışmaların ne faydası olacağını anlamıyorum sadece." Ben kavga etmek istemiyordum. Sadece her şeyi geride bırakmak istiyordum. Daisy'nin kardeşimle birlikte sandalyeleri açmasını izledim. Lo dağınık bir şekilde kesilen saçlarını işaret ettiğinde Daisy onu sırtından itti. Sarı saçlarının uçları düz değildi. Lo başını iki yana salladığında Daisy'nin yüzü yara izine rağmen hiç bu kadar parlak bir ifadeye bürünmemişti.

"Neden bir tartışma olması gerekiyor?" diye sordu Connor.

"Sence insanlar ağzımdan çıkan bütün açıklamaları kabul edecekler mi? Sikeyim, annesi beni dinlemekten bitap düşene kadar onunla konuşabilirim. Asla beni kabul etmeyecek, Connor. Babası, Daisy'nin *Julian'la* çıkmasına izin verdi. Benim yaşımda olan ve kafası yerine daha çok sikiyle düşünen bir herifti. Yine de ailesinin evine gittiğimde tehditkâr bakışları alan kişi *benim*."

"İlk olarak, Julian'la çıkmasına izin vermedi," diye belirtti Connor. "Öfkeliydi. Jonathan ve Greg, onu modellik ajansından kovdurmak için yöntemler denerken sen orada değildin."

"Belli ki işe yaramamış."

"*Denerken* dedim," diye belirtti kolaylıkla. "Başarılı olduklarını söylemedim." Yine telefonundan birkaç tuşa bastı. "Greg zeki bir adam, Ryke. Daisy'yle açık bir şekilde çıkmıyor olsanız da on beş yaşından beri onun sana âşık olduğunu biliyor. Sadece onu kandırıp kalbini kırmandan endişeleniyor."

Keşke ebeveynleriyle daha iyi bir ilişkim olsaydı ama yoktu. Connor gibi Greg'in arkadaşı olabilmem için kendi babamla konuşmaya başlamak zorundaydım. Greg ve Jonathan neredeyse tüm sikik zamanlarını birlikte geçiriyorlardı. Greg ben çocukken pazartesi günleri golf kulübüne gelirdi. Babam viskiyken o suydu. Hoş, sakin, düzgün. Bazen babamın o olmasını dilerdim.

"Bu sana çok yabancı bir konsept gibi görünecek biliyorum," dedi Connor telefonunu tekrar kaldırırken. "Ama *gerçekten* o kıza seksten daha fazlası gözüyle baktığını insanlara gösterirsen daha çok saygılarını kazanacaksın."

Fakat benim soğukkanlı bir ses tonuyla konuşmadığımı unutuyordu. Serttim, inanılmaz sinirliydim ve konuşmaya çalıştığım an her şey kaba bir şekilde dudaklarımdan dökülüyordu. Niyetlendiğim şekilde dökülmüyordu. Daisy'ye on beş yaşındayken seks tavsiyesi vermiştim çünkü onu kendisine doğru davranacak türden erkeklere yönlendirmeye çalışıyordum. Sonraki sikik iki yıl boyunca da o konuşma yüzünden bana bok gibi davranılmıştı.

"Hey," dedi Lo. Hamburger paketini kaldırırken Daisy'nin tek başına kurmaya çalıştığı çadırı işaret etti. "Siz ikiniz yardım ediyor musunuz yoksa aynı anda beş şey yapmak rehabilitasyonumun bir parçası mı?"

Ona doğru ilerlemek üzereydim ama Connor iç çekerek telefonunu kulağına yasladı. "Rose?" Kaşlarını çattı. "Ne? Bekle, sevgilim… sesin kesiliyor." Telefona baktı, gerçekten de teknolojiye dik dik bakıyordu. Ardından Lo'ya doğru döndü. "İki sandalye daha koysan iyi olur."

"Hayır," diye inledim. "Lily, erken gelmeyeceklerine söz vermişti." Calloway kızlarının üçü de *uzun* yirmi gün boyunca kısıtlı bir alanda olacaklardı. Siktir.

"Sözünü bozmuş o zaman," dedi Connor. Rahat bir nefes almaya çalışsa da hâlâ endişeli görünüyordu. "Rose hat düşmeden önce on dakikalık bir mesafede olduklarını söyledi."

Beni siksinler.

BÖLÜM 37

DAISY CALLOWAY

Rose ve Lily buradalardı.

Başta gerçek bir mutlulukla dolu geniş gülümsememin yanı sıra hiçbir şey yapamayacak kadar serseme dönmüştüm. Buraya gelmelerini bu kadar çok istediğimin farkında değildim. Lily bana sıkıca sarıldığında onları sıvışmaya ikna etmeye çalıştım. Erkekler olmadan biraz kızlar zamanı geçirmeye.

Fakat saygıdeğer partnerleriyle yeniden kavuşmaları gerekiyordu.

Lo kollarını Lily'ye sararken ablalarımdan uzaklaştım. Lily kulakları olan beyaz kürklü Wampa şapkasını takıyordu. Lo kulağına bir şey fısıldadığında kıpkırmızı kesildi. Geri çekilmeye devam ederken sert bir şeye çarptım ve iki el omuzlarıma yöneldi.

Boynumu eğerek, "Selam," dedim Ryke'a. Düşünceli bakışlarıyla bana bakıyordu. Keşke Lo'nun, Lily'yi sevgisiyle yıkadığı gibi Ryke da beni öpebilseydi. Herkesin görebileceği yerde, toprak zeminde havaya yükseliyormuş gibi gösteren tutkulu güzel öpücükler. Ancak gecenin karanlığında bile yakınımızda parlayan kamp ateşi yüzümüzü aydınlatıyordu.

Herkes etraftayken saklanamazdık.

Rose ve Connor Fransızca konuşuyorlardı. Connor onun alnını öpüp samimi bir özenle ensesini ovuştururken ablam burnunu kırıştırdı. "Çadırlarımızın yanında hangi hayvan öldü?" Eliyle ağzını kapattı.

"Hamburgerleri yakıyor musun?" diye sordu Lo. Ryke'ın ellerinin benden uzaklaştığını hissettim, onun yerini soğuk hava aldı.

"Hayır, pişirmeye daha yeni başladım." Ryke emin olmak için yanımdan ayrılarak hamburgerleri kontrol etti.

Havayı kokladım. "Odun ateşi dışında hiçbir şeyin kokusunu almıyorum." Rose'un durduğu yere doğru ilerledim. On santimlik topukları çamura saplanıyordu. Connor kolunu onun beline sarmış, nazikçe çantasını elinden almaya çalışıyordu ama ablam çantasıyla eline vurdu.

"Yalan söylemiyorum," dedi Rose. "Kötü kokuyor."

"Muhtemelen sikik çukur tuvalet yüzündendir," dedi Ryke. "Arabanla buraya gelirken yanından geçtin."

Rose başını iki yana salladı. "Daha yakında." Burnunu sıkarak dramatik bir şekilde öğürdü.

"Belki kendi kokundur," dedi Lo. Lily'yi bir parçasıymış gibi göğsünde tutuyordu. Bunca zamandır kayıp olan parçasıymış gibi. Daha mutlu görünüyordu. "Sürtük No. 5."

Rose tehdit edercesine manikürlü ve kan kırmızısı parmağını ona doğrulttu. "*Chanel*'e hakaret ettin. Topuğum bir milisaniye içinde kıçını bulacak, Loren."

"Ah," dedi Loren alayla. "Dişi şeytan toynaklarınla o kadar hızlı hareket edebildiğini bilmiyordum."

Rose bağırdığında bir anda çıkan bu vahşi ses karşısında irkildim. Lo'ya doğru atılmayı denediğinde Connor cidden hızlı davranarak onu belinden sıkıca tuttu. Çam iğneleri ve kuru dallar arkamda çıtırdadığında tekrar yerimden sıçradım. Ryke olduğu yerde durmuş halde bana, "*İyi misin?*" dercesine bakıyordu.

Gece vaktiydi.

Onun kollarında olmadığım sürece gecelerden nefret ediyordum.

Başımla onaylarken duygularımı belli etmemeye, korkak bir ergen gibi davranmamaya çalışıyordum.

Rose pileli siyah elbisesini giyerken ve kocası onu dizginlerken havaya bir tekme attı. Bir süredir gördüğüm en hanımefendilik sınırları dışındaki hareketiydi. Çok sinirlendiğini biliyordum. Lo aralarındaki münakaşalardan daha önce bahsetmişti ama Rose bu anları benden neredeyse her zaman gizlerdi.

Kafamdaki Rose görüntüsü som altından bir kaleydi ve Lo'nun alaylı yorumları da dahil olmak üzere kimseyi içeri almazdı. Sadece kendi alaylarıyla onu ezip geçerdi.

Şimdiyse Lo'nun birkaç kelimesi normalden daha hızlı bir şekilde ablamın sinirlerini bozuyordu.

Connor kulağına bir şey fısıldadığında, Rose Fransızca bağırdı.

Ryke'a döndüm. "Ne dedi?" diye fısıldadım.

Bana baktı. "*Aşırı tepki vermiyorum,*" diye tercüme etti kısık sesle.

Rose tekrar bağırdı. Bu sefer irkilmedim.

"Bu senin dişi şeytan çığlığın mıydı?" Lo karşı çıkmaya devam ediyordu. Lily koluna vurup ciddi bir şekilde buna son vermesini söyledi.

Connor gerçekten ona ters ters bakıyordu. "Lo," diye uyardı. "Kes şunu."

Rose kocasının ellerini parçalarcasına kendini o güçlü tutuştan kurtarmaya çalışıyordu. Connor'ın dudakları kulağını bulduğunda sanırım bir panik atak geçirmek üzereydi ve hızlı nefesler alıyordu. Birkaç sözün üzerine bu nasıl olabilirdi ki?

Lo'nun ifadesine suçluluk duygusu yayılırken Ryke'ın dikkatlice kardeşini izlediğini fark ettim. "Lo," dedi başını sallayarak. "Bana hamburgerlerde yardım eder misin?"

Lo başıyla onayladıktan sonra bizden ayrılarak ateşe yaklaştılar.

Rose'un isyanını izlerken tırnaklarını yiyen Lily'ye yavaş adımlarla yaklaştım. "O iyi mi?" diye sordum. Belli ki değildi ama başka ne soracağımı bilmiyordum. "Regl döneminde falan mı?"

"Sanırım," dedi Lily.

Tırnaklarını yemeyi bırakması için uzanıp elini tuttum. Kötü bir alışkanlıktı. Bana zayıf bir şekilde gülümsediğinde ona karşılık verdim.

Rose'a tekrar baktığımda artık olduğu yerde kıvranmıyordu.

Connor kulağına sertçe bir şeyler söylerken beni işaret etti. Ablam bakışlarını Loren'dan ayırarak sanki varlığımın yeni farkına varmış gibi bana baktı. Sanırım ağlamak üzereydi.

Rose'un ağladığını hiç görmemiştim.

Yaşlı gözlerini hızla silerek başını onaylarcasına salladı, Connor konuşmaya devam ediyordu. Connor'ın gerilen kasları da rahatlamaya başlarken Rose'un alnını öptü. Ablam çantasını uzatıp elbisesini düzeltti, çenesini kaldırdı ve hiçbir şey olmamış gibi sakince bana yaklaşmaya başladı. Sanki destansı bir sinir krizi yaşamamış gibi.

"Hadi bir yere gidelim," dedi Rose. "Sadece üçümüz. Loren Hale tarafından kirletilmeyen bir havaya ihtiyacım var." Cevap vermemi bekliyordu. Sonra bakışları yara izimde gezinmeye başladı. Ablalarımın ikisi de beni gördükleri andan beri yanağımı görmezden geliyorlardı ve orası hariç her yere bakıyorlardı. Kendine engel olarak zorla gülümsemeye çalıştı.

"Harika bir yer biliyorum," dedim sinsi bir gülümsemeyle. Onlar gelmeden önce bölgeye ve ormana göz atmıştım.

Beş dakika sonra ablalarımı devrilen ağaçlar ve ıslak yosunlarla dolu olan dağlık bölgeden geçirdim, karşımızdaki küçük şelaleye doğru yaklaştık. Ay ve el fenerleri bize yolumuzu gösteriyordu. Ağaçlar seyrekleştiğinde kayayla sarılı alan derin bir yüzme alanına dönüşmüştü. Şelalenin suları havuzda birikiyor, daha küçük olan bir akarsuya karışıyordu.

Kayanın üstüne oturup uzun kollu tişörtümü çıkardım. Ekim ortasının serin havası tenimi ısırıyordu.

"Mümkün değil," dedi Lily. "Buz gibi olmalı."

Rose el fenerini bulanık suya çevirdi. "Kahverengi."

"Hava karanlık olduğu için öyle görünüyor," diye ısrar ettim.

Etrafı biraz daha inceledi. El fenerinin ışığı ağaçtan ağaca gezerek görülebilecek bir alan olup olmadığına bakıyordu. Çoğunlukla mahrem bir alandı.

Lily tereddüt ederek eğilip sıcaklığı test etmek için parmağını suya soktu.

"Hadi ama," diyerek onlara gülümsedim. "Beni yalvartmayacaksınız, değil mi?" Altdudağımı sarkıtarak kirpiklerimi kırpıştırdım. Eğer mecbur kalırsam hastaneden-daha-yeni-çıktım kartımı oynayacaktım. Fırsatım varken bunu çıkarlarım için kullanmam gerekiyordu.

"Yani çırılçıplak mı gireceğiz?" diye sordu Lily.

Rose ışığı onun yüzüne doğrulttu. "Başka ne tür çıplaklıklar var ki?"

Lily elini kaldırıp gözlerini kısarak ışığa engel oldu. "Kısmi çıplaklık ve tamamen çıplaklık."

"Ben tamamen çıplak olacağım," dedim. Kotumun düğmesini açarken ayaktaydım. Sutyenimi çıkartıp saniyeler içinde iç çamaşırımdan kurtuldum.

Rose el fenerini kapatırken, "Daisy," dedi sert bir şekilde. Lily kafasındaki şapkayı çıkarıp tişörtünden kurtulmaya başlamıştı. "Paris'te, defilede ve isyanda ne olduğunu konuşmamız gerekiyor."

Olgun olmayan tavrı seçip konuşmadan kaçma fırsatını değerlendirdim. Doğruca yüzme alanına atladığımda buz gibi soğuk su ciğerlerimi sıkıştırıp beni saf karanlığa sürükledi. Ancak henüz yüzeye çıkmak istemiyordum.

Beni neyin beklediğini biliyordum.

Hiçlikten beri gömdüğüm o hisler... Parça parça ilerlemeye çalıştım. Hastane. Yara izim. Annem. Defileden gönderilmem. Kariyerimden istifa etmem. Her şey birbiri üstüne yığılmıştı. Bunları sindirmek için gerçekten vaktim yoktu. Tıpkı domino taşlarının bir sonrakine çarpması gibi gerçekleşmişti. Geriye dönüp devrilen tüm parçaları yeniden hesaba katma şansım yoktu.

Ryke, hepsini serbest bırakmam gerektiğini söylüyordu.

Bağırmamı.

Ancak Rose'un sinir krizini görmüştüm. Bu yalnızca kocasını

endişelendirmeye, Lo'ya suçlu hissettirmeye ve Lily'nin gözleri yuvalarından çıkacakmış gibi olmasına sebep olmuştu.

Etrafımdaki herkesi inciteceksem neden bağıracaktım ki?

Ciğerlerim oksijen için yalvarırken yüzeye çıktım. Rose siyah külotu ve sutyeniyle orada duruyordu. Kayanın ucundan suya bakıyordu. Çıktığım an bana su sıçrattı. "Boğuldun sandım," dedi soğuk bir şekilde. "Peşinden atlamak üzereydim."

"Şimdi atla," dedim. Dondurucu su, kollarımdaki ve bacaklarımdaki tüylerin ürpermesine sebep oluyordu. Biraz sırtüstü yüzdüm. "Çok sıcak."

Rose gözlerini kıstı. "Titriyorsun."

Lily tamamen çıplaktı, oldukça yavaş bir şekilde suya girdi. Memeleri benimkilerin şimdiki halinden kesinlikle daha büyüktü. Göğüslerime baktım. Benimkiler küçülmüş müydü? *Lanet olsun.*

"Senin memelerin mi büyük?" diye sordum Lily'ye. "Yoksa benimkiler mi küçük?"

Lily koyu kırmızı bir renge büründü. Hâlâ seks ve onunla ilgili bütün konuları konuşmaya alışmamıştı. Büyürken ona hiç bu şekilde yakın olmamıştım. Kızlara yönelik öneriler için hep Rose'a giderdim. "Ahhh..." Yanağına dokundu. "Kızardım mı?"

"Evet," dedik Rose'la aynı anda.

Suyun yüzeyinde hareket ettiğim sırada Lily memelerime baktı. "Ah, seninkiler daha küçük. Gerçekten çok zayıfladın, Daisy." Kendini tamamen suya bırakıp resmen bir kedi gibi tısladı. "Soğuk, soğuk." Nefesi buharlaşırken sığınmak için daha sıcak bir kayaya sarıldı. Şu an o kayanın Lo olmasını dilediğinden emindim.

Bir Ryke Meadows yastığı benim de işimi görürdü.

Bu düşünceye karşı gülümsedim.

Rose iç çamaşırlarını çıkarmadan suya atladı. "Sıçtığımın suyu," dedi yüzeye çıktığında nefes nefese. Parlak saçları ıslak bir şekilde yanaklarındaydı. Dişleri birbirine çarparken kendisine yaklaşmak için kayadan ayrılan Lily'ye doğru yüzdü.

"Toplanın, toplanın," dedi Lily.

Isınmak için birbirlerine sarıldıklarında kahkaha attım. Benim için soğukta acı çektiklerini biliyordum ve buna fazlasıyla minnettardım.

Rose bana baktı, bakışları yarama odaklanmıştı.

Sırtüstü yüzmeyi bırakarak suya girdim.

"Annemin ne diyeceği konusunda endişeli misin?" diye sordu Lily.

Titredim ama bunun soğuk yüzünden olduğu konusunda pek emin değildim. "Bunu aşmak istiyorum. Annemin bu olayı büyük bir meseleye dönüştüreceğinden ve aşamayacağımdan korkuyorum."

"Bunu ona söyle," dedi Rose.

"Nasıl?" diye sordum. "Benimle konuşmuyor. Onu beş kez aradım."

Rose sanki kişisel ısıtmalı battaniyesiymiş gibi Lily'ye sarılıyordu. Birkaç kez neredeyse onu boğuyordu. Lily de çenesini hep suyun üstünde tutup onu dürtüyordu. Rose'un bakışları bana odaklanmıştı, yani en azından bunu yapmayı deniyordu. "Değişimi iyi karşılamaz," dedi bana. "Eve gittiğinde kariyer değişimin hakkında seninle konuşmaya hazır olacak."

"Ya iyi bir yedek planım yoksa?" diye sordum.

"Buna ihtiyacın olabilir," dedi Rose dürüstçe. "Annem planları sever ve elinde olan tek şey *bilmiyorum* demekse senin yerine üniversite evraklarını doldurmaya başlayacaktır."

Yani annemin kontrolünden kaçmak için hayatımda ne yapacağıma karar vermem gerekiyordu. Bu kadar zor olmamalıydı ama on sekiz yaşındayken bu kararı vermek korkunç geliyordu.

En azından fazladan beş yıla ihtiyacım vardı.

Belki de on.

On yıl kulağa iyi geliyordu. Sonraki elli yıl boyunca ne yapacağıma hazırlanmak için on yıl. Diğer on sekiz yaşındakiler nasıl üniversiteye girmeden önce hayallerine ve kariyer hedeflerine karar verebiliyorlardı? Ne yapmakta iyi olduğunu ve o kadar gençken neyi sevdiğini *bilmek* nasıl mümkündü?

Ya hiç bulamazsanız?

Ya tüm hayatınızı sonunda gerçek olmayan bir cevap ararken geçirirseniz?

Gelecek kasvetliydi.

Belki de bu yüzden bunu daha önce hiç düşünmemiştim.

"Sen ve Ryke," dedi Rose bir anda. Beni kendimden geçtiğim melankolik halimden uyandırdı. Belki annemin konusunun moral bozucu olduğunun farkına varmıştı. "Hâlâ düzüşmediniz mi?"

Ağzım açık kaldı. Vay be, ablam bunu çok bıkkın bir halde söylemişti. "Birlikte değiliz, yani…" Tuhaftı. Bu kelimeleri daha önce söylemiştim ama şimdi gerçekten yalandan ibaretlerdi.

Rose gözlerini devirdi. "Seks yaptığında lütfen onun dikkatli olduğuna emin ol. Onunla konuşurdum ama Connor bunu yapmamı yasakladı. Benim görevim olmadığını söyledi," dedi dudağını bükerek. "Sen *benim* kardeşimsin. Onun testislerini ve penisini tehdit etmek tam da benim görevim."

Lily kaşlarını çattı. "Connor bir şey yapmanı ne zaman yasakladı?" Rose'un kocasıyla ilişkisindeki rolleri eşitti. Muhtemelen yatak bunun dışında kalıyordu. Tanrım, Connor'ın yatakta dominant olduğu anı kafamdan atmaya çalıştım. Suyun altında kaybolma arzumu zor bastırıyordum.

"Benim için aldığı tüm *Hermes*'leri iade etmekle tehdit etti." Derin bir nefes aldı. "Alçakçaydı. Ancak geçmişte bıraktım."

"Tabii," dedim gülümseyerek. "Endişelenmene gerek yok. Onunla seks yapmıyorum." *Henüz.*

Burası tam da ilk orgazmıma konuyu getirip tüm detayları paylaşmam gereken noktaydı. Onlara bu sıkıntılardan daha önce bahsetmiştim, bu yüzden başarımdan bahsetmem de doğal olurdu. Ama bunu içimde tuttum. Ryke'la ilgili olduğu için değildi, aynı zamanda artık onlara açıklayamayacağım şeyler de buna dahilmiş gibi hissettiğim içindi.

Uyku terörleri. Uyumak.

Artık ağrı kesicim yoktu ve bu miskin uykularımın geçtiği anlamına geliyordu.

Bu gece *Ambien* alacaktım. Uykusuzluğumla savaşan ama beni karanlık, gerçekçi bir rüya haline sokan bir ilaçtı.

Gecenin ortasında bağırıp onları uyandıracağımdan ve endişelendireceğimden ötürü gergindim. Kendimi nasıl açıklayacaktım? Sorduklarında onlara nasıl açıklama yapacaktım? *"Geceleri uyuyamıyorum çünkü fotoğraf çekmek için odama giren o adam aklıma geliyor. Beni sıkıştıran paparazziyi düşünüyorum. Benden nefret eden, beni hor gören ve dehşete düşmeme sebep olan tüm arkadaşlarımı düşünüyorum. Lily olduğuma inanan tüm adamları düşünüyorum. Sebebi de sensin, abla. Uyuyamamamın sebebi sensin. Seks bağımlılığın olmasaydı özgür olurdum. Aşırı özgür."*

Bana zarar verdin.

Bunları söyleyemezdim.

Bu gece olmazdı.

Belki hiçbir zaman olmazdı.

Ryke konusunu kimse tekrar açmadı ancak bir dakika sonra Lily yüzünü buruşturdu. "Ah, beni çimdikleme," dedi Rose'a.

"Çimdiklemedim," diye tersledi Rose. "Kayaya sürtünmeyi bırak." Sonra bakışları bana doğru çevrildi ve gözleri yavaşça irileşti.

"Ne?" dedim. "Saç kesimimi beğenmediğini biliyorum, Rose..."

"Ondan değil," dedi yavaşça. "Lily, sudan çık."

"Ne?" diye sordu Lily. Sonra Rose'un bakışlarını takip etti. "Ah... siktir." Lily boynumu işaret ederek arkasını dönerken kayaya tırmandı. Bunu yaptığı anda onun sırtını ve Rose'un neden içten içe aklını kaçırdığını gördüm.

Sülükler.

Sülüklerle yüzüyorduk.

BÖLÜM 38

RYKE MEADOWS

Hamburgerimi bitirdikten sonra bir su şişesini kafama diktim. Lo kirli tabağını ateşe attı. Kimse kızlar gideli ne kadar çok vakit olduğundan bahsetmiyordu ama konuyu her değiştirdiğimizde yaşanan duraksama bu söylenmeyen şeyi çağrıştırıyordu. Onlar gelmeden yemiştik çünkü hiçbirimiz sikik yemeği soğuk yemek istemiyorduk.

"Lily daha fazla kilo alıyormuş gibi görünüyor," dedim Lo'ya. Hep zayıftı, doğuştan ince kızlardandı. Bu yüzden kilo alıyor olması iyiye işaretti. Bu sağlıklı olduğu, seks bağımlılığının onu tüketmediği anlamına geliyordu.

"Memeleri daha büyük," dedi Lo. Suyundan bir yudum alıp şapkasını ters çevirirken kamp yolculuğuna başladığımızdan beri yüzüncü kez düşüncelere daldı.

"Ya da Daisy'ninkiler küçük," diye ekledim.

Lo ters ters baktı. "Kahrolası şeyi hiç söylememen gerekiyordu."

"Ne? Onun memelerine bakmamam mı gerekiyordu? Sanki bakılacak bir şey varmış gibi," dedim sikik gerçeği söyleyerek ama anında bunun kulağa kötü geldiğini fark ettim. Onu sevmem ya da çekici bulmam için bir kızın büyük göğüslerinin olması gerekmiyordu. Bunların hiçbirinin önemi yoktu.

Connor kaşlarını kaldırarak bana baktı.

Evet, bu bana tam olarak yapmamamı söylediği şeydi. Siktir.

Lo *plastik* tereyağı bıçağını salladı. "İki yılda kaç kez sana onun memeleri hakkında *konuşmamanı* hatırlatmam gerekiyor? Ciddiyim? Çok kahrolası tuhaf bir durum."

Şimdi kendimi bok gibi hissediyordum. Kendime onun sevgilim olduğunu hatırlatıp duruyor olsam da kardeşim bana sanki başka bir Julian'mışım gibi bakarken bunu yapmak çok zordu. "Lily'nin memelerinden konuyu açan sensin. Sen konuşana kadar ben tek bir sikik şey bile söylemedim."

Connor kalan hamburgerlerin olduğu tabağı alüminyum folyoyla sardı. "Az önce bir anaokulu argümanı kullandın," dedi Connor. "*Önce o yaptı*, çok da iyi bir karşı çıkış şekli değil."

Sikik bir ekip olup üstüme gelmeye bayıldıklarına yemin edebilirdim ama muhtemelen bunu kaldırabildiğim için yapıyorlardı. "Fikrini paylaştığın için teşekkürler, Cobalt."

"Her zaman," dedikten sonra saatini kontrol edip kızların kaybolduğu ormana baktı. Sikik çok uzun bir zaman geçmişti. Daisy için endişelenmeye başlamıştım. Lily ve Rose'u nereye götürdüğünü bilmiyordum ancak kolaylıkla bir ağaca tırmanabilir ve daldan düşebilirdi. Kalbim sıkıntıyla tekledi.

Bir an sonra Lo sandalyesinden fırladı ve su şişesini kalktığı yere attı. "Gidip Lily'yi bulacağım." Söylenmeyen sikik kelimeleri dile getirdiği anda ayağa kalkıp onu takip ettik. Ateşi söndürmeden birkaç dakikalığına burada bırakabilirdik.

Kızların gittiği yöne doğru giderken bir su sesi duyduğumuzda bunun Daisy'nin dikkatini çekebileceğini fark ettik. Akarsu ya da şelaleye yaklaştıkça sesler yankılandı.

"Bütün besin değerlerimi emiyor!" diye bağırdı Lily. Lo bir anda harekete geçti ve yürüyüşü bir koşuya dönüştü.

"Kımıldama," dedi Daisy sakince.

Rose bağırdı. "Bu iğrenç şeylerin her birini öldüreceğim!" Connor da Lo'nun temposuna ayak uydurduğunda Daisy'nin iyi olduğunu düşündüğüm için geride kaldım.

Açık alana geldiğimizde Lily far görmüş bir geyik gibi korkudan donakalmıştı.

Çırılçıplak bir şekilde.

Bakmamaya çalıştım ama siyah sülükler karnının alt kısmına ve kollarına yapışmıştı. Daisy onları çıkartmaya çalışıyordu ki... o da çıplaktı.

Bu onu ilk kez tamamen çıplak görüşüm değildi. İlki geçen seneydi. Rose'un Princeton'daki evinde yılbaşı kutluyorduk. Daisy'nin yüzünde gerçekten oyunbaz bir gülümsemeyle kurnaz bir ifade vardı. Gece yarısında geriye sayım yaptıktan sonra sikik *Abercrombie* modellerinden biri olan partneri onu öpmek üzereydi ama Daisy soyunmaya başlayarak dudaklarından kaçmıştı. Mutfağa doğru geri geri giderken tek tek kıyafetlerini çıkarıyordu. Birisi soyunmadan yeni yılın başlayamayacağını söylemişti.

Gözleri benim üzerimdeydi.

Benim gözlerim de onun üzerindeydi.

Sonra birlikte olduğu model araya girip sutyenini çıkarmasına yardım etmişti.

Herifi omzundan yakalamıştım. İçgüdüsel, rahatsız ve öfkeli bir tepkiydi. Bu sikik, birinci sınıf şerefsizle olmasını istemiyordum. Üstünü çıkarmayı bitirdiğinde dışarı koşup soğukta kahkahalar atmadan önce bedenine kısa bir bakış atabilmiştim. Sonra çocuk üstüme yürüyüp sikik yüzüme bağırmıştı. Benim partnerim de odanın diğer ucundan gözlerini bir bıçak misali bana saplamış, gergin bir şekilde elindeki şampanya kadehini tutuyordu.

Kaç ay boyunca başkalarıyla denemeye çalıştığımızı anlatamazdım. Ama onu şimdi çıplak görmem farklıydı. Endişem artarak yükseldi ve en üst seviyeye ulaştı.

Kardeşimin gözü hiçbir şeyi görmüyordu. Başka kimseye bakmadan doğruca Lily'ye ilerledi.

Connor çoktan kürekkemiğindeki bir sülüğü inatla çekmeye

çalışan karısının yanına gitmişti. Rose başta onun yardımını istemedi ve sonra bir anda Daisy kenara itilmiş oldu.

Ya da bana doğru itilmiş oldu.

Onu bileğinden tutup ağaç sınırına doğru çekerek kayalardan, dereden ve şelaleden uzaklaştırdım. Kardeşim ve Connor onu görmesin diye diğer tarafa geçmesini sağladım. Bedeniyle barışık olan bir kız varsa, o da Daisy Calloway'di. Sadece moda gösterilerinde tamamen yabancı kişilerin önünde soyunduğu zamanlarda çıplaklık hakkında yakındığını duyuyordum.

Böyle sikik zorlu bir durum her insanı etkilerdi.

Daisy'nin üzerinde nasıl bir etki bıraktığından bile emin değildim. Belki o da bunu bilmiyordu.

"Sadece kanı emip şiştiklerinde düşmüyorlar mı?" diye sordu Daisy. Kollarındaki iki sülüğe bakıyordu. Boynunu emen bir tane daha vardı. Karnının altındaki sülükten kan damlıyordu. Diğer kızlara baktım, onlar şu an sikik kan revan içinde görünmüyorlardı.

Connor sorusuna cevap verdi. "Üstünüzde çok fazla var."

"Söylemiştim!" diye bağırdı Lily. "Besin değerlerimizi emiyorlar."

"Aslında hayır," dedi Connor.

Lo sevgilisinin beş sülük yapışmış sırtına odaklandı. "Bunlar ne kadar hastalık taşıyor?"

Lily'nin tıpkı yaralı bir hayvan gibi korkuyla cıyakladığına yemin edebilirdim.

Rose şimdi daha sert bir şekilde bakıyordu. "Al şunları, Richard!"

Sonunda kabul ettiği için Connor sımsıkı bir şekilde omzunu tutup parmaklarının ucuyla sülüğü çekmeye başladı. "Sülükler tıbbi amaçlarla kullanılabilir. Bir düşünsene, Rose," dedi. "Bunu biliyorsun."

Rose burnundan bir nefes aldı.

Connor herkesi rahatlatmak için ekledi. "Kızlar iyi."

"Onları yakmamız gerekir mi?" diye sordu Lo.

"Hayır, midelerindeki şeyler patlayacaktır."

"İğrenç," dedi Daisy. Karnının altındaki yaratığı dürtüyordu. Yavaşça sülüğü çekmeye başladı ama teni de onunla birlikte esnediği için durdu. Sülük kolay bir şekilde çıkmayacaktı.

Bedenine hızlıca baktığımda bakışlarım sırtına çevrildi. Kürekkemiklerinde iki tane, belinde de bir tane vardı. Kıçında olmasa da baldırında vardı. Acı çektiğini anlayabildiğim için midem çalkalanıyordu. Bunları çıkartmak gerçekten acıtıyordu.

"Sikik bir yara bandı gibi çekip alacağım, tamam mı?"

Birkaç kez başıyla onaylarken şikâyet etmiyordu. Baldırındakiyle başlayıp eğildim. Sülüğü tutup tek bir hareketle çektiğimde saçlarıma tutunmuştu. Sülüğü çektiğim noktadan bol bol kan akıyordu. İsa aşkına. Keşke yarayı yıkamak için su şişemi yanımda getirmiş olsaydım.

Karnından ve kollarından iki tane daha çıkarttım.

Gözlerinde yaşlar vardı. "Üzgünüm," diyerek özür dilerken göz kenarlarını sildi.

Hissettiği ve asla özür gerektirmeyen sikik şeyler için özür dilemesinden nefret ediyordum. Yerimden kalkıp şakağını öptüm. Kardeşimin, sevgilisinin durumuna kendini kaptırdığını biliyordum. Daisy'nin başını tutarak kulağına fısıldadım. "Acıyorsa ağlayabilirsin, tatlım. Bu seni küçük bir kız yapmaz."

Derin bir nefes verdi. Kollarını bana sarmıştı. Alnını göğsüme yasladığında uzanıp sırtında kalan son üç taneyi aldım. İrkildi. Bu sefer çıkarttıklarımdan sadece birinin yeri kanamıştı. Uzun kollu gri kazağımı çıkarmadan önce başını okşadım. Soğuk hava göğsüme yayıldığı an şu an donuyor olduğunun farkına vardım. Kazağı başından geçirdim ve kalçalarının üstüne düştü. Kanın bir kısmını kumaş çekiyordu.

Kolunu okşayarak bedenini ısıtmaya çalıştım. "Kamp alanına dönünce bunları temizleyip saracağız," dedim.

Başıyla onayladıktan sonra Lo'ya baktı. Kendisini izliyor mu diye kontrol ediyordu.

Sikerler.

Onu kollarıma aldım. Göz kenarlarında kuruyan yaşlara rağmen gülümsedi. "Sizinle kampta buluşuruz çocuklar," dedim.

Lo bana tersçe baktı, belli ki kollarımdaki Daisy'yi fark etmişti. Bu, onu ilk kucağıma alışım değildi. Son da olmayacaktı. Sert, cesur bakışlarımla ona baktım.

Yanlış hiçbir şey yapmamıştım.

Lo'nun Lily'yle, Connor'ın Rose'la ilgilendiği aynı sikik şekilde sevdiğim birine yardım etmiştim. Yanlış kızla doğru şeyi yaptığım için laf yemekten bıkmıştım. En büyük anaokulu cevabı aklımda belirdi.

Bu. Hiç. *Sikik.* Adil. Değil.

Sonra Lo, şaşırtıcı bir şey yaptı. Başını tam olarak öyle olmasa da neredeyse onaylarcasına salladı. Başıyla kamp alanını işaret etti. "Gidin."

Öyle yaptım.

Kollarımda Daisy'yle oradan ayrıldım.

Daha önce çok kez yaptığım gibi.

Belki de bu anı kabullenmesinin o kadar zor olmamasının sebebi buydu. Herkes bir araya geldiğinde Daisy için tek seçenek ben oluyordum. Benim dışımda kimse yoktu.

Her şey böyle başlamıştı.

Julian'ı düşündüm. Daisy'nin birlikte olduğu bütün sikik herifleri düşündüm. Çıktığım diğer tüm kadınları düşündüm.

Bunun öyle bitmeyeceğine emindim.

Onunla öylesine beraber olmam mümkün değildi.

Başka hiçbir şey doğru gelmediği için bunu seçmiştik.

Başka hiçbir şey iyi hissettirmiyordu.

En büyük mutluluğumuz hep birbirimizdik.

BÖLÜM 39

RYKE MEADOWS

Kızlara, yaralarını sabunla temizlemeleri için yardım ettik ve yaralarını sardık. Şimdi *sweatshirt* ve bol pantolonlarını giymişler, kamp ateşinin etrafına toplanmışlardı. Lily sevgilisinin kucağına oturmuş, başını göğsüne yaslamıştı. Uyuklayıp duruyordu ama ormanın derinliklerinden gelen ulumalar ve ağaçların hışırtıları irkilerek uyanmasına sebep oluyordu.

"O da neydi?" diye sordu irileşen gözleriyle omzunun üzerinden bakarken.

"Büyük kötü bir kurt," diye dalga geçti Daisy. Bacaklarını kucağıma atmıştı. Birlikte olmamızdan önce de şakacı bir şekilde bana bunu yapardı ama ona asla dokunmazdım. Yani ellerimi bileklerine koyamıyor ya da onu kendime yaklaştıramıyordum. Sadece elimi onun kamp sandalyesinin sırt kısmına yaslamış halde çubuktan sıcak bir marşmelov almasını izliyordum. "Ah, bir dakika," dedi Daisy nefesi kesilmiş gibi yaparak. "Tam da buradaymış." Başını bana doğru eğdi.

Kaşlarımı kaldırdım. Kardeşimin bizi izlediğini hissedebiliyordum ve aklında ne döndüğü konusunda hiçbir sikik fikrim yoktu. Gecenin büyük bir kısmında ifadesi anlaşılmazdı.

Daisy öne doğru eğilerek parmağındaki yapışkan şekeri yaladı. Dikkatimi hızla üstüne çektiği için tahrik olmuştum. Bakışları bana kilitlenirken fısıldadı. "Büyük kötü kurt, beni yiyecek misin?"

Sen edepsiz bir kızsın, Calloway. Bakışlarım dudaklarına indi. "Hem de sen çığlık atana kadar."

Dudakları yukarı doğru kıvrıldı.

"Öldü, Rose," dedi Connor. Sesini duyunca bakışlarımız ona çevrildi. Rose, Connor'ın yanındaki bir sandalyeye kıvrılmıştı. Connor'ın eli onun bacağındaydı ve Rose da parmaklarını onunkilere sarmıştı. Diğer elinde de ucunda sülük kızarttığı bir çubuk vardı. Sarımsı yeşil gözleri kana susamıştı.

"Onun için bu yeterli bile değil," diye karşılık verdi Rose. "Bu küçük sürtük kanımı emdi."

"Ben de tatlı için kızartıyorsun sanıyordum," dedi Lo alayla.

Rose, "*Sessizlik!*" dercesine elini ona doğru kaldırdı. Kararan sülüğü bir kütüğün yanında sıkıştırarak çubuğu tekrar ve tekrar yaratığın üstüne sapladı.

Lo, "*Ne oluyor lan?*" dercesine bize bakıyordu. Dudaklarının kenarları kıvrılmış bir şekilde *Fizz Life*'ını yudumlayan Connor'a başını salladı. Karısını yarı deli olmasına rağmen çok eğlenceli buluyordu. "Onu yatakta ısırmaktan nasıl korkmuyorsun?" diye sordu Lo. "Kanını akıtırsan bir şömine demiri mi kapar?"

"Ben sülük değilim," diye cevap verdi Connor rahatça.

Rose çubuğu ateşe atarak ıslak mendille elini temizledi. Sonra yanındaki market poşetine uzandı. "Yolda gelirken bunları aldım." Büyük bir yığın halindeki dergileri çıkarttı. "Hep birlikte bunların hepsini yakmamızı ve kötü enerjiden arınmamızı istiyorum."

"Sonrasında ilahi falan okumadığımız sürece ben katılırım," dedi Connor.

Rose yerinden kalkarken benim için çok net olan gülümsemesini saklamaya çalışıyordu. Sürekli tartışmalarına rağmen Connor'ı çok seviyordu. "Katılmamanı tercih ederim. Karamsarlığın çoktan süreci gölgeliyor."

"Gerçekçilik ve karamsarlık iki farklı kavram ama sana açıklamaktan keyif duyarım."

Rose eliyle ağzını kapattı. "Kibri tanımladığın için teşekkürler, diğer tanımlamalarını kendine saklayabilirsin." Arkasına dönüp elini indirdi. "Şimdi, nerede kalmıştık?" Dergileri dağıtmaya başladığında Connor'ın bakışları onun kalçalarına çevrildi. Diğer tüm azgın piçlerden daha iyiymiş gibi davranıyordu. Ancak yaptığından da anlaşıldığı üzere hâlâ sikik bir adamdı.

Lily, marşmelovları ateşe uzattığında alevler anında şekerlemeleri sardı. İrkilerek çubuğu sallamaya başladığında sanki bunun alevleri söndüreceğini düşünüyormuş gibiydi.

Başımı iki yana salladım. "Ormana fırlatacaksın. Siktir, sakin olsana." İhtiyacımız olan son şey bir orman yangını başlatmaktı.

"Sönmüyor!" diye savundu kendini. "Sönsene marşmelov! Sön!" Çubuğu etrafa doğru biraz daha salladıktan sonra üflemeye çalıştı ama sadece az çok tükürebilmişti. Lo arkasından kolaylıkla alevleri söndürüp Lily'yi yanık şekerlemesiyle yalnız bıraktı.

Daisy şeytani bir şekilde gülümsedi. "Vay be, Lo'nun Lily'den daha iyi söndürdüğünü kim bilebilirdi ki?"

Gülümsememe engel olmak için dudaklarımı birbirine bastırdım. Diğer herkes onun söylediğine karşı yalnızca söyleyen kişi o olduğu için huzursuz görünüyorlardı. Ben söylemiş olsam sorun olmazdı. Lily söylese herkes sikik kahkahalara boğulurdu.

Lo bana öfkeyle baktı.

Kollarımı kaldırdım. "Sikik hiçbir şey yapmadım."

"Boktan bir örneksin."

Daisy umursamaz davransa da bakışları ormana çevrilmişti. Bize bir adım yaklaşmayı her denediğinde gruptan birisi onu geriye itiyordu. *Bu kasıtsız*, diye düşündüm. Ama yine de gerçekleşiyordu.

"Sikik bir şakaydı," dedim Lo'ya. Ağzını açmak üzereydi, beni çiğneyip tükürmeye hazırdı. Zihinsel olarak ona karşı koyabilmek için zırhımı giymeye başladım.

Ancak Rose parmaklarını şıklatarak Lo'nun sözünü kesti ve

herkesin dikkatini tekrar üstüne çekti. Bakışları kısa bir an benimle buluştu. Bunu benim için yaptığını biliyordum. Minnettardım ama bunu ona göstermedim. "Kötü enerjiden arınmamız gerekiyor, ona sebep olmamız değil." Dergiyi kucağıma bıraktı. "Al, bunu yakabilirsin."

Manşeti okudum.

RYKE MEADOWS OYUNLAR OYNAMAYA DEVAM EDİYOR.

Ön sayfada Daisy'yi Paris'teki barın önünde omzuma attığım fotoğraf vardı. Elim kıçındaydı. Ancak yüzündeki gülümsemeyi aşamıyordum. Kamera onu kahkahasının ortasında çekmişti.

Büyüleyiciydi. Ve benimdi.

Bu fotoğrafı yakmak istemiyordum. O mutluluğu çerçeveletip hayatım boyunca her sabah ve her gece buna bakmak istiyordum.

Ama manşet bunu kesinlikle lekeliyordu.

Flört ettiğimizi sanmışlardı. Bunu yapıyorduk. Ancak Lily'yi de becerdiğimi sanmışlardı. Yani onların gözünde bir oyun oynuyordum. İki Calloway kızıyla da takılıyordum, bu sikik şey çok absürttü.

Çenem kilitlendi, bir anı daha ziyan etmek istemiyordum. Dergiyi ateşe attım.

"Beklemen gerekiyordu!" diye bağırdı Rose. "Bunu grupça yapıyoruz."

Rulo yaptığı bir diğer dergiyle koluma vurduktan sonra dergiyi bana doğru attı.

"Tanrı aşkına, bu gece çok sinirlisin."

"Bir kurtçuk kıçından kan aldığında konuşalım," diye karşılık verdi. Benim yanımdan geçip Lily ve Lo'ya yaklaştı. Yeni dergimin manşetini okudum.

SARA HALE AİLESİYLE SAVAŞTA.

Siktir, cidden harika.

Daisy dergisini kıvırarak başlığı gizledi.

"Herkes beni dinlesin," dedi Rose. Sandalyesine tekrar oturup ayak bileklerini üst üste atmıştı. Elinde dergi olmayan tek kişi

Connor'dı. Rose söylediği şeye bağlı kalarak ona dergi vermemişti. "Dergilerinizi alın ve ateşe atmadan önce özellikle saldırgan bulduğunuz bir kısmı okuyun."

"Bu sikik şey ne işe yarayacak?" diye sordum.

"Kötü ruhları kovacak," dedi Lo. Kolunu Lily'nin beline sarmış bir şekilde *Fizz Life*'ını içiyordu. Lily onun göğsüne yaslandı. "Obsesif kompulsif karakterini iyileştirmeyecek olması çok kötü, Rose."

Rose ona sert bir bakış atarken gözlerinde alevler parlıyordu. "Senin alkolikliğini iyileştirmeyecek olması çok kötü, Loren."

Lo gazoz kutusunu kaldırdı. "Bak, çoktan işe yarıyor. Resmen lisanslı bir cadısın… Siktir, kaltak demek istedim." Parmaklarını şıklattı. İçinden, "*Of, hay aksi,*" der gibiydi.

Rose tartışmak için ağzını açsa da Connor araya girdi. "Bunların hepsi çok komik ama cadılar ve ruhlar hakkında konuşmaya devam ettikçe kendimi giderek daha aptal hissediyorum. Yani lütfen, tüm insanlık aşkına sesinizi kesin."

Lo bunu komik bulduğu için gülümserken başımı iki yana salladım.

Rose anında kocasına karşı çıktı. "Gerçekten kendi zekânın *tüm* insanlığın yararına olduğunu mu düşünüyorsun? Bir elmas şirketin var."

"Paramın büyük bir yüzdesini hayır kurumlarına ve araştırmaya harcıyorum, sevgilim."

Ağız dalaşına girdiklerinde Daisy bana yaklaştı. Bir peçeteyi origami yaparak kuğuya dönüştürürken bakışlarını sık sık bana çeviriyordu. "Bir sır öğrenmek ister misin?" diye fısıldadı.

"Tabii," derken kolumu sandalyesinin arka kısmına uzattım.

Gülümseyerek, "Sen benim favori dört harflik kelimemsin," dedi. Cesur yeşil gözleri bana çevrilmişti.

En klişe tavlama sözlerini bile sanki duyduğum en seksi şeylermiş gibi söylüyordu.

"*Sikik* kelimesi bir harfle mi kaçırıyor?" diye sordum, kaslarım geriliyordu.

"Senin sayende artık buna duyarsızlaştım. Ancak *ayak* kelimesi kadar etkili olabilir."

Kulağına doğru eğilerek sesimi alçalttım. "Seni gerçekten siktiğimde böyle söylemeyeceksin."

Yüzüne kör edici bir gülümseme yayıldığında arzum daha da hareketlendi. Onu sikik kollarıma almak istiyordum. Onu öyle bir öpmek istiyordum ki bunu yaparken aldığımız nefes ciğerlerimize ulaşırken kesilsin, arzumuza teslim olsun istiyordum.

Bir gün o da olacaktı.

Sadece bugün değildi.

"Ben başlayacağım," dedi Lily, Connor ve Rose'un atışmasını bölerek. Elindeki dergiyle yerinden kalktı. "Hmm... Burada beni gerçekten rahatsız eden bir fotoğraf var." Birkaç sayfayı karıştırıp başını salladı. "Evet, burada prezervatif alıyorum ve başlığı şöyle atmışlar: *Lily tekrar kontrolden çıktı.*"

Rose etkinliğine katılan biri olduğu için heyecanlanarak ellerini çırptı. "Tamam, şimdi ateşe at."

Lily dergiyi alevlere attı. Dergi odunların üstüne düşerek hızla yandı.

Connor yerinden kalkarak Rose'un arkasındaki yığından bir dergi aldı.

"Ah, artık inanıyorsun demek?" diye sordu Rose.

"Sana inanıyorum," diye karşılık verdi Connor. "Batıl inançlarına değil." Dergiyi açtı. "*Connor Cobalt'ın yedinci seks kaseti yirmi milyon dolar hasılat yaptı. Kasetlerin sahibi olan yapımcı Scott Van Wright, dünyanın en zengin pornografi distribütörlerinden biri.*" Scott Van Wright, Connor ve Rose'un seks kasetlerinin birkaç ayda bir sızmasının sebebiydi. Onlara ihanet etmişti. Connor davaları geri çekip bu reklamın hem Rose'un moda işini hem de kendi işini büyütmesine izin verdiğinde Scott'ın ağzını burnunu kırmayı teklif etmiştim. Ancak Connor teklifim çok çekici olsa da beni hapiste görmek istemediğini söylemişti.

O orospu çocuğunun bir gün hak ettiğini almasını umuyordum.

Connor dergiyi ateşe attığında mavi gözlerinde gerçekten bir nefret vardı.

Sıradaki kişi Rose'du. "*Rose Cobalt bir sürtük.*" Başını sallayarak kendi dergisini attı.

"Bu mu?" diye sordu Lo. Rose tekrar yerine oturuyordu. "Bulabildiğin tek şey bu mu?"

"Bunlar kırıcı sözler," diye cevap verdi Rose.

"Sana günde beş kez sürtük diyorum ve tepki bile vermiyorsun," diye hatırlattı Lo. Sonra onun bu geceki patlamasını hatırlayarak kendini düzeltti. "Yani, genelde vermiyorsun."

"Sen söyleyince kırıcı olmuyorlar," diye karşılık verdi Rose. "O bir *Vogue*'du." Göğsüne dokundu. "Okuduğumda iki gün boyunca ağladım."

"*Vogue* onun İncil'i," dedi Lily.

"Bu senin azizin gibi bir şey olduğumu mu gösteriyor?" diye sordu Daisy gülümseyerek. Birkaç ay önce *Vogue*'a çıkmıştı, sikik derginin ön kapağına.

"Bize katılsan daha aziz-vari olurdun," dedi Rose.

Daisy neşeyle sandalyesinden kalktı. "*Daisy Calloway 'Bebek Calloway' Gucci moda çekiminden başka bir erkek modelle görüntülendi. Yakın kaynakların söylediğine göre onunla görüştüğü onaylandı. Daisy'nin bu ay birlikte görüldüğü üçüncü erkek. Acaba bu, Lily'nin peşinden gittiğinin net bir işareti olabilir mi? Zamanla göreceğiz.*" Dergiyi kapatıp bir frizbi gibi ateşe attı.

Bunu duymak ifademin sertleşmesine sebep oldu. *Gucci* çekimi aylar önceydi ve her gece aynı yatakta uyuduğumuz için o heriflerle olmadığını bilsem de suçlamalar beni sinirlendirmişti. Rose kötü enerjiyi kovmak istiyordu ama o dergileri okumamamın bir sebebi vardı.

"Sıra sende," dedi Daisy bana. Ayağıyla sandalyemi devirmeye çalıştı ama ayakta olsa da yeterince güçlü değildi. Yerimden kalkmadım. Sadece elimdeki dergiye bakarak ortadaki makaleyi buldum. "*Ryke Meadows başka bir fotoğrafçıyla kavga ediyor.* Bir kameramana bağırırken fotoğrafımı koymuşlar." Tembel bir şekilde dergiyi ateşe atarak sandalyeme yaslandım.

Daisy, "Farklı hissediyor musun?" diye sordu sandalyesine yerleşirken.

"Hayır."

Daisy şaşırmış gibi yaparak ablasına baktı. "Onda işe yaramadı. Ryke'ı şeytandan korumak için bir büyü yapabilir miyiz?"

Rose gözlerini devirerek erkek kardeşime baktı. "Loren, lütfen devam et."

Lo isteksizce yerinden kalktı. Kalkmasının tek sebebi Lily'nin kucağından kalkıp onu ayağa kaldırmasıydı. Bakışları dergiye çevrildiğinde ifadesinin nasıl değiştiğini gördüm, keskinleşip soğuk bir hal almıştı. "*Başka bir kaynak taciz dedikodularını onayladı. Jonathan Hale ve Loren Hale reddetmeye devam ediyorlar. Jonathan'ın ilk oğlu hâlâ yorum yapmadı.*"

Kimse konuşmadı. Huzursuz bir gerginlik kamp alanımızı sardı. Lo'nun dergiyi ateşe fırlatmasını, bana küfretmesini ya da ikisini birden yapmasını bekledim. Ancak bakışları dergiden ayrılmadı ve sessizce okurken kaşları çatıldı. Başını iki yana sallamaya başladı.

"Ne oldu?" diye sordu Connor.

"*Seks bağımlılığında uzman bir psikiyatristle röportaj yapıldı,*" diye okudu Loren. "*Seks bağımlılarının çoğunun cinsel bir travma geçirdiği onaylandı. Onaylanmış bir şekilde biliyoruz ki...*" Tepkisini göstermemek için dudaklarını birbirine bastırdı, gözleri öfkeliydi. Başını iki yana salladı. "*Onaylanmış bir şekilde biliyoruz ki, Lily Calloway vaktinin çoğunu Hale ailesiyle harcıyordu. Jonathan Hale'in, onun bağımlılığını tetikleyen kişi olabileceğinden şüpheleniliyor.*"

Jonathan'ın Lily'ye de istismarda bulunduğu ima ediliyordu.

Buna ihtimal vermiyordum. Lo gibi ben de başımı iki yana salladım. Babam sikik kötü bir herif olabilirdi ama en yakın arkadaşının kızına, Lily'ye böyle bir şeyi yapmış olamazdı. Bu düşünülemez bir şeydi.

Lo böyle bir şeye şahit olsa asla boyun eğip sessiz kalmazdı. Kesinlikle aklını kaçırırdı. Hiç şüphesiz babamızı öldürürdü.

"Ne?" dedi Lily ağzı açık bir şekilde. "Lo, böyle bir şey olmadı."

Lo ona baktığında bakışları anında yumuşadı. "Biliyorum, Lil." Tereddüt etmemişti bile. Onu sorgulamamış ya da aksini düşünmemişti. Aralarında tamamen sadakat vardı. Ama bu bakışmalarındaki acıya engel olmuyordu, ikisi de bunun içine sürükleniyorlardı.

"At gitsin," dedi Rose sessizce.

Lo dediğini yaptı. Düşüncelerimle birlikte derginin de yanmasını izledim.

Artık neye ya da kime inanacağımı bilmiyordum.

Her şey sadece karanlıktı.

BÖLÜM 40

RYKE MEADOWS

Daisy'yle yalnızdım. Çadırda.

"Şaşırmadım," diye fısıldadı Daisy. Üç kişilik çadırın üst kısmına bir el feneri eklemiştim ve bir lamba gibi sarkıyordu. Bağdaş kurmuş bir şekilde otururken onu tamamen görebiliyordum. Arkama yaslanıp saçlarını topuz yapmasını izledim. "Rose gölgelerinin böcek olduğunu düşünüp Lily'nin üstüne çıktı, gerçekten çok iğrendi." Bu görüntüye karşı gülümsedi. "Daha önce hiç kamp yapmadı."

"Öyle mi? Sikeyim, hiç fark etmemişim," dedim. Rose, kızlar çadırını ilk terk eden kişi olmuştu. Benim içinde olduğum çadırın fermuarını açarken sanki hepimizi katletmeye hazırmış gibi elinde bir balta tutuyordu. Sanırım bu düşünce ciddi ciddi kardeşimin aklından geçmişti.

Fakat Connor ona uzandığında resmen erimiş ve vahşi bir kediden, yavru bir kediciğe dönüşmüştü. Ben oradan ayrılmadan önce Connor kollarını ona sarmıştı ve Rose da huzurlu görünüyordu. Ardından Lily gelmişti, kızlar çadırında yalnızca küçük kız kardeşiyle kalamayacak kadar korkuyordu. Lo, Rose'un bir "Afrika antilobunu" bile korkutabileceğini söylemişti ve Lily de o artık orada olmadığı için sevgilisinin yanında rahatlık aramaya karar vermişti.

Bu Daisy'nin tek başına kaldığı anlamına geliyordu.

Böylece onun çadırında uyumak için gerekli olan bahaneye sahip olmuştum. Hiç kimse ormanın ortasında yalnız kalmak istemezdi. Kardeşim bile.

"Uzan," dedim Daisy'ye. Uyurken sorun yaşadığının farkındaydım. Bu gece *Ambien* almak istememişti ve artık ilaç içmesi için onu zorlayamazdım. Yan etkileri çok fazlaydı. Uykusuzluğuna karşı koymak için başka bir yol olmalıydı.

Uzanmak yerine bacaklarını açarak kucağıma yerleşti. Üstünde ona bol gelen eşofmanım vardı. Benim kıyafetlerimi giymesine bayılıyordum. "Uyuyamıyorum," dedi.

"Gecenin ikisi," diye fısıldadım otururken. Bu pozisyonda ondan daha uzundum. Ona bu kadar yakın olmak, göğsümün onunkinden yalnızca birkaç santim uzakta olması havaya bir gerginlik yayılmasına, kaslarımın kaskatı kesilmesine sebep oluyordu. "Hiç seni becerdiğimi hayal ettin mi?" Merakım beni bu soruyu sormaya zorlamıştı. Parmaklarım giydiği Penn tişörtümün altından çıplak kalçalarına doğru uzandı.

Nefesleri kesik kesikti, muhtemelen bu gecenin *o* gece olup olmadığını merak ediyordu. "Evet."

"Ne zaman?" diyerek onu teşvik ettim. Tişörtü başının üzerinden çıkarıp onu üstsüz bıraktım, meme uçları çoktan sertleşmişti. Bu benim için yeterliydi. Neredeyse anında sertleştim, altında beni hissettiği an boğazından büyük bir nefes firar etti.

"Bir sürü kez," diye fısıldadı. İçeriye bir heyecan yayılıyordu. Tişörtümü çekiştirirken beni kendisi gibi çıplak görmek istiyordu. Tişörtü başımın üzerinden geçirmesine yardım ettiğimde parmaklarıyla dövmemin çizgilerini takip etmeye başladı. "Kendi başımayken. Ama genelde..." Duraksarken yeşil gözleri benimkilere çevrildi. "Diğer erkeklerle olduğumda. Yardımının dokunabileceğini düşündüm."

Diğer herifleri becerirken beni düşünüyordu.

Sadece beni düşünerek mastürbasyon yapmıyordu.

Seni sadece daha sert sikmek istiyorum.

Şaşkınlığım yoğun bir haz şeklinde bedenimi onunkine resmen itmişti. Başının arkasını kavradığımda beni aynı şekilde tuttu. Onu sertçe, bir aceleyle öpmeye başladım. Onun yatağında geçirdiğim bütün geceleri düşündüm. Kısıtlamayı. Daisy'yi bedenimin altında hayal ettiğim, kaslarımın onu güvenli ve çok güçlü bir şekilde örttüğü her anı düşündüm. Ona çekildiğim anları. Rahatlamayı. *Siktir.* Onun içinde olmam gerekiyordu.

Dudaklarımız, ellerimiz ve bedenlerimiz sanki aramızda bir bomba patlamış gibi bir araya geldi. Sinirlerimiz çığlık çığlığaydı, ciğerlerimiz zar zor nefes alıyordu.

Ona sertçe yaklaşıyordum ve o da benimle vahşice hareket ediyordu.

Bacaklarımız birbirine dolandı, elleri hevesle karın kaslarımda gezinip sırtıma yöneldi ve ağırlığımı üzerine verdiğim sırada tenime tutundu. Ona kendimi bastırdığımda inledi. *Siktir...* Onu tekrar duymak istiyordum ama bu sesleri bastırmam gerekiyordu. Bu yüzden avucumla ağzını kapattım ve ona kendimi bastırmaya devam ettim. Aletim zonkluyordu. *İçine gir.*

Henüz olmazdı.

Elimin altında tekrar mırıldandı. Eşofmanı uzun bacaklarından indirdiğim sırada konuşmaya çalışıyordu. Elimi ağzından çekip iç çamaşırımı sıyırdım.

"İçime gir," diye fısıldadı. Öpüşmemiz yüzünden dudakları şişmişti ve nefesleri kesikti. El feneri üzerimizde sallanıyordu. Birimiz çarpmış olmalıydık ama ikimiz de kapatmaya yeltenmiyorduk. Daisy'yi tamamen görmek istiyordum, her bir tepkisini ve her bir uzvunu.

Cevap vermek yerine onu soydum. Külotunu ve tişörtünü çıkardım. Tekrar bu yoğun hislerle dolu bir şekilde öpüştük. Kalçalarını bana doğru ittiğinde ağırlığımı yeniden üzerine verdim. Daisy inlerken saçlarını kavradım.

Sırtüstü uzanıyordu ve kesik nefesleri sessizliği bölüyordu. Bakışları aletime odaklanmıştı ve her bir santimimin içinde olduğunu hayal ettiğini söyleyebilirdim.

"Lütfen," diye fısıldadı.

Parmaklarımla saçlarını tarayıp büyük elimle yüzünü tuttum. Altımda küçük ve kırılgandı. Deneyimli olduğunu düşünüyor olsa bile benimle hiç deneyimi yoktu. En azından henüz yoktu. Diğer elim klitorisine doğru inerken onu öptüm. Parmaklarım yukarı aşağı dairesel hareketler yaparken kalçalarını yukarıya kaldırdı.

Altımda kıvranıyor, tırnaklarını sırtıma saplıyordu. Dudakları aralandığı an elimle ağzını kapattım, sıcak nefesi avucuma çarpıyordu.

Onu baştan aşağı süzerken zevkten nasıl çözüldüğünü, bacaklarının nasıl kasıldığını, bedeninin nasıl bana doğru kıvrıldığını, kalçalarının nasıl hareket edip ona henüz vermediğim zevki almaya çalıştığını izliyordum. Daisy'yi izlemek; bir insanın yeni bir dünya keşfetmesini, havai fişekleri ilk kez görüp bunu sarhoş ve büyülenmiş bir şekilde izlemesini seyretmek gibiydi. Bunu başarmasına yardımcı olduğumu bilmek ona daha yakın olmayı arzulamama, onu hem mutlulukla hem kendimle doldurmak istememe sebep oluyordu.

Ayak parmakları kıvrılırken ellerini sırtıma bastırarak başını eğdi. Elim boğuk iniltilerini engelleyerek yüzünde duruyordu.

Doğrulup düzensiz nefeslerini toparlamasına izin verdim.

Beni izliyordu ancak karanlık bakışlarım, "*Seni istiyorum. Sikeyim, çok güzelsin,*" diyen hislerim haricinde hiçbir şey belli etmiyordu. Hızla pozisyonumu taklit edip oturdu ve ben de bacaklarını etrafımda genişçe açtım.

Dudakları aletime doğru inmeye başladığında çenesini hızla kaldırarak onu öptüm. Dürtüsel olarak bana doğru gelen şekilde hareket ediyordum. Parmaklarımı içine soktum. Çok ıslaktı. Birkaç dakika içinde boşalacaktı. Parmaklarımı dışarı çıkartarak aletimi tuttum.

Daisy ne olacağının farkına varırken hızla nefes aldı. Bana yaklaşıp iki elini enseme sardı ve alnını göğsüme yasladı. Oluşan görüntüyü seviyordu, bu yüzden memnuniyetle bunu ona sundum.

Saçlarını kulağından iterek fısıldadım. "Tamamımı almaya hazır mısın, Dais?"

Ellerini ensemin hemen üzerindeki saçlarda gezdirerek bana cevap verdi. Gülümserken yavaşça içine girdim. Etrafımda kasıldığında dudaklarım aralandı. Boğazımın hemen gerisinde bekleyen sikik iniltiyi zorla bastırıyordum. Kaslarım sertçe gerilirken onu başının arkasından göğsümde tuttum.

Daisy'nin içini doldurmanın daha samimi bir şekli aklıma gelmiyordu. Ben otururken kucağıma geçip göğsüme sarılmış, bana hem bedeninin hem de kalbinin sahipliğini sunmuştu.

Ereksiyonumun etrafında şiş, ıslak ve hayal ettiğimden ya da beklediğimden çok daha dardı. Sinirlerimi parçalayan bu hislerin yanında, aniden ne kadarımı içine alabileceğinin farkına vardım. Nefesi kesilmişti, sesini nasıl fısıltılı tutacağını öğreniyordu. Onu tamamen doldurmadan önce durdum.

"Ryke," diye inledi.

"Şşşt," dedim. Kalçalarını itip hepsini içine almaya çalıştı. Elimi başından kalçasına doğru indirdim ve onu sabitledikten sonra kendimi ileri ittim. *Siktir.* Bu baskı beni boğarken gözlerimi kapattım. Daha hareket etmeye başlamamıştım bile.

Uzun aletimin bacaklarının arasında kaybolmasını izliyordu ve ben de kalçalarını tutuyordum. Kısa, kesik kesik nefesler alıyordu. Önündeki görüntüyü görmesine izin verdikten sonra onu koyu yeşil uyku tulumuna yasladım.

Elim diziyle kalçası arasında gidip gelirken yavaş, derin hareketlerle ilerlemeye başladım. Her bir sikik hareketimi içine çekiyordu. Her birinin sonsuza kadar hiç acele etmeden, bu uçurumdan düşerken hiç hızlanmadan sürmesini istiyordum. Kendimi ileri iterken kalçalarım kasıldı ve onu öpüp nemli sarı saçlarını alnından ittim.

Yıllardır bu tür bir zevk için yalvaran kızın içindeydim.

Sonunda istediğini ona veren kişi, seksin ne kadar iyi olabileceğini gösteren kişi bendim.

İsa aşkına. Siktir, bunu çok uzun zamandır istiyordum.

"Ryke," demeye başladı. O kadar çok söylüyordu ki elimle tekrar ağzını kapattım. Ben kendimi ittiğim her an kalçalarını kaldırıyor ve bir sürtünmeyle beni adrenalinden kör eden derinliğe ulaşmamı sağlıyordu. Alnımı başının yan tarafına yasladım. Bir doksanlık bedenimin altında onunki çok küçük kalıyordu.

Hareket ederken gözlerini benimkilere odakladı. Ritmim parça parça artıyordu. Kalçaları bana ayak uyduramıyordu. Bacaklarını belime dolamıştı. Bacaklarından birini omzuma alıp göğsüne yaklaşabileceğim kadar esnekti.

Avucuma doğru inlediğinde tam o anda boşalmamak için kendimi tuttum. Kendimi çekerek homurdandım ve tekrar ittim. *Siktir.* Nefes aldığını hissetmiyordum, gözlerini hızla kırpıyordu.

"Burnundan nefes al," dedim sertçe. İçgüdüsel olarak her bir hareketimde hızlanıyordum. Bayılmasını istemiyordum.

Sonunda nefes verdi ve bakışları tekrar bana döndü. Bir anlığına yavaşladım ama sona yaklaştığını hissedebiliyordum. Tüm bedeni altımda gerildi, gözleri her an odağını kaybedebilirdi. Hızlı hamlelerle içine giriyordum, tenimi ince bir ter tabakası kaplamıştı.

Siktir.

Çok dardı.

İstesem bile yavaşlayamazdım.

Aralık dudaklarımı alnına yasladım. Bedeni benimkine doğru kıvrılana, başı eğilene ve gözleri kapanana kadar devam ettim. İniltisi elimden taşsa da yalnızca benim duymamın mümkün olduğu kısık sesler gibi hissettiriyorlardı. Sikeyim, çok güzellerdi.

Henüz boşalmamak için kendimi zorlarken homurdandım. Elimi çekip onu kollarıma alarak yukarı kaldırdım.

"Ryke," dediğinde gergin kasları boşalmasının ardından gevşemiş ve rahatlamıştı. Bakışları ereksiyonuma indiğinde kaşlarını çattı.

"Nefesini hızlıca topla, tatlım." Onu kucağımda çevirdiğimde sırtı göğsüme yaslanıyordu. Aletimi tutup kolaylıkla içine girdim. İçinde yukarı aşağı hareket etmeye başladığımda nefesi kesildi.

Boynunu emdiğim sırada derin ve hızlanan bir ritimle içine girmeye başladım. Göğüslerini okşarken parmaklarım sertleşen meme uçlarında geziniyordu.

Sırtını bana yaslayarak saçlarıma tutundu ve becerilmeyi hak ettiği şekilde onu becermeme izin verdi. Dikkatli ve sevgi dolu şekilde. Uzun dakikalar geçerken buna saatlerce devam edebileceğimi biliyordum. Gözleri yorgunlukla kapanana kadar buna devam edebilirdim ama sonrasında bilincinin yerinde olmasını istiyordum. Aletimin etrafında kasıldığında ellerimin altındaki bedenine odaklandım. Onun derinlerindeydim, kesik sesler çıkartıyordu.

Kendimi sertçe ittiğimde onunla birlikte boşaldım. Beyaz ışık görüşümü boğarken sikik başım dönüyordu. Birkaç kez nefes verdikten sonra içinden çıktım ve onu nazikçe uyku tulumuna yatırıp yanına uzandım, bedenim onunkiyle huzurluydu. El feneri tıpkı bir sarkaç gibi üstümüzde sallanıyordu.

Siktir, sonunda.

Hiçbir şey bununla kıyaslanamazdı.

Hiçbir şey söylememe fırsat bırakmadan beni öptü. Gülümseyerek öpücüğüne karşılık verdim. Ardından yüzünü okşadım, bacaklarım mıknatıs misali onun yumuşak bacaklarını buldu ve tekrar birbirimize dolandık. "Çikolatadan daha iyi mi?" diye fısıldadım.

Sanki onu bir koşuya değil de maratona çıkarmışım gibi nefes alıyordu. "Sen başka bir ligdesin."

Parmaklarımla yanağını okşadım. "Öyle mi?" Gülümsedim. "Sonunda dahil olman gereken ligi buldun, Dais."

"Burayı sevdim," diye fısıldadı. "*Çikolatadan Daha İyi* ligi." Kollarını bana sardığında dudaklarımı başının üstüne bastırdım. "Sence bu ne kadar sürecek?" Sesi ciddi bir hal almıştı, ses tonunda korku vardı. Artık yattığımıza göre, eğer birisi bizi birbirimizden uzaklaştırırsa kaybedecek çok şeyimiz vardı.

"Biz istediğimiz kadar," dedim. "Senin için savaşırım, Dais. Sadece bunu yapmama izin vermen gerekiyor." Kırgınlıklar için endişelenmezdi. Eninde sonunda insanları üzecektik ama eğer bizi seviyorlarsa ve mutlu olmamızı istiyorlarsa bunu kabul edeceklerdi.

"Kardeşinle bile mi?" diye fısıldadı uykuya dalarken gözleri kapanıyordu.

"Onunla bile," diye fısıldadım. Uyuyakalmasını izliyordum. Ne kadar uzun süreceğinden emin değildim. Doğrulup el fenerini kapattıktan sonra ormana bakan çadır kanatlarından birini açtım. Ay ışığı dingin bir parıltıyla çadırımızı doldurdu. Tekrar uzansam da gözlerimi kapatmadım. Daisy yavaşça huzurlu bir uykuya kapılıyordu.

Bense uyanık kalıp onunla ne kadar ilerlediğimi ve ne kadar daha ilerlemek istediğimi zihnimden geçirdim.

Bir gün her şeyi değiştirebilirdi.

Bu yüzden o günün sonunda geleceğine karşı umudumu korumaya devam ettim.

O uyanmadan bir saat geçmiş olmalıydı, uyuyamamıştı. Uyanık olduğumu fark ederek üstüme çıktı ve tekrar dövmemin çizgilerini takip etmeye başladı. Parmağı koyu renk mürekkebin üzerinde geziniyordu. Çadırımızın dışındaki cırcır böceklerinin kısık seslerini duyabiliyordum.

Parmağı yan tarafımda anka kuşunun ayağının etrafına sarılı olan mürekkep zincirde gezindi.

"Çapa ben miyim?" diye sordu belimdeki dövmede parmağını gezdirirken.

Gözlerim karardı. "Neden böyle düşünüyorsun?"

"Dövmeyi yaptırırken senin için ne anlama geldiğini bana hiç söylemedin."

Tasarımı doldurmak için dövme salonuna neredeyse her gittiğimde benimleydi. Ne anlama geldiğini birkaç kez sormuştu. Ona bir bakış attığımda sormayı bırakmıştı. Bu sonuca varacağını düşünmemiştim. O zaman da düşünmemiştim, kesinlikle şimdi de düşünmüyordum.

"Son birkaç yıldır sana ağırlık yapıyorum," diye açıkladı karanlık bakışlarım karşısında. "Düşündüm ki-"

"Sikik çapa benim," dedim bir anda.

"Ne?" Kaşları çatıldı.

Ona tamamen açıklama yapmam gerektiğini biliyordum. Bunu yaparken gözlerine zar zor bakıyordum. "On yedi yaşımdayken babam atletizm karşılaşmalarımdan birine geldi. Elinden geldiğince fazla karşılaşmamı izlemeye çalıştı."

Çadırın üst kısmına bakarken mayıs ayındaki sıcaklığı hatırladım. Jonathan Hale tribündeydi ve bir takım elbise giyiyordu. Bakışlarım onun keskin bakışlarıyla buluştuğunda onaylarcasına başını sallamıştı. Gülümsemişti. Büyük bir gururla.

"Annem oradaydı, ona bakmıyordu," dedim. "Bir kadın babama kimin için burada olduğunu sorduğunda verdiği cevabı duydum." Ağzıma acı bir tat yayıldı. "Jonathan kadına, *'Arkadaşımın çocuğu, şuradaki,'* diyerek beni işaret etti."

Ona ortaparmak çektiğimi ve bakışlarındaki gururun silindiğini hatırlıyordum.

Artık umursamıyordum.

Daisy ellerini karnıma koydu. "Ne oldu?" diye sordu kaşlarını çatarak.

"Hâlâ koşmam gerekiyordu ve iki sikik seçeneğim vardı. Bitiş çizgisine ulaşabilirdim ya da sadece çekip giderdim. Sikik başlangıç çizgisine geçtim ve yarış başladığı an yavaşlamaya başladım. Sonra parkurda durdum ve birkaç derin nefes alıp oradan ayrıldım." Bu hatırayı hatırlayınca kalbim daha hızlı atmaya başladı. "Koçum beni kenara çekip bana bir şey söyledi..." Başımı iki yana salladım. "Bu şey siktiğim yıllar boyunca aklımdan çıkmadı. Beni değiştirdi."

Bana karşı acıyla dolan gözlerine baktım, bedenimde gezinen ve etrafa yayılan kırgınlığı hissetmişti.

Koçumun sesini resmen duyabiliyor, kenar çizgisinde durduğunu görebiliyordum. Bir eli omzumdaydı. "Her şey olabileceğimi ve her şeyi yapabileceğimi, ben hariç kimsenin beni durduramayacağını söyledi." Söylediklerini tekrardım. "Kendi çapan sensin, Ryke. Başarısız olduğunda diğer herkesten çok kendini incitiyorsun. Yanmaya devam mı edeceksin, yoksa yükselmek için kendine izin mi vereceksin?"

Kardeşimin etrafında ona böyle bir şey söyleyecek kimsenin olduğunu sanmıyordum. Başarılı olabileceği hiçbir yol kalmayana kadar başarısız olmaya devam ediyordu.

Daisy'ye uzanarak saçını kulağının arkasına ittim. "Yani çapa da anka kuşu da benim ve kendim için koşmayı bu zamanlarda öğrendim. Sikik annem ya da babam için kazanmayı bıraktım. Her bir başarım, her bir iyi notum benimdi. Kendi hayallerimi yaşamaya başlayıp onlarınkine son verdim."

Gülümserken gözlerinde yaşlar vardı. "Bu çok güzel."

O kucağımdayken oturup yanağını öptüm. Bunu biriyle paylaşmak çok iyi hissettirmişti. Anlatmamın bir fark yaratacağını hiç düşünmemiştim ama yarattığını görebiliyordum.

"Koşmayı ve kaya tırmanışı yapmayı sevdiğini nereden biliyordun?" diye sordu.

Bir anlığına bunu düşündüm. Tüm ödülleri ve başarıları alınca yine de koşar ve tırmanır mıydım? Dudaklarım cevabıma karşı kıvrıldı. "Çünkü sevdiğin bir şeyi bulduğunda bırakamazsın. Her başarısızlığın seni daha fazlasını yapman için zorlar. Ruhunda ve sikik kalbindedir."

"Ya sevdiğim şeyi hiç bulamazsam?"

"Bir şeyler denemen lazım," dedim. Muhtemelen bu konuda onun kadar endişeli değildim. On sekiz yaşındaydı. Her şeyi çözecekti. Annesi hiç vakti yokmuş gibi davransa da vakti vardı. "Ben şanslıydım." Şakağını öptüm. "Benimle biraz yatmaya çalış, Dais."

Gülümseyerek o çok bariz şakayı yapmak için ağzını açtı.

"Gerçek yatmaktan bahsediyorum," dedim onunla uzanarak. Onu göğsümde, güvende tuttum.

Ve rüyalara dalmaya başlamasını bekledim.

BÖLÜM 41

RYKE MEADOWS

Çadırın fermuarını açıp kuşlar cıvıldarken elimi saçlarımdan geçirdim. Saatin erken olduğu söylenebilirdi. Muhtemelen altı civarıydı ve Daisy sadece bir saat önce uyumuştu. Bense gözlerimi kapatmamıştım bile ama dürüst olmak gerekirse bedenim o kadar da yorgun değildi. Daisy'yi becermek sahip olabileceğim en iyi adrenalin patlamasıydı. Hâlâ o zirvedeymiş gibi hissediyordum.

Connor ve Rose'u hemen kamp ateşinin yanında buldum. Sabahın bu saati için inanılmaz uygunsuz kıyafetler giyiniyorlardı. Bir takım elbise ve bir elbise. Ayrıca *Dunkin Donuts** karton bardaklarından kahve içiyorlardı.

Kollarımı esnettim. "Sikik birer hilekârsınız."

Rose sanki ona yumruk atmışım gibi yüzünü astı. "*Hile* yapmadık."

Karşılarındaki sandalyeye yerleştim. "Kamp yaparken kahve alamazsınız."

"Bu kuralları daha önce hiç duymadım," dedi Connor. Kendini beğenmiş bir gülümsemeyle aldığı kahveyi yudumladı.

"Kamp yaparken kaynar su ve toz paketlerle hazır kahve ya-

* Donut ve kahve satışıyla ön plana çıkan bir restoran zinciri. (ç.n.)

parsın." Başımı iki yana salladım. "Kahve almaya gitmek, sınav sırasında tuvalete gitmek için izin isteyip telefonundan cevaplara bakmak gibi."

Rose bana bakarken gözlerini kıstı. Sonra o da kahvesinden büyük bir yudum aldı, geri adım atmıyordu. Connor ise onu tam burada becerebilecekmiş gibi görünüyordu.

Her neyse.

"Bu arada parlıyorsun," dedi Connor. Yüzündeki o bilmiş ifadeyi sevmiyordum.

"Siktir git, Cobalt." Ayaklarımı soğutucunun üzerine uzattım.

Rose o vahşi sarımsı yeşil gözlerini bana çevirdi. "Prezervatif taktın mı?" diye sordu kısık ama güçlü bir ses tonuyla. Kardeşimi uyandırmamak için oldukça dikkat ediyordu.

İfadem sertleşti. Dün gece bizi duymalarının imkânı yoktu ancak Connor doğrulara ulaşmak için detayları bir araya getirdiyse olayı çözmesine şaşırmazdım. Belki de Rose'u Daisy'yle olan ilişkim hakkında bilgilendiriyordu. "Connor'ı ilk becerdiğinde takmasını istemiş miydin?" diye karşılık verdim.

Boynu kızardı. "Konu bu değil."

Gözlerimi devirdim. "Tamam o zaman." Söyleyecek başka bir şeyim yoktu. Başka kadınlarlayken nasıl hep prezervatif taktığımı ama Daisy'yle birlikteyken o sikik şeye ihtiyaç duymadığımı açıklamayacaktım. Ciddi bir ilişkideydik. Ona güveniyordum. Kendime de güveniyordum. İşte. Sikik. Son.

Yerimden kalkmak üzereyken Rose'un söylediği şey olduğum yerde kalmama sebep oldu.

"Onunlayken dikkatli ol, Ryke. Deneyimli olabilir ama hâlâ *benim* kardeşim. Eğer onu incitirsen hayalarını bizzat kesip bu yılki yılbaşı ağacına asacağım."

İçten içe gerildim. "Onu asla incitmem. Sana söz veriyorum, Rose."

Başını sallarken, "Tamam *o zaman*," diye tekrarladı benim gibi. Neredeyse gülümseyecektim.

"Gidip odun getireceğim," dedim.

Connor elinde kahvesiyle beni takip etti. "Yardım edeyim."

"Hile yaptığın için suçlu mu hissediyorsun?" diye sordum. Ormanın içine yönelmiştim.

"Hayır," dedi Connor. Pahalı ayakkabıları yaprakları eziyordu. "Fazladan ele ihtiyacın olabileceğini düşündüm."

Son sözünü söylemesini bekledim. Hiçbir şey gelmediğinde kaşlarımı havaya kaldırdım. "Hakaret yok mu?" Nükteli bir espri yapmaması garipti. Sürekli sinirlerimi bozmasına rağmen hep arkadaşım olmuştu ama diğer tüm ilişkilerim gibi bu da karmaşıktı. "Ona Daisy'nin uyku sorunlarından bahsetmedin, değil mi?" Ormana altı metre kala durdum, kamp alanımız arkada kalmıştı.

"Bunu düşündüm," diye itiraf etti. "Ama bana her şeyi anlatmıyorsun ve kısmi gerçekleri etrafa yaymamayı tercih ederim." Fazlasını açıklamamı bekledi.

Açıklamayacaktım.

"Ablalarıyla konuşacak," dedim. "Zamana ihtiyacı var."

"İnsanlığın kaçınılmaz olanı ertelemek için kullandığı en bilinen bahane."

"Konfüçyüs'ün sikik rolüne başvuracakmışsın gibi konuşmasan olur mu?"

"*Bir hata yapar ve düzeltmezseniz, buna hata denir.*" Tabii ki gerçekten de Konfüçyüs'ten alıntı yapacaktı. *Sikerler.*

Başımı iki yana salladım. "Sikik şerefsizin tekisin."

Gözünü bile kırpmadı, hakaretim onu etkilememişti. Belki de gerçeği bildiği içindi. "Biliyor musun, Konfüçyüs'ü hiçbir zaman sevmedim. Prensiplerinin hep biraz basit ve sağduyulu olduğunu düşünmüşümdür."

"Büyüleyici," dedim ifadesizce.

Sıradan bir şekilde devam etti. "Ama takdir ettiğim bir alıntısı var." Bana bakarken gözlerine ciddi bir ifade yayıldı, oyun ya da alay yoktu. "*Nereye gidersen git, tüm kalbinle git.*"

Bunu söylerken Daisy'yi mi kastetmişti bilmiyordum ama aklıma anında o gelmişti. Dün gece olandan sonra, geçmiş birazcık bile gündeme gelse tüm gücümle ilerlemek istiyordum. Artık yavaşlamak yoktu. Saklanmak yoktu. Kaderimin kontrolünün bende olduğuna, durma ve başlama noktalarını seçen kişi olduğuma inanmak istiyordum.

Arkadaşlarımın sahip olduğu her şeyi istiyordum. Açıkça. *Gerçek* bir şekilde.

Lo'ya söylemeliydim.

Bu azim göğsümün hafiflemesine sebep oldu.

Sonra altı metre uzakta bir hışırtı duydum. Gözümün ucuyla baktığımda aynı ağırlığın on misliyle göğsüme oturup bileklerimin zincirlenmesine neden olan bir hareket yakaladım.

"Connor," diye fısıldadım. "Dokuz yönü."

Sakince kahvesini yudumlarken hafifçe döndü. Sonraki yudumunda, "İki farklı lens görebiliyorum," diye cevap verdi.

Bizi bulmuşlardı.

Bir elimi saçlarımın arasından geçirdim. Kardeşime bu saçmalıklardan kurtulup özgür kalacağının sözünü vermiş ve başarısız olmuştum. Kameraman çalılığın arasından fark edilebilecek bir şekilde uzandığında gözlerine baktım. Bedenim öfkeyle doluydu. İleriye atılmaya hazırlandığım anda Connor kolumdan tutarak beni durmaya zorladı.

"Tekrar mahkemeye çıkamazsın," dedi.

Sikik kameraman artık büyük dergilere satacağı "gizli" fotoğraflarla ilgilenmiyor, bunun yerine video çekiyordu.

"Sikerler," dedim Connor'a. "Burada olmamaları gerekiyor."

"Burası halka açık bir alan," dedi Connor. "Resmi olarak ormanda bulunabilir."

"*Gerekiyor* dedim. Nereden haber aldılar?"

"Karavan," dedi kameraman. "Yanınızdaki bölgede kamp yapan iki kişi arkadaşım. Beni dün gece aradılar, sabah ilk iş buraya uçtum."

Başımı iki yana salladım. Haberleri böyle almamaları daha büyük tesadüf olurdu. Fakat genelde haber verenler onların sikik arkadaşları ve bağlantıları oluyordu.

"Siktir, gerçekten harika," diye tersledim. Bir hata yapmıştım, sikik otellerden birine gidebilirdik. Bunu denememem gerekirdi. Kamp alanına doğru yöneldim, toplanmaya hazırlanıyordum. Rose çoktan sandalyeleri katlamış halde ateşi su dökerek söndürüyordu.

Kameraman bir gölge misali bizi takip etti. Sanki bizimle takılmasına izin vermişiz gibi kamp alanımıza girmişti. Ah, bir dakika. Ona sikik izni *vermemiştik*.

"Sizden kaç kişi daha geliyor?" diye sordu Connor.

Adam yalnızca gülümsedi. İşte o zaman tepede gürleyen tekerlerin ve motorların sesini duydum. Sonra arabada kaç kişi varsa, onlara ek olarak çalıların arasından iki fotoğrafçı daha fırladı. *Siktir.*

"Ryke," dedi adam. Daisy'nin çadırına yöneldiğim sırada kamerasını bana doğrultmuştu. "Kim kiminle uyuyordu?"

Fermuarı açmadan önce neredeyse göğsüme çarpacak olan kameramana döndüm. Öfkeli bakışlarımla ona baktığımda kendine çekidüzen verdi. Yumruklarımı sıkıyordum. "Geri çekil," diye homurdandım. "*Bizim* kamp alanımıza girip *bizim* tatilimizi mahvettin. Bu senin sikik işinmiş gibi davranma."

"İznim var-"

"Sana izin verdiğim için nefes alıyorsun," diye karşılık verdim. "Geri çekil ve seni sikik yerin altına sokmadan önce benden üç metre uzaklaş."

"Bana dokunamazsın."

Ona yaklaştığımda birkaç adım geriledi. "Sence birkaç saatliğine hapse girmeyi umursuyor muyum? Siktir, sadece bir dene ve bin dolarlık kameranla sikik fotoğrafların anında yok olsun."

Olduğu yerde kaldı.

O kadar öfkeliydim ki zar zor odaklanabiliyordum. Daisy'nin çadırını açıp başımı içeriye uzattım. Kameramanın onu çekmemesi için dikkatli davranıyordum. Yorgun bir şekilde esnedi, yarı yarıya uyanık ve tamamen çıplaktı. Sürünerek içeri girip çadırın fermuarını indirdim. Öfkeli ifademi fark ettiği anda sırtı gerildi.

"Gidiyoruz," derken giydiği tişörtüme uzandım ve hızlıca başından çekip çıkarttım.

"Neler oluyor?"

"Paparazziler."

"Ah." Aceleyle bol eşofmanı giydi. Eşofman belinden düştüğünde iplerinden tutup bağlayarak sabitledim. "Plan ne?" diye sordu, korkak görünmemeye çalışıyordu. Ancak yüzündeki kesikten kimseye söz etmemişti ve annesi gazetelerde görmeden önce ona bizzat söylemeyi tercih ettiğinden emindim.

"Seni dışarı taşıyacağım," dedim. "Önden bana sarılırsın. Yüzünü göğsüme göm, tamam mı?"

"Lo'nun Lily'yi taşıdığı gibi mi?" diye sordu.

Farkına varmamıştım... ama evet, kardeşim paparazzilerin önünde Lily'yi öyle taşıyordu. "Evet, öyle."

"Dışarıda kaç kişi var?"

"Çok fazla."

Gülümsedi. "Çok fazla ne? On mu? Yüz mü?"

Ona bir bakış attım.

"Ne?"

"Sadece kollarıma gel." Kollarımı açtım.

Daha da genişçe gülümsedi. "Tekrar söyle."

"Sikik kollarıma gel, Calloway."

Yalandan şaşırmış gibi yaptı. "Hiç sormayacaksın sandım."

Gülümsemedim ama sinirlerim yavaşça yatışıyordu. Bana yaptığı şey buydu, beni sakinleştiriyordu. Bu endişenin daha küçük, daha az dikkate değer bir şeymiş gibi hissettirmesini sağlıyordu.

Bana doğru süründüğünde onu kollarıma aldım. Bacaklarını belime sardı ve yanağını göğsüme yasladı. Parmaklarımı karışmış, dağınık saçlarında gezdirdim. "Sıkı tutun, tatlım."

Çadırı açtım ve flaşlar etrafımızda bomba gibi patlamaya başladı.

BÖLÜM 42

DAISY CALLOWAY

Ayrılmıştık.

Ablalarımın kiraladığı iki kapılı siyah spor arabada Ryke'la birlikte bir otobanda ilerliyordum. Diğerleri buraya gelirken kullandığımız SUV aracı almışlardı. Paparazziler de ayrılmıştı. Bir kısmı bizi, bir kısmıysa onları takip ediyordu.

Ryke peşimize takılan üç kamyonetten otuz dakikadan kısa bir sürede kurtulmuştu. Spor arabamız düz vitesti ve Ryke vitesi değiştirip keskin hamleler yaparak sanki yolun sahibiymiş gibi davranıyordu. Son anda frene basmaktan, takla atmaktan ya da yüz altmış kilometre hızla bir yere çarpmaktan korkmuyordu. Eğer seks yapmamış olsak bunun yaptığı en seksi, en ateşli şey olduğunu düşünürdüm.

Şimdiyse boş otoban daha az heyecan verici ama huzurluydu. Arkamıza takılan birileri, gözü dönmüş paparazziler olmadığı için minnettardım.

Düşük telefon sinyalini kullanarak diğerleriyle bir plan yapmıştık. Utah'taki Canyonlands Ulusal Parkı'nda buluşacaktık.

Ryke'a baktım. Sert bakışlarını önündeki yola çevirmiş olsa da yolculuğun çoğunda eli bacağımdaydı. Şu anda gerçekten yalnız olduğumuz için kısıtlamalarımızın çoğu kalkmış gibiydi. Özgürlüğü seviyordum, bu yolculuğun sonuna kadar sürmesini istiyordum.

"Kes şunu, Dais," dedi. "Siktir, bu çok rahatsız edici."

Torpidoyu elli kez açıp kapattığımı fark ettim.

"Sikik pencereyle oyna."

"Oynadım," dedim. "Bana isyan etti ve artık aşağıya inmiyor."

Bir elini direksiyonda tutarken bana baktı. "Sorunların var."

"Ne kadar da doğru bir ifade," dedim gülümseyerek. "Başka bir şey söyle."

Bana ortaparmak çekip saçımı dağıttı.

Kahkaha attım. "Yerimde duramamama engel olamıyorum. Bu sıkıcı bir araba." *Bir de yorgunluğumla savaşmak için beş Ligtning Bolts! içtim. Teşekkürler, uykusuzluk.* Çoktan spor ayakkabımın bağcıklarını çözüp onları kullanarak bileklik örmüştüm. Şimdiyse iplerle kedi merdiveni oynamayı düşünüyordum.

Ryke'ın gözleri bana çevrildi, ardından uzanıp tavan ışığının yanındaki düğmeye bastı. Tavan penceresi gıcırdayarak açılmaya başladı.

Gülümsedim, hava alabildiğim ve rüzgârı hissedebildiğim için mutluydum. Kemerimi açarak aceleyle yanağını öptüm ve konsolun ortasında ayağa kalktım. Önce beni kuvvetli bir rüzgâr karşıladı. Büyük bir nefesle ciğerlerimi doldurdum. Yolda birkaç araba vardı. Dümdüz bir otobanda ilerliyorduk, görünürde trafik lambası ya da polis yoktu.

Kollarımı kaldırıp gözlerimi kapattım.

Uçuyordum.

Şu an gerçekten, gerçekten mutluydum.

Ryke bileklerimden beni tutsa da elleri bacağımda aşağı yukarı hareket ediyordu. Bu okşama ve ne yapacağının gizemi kalp atışlarımı hızlandırmıştı. Ama bir şey yapmayacaktı...

Nazik hareketleri sertleşti, parmakları aceleyle kotumun düğmesini bulurken pantolonumu tek eliyle indirdi.

Siktir.

Pantolonu zorla ayaklarıma indirdiğinde dengemi sağlamak için tavana tutundum.

Arabayı yolundan saptırmıyordu.

Hem de iç çamaşırımı kenara itip parmaklarını içime sokarken ve beni bir anda doldururken. *Ah, Tanrım. Bu yaşanıyor olamaz.* Ayaktaydım. Kahrolası açılır tavandan yarı yarıya sarkıyordum.

Parmaklarını içimde hareket ettirmeye başladığında bedenim keyif ve neşeyle uyandı. Bir kolumu arabaya sokup elimi elinin üstüne yerleştirdim. Benimkilere kıyasla parmaklarının ne kadar büyük olduğunu hissedebiliyordum.

En hassas noktayı kolaylıkla bulduğunda inledim, sesim esen rüzgâra karıştı. Kendimi topladığımda beni daha yüksek bir zirveye çıkarmaya başladı. Bileğini tuttum, bacaklarımın arasındaki bu noktadan ayrılmasını hiç istemiyordum. *Yüce Tanrım, Ryke Meadows'u bana sabah, öğlen ve akşamları gönder.*

Sonra bir korna çaldı. Başımı zar zor o tarafa doğru çevirdim. Tüm bu hisler beni serseme çevirmişti. Dudaklarım aralıktı ve kapanmıyorlardı. Fakat sonra arkamızdan bir aile aracı geldiğini fark ettim. *Ah.*

Arabaya girmek üzereydim ama başımı eğdiğim anda, "Dur," dedi Ryke. Bizi telefonlarına çekmelerinden endişelenmiyor olabilirdi ama zaten çok da bir şey göremiyorlardı. Pencereler *karartmalıydı.* Ryke dizini direksiyona yaslayarak diğer elini pencereden çıkarttı ve onlara ortaparmak çekti.

Neden bu kadar seksi bir hareketti?

Parmakları içimde daha hızlı hareket etmeye, daha derine inmeye, girip çıkmaya başladı. *Ahhh!* Tavana daha sıkıca tutundum.

Aklımı resmen kaybetmiştim.

Parmakları tatlı değildi. Kaba ve sertti. Bu inanılmaz güçlü baskı yüzünden neredeyse dizlerim titreyecekti. İnliyor, tavana doğru eğiliyordum ve gözlerim rüzgârdan yaşarıyordu.

Araba tekrar kornaya bastı. Ardından şerit değiştirerek yanımızda hızlandı. Ailenin babası karısının oturduğu yolcu koltuğunun penceresini indirirken, "Yolda çocuklar var!" diye bağırdı.

Ryke bağırarak cevap verdi. "Sikik şeyi eninde sonunda öğrenecekler. Madem öyle, en iyi şekilde öğrensinler."

AHHH!

Parçalara ayrıldım. Bedenimi artık ayakta tutamıyordum bile. Ryke parmaklarını çektiğinde yerime geçip derin nefesler almaya başladım. Alnımı omzuna yasladığımda ağzım açıktı. Ryke'ın görmezden geldiği camdan baktığımda adamın eşinin kızardığını ve kocasının da öfkeli olduğunu fark ettim.

Umursamadım.

Harikaydı.

Tekrar kornaya bastılar.

Ryke gaza yüklenerek hızlandı ve onları arkada bıraktı. Parmakları parlıyordu. Kot pantolonumu bana vermeden önce parmaklarını tişörtünün iç kısmına sildi.

Sonunda normal nefesler alabildiğimde pantolonumu giydim. "Bunu daha önce yaptın mı?" Merak ediyordum. Ne yaptığını biliyormuş gibiydi.

"İlkti," dedi gülümsememeye çalışarak. Gözlerindeki anlık parıltı onu ele veriyordu, onun da hoşuna gitmişti. Belki benim kadar fazla değildi ama kesinlikle keyif almıştı.

"Senin sıran," dedim dizlerimin üzerinde oturup ona sakso çekmeye hazırlanırken.

"Sonra," dedi. Arabayı çıkışa yönlendirdi. "Geldik."

Burası her neresiyse.

BÖLÜM 43

RYKE MEADOWS

Canyonlands'e kadar arabayla gidemezdik. Daisy çok hiperaktifti ve dikkat eksikliği vardı, bu konuda şakalaşsak da şu an için ciddi bir sorundu. Orada bedeninin yarısı sikik tavan penceresinden sarkarken… onu parmaklamanın ne kadar hoşuma gittiğinin bir önemi yoktu. *Siktir.* Sikim şu an benden nefret ediyordu. Mağazaya girmeden önce otoparkta beni ağzına almasına izin vermem gerekiyordu.

İnanılmaz sakso çekiyordu.

Ancak bu doğru gelmiyordu. Genelde içimdeki ses *hayır* derken bir şeylere atlamazdım.

Satış görevlisiyle tokalaştıktan sonra otoparka çıktım. Gözlüğümü takmış halde gözlerime düşen parlak öğleden sonra güneşini gölgeliyordum. Rüzgâr estiğinde deri ceketime biraz daha sarıldım. Sikik hava soğuyordu. Ekim ayından ne beklerdiniz ki?

Daisy mağazanın yanındaki benzinlikten çıkarken bir *Little Debbie** brownie* dilimi yiyordu. Hiç görmediğim açık mavi renk çiçek şeklindeki gözlüklerini takmıştı ve sağ kolunda bir alışveriş

* Amerika'da yaygın tüketilen bir abur cubur markası. (ç.n.)

poşeti vardı. Gözlük ucuz plastikten yapılmış gibi görünse de gerçekten onda sevimli durmuştu.

Beni gördüğünde el sallayıp yaklaşmaya başladı.

"Beni özledin mi?" diye sordu.

"Sensiz harap olmuştum."

"Öyle görünüyorsun." Başını salladığında parmağımı plastik poşete uzattım ve içine baktım. Saç boyası. Bir sürü. Pembe ve mor renkleri görmüştüm. Ona baktığımda biraz endişeli görünüyordu. Belki de saçını boyamasının ilgimi çekmeyeceğini düşünüyordu. Ancak böyle sikik boktan şeyleri umursamıyordum.

Saç rengi. Ten rengi. İri. Küçük.

Ondan hoşlanıyordum. Var olduğu bedenden değil.

"Kararsız mısın?" diye sordum. "Burada bir gökkuşağı varmış gibi görünüyor."

"Tam olarak öyle." Gülümseyip parmaklarındaki çikolatayı yaladı. "Tek boynuzlu atlar gökkuşaklarını seviyor. Ben de tek boynuzlu atları seviyorum. Bu yüzden saçım gökkuşağı olmalı."

"Sikik ilginç bir teori." Otoparkta ilerlemeye başladığımda beni takip etti.

"En iyilerimden biri mi?" Yanıma yetişti.

"Hayır, bu aşırı aptalca."

"İlginç *ve* aptalca olamaz. Bunlar eşsiz şeyler."

"Kulağa Rose gibi geliyorsun." Bunu söylediğim an keyiflendi. Ablalarına hayran olduğunu biliyordum ve bana ikisini de biraz anımsatıyordu. Geri kalanıysa tamamen Daisy'ydi. Sadece vahşiydi.

Bayiden aldığım siyah spor motosikletin yanında durduk. Söylediğim gibi, artık arabayla gidemezdik. Daisy'nin huzursuz halini yatıştırmak için bir motosiklet almam gerekiyorsa o sikik şeyi alırdım.

"Birlikte mi bineceğiz?" diye sordu gülümseyerek.

"Evet." Plastik poşeti alıp sırt çantama attım. "Sorun olur mu, tatlım?"

"Biraz benim sürmeme izin verecek misin?"

"Sikik motordan fırlamamız için dikkatli olduğun sürece her şeyi yapmana izin vereceğim." Olması gereken son şey sikik motordan uçmasıydı.

"Eğik sürsem?" Bunu zaten daha önce bir kez yapmıştı. Motor altından kayıp giderken o da arkasından sürüklenmişti.

"Hiç kaza yapmasak nasıl olur?"

"Kaza yapacak olsak bile," dedi bir bacağını koltuğa atarken. "Seninle kaza yapmayı tercih ederim."

Kaşlarımı kaldırdığımda daha geniş, parlak ve yara izinin gerilmesine sebep olacak bir şekilde gülümsedi. "Bunu takıldığın tüm erkeklere söylüyor musun?" diye sordum.

"Hayır," dedi. "Çünkü sen motosiklet süren çıktığım tek kişisin."

Başımı iki yana salladım. "Tavlama numaraları listen delice, tatlım. Ayrıca çoğu sikik lafını benim üzerimde kullandığından eminim."

"Öyle mi?" diye sordu. Öncekinden daha arzulu bir şekilde kaslarımı süzüyordu. İlk kez seks yaptığımız anı, çadırı hatırladığını söyleyebilirdim. "Belli ki işe yaramış." Gözleri benimkilere çevrildi. "Sana sahibim."

Davetkâr bakışları beni daha önce olmadığı kadar yıkıp geçiyordu. Ona beyaz kaskı uzatırken anı bozmadım. Biz varken havadaki bu gerilim muhtemelen tüm hafta boyunca devam edecekti.

Herkes Canyonlands'e doğru gidiyordu. Yani evet, bir haftamız vardı.

Daisy'yle yalnız geçireceğim bir hafta.

İlk kez bir çift olarak nasıl olduğumuzu görecektik. Kısıtlama olmadan. Çok küçük sınırlarla.

Heyecanlı hissediyordum.

Ancak aynı zamanda tehlikenin geldiğini de görebiliyordum.

BÖLÜM 44

DAISY CALLOWAY

Ryke'la aynı koltukta onun arkasında gitmeyi, idarenin bende olmamasını ya da gazı çevirmemeyi kafama takmıyordum. Çok az trafik olan iki şeritli otobanda benim hızlanacağım kadar hızlanıyordu ve görünürde herhangi bir tepe yoktu. Yanından geçip gittiğimiz çiftlik arazileri bana Midwest'te olduğumuzu, telaşsız bir süratle Utah'a doğru gittiğimizi hatırlatıyordu.

Ryke benden bile az uyuduğu için yorgun hissediyorsa bile bunu göstermiyordu. Kollarımı beline doladığımda hâlâ birlikte olduğumuz için büyülenmiş gibiydim. Paytak paytak birbirlerine yaklaşan, takip eden ve nadiren yalnız kalan penguenler gibi ona doğru çekiliyordum. Erkeksi, sert ve kendi ihtiyaçlarından önce benimkileri doyurmayı seçen biriydi. Yirmi dokuz yaşında, koca memeli, bir sürü makyaj yapan ve vücudunu tamamen sarmış elbiseler giyen bir kız istediğini düşünmüştüm.

On sekiz yaşında, küçük göğüslü, makyaj yapmayan, rüküş pantolonlar ve bol tişörtler giyen birini değil.

Birçok şeyi aklında tutuyordu ve onu kısmen de bunun için seviyordum. Hareketlerindeki gizem, karanlık bakışlarına yayılan tehlike için.

Motosiklet aniden otobanın kenarında yavaşladı. Etrafa baktığımda sadece sıralar halinde mısır sapları görüyordum, benden daha uzunlardı. Ryke'la aynı anda kaskımı çıkarttım. Motordan inerken hiçbir şey söylemese de saf bir ilgiyle, merakım giderek artarken onu izliyordum.

"Neden durduk?" diye sordum.

Sanırım nedenini biliyordum. Bu hafta bizim için zaten çılgıncaydı. Kısıtlamalar olmadan birlikte geçirdiğimiz ilk vaktimizdi ve hep hayalini kurduğum gibi, bekleyerek harcadığımız yılları telafi ediyorduk.

Motoru kapatıp ayaklığı indirdiğinde hâlâ oturuyordum. Gözleri benimkilerle buluştuğunda bedenime doğru inmeye başladı. Göğsü yoğun, şehvet dolu bir nefesle yükseliyordu.

Gülümsedim. "Beni becermek mi istiyorsun?"

Karanlık bir şekilde cevap verdi. "Seni becermek istiyorum."

Ahhhhh. Bacaklarımın arasındaki nokta sızladı. Motordan inip o beni takip ederken geriye doğru yürümeye başladım.

Tarlaya girdiğimde mısır sapları yüzümü okşuyordu. Beni yakalamasını istiyordum. "Sence beni yakalayabilir misin?" diye sordum hafif bir nefes alarak.

Neredeyse gülümseyecekti. "Önden başlamana izin vereceğim."

Sırıtarak arkamı dönüp koşmaya başladım. Kanım pompalanıyor, kalbim hızlanıyor, ellerim geçerken etrafımdaki saplara çarpıyordu.

Bu çok güzeldi. Güneş mükemmel mavi gökyüzünde yerini almıştı, bulutlar etrafında gezinip sıcaklığı gölgeliyordu. Hoş bir meltem vardı. Bu tam da rüyalarınızda göreceğiniz, asla içinde olabileceğinizi düşünmeyeceğiniz türden bir andı.

Sonra Ryke beni yakaladı.

Ne kadar uzağa gidebildiğimi bilmiyordum ama beni bulması uzun sürmemişti. Beni kollarına alıp agresif bir şekilde, arzuya susamışçasına öptü. Ona aynı coşkuyla karşılık verirken bedeni benimkine karıştığında dudaklarımdan bir inilti firar etti. Tişörtünü sıyırıp heyecanla pantolonunun düğmesini açtım ve yavaşça aşağı inmeye başladım. Dudakları benimkilerden ayrıldığında zihnindeki bir şeye takıldığını hissetmiştim.

"Ne?" diye sordum. Ciğerlerimi ihtiyaç duydukları oksijenle doldururken vaktimi değerlendiriyordum.

"Sadece düşündüğüm bir şey var..."

Bu kulağa iyi gelmiyordu. "Bu şey... regl olaylarıyla ilgili değil, öyle değil mi?" *Kes sesini, Daisy.* "Doğum kontrol hapı kullanıyorum. Şu an her şey iyi, biliyorsun."

"Dais, o değil." Beni göğsüne çekip kulağıma fısıldadı. "Daha önce bir erkeğin sana oral çekmesine izin verdin mi?"

Deneyimsiz ya da sevilmeyecek kadar genç olduğumu düşünmesini istemiyordum. Ancak yalan söylemek de istemiyordum, bu yüzden sorusunu geçiştirmeye çalıştım. "Sen bir erkeğin sana oral çekmesine izin verdin mi?" diyerek haylaz bir gülümsemeyle aynı soruyu sordum.

"Hayır," derken ona bakmam için çenemi kaldırdı. Bakışlarından kaçtığımın farkında bile değildim. "Eğer yapmadıysan bu sorun değil."

"İstemediğimden değil," diye açıkladım. Ona gerçeği söylemem için cesaretim içimde giderek büyüyordu. "Sadece daha önce hiçbir erkek teklif etmedi."

Çenesi sert bir çizgi halinde kasıldığında geçmişte yer alan bu hayaletlere kızmış olmasına rağmen gerçekten seksi görünüyordu. Şortumun düğmesini açarak yeni bir azimle bana baktı. "Arka taraftan yapmayı sana teklif eden oldu mu?"

Ah... bunun cevabı da hoşuma gitmiyordu. "Altı numara," dedim. "Bir kez denedim ve dürüst olmak gerekirse, bir daha denemek istemiyorum." İnanılmaz acımıştı. O kadar acı vericiydi ki, bunu yaparken ağlamıştım. Gerçek gözyaşlarıyla.

"Sikik şeyi önermeyecektim," dedi. "Sadece *altı* numara sana oral çekmeden önce bunu teklif ettiği için sinirlendim." Külotumu bileklerime indirdi. Bana ne yapmayı planladığını bilmiyordum, söylemeyecekti.

Altında siyah iç çamaşırı vardı. Tişörtümü başımdan geçirerek tamamen soyundum. Gün ışığındayken bunu yapmak farklıydı. Gerçek hissettiriyordu. Gece vakti yükselen hormonlarla ya da uykuya yakın olmamızla ilgisi yoktu. Sadece bizdik. Bir maceradaydık. Birlikte. Bu sefer bariyerler olmadan birbirimizi tamamen çözmeye çalışıyorduk.

İç çamaşırını çıkarttığında bakışlarım anında aletine indi. *Bunun içimde olduğuna inanamıyorum*, düşüncesi ona karşı ilk tepkimdi. İkincisiyse şuydu: *Umarım tekrar olur. Yakında.*

Aramızdaki mesafeyi biraz kapatıp ellerimi karın kaslarında, dövmesinin üzerinden göğsüne doğru gezdirdim. Bana motosikletten indiği zamanki gibi bakıyordu. Gözleri *arzuyla* parlıyordu. Ellerini kalçalarıma yerleştirdiğinde dokunuşu kalbimi hızlandırdı. Sonra sanki hiç ağır değilmişim gibi beni *omuzlarına* aldı, beline kadar kaldırmakla yetinmemişti.

Genişçe gülümsediğim sırada bacaklarım sırtından sarkıyordu. Bacaklarımın arasındaki noktayı becerikli bir şekilde öperken eli kalçalarımdaydı. Dili, bu yeni histen hoşlanan noktaya bir şeyler yapıyordu. Başım mısır saplarının üzerindeydi ve terk ettiğimiz yoldaki arabaların geçip gittiğini görebiliyordum.

Gerildim, hassas bir noktayı yaladığı an ağzım açık kaldı. Destek almak için ellerim kafasındaydı ve saçlarına tutunuyordum. "Ryke," diye inledim. "Ne..." *Neler oluyor?* Ona, *"Bunu daha önce yaptın mı?"* diye sormak istiyordum. Bunu daha önce hiç görmemiştim. Omuzlarında. Bacaklarım açık. Ağzı orada. On sekiz yaş üstü filmlerde bile görmemiştim.

On sekiz yaşın altına mahsus olduğu için olmalıydı. Tabii.

Boynum ısınmaya başlarken, "Siktir," diye inledim.

Gülümsediğini hissedebiliyordum. Evet, sanırım bazen bende kötü bir etki bırakıyordu. Ancak tam tersinin de doğru olduğunu biliyordum.

Yatak odasında oral çektiği kız yerine, onun omuzlarında olmayı tercih ederdim. Bu daha iyiydi. Daha seksiydi. Daha eğlenceliydi.

Kalçalarımı sıktı ve dili...

Ahhhh! İniltim bir nidaya dönüşürken bu sesle birlikte nefesim tekrar ve tekrar kesiliyordu. Tüm düşüncelerim beni terk etmişti. Geriye kalan tek şey bacaklarımın arasının doldurulması için hissettiğim arzuydu. Sert bir şeyle.

Seslerim ona ulaşmış olmalıydı, bir an sonra beni omuzlarından beline doğru indirdi. İki elimi boynuna dolarken hâlâ dağılmış haldeydim.

"Yok artık," dedim gergin bir ses tonuyla. Derin nefesler alıyordum. Gözleri tüm varlığımı tüketirken bir eliyle beni kendine sabitlemiş, diğer eliyle ereksiyonunu derinlerime itmeye başlamıştı.

Beni tamamen doldurduğu an hafif bir sızı hissetsem de hemen sonra silindi. Dudaklarımdan tiz bir ses daha firar etti.

"Siktir," diye küfretti. Bu kelime onun dilinden döküldüğünde çok cinsel ve baş döndürücü bir hal alıyordu.

Beni ayakta, bedeni ve gücüyle işin çoğunu hallederek becermeye başlamıştı. Kalçalarımla onu birkaç kez karşıladığım sırada içime girip çıkıyordu. Ancak bu pozisyonda ona ayak uyduramıyordum. Daha güçlüydü, beni kolaylıkla dik tutup içimde sertçe hareket ediyordu.

Ona sıkıca tutundum. Bedenim aletine doğru çarparken başım dönüyordu. Bu baskı aşırı güzeldi. Tüm bu hisler anlatamayacağım kadar güçlüydü. Uçuyordum. Yükseliyordum. Açık mavi gökyüzüne doğru.

"Ryke," diye başladım tekrar. Kesik nefeslerim geri dönerken sert iniltiler onları takip etti. "*Ahhh... ahhh...*" *Ah, Tanrım. Ah, Tanrım.*

"Daisy," diye inledi. Bir eli başımın arkasındaydı. "*Siktir.*"

Siktir, evet.

Siktir.

Siktir.

Siiiiktiiir. Aman Tanrım. Kendini iterek içime boşaldığında aletinin etrafında gerildim, kasılırken sahile vuran bir dalganın üstündeymiş gibi hissediyordum. Yavaşlayıp nefesimi toplarken beni tuttu ve başımı nazikçe okşadı. Hem de oldukça sert ve yoğun bir anın ardından bile nazik davranıyordu.

Ondan uzaklaşmak istemiyordum. Yakın zamanda motosiklete dönmek istemiyordum. Sessiz emrimi yerine getirerek beni motor ceketinin üstüne bıraktı, birkaç mısır sapı ezilmişti. İçimden çıkarken beni öptü. Dudakları ve dili hem ilgi hem de özenle hareket ediyordu. Elimi çıplak bacaklarına yaslayarak bacaklarımı iki yanında açtım.

Ne kadar öpüştüğümüzü bilmiyordum. Bildiğim tek şey onunla bunu sonsuza kadar yapabileceğimdi.

Başparmağını altdudağımda gezdirirken bakışları şefkatle yüzümde geziniyordu. Onda daha önce hiç görmediğim bir ifadeydi.

"Ne düşünüyorsun?" diye fısıldadım. Mısır tarlasının ortasında yalnızdık ve bu an yüksek sesle konuşulmayacak kadar huzurlu görünüyordu.

"Bunu seviyorum," dedi alçak sesle. Yara izinin olduğu yanağım sanki bu haliyle mükemmelmiş gibi öptü.

Göğsüm kabardı. "Seksi mi?"

Başını iki yana salladı. "Hayır, *bunu*. Bu anı." Beni tekrar öperken ekledi. "Ama siktiğimin seksini de seviyorum."

Gülümsedim. "Çok da fena değilsin."

Kaşlarını, "*Öyle mi?*" dercesine çattı. "Çok da fena değil miyim? Sikik seslerinin kaydı var mı acaba?"

"Bu sesten mi bahsediyorsun?" Sırtımı biraz kıvırarak inledim, aynı dağılmayan zevkle sanki sahte orgazmım ve gerçeği arasında küçük bir fark varmış gibi kesik nefesler aldım. Ryke bana sertçe baktığı her anda sesim kesiliyor ve sonrasında artarak devam ediyordu. "Ryke, *ahhh...*" Göğsüm sanki nefes alamıyormuşum gibi hızla inip kalkıyordu.

Dizlerinin üzerinde oturmuş beni izlerken sertleşerek tahrik oldu. Bedenimdeki sahtelik, o dramatik hisler gerçeğe dönmeye başladı. *Ahhhh...* Çaresizce inledim.

Şükürler olsun ki, beni yalvartmadı ya da alayımı kabullenmedi. Sadece ereksiyonunu bacaklarımın arasına iterek beni tekrar doldurdu. Melodik bir ritimle hareket ederken kolunu başımın biraz üstüne doğru yaslamıştı. Boğazımdan sesler yükselirken bana bakıyordu.

Bu çok fazlaydı. Bedenimdeki her bir sinir canlanıyordu. "Yapamam..." İnledim.

Yavaşladı ve kulağıma fısıldarken yanağını benimkine sürttü. "Hayır, yapabilirsin... hissedeceksin."

Söylediğinin ardından çok geçmeden gözlerim devrilmeye başladı ve olabilecek en yoğun, bezdirici his beni ele geçirdi. Yüreğimi yerinden çıkaran hisler beni başka bir yere taşıyordu. Bağıramıyordum bile. Ağzımın açık olması ve seslerin boğazıma bağlı kalması çok çılgıncaydı.

Boşaldığımda bitmiş durumdaydım. Beni kollarına alarak kucağına yerleştirdi. Bunu tekrar yapacak enerjim yoktu ama onun buna sahip olduğunu biliyordum. Aşağıya baktım. Ah, benimle boşalmıştı ve fark etmemiştim bile. Ryke beni kollarında tutup terli saçlarımı yüzümden itti.

"Hiç orgazm olamamaktan *buna* nasıl geldiğimi anlamıyorum," diye fısıldadım. Bir tanrı olmalıydı. Bir seks tanrısı. Bana cennetten gönderilmişti.

Onun daha mantıklı bir cevabı vardı. "Genelde birlikte olduğun kişileri çekici bulmuyorsan zaten boşalamazsın, Dais."

Başımı çevirerek ona baktım. "Bu ne anlama geliyor biliyor musun?"

Kaşlarını çattığında şaka yapmamı ve normalde yaptığım gibi tiyatral davranmamı beklediğini fark ettim. "Ne?"

İçtenlikle gülümsedim. "Senden çok ama çok etkileniyorum."

Dudaklarının kenarı kıvrıldı. "Çok ilginç, ben de senden etkileniyorum. Bunun için ne yapacağız?"

"Sevişip bebek yapacağız."

Kaşları havalandı. "Şimdiden benimle bebek yapmak mı istiyorsun, Calloway?"

"Seninle bir sürü şey yapmak istiyorum." Oldukça diplomatik bir cevap vermiştim, bu konuda ince bir çizgide yürüyordum. Aklında ne olduğuna dair hiçbir fikrim yoktu. Kardeşi gibi düşünüyor olabilirdi. Lo alkolizm kalıtsal olduğu için çocuk istemiyordu. Lily onun bu konudaki duruşundan bahsetmişti. Aslında Rose'a söylüyordu ve ben de oradaydım, yani biraz kendimi sohbete dahil etmiştim. Bunun kulağa can sıkıcı geldiğinin farkındaydım ama taşınıp kendi ailelerini kurmadan önce onlarla yakın olmak istiyordum.

Ryke beni öperken dili yavaşça uzanıp dudaklarımın arasından girdi ve sonra geri çekilerek cevap verdi. "Ben de." Yerinden kalkıp beni de kendisiyle birlikte ayağa kaldırdı. Ardından iç çamaşırını ve kot pantolonunu alarak giyinmeye başladı. Kıyafetlerimi toplayıp merakla onu izledim. Çocuklar hakkındaki hislerini bu kadar önemseyeceğimi hiç düşünmemiştim ama şu anda öğrenmek için ölüyordum.

"Bebeklerle ilgili dalga geçiyordum, biliyorsun," dedim külotumu giyerken. Tişörtümü uzattığında bu konuşmanın gerginliği ciğerlerimin sıkışmasına sebep oldu. Karanlık bakışlarından hiçbir şey anlaşılmadığı için durum daha da zorlaşıyordu. "Ama merak ediyorum..."

"Sen hep merak ediyorsun," dedi saçlarımı dağıtırken.

"Ben *gerçekten, gerçekten* merak ediyorum." Gülümsedim. "Bir gün evlenip çocuk yapmayı istiyor musun?"

Tişörtünü başından geçirip motor ceketini yerden aldı ve üstündeki toprağı silkeledi. Ardından bir elini saçlarından geçirdi, bu hareketi soruma karşı biraz gergin olduğunu ele veriyordu. "Merak ettiğin buysa, kardeşim gibi düşünmüyorum," dedi ceketini giyerken. "Sahip olduğum çocuk için alkolün bir problem olabileceğini düşünüyorum ama bu hastalık benden hiçbir şey almayacak. Buna izin vermeyeceğim."

Cevabı neredeyse beni gülümsetiyordu. Keşke Lo da aynı şekilde hissetseydi ama sanırım onun için bu çok zordu. Bağımlılığıyla daha uzun süredir savaşıyordu ve ağabeyinden daha çetrefilli bir yolu takip ediyordu.

Ryke saçını düzeltirken birbirine karışan tutamları parmaklarıyla taramaya çalışıyordu. "Bak," dedi bir anda. Düşüncelerini bütünüyle bir cevap haline getirerek açıkladı. "Ebeveynlerimin bana yaptıklarını çocuklarıma yapamam. Ayrılık, boşanma, sikik kavgalar. Çocuk sahibi olmadan önce ciddi ve kendimi adadığım bir ilişkide olmak istiyorum."

"Yani evlilikten bahsediyorsun," dedim.

"Evlendiğinde, yine de boşanabilirsin. Kelimelere çok takılmıyorum. Sadece sikik bir bağ hissetmem gerekiyor." Başıyla geldiğimiz yolu işaret etti. "Yürümeye başlayalım."

Onu takip ederken uzun adımlarına ayak uyduruyordum.

Sessiz kalıp bu bilgiyi sindirdiğim sırada bakışları birkaç kez bana çevrildi. "Sen ne istiyorsun?"

Gülümsedim. "Bakın şimdi kim merak ediyor?"

Yolumdaki bir mısır sapını çekti. "Evet, dalga geçip durduğun için konuşmanın altında yatan anlamları çözmek zorunda kalıyorum ve seni her zaman doğru anlayamıyorum. Sormak çok daha kolay."

Sorduğu için mutluydum. Bu kesinlikle umursadığı anlamına geliyordu. "Çok geç olmadan birine tamamen bağlı olmak ve evlenmek istiyorum. Bebek de istiyorum. Belki üç tane. Aynı zamanda seyahat etmek, dünyanın yedi harikasını ziyaret etmek, tüplü dalış yapmak, Costa Rica'daki şelalenin altında durmak ve seni öpmek istiyorum."

Uzanıp elimi tuttu.

Kalbim kabardı.

"O sırayla değil," dedi.

Dudaklarım yukarı kıvrıldı çünkü isteklerimin bir tanesine bile karşı çıkmamıştı. Hatta gözlerinde bunu görebiliyordum.

O da hepsini yapmak istiyordu.

BÖLÜM 45

RYKE MEADOWS

"Acele etmeyin," dedi Connor telefondan. "Lily ve Lo uzaylıları görmek istedikleri için Roswell'de durduk. Müzede dört saat harcadılar... Affedersin, propaganda bok çukuru demek istemiştim."

Lo'yu arka plandan duyabiliyordum. "Sen de bize mezarlıkta üç saat harcattın. Aramızda süper tuhaf olan hangisi, aşkım?"

"Orası bir savaş mezarlığıydı," dedi Connor bana. "Rose'la atalarımızı arıyorduk."

"Ben kazandım," dedi Rose. "Connor'dan üç tane daha fazla ölü akrabam var."

Başımı iki yana salladım. "Hepiniz rezilsiniz."

Connor'ın sesinden gülümsediğini anlayabiliyordum. "Yani dört gün içerisinde Utah'da buluşuruz. Paparazzilerin çoğunu atlattık ama bize hep yetişen bir ikili var."

"Ayrıldığımızdan beri biz hiç paparazzi görmedik."

"Güzel. Bu arada Greg, güvende olduğuna emin olmak için Daisy'ye ulaşmaya çalışıyordu. Hiç telefonuna baktı mı?"

"Bilmiyorum," dedim dürüstçe. "Ama burada sinyal çok boktan. Bugün babasını aradığından emin olurum."

"Harika." Vedalaşarak telefonu kapattık. Daisy'nin kaldırım

kenarında oturduğu otoparka döndüm. Motosikletimiz, Büyük Dumanlı Dağlar'daki gibi kalın ağaçların arasında gizli olmayan kamp alanımızın yanında park halindeydi. Wyoming'de çoğunlukla çimenli araziye girip yolumuzdan sapmıştık ama arkamızda devasa bir kaya vardı, ağaçlar etrafımızı kaplıyordu. Şeytan Kulesi. Şekli bir baca gibiydi ve zirve kısmı düzdü.

Hiç gitmediği için Daisy'yi Yellowstone'a götürmeyi düşünmüştüm ama Şeytan Kulesi'ne serbest solo tırmanış yaptığımı ve neredeyse en hızlı tırmanış rekorumu kıracağımı söylediğimde görmek istediği için burada durmamız konusunda ısrar etmişti. Şimdi de alt kısmında yürüyüş yapacaktık… ve belli ki aynı anda saçları da renklenecekti.

Beton zeminde etrafı boya kutularıyla kaplıydı ve saçının farklı yerlerine alüminyum folyo sarmıştı. Bunu neden normal bir şekilde bir ayna ve lavaboyla yapmadığını düşündüm ancak hiçbir fikrim yoktu. Her şeyi kendi sikik çılgınca yöntemleriyle yapardı.

Ayağa kalkıp folyolu kafasına sarı bir eşarp bağlayarak plastik güneş gözlüklerini taktı. Üzerinde "Seyahat Tutkusu" yazan bir tişört vardı. Daisy'nin gülümsediğini, bu son haftada olduğu kadar fazla gülümsediğini hiçbir zaman görmemiştim.

Koyu yeşil beyzbol şapkamı indirip sırt çantamı takarken, "Son zamanlarda babanı aradın mı?" diye sordum. "Seninle iletişim kurmaya çalışıyor."

Saç boyalarının olduğu plastik poşeti yolumuzdaki çöp kutusuna attı. "Evet, ona mesaj attım. İletilmemiş olmalı. Haber vermem hoşuna gidiyor."

Sırt çantamın kayışını ayarladım. Bu söylediği göğsüme bir ağırlık oturmasına sebep olmuştu. Connor sikik sayısız kez bana Greg'in en küçük kızına karşı korumacı olduğunu söylemişti ve bu durum şimdi bana da gerçek geliyordu. Daisy'yle birlikteydim ve bir gün babasının onayını almam gerekebilirdi. Sadece bunu başarmak için neye ihtiyacım olduğundan emin değildim. Ancak Daisy için sikik çabamı arttırmam gerektiğinin farkına varmaya başlıyordum. Ebeveynlerine yakındı. Onları seviyordu.

Ondan, ailesine karşı beni seçmesini *asla* istemezdim. İnkâr edilmez bir şekilde sizi önemseyen biriyle ilişkinizi kopartmak ruhunuzu söken türden bir şeydi. Annemi düşündüm, bu ölçemeyeceğim ya da kelimeler veya sikik numaralarla hesaplayamayacağım bir kayıptı. İçimde beni yiyip bitiriyordu. Bu yaptığıma karşılık kendimden hem nefret ediyor hem de kendimi seviyordum. Annemden de hem nefret ediyor hem de onu seviyordum. Tüm arkadaşlarımı, kardeşimi ve *beni* ezip geçen bir kadına dönmenin nasıl olacağını bilmiyordum. Onu affetmeye nasıl başlayabilirdim?

Daisy'nin nefesi şaşkınlıkla kesildi. "Tırmanışçılar mı var?" Gri bir kaya parçasına çıkarak yukarı doğru baktı. Buradan bakınca koşum takımlarını giymiş tırmanışçılar nokta gibi görünüyordu, zar zor seçiliyorlardı. Şeytan Kulesi'ne gruplar halinde tırmanıyorlardı.

"Burası popüler bir tırmanış yeri," dedim. "Hava güzelse burada hep insanlar olur."

"Zirveye ulaşman ne kadar sürmüştü?" diye sordu. Kayadan atlayarak yolda tekrar bana katıldı.

"Sikik yirmi dakika." *Neredeyse 275 metrelik tırmanış*. Rekoru iki dakikayla kaçırmıştım. Tekrar denemeyi düşünmüştüm ama bunun yerine Yosemite'deki kayalara odaklanmıştım.

"Bıkmış gibi söyledin," dedi Daisy. "Bununla gurur duymuyor musun?"

"Övünüp durmam hiçbir şeyi değiştirmeyecek." Connor Cobalt değildim. Üniversiteyi bıraktıktan sonra her bir başarımı buraya ulaştığım yolu hatırlayarak içimde yaşamıştım. Emek, vakit ve idmanlarımı hatırlayarak. Rekorlarım bu hikâyeyi anlatmıyordu, sadece birer sayıydılar.

Adidas koşu ayakkabıları, kaprileri ve yansımalı güneş gözlükleriyle yürüyen birkaç sağlam yürüyüşçünün yanından geçtik. Tam da o zaman ne kadar hızlı bir tempoyla ilerlediğimi fark ettim, üstelik Daisy hiç şikâyet etmemişti. Buna rağmen bana yetişmeye çalışırken zorlandığının farkındaydım. Nefes alışları yürümeye başladığımız ana göre hızlanmıştı. Alnından bir çizgi halinde mor boya akmaya başladı.

"Eğer övünmeyeceksen senin yerine ben yaparım," diyerek karşılık vermesi bana Sully'yi anımsattı. Sonra bir başka büyük kaya parçasına yöneldi, etraf kayalarla doluydu. Üstüne çıkıp bedenini havada tutmak için dizlerinden destek alıp kollarını kaldırdı. "Bir haberim var! Kuşlar, insanlar, ağaçlar, lütfen dinleyin!"

Kollarımı göğsümde kavuşturdum. İzlemeye devam ettikçe dudaklarım daha da kıvrılıyordu.

İnsanların bazıları baksa da çoğu yürümeye devam ediyordu. Kuşlarsa gerçekten Daisy ilgilerini çekmiş gibi cıyaklıyor ve o konuşmaya devam ederken üstümüzde uçuyorlardı.

Başımı iki yana sallasam da göğsümdeki sikik hissi görmezden gelemiyordum. Gururdu. Ancak Şeytan Kulesi'ne tırmandığım için değil, *o* hayatımda olduğu için aşırı gururluydum.

"Sevgilim tam şurada." Beni işaret etti. "Şu dağa tırmandı." Parmağıyla arkasını işaret etti. "Ayrıca bunu yirmi sikik dakikada yaptı. Yirmi dakikada değil. Yirmi *sikik* dakikada! Bu harika!" Kollarını havaya kaldırdığında birkaç park bekçisinin yoldan geçtiklerini fark ettim.

Daisy'yi işaret ettim. "Tamam, sikik kutlama bitti."

Kayadan atlayıp ellerini kalçalarına koyduktan sonra bir anlığına nefeslendi. "Nasıldım?"

"Kuşların hoşuna gitti." Alnından akan boyayı silerken parmağımı lekeleyip mor boyayı onun tenine bulaştırdım. "Sikik mor bir dinozora dönüşmek üzeresin."

"Ayy," dedi gülümseyerek. "Barney. Ve Littlefoot!* Littlefoot mor muydu?"

Başımı iki yana salladım. "Ne konuştuğun hakkında hiçbir sikik fikrim yok."

Nefesi kesildi. "Barney'nin kim olduğunu bilmiyor musun? Nasıl bir çocukluk geçirdin?"

* *Tarih Öncesi Topraklarda* isimli çocuk filminin dinozor olan karakteri. (ç.n.)

Gözlerimi devirdim. "Barney'nin kim olduğunu biliyorum. Diğerini bilmiyorum, Calloway."

Gülümsedi. "*Tarih Öncesi Topraklarda.*"

Ormandaki kuytu bir alana doğru ilerledik. Yolun dışında, büyük kayaların ve ağaçların arkasındaydı. Sırt çantasından su şişelerini çıkarıp bir kayanın üstüne yerleştirdi.

"Eğil," dedim başındaki folyoları çıkarttıktan sonra. Su şişesini açıp bir elimi gözlerine siper ederek suyu başından döktüm. Parmaklarımı tutamlardan geçirmeye çalışsam da folyoya sarıldıkları için düğüm olmuşlardı. "Yanına tarak aldın mı, Dais?"

"Hayır." Sinsice gülümseyerek yüzünü bana döndü. "Sorun yok. Parmaklarımla hallederim."

Zorla başını tekrar eğdim. "Kendi üstünde parmaklarını çok mu kullanıyorsun?" diye sordum ikinci şişeyi saçlarına dökerken.

"Senin bende kullandığın kadar değil."

Siktir, aletim kıpırdanmıştı. Bu bir mecazdı. Sikik hata benimdi. Artık birlikte olmamızdan önce hissettiğim kadar suçlu hissetmiyordum. Saçını yıkamayı bitirene kadar kıçını kendime doğru çevirdim. Tekrar bana bakmaya çalıştığında yüzüne parlak bir gülümseme yayıldı.

"Sikeyim, kıpırdama," dedim. "Yoksa boya gözlerine kaçacak." Sözümü dinlediğinde işimi bitirdim ve tişörtümü çıkarıp onunla saçlarını kuruladım. Beyaz kumaşa mor, yeşil ve pembe lekeler bulaştı. Daisy ellerini saçlarından geçirip aynası olmadığı için benim tepkimi izledi.

Büyük pembe tutamlar, birkaç yeşil tutam ve birkaç da mor tutam saçlarına yayılmıştı. Hâlâ çoğunlukla sarışındı ama bu renk kararsız kişiliğini yansıtıyordu. Gördüğünde seveceğini bildiğim için gülümsemeye başladım.

"O kadar çirkin, ha?" diye dalga geçti.

"Aşırı çirkin," derken kolumu omzuna sardım.

Yürüyüşün kalanını tamamladığımızda sessizliği beni endişelendirmeye başladı. Keyifli bir şekilde gevezelik etmesi gereken andaydık. Saçını yeni boyamıştı ve bu bir süredir istediği bir şeydi.

"Sorun ne?" diye sordum.

"Utah'a gittiğimizde bu bitecek mi? Sen ve ben, açıkça birlikte olmamız. İlk kez gerçek bir çiftmişiz, bir yere varacakmışız gibi hissediyorum. Anlarsın ya, bu hissin uçup gitmesini istemiyorum."

Evet. Siktir, bunu anlıyordum. Hayatımın hiçbir kısmını gizlemek istemiyordum. Bunu çok uzun bir süre boyunca yapmıştım ve bunları en başından yapmak bir gerilemeymiş gibi hissediyordum. "O zaman onlara Utah'ta söyleriz," dedim sırt çantamın kolunu tutarken. "Büyük sikik bir olay." Tepkileri kaldırabilmek istiyordum. Birbirimize daha yakın oldukça ilişkimizin eleştirilere karşı koyabileceğine inanıyordum. Buna rağmen bu şekilde sadece kendimi kandırıyor olup olmadığımı merak ediyordum. Belki de içimdeki bu ses yalnızca korkuydu. Onu… ve kardeşimi kaybetme korkusu.

"Emin misin?" Kaşlarını çattı. "Çünkü Lo..."

"Atlatacaktır." Buna inanmak zorundaydım, yoksa sikik hamleyi asla yapamazdım. Yolun ortasında durarak yüzünü avuçlarıma aldım, parmaklarım çoktan farklı renklere bulanmıştı. "Seninle olmak istiyorum, Dais. Artık saklanmak yok."

Eğilip onu öptüm ve kararımı mühürledim.

BÖLÜM 46

DAISY CALLOWAY

Ormanların yerini çöl almıştı. Kızıl kayalar ve etrafta kimsenin olmadığı sonsuz yollar vardı. Wyoming'in kalabalık, insanların bir geyik görünce durup sanki vahşi yaşamdaki en büyüleyici şeymiş gibi fotoğrafını çektikleri sokaklarından çok farklıydı.

En büyüleyici olan kısım bufalolardı.

Ya da kara ayılar.

Ah... ve kurtlar. İki gri kurt görmüştüm, otlaklarda geziniyor ya da antiloplarla oynuyorlardı ama Ryke bana inanmamıştı.

Utah'a yaklaştıkça aklımdan çıkmayan yere, Kaliforniya'ya yaklaşıyorduk. Ryke, El Capitan'a ve Yosemite'deki iki farklı kayaya tırmanacaktı. Zirve, Şeytan Kulesi'ndekinden daha yüksekti. En iyi halinde onu izleme fırsatına sahip olmak hoşuma gidiyordu ancak istatistikleri daha öncesinde Google'da araştırmıştım.

Serbest solo tırmanış yapan insanların birçoğu tırmanış sırasında ölüyorlardı.

Hatta Kaya Tırmanışı Birliği Bilgilendirme internet sitesinde "**ÖLÜMLER**" yazan bir *sekme* vardı. Düşüp sona ulaşan tırmanışçıları listelemişlerdi. Koşum takımı ve iple Yosemite'de pratik yaparken peşine takılmış olsam da bu sırada riskleri düşünmemeye çalışıyordum.

Kayayı görmüştüm.

Tırmanışını görmüştüm.

Sadece düşebileceğine inanmak için kendime izin vermemeliydim. Koşum takımı olmadan, destek olmadan, teçhizatlar olmadan, tek başınayken büyük bir ihtimaldi.

Ama ona asla sevdiği şeyi yapmamasını söylemezdim.

Tuhaf hiçbir kaza olmaması, havanın kötüleşmemesi, hiçbir sorun olmadan yukarı çıkıp inmesi için dua edecektim.

Kollarımı sırtından göğsüne doğru sardım. Rüzgârın motosikletteyken etrafımızda şiddetle esmesine bayılıyordum. Ryke için hissettiğim endişeyi bir kenara kaldırdım. El Capitan'ın yarısındayken benim endişelerime ihtiyacı yoktu. Sadece güce ve özgüvene ihtiyacı vardı.

Tüm bu konuşmalar midemin kasılmasına sebep oluyordu. Dürtüsel ve aceleci bir karar vermiştim. Hatta biraz bile güvenli sayılacak bir karar değildi. Muhtemelen serbest solo tırmanış *kadar* olmasa da onun gibi tehlikeli bir karardı. Bir ayağımı çoktan kaldırıp koltuk minderine dayamıştım. Diğerini de kaldırırken Ryke'ın sırtına tutundum. Motora doğru eğilip düz yolda hızlandığı sırada bacaklarımı gövdeme doğru çektiğim bir pozisyondaydım.

Siyah kaskının arkasından ifadesini göremiyordum. Doğrulduğunda ellerimin omuzlarına yönelmesine sebep oldu ve tamamen ayağa kalktım. *Ah... vay be.* Motosikletin arkasında ayakta duruyordum. Onun arkasındaydım. Üç kez bacağıma dokundu, bu "sikeyim, otur yerine" sinyaliydi.

İki kez omzuna dokundum, bunun hiçbir anlamı yoktu. Ama "*Uçmak istiyorum,*" demek için bir hareket uydurmamıştık.

Bacağımı sıktı. "*Tutun,*" diyordu.

Onu bırakmayacaktım.

Elini frene yerleştirdiğinde motosiklet yavaşlamaya başladı. Bir kez koluna dokundum. *Daha hızlı.*

Birkaç kez dönüp bana baktı, tereddüt ediyordu. Hiçbir yere

kaybolmayacağımı ona göstermek için bir kolumu omzundan attım ve göğsüne sardım. Vitesi değiştirirken bu hareketime güvendi ve harekete geçtik. Yüksek hıza geri dönüyorduk.

Bu etki neredeyse geriye çekilmeme sebep olacaktı ama beni o kadar sıkı tutuyordu ki olduğum yerde kaldım. Bacaklarım taş kesilmişti, hiçbir yere hareket edemiyordum. Kahkaha attığımda sesim sadece kaskımda kalsa da buradaydı.

Uçuyordum.

Sağdan ikinci yıldız ve sabaha kadar devam.

Bu olağanüstü beş dakika boyunca sürdü. Sonra motor tekrar yavaşlamaya başladı ve emniyet şeridinde gürledi. Ryke üstünde taş parçaları olan kayaların bulunduğu yola doğru girdiğinde koltuğa oturdum. Üst üste kayalar vardı, kulağa ezikçe gelse bile havalıydı. Buraya gelirken dağ aslanlarının yanı sıra devasa boynuzları olan koçlar görmüştük. Ryke'ın da gözüne kestirdiği hayvanlar olup olmadığını merak ediyordum.

Gerçi bu kulağa iyi gelmiyordu.

Ryke yol kenarındaki vahşi hayvanlara doğru sürecek birisi değildi.

Bu onun için çok deliceydi.

Benim yapabileceğim bir şeydi.

Motor durduğunda kaskımı çıkarıp, "Kızdın mı?" diye sordum. Sinyalleri yanlış almış olabilirdim. Gerçi, *"Sikeyim, otur yerine,"* dediğinden emindim. Ama, *"Tutun,"* kısmı tamamen farklı bir şey olabilirdi.

Motoru susturup ayaklığı indirdi. Spor motosikleti küçüktü ama kötü değildi. Ryke aşağıya inse de ben henüz inmemiştim.

"Arkanı dön," dedi kaskını çıkarttıktan sonra. Bir elini saçlarında gezdirirken gözlerini kısmış bana bakıyordu, buna rağmen tam olarak kızgın sayılmazdı.

"Ne demek istiyorsun?" Ne dediğini pek anlayamamıştım, hislerini çözmeye çalışmakla meşguldüm.

"*Arkanı dön.*" Motorun önünü işaret etti. Benim... İstediği şey... Gülümsedim. Garajda denediğim gibi tersten binmemi istiyordu.

Heyecanlı bir şekilde bacağımı diğer tarafa attım ve benzin deposuna yaslanırken sırtımı gidonlara doğru döndüm. Bana motosiklet sürmeyi öğrettiği ilk günü hatırlıyordum. Bir marketin otoparkına gittiğimizde motoru kapatıp kocaman gülümseyerek durmuştum. Sadece yol boyunca botlarımı yere sürüyerek saçmalıyordum.

Şöyle söylemişti: *"Kaybetmek istemiyorsan sikik ayaklarını kaldır, Calloway."* Bana önce doğru yolu öğretmeye çalışmıştı, aylar sonra tekrar motoru kapatıp ayaklarımı sürüdüğümde ise sadece başını iki yana sallamıştı. Bunun için azarlamayacak kadar bana güveniyordu. Motorun üstüme düşeceğini ya da kendi ayağımı çiğneyeceğimi düşünmemişti.

Ancak henüz tersten sürecek kadar güven kazanmamıştım. Bu yüzden asıl niyetinin ne olduğu konusunda şüphelerim vardı. Gizem beni gittikçe daha da meraklandırıyordu, çözmek için ifadesini inceledim. Bana dönük bir şekilde motora yerleşirken kaskını kenara attı.

Buna ihtiyaç yok. Tamam o zaman. Ben de kendiminkini attım. Zihnim bana yetişemeden kalbim deli gibi çarpmaya başladı. Bedenim gerçekleşmek üzere olan şeyi biliyordu. Zorlukla yutkundum, gözleri benimkilerle buluştuğunda kalbim birkaç kez tekledi. Gözlerinde şehvetli bir bakış vardı. Sanki beni bir çırpıda yiyip yutacakmış gibi.

Ah, Tanrım.

Dudaklarım aralandı, sanki bir dağa tırmanıyormuşum gibi oksijene muhtaçtım.

Motosikletteydik.

Birlikte.

Ve.

Ve...

Düşünemiyordum. Sadece hissediyordum.

Bunun gerçekleşmek üzere olduğuna inanamıyorum.

BÖLÜM 47

RYKE MEADOWS

Hayatımda hiç bu kadar tahrik olmamıştım. Motosikletin arkasında ayakta durduğu sırada hislerim bir dakika içinde korkudan arzuya dönüşmüştü. Güvende olduğundan emin olduktan sonra onu arkamda hayal edip durmuştum. Nasıl göründüğünü, omuzlarıma tutunduğunu ve bir elimle elini tuttuğumu hayal etmiştim. Sonra zihnim yeni bir rota çizmişti, bacaklarını açıp otururken aletimin tamamen içini doldurduğunu hayal etmiştim.

Bunu istiyordum. Burada, onunla birlikte. Sikik bedenim bunu arzuluyordu ve zihnimde hiç tereddüt yoktu. Birlikte kaç kez motora bindiğimizi ve ne kadar kısıtlandığımızı düşündüm. Bu anların hepsi sikik pencereden uçup gitmişti.

Dudaklarım onunkilerle buluştuğunda her sikik öpücükte birbirimizi tükettik. Daha önce hissettiğim her şeyden daha doğal, daha hayvaniydi. İçim ona karşı çığlık çığlığaydı. Sanki sadece bana aitti ve sonunda evime dönmüştüm.

Soyunmakla bir on dakika daha harcamak istemiyordum. Bu yüzden botuma uzanarak bıçağımı çıkarttım. O güzel, merakla parıldayan gözleri irileşirken kaskatı kesildi. Kotunun düğmesini açıp kumaşı cebine doğru kestiğim sırada kıpırdamamaya dikkat etti. Bıçağımı botuma yerleştirdim ve daha güçlü bir hareketle kotu yırttım. Sarı külotu açığa çıktığında kolaylıkla onu da yırttım. Çoktan ıslanmıştı ve benim için hazırdı.

Aletim serbest kalmak için çığlıklar atıyordu.

"Ryke," diye fısıldadı, ağzı açıktı. Başını arkasından tutup onu öptüğümde resmen altımda inliyordu.

Siktir. Parmaklarım onu doldururken boynunu emdim. Daha önce hiç hissetmediğim kadar ıslaktı. Kısa bir süre sonra bedenini bana doğru itmeye, açık havayı delip geçmeye başladı. Yoldan uzakta ve birçok açıdan mahrem sayılabilecek bir alandaydık ama bu yeniydi. Daha önce hiç düzüşmediğim bir yerdi ve yapmak üzere olduğumuz şeyi de hiç yapmamıştım.

Motosiklette.

Âşık olduğum kızla birlikte.

Bedenimi bastırdığım sırada içine girip onu sert ama hoş bir şekilde becermeye hazır olmasaydım gülümserdim. Pantolonumun fermuarını indirip iç çamaşırımı kıçımın altına doğru sıyırdım. Ardından Daisy'yi bacaklarından tutup yavaşça içine girerken bacaklarını genişçe açtım. Tepkisini izliyor, canını yakmadığımdan emin oluyordum.

Enseme tutunarak ben daha yarısına kadar ilerlemeden kalçalarını hareket ettirmeye başladığında tamamen içine girdim. İnleyerek kendini ileri itmeyi bıraktı, sesi cidden sikik aklımı karıştırıyordu. Tiz ve dizginsiz bir zevkle, yakıcı bir şehvetle doluydu.

Onu izlerken yanıyordum ve sesini duyduğumda tüm hislerim küle dönüyordu.

"Dais," dedim zorla. Gidona tutunmak için uzandığımda bu hareket daha derinlerine girmemi sağladı. Bir kez. İki kez. Aletim içini harika şekilde dolduruyordu.

Daisy inledi, göz kapakları titriyordu.

Bacağını belime doğru yukarı kaldırdığımda bir panik atak geçiriyormuş gibi nefes alıyordu.

"Yapamam..." Başını iki yana salladı.

Dudaklarını öperek bir anlığına yavaşladım. "Yapabilirsin, Dais." *Biliyorum. Sikik şey çok yoğun.* Bu hisler kör ediciydi.

Üstelik motorun üzerinde oturuyorduk. Bacağını bırakıp onu göğsüme çektiğimde oturma pozisyonundaydı. İçgüdüsel olarak ayakları koltuğun arkamdaki kısmında duruyordu, bacaklarını belime sarmıştı.

Tekrar içinde hareket ettiğimde gerildi. Bir elimi beline yerleştirdim. Boğazımdan bir hırıltı yükseliyordu. *Siktir.*

"Bu..." diye başladı ancak bir an sonra inledi ve ani orgazmı bedenini bana doğru itti. Ona sarılıp boşalmadan önce iki kez daha gidip gelmem yetmişti. Zihnim bir milyon sikik parçaya ayrıldı. Zonkluyor, uçurumdan aşağıya düşüyordu. Daisy büyük bir keyifle kahkaha atmaya başladı.

İçten, dünyayı değiştirecek türden bir kahkahaydı. Bu spor motosikletin üzerinde mümkün olunabilecek kadar yakın ve samimi olduğumuz bu görüntüyü aklına kazımaya çalıştığı sırada sanki dünyada gördüğü en güzel resimmiş gibi hâlâ gülümsüyordu.

Gözlerime baktı. "Bu beni şimdiye kadar çıkarttığın en iyi sürüştü."

Sertçe onu öptüm. "Tekrar yapmak ister misin?"

Kollarını enseme sarıp bana yaklaşarak cevap verdi. Gülümsemesi tüm evreni aydınlatıyordu.

Kızıl tozlar etrafımızda uçuşuyor olsa da sikimde değildi. Bu dünyadaki en ilkel deneyimmiş gibi onunla seviştim.

Sanki bedenlerimiz bunun için yaratılmış gibi.

BÖLÜM 48

RYKE MEADOWS

Gece boyunca motor sürdüm. Daisy bu sürenin bir kısmında motora ters binmiş bir şekilde bana dönük uyumuştu. Sanırım günde ortalama dört saat uyuyordu, bu *Ambien* olmadan aldığı en iyi uykuydu. Yine de gece boyunca hiçbir huzursuzluk olmadan, uyanıp tekrar o huzura kavuşmak için zorlanmadan onu kollarımla sarmayı isterdim. Sadece medya olmadan ve yaşadığı zihinsel travmadan önce sahip olduğu şeyi istiyordum.

Biraz ilerleme kaydediyordu. Bir gece otelde kalmıştık ve her bir kapıyı tek tek kilitlediğim, duşakabini kontrol ettiğimi ona gösterdiğim rutinimizi yapmamıştım. Bunları bilmeden kendini güvende hissederek birkaç saat uyumuştu.

Başının üstünü öperek sürmeye devam ettim.

Ufukta gün doğuyor, turuncular ve kırmızılar birbirine karışıyordu. Batının sessiz atmosferi beni sakinleştiriyor, kafamı toplamamı sağlıyordu. Bunu kardeşimle paylaşabilirim diye düşündüm. Bu anı paylaşabilirdik ama durumlar, kaderimiz ya da her neyse bizi ayırmıştı.

Bu anı Daisy'yle geçirmem de bir o kadar anlamlıydı ama onunla geçirdiğim her anın, iyileşme sürecindeki Lo'dan uzak geçirdiğim anlar olduğunun farkına varmıştım. Bir yanım Utah'ta olduğu için mutluydu. Onunla buluşacaktım ve bir şeye ihtiyacı olursa yanında olacaktım.

Diğer yanımsa bencil bir şekilde Daisy'yle yaşadığım ve gerçeklik gelip bizi ezmeden önce saatler boyunca saklandığımız o fanteziye geri dönmek istiyordu.

Bir köşeyi döndüğümde motor çakıl taşlarıyla dolu yolda sarsılarak Daisy'yi uykusundan uyandırdı. Manzarayı gören bir yerde durup önce onun kaskını sonra da kendiminkini çıkardım.

Gün ışığına karşı kıstığı gözlerini ovuşturdu. "Saat kaç?" diye sordu esneyerek.

"Sabah."

"Tamam..." Tekrar esnedi. "...anladım." Gün doğumunu yakalamak için başını çevirdiği sırada sıcak bir parıltı yüzünü renklendirdi. "Büyüleyici..."

Onunla kıyaslanamazdı.

Cebimdeki telefon titrediğinde kollarını belime sardı. Bir elimle telefona bakıyordum.

Canyonlands'teyiz. Sana konum göndereceğim. Bizimle orada buluşabilirsiniz. -Connor

Konumu aldığımda haritaya baktım. "On dakika uzaktayız," dedim Daisy'ye. "Çoktan varmışlar. Ablalarını görmeye hazır mısın?"

Başını salladı ama gözlerindeki hafif endişeyi görebiliyordum. İlişkimizi onlara açmak ilk adımdı, sonra annesine söylemesi gerekecekti. Benden sikik derecede hoşlanmayan bir kadındı ve kızının yüzünü gördüğünde benden daha çok nefret etmesinden endişe ediyordum.

Kasklarımızı tekrar taktık. Daisy pozisyonunu değiştirerek arkama oturduğunda harekete geçip doğru yöne ilerledim.

Yedi dakika sonra Green River yakınlarındaki bir yerde kenara çektim. Çok fazla trafik yoktu. Mamut kanyonları ve kızıl kayalar alanın her yerine yayılmıştı. Bir yürüyüş yolunun başına park etmiş siyah SUV aracı tanımıştım ama hiçbiri etrafta yoktu.

Konumu tekrar kontrol ettiğimde aynı kızıl kayalardan yapılma bir kemere doğru ilerlediklerini fark ettim. Bu kayalar popüler olduğundan o tarafa doğru gitmelerine şaşırmamıştım. Şaşırdığım şey, Rose'un on santimlik sikik topuklularıyla oraya kadar gitmesiydi.

Onları göğe uzanan büyük bir kayanın altında bulmadan önce kırmızı çamurların üzerinde yaklaşık beş dakika yürümemiz gerekmişti. Sıcak güneş yükselirken gölgeler uzuyor, sıcaklık artıyordu.

"Hey, gençler!" Daisy onlara el sallarken hepsi bize doğru döndü ama yarı yola kadar gelmediler. Sadece bize bakıyorlardı.

O an sikik bir şeylerin ters gittiğini fark ettim.

Attığım her bir adımda midem düğümleniyordu, gözlerimi kardeşiminkilerden ayıramıyordum. Elmacıkkemikleri keskinleşmişti, gözleri soğuk ve öfkeliydi. Bana hâlâ paparazziler yüzünden kızgın olamazdı, değil mi? Connor sakinleşmesi için bu konuyu onunla konuşmuş olmalıydı. Fakat Lo bana dargın kalmaya bayılırdı. Evet, batırmıştım. Paparazziler Tennessee'deki kamp alanımızı bulmuştu ve ona verdiğim sözleri tutmamıştım. Buna rağmen hiddeti bambaşka bir seviyedeymiş gibi görünüyordu.

Daha derin.

Daha sert.

Yıllarca süren bir acı yüzündendi.

"Saçına bayıldım, Dais," dedi Lily yaklaştığımızda. Fakat çok kötü bir şeyin olmak üzere olduğunu biliyormuş gibi sesi çatlamıştı.

Kardeşim derin nefesler alıyordu, kehribar rengi gözlerine saf bir kötülük yayılmıştı. Burun delikleri genişlerken bana doğru yürümeye başladı.

Olduğum yerde durdum. "Daisy," dedim. "Ablalarının yanına git."

"Ryke..."

"Sikeyim, *git*," diye hırladım.

Benden geri çekilse de ablalarının yanına gitmedi. Ancak buz gibi bakışlarıyla bana yaklaşan kardeşim ve benden yeterince uzaklaşmıştı.

Bunun neyle ilgili olduğunu bilmiyordum.

Babamızla ilgili olabilirdi.

Daisy'yle ilgili olabilirdi.

Başka bir şeyle ilgili olabilirdi.

Bunların hepsi olabilirdi.

İyi niyetle örtülü sikik kötülüklerle ilgili uzunca bir listem vardı.

"Lo." Savunmak, teslim olmak, merhamet dilemek için ellerimi kaldırdım. Beyaz bayrak uzatıyordum. Ona vurmak istemiyordum. Kardeşime vuramazdım. "Sorun ne? Konuşalım." Artık benden yalnızca üç metre uzaktaydı.

"Konuşmak mı istiyorsun?" Sesi acı doluydu. "Sana *konuşman* için milyonlarca sikik şans verdim," dedi dişlerinin arasından. "Konuşmakla işim bitti." Yumruğu havalanıp sertçe çeneme indi. Dizini karnıma geçirdiği sırada iki büklüm oldum.

Sertçe öksürüyordum.

"Lo, dur!" diye bağırdı Daisy.

Başımı çevirdiğimde kalbim sıkıştı. Bize doğru koşuyordu ama Connor ondan daha hızlı ve daha güçlüydü. Kollarında debelenen Daisy'yi kucağına aldı.

Bakışlarım teşekkür edercesine yumuşadı. Lo yüzüme tekrar yumruğunu indirmeden önce zar zor bir minnet ifadesi takınmıştım. Başımı çevirip kanı yere tükürdüm.

Arka planda Lily'nin ona sakin olmasını söylediğini duyuyordum, Connor'ın kızlara bunu aramızda çözmemiz için izin vermeleri gerektiğini söylediğini duyuyordum.

Bu kavganın eninde sonunda olacağını biliyordu.

Sonunda gelmişti ve göğsüm ıstırapla parçalanıyordu. Fiziksel bir acı değildi. Üçüncü yumruğu çeneme inmiş olsa bile bunları kaldırabilirdim.

Sebep olan şey kardeşimin gözlerindeki azaptı. Sanki ona ihanet etmişim gibi bana bakıyor olmasıydı. Sanki hayatını mahvetmişim gibi. Sanki sikik ruhunu sökmüşüm gibi. Kimseyi incitmek istemiyordum. Ona daha çok acı çektirmek istememiştim. *Onu yalnız bırakmalıydın.*

O zaman da sarhoş olurdu, eğer hayatına girmeseydim hâlâ o sikik içkileri içiyor olurdu. O zamanlar elimden geldiğince onu sarsmıştım. Onu rehabilitasyona götürmüştüm. Doksan günlük iyileşme sürecinde neredeyse her gece onunla konuşmuş ve sonrasında da onunla ilgilenmiştim.

Öyle mi? Ona bir de şimdi bak.

Siktir! Bir şeyi yumruklamak istiyordum. İçimdeki bu savaşın son bulması için sessiz çığlıklar atıyordum.

"Bana vur," dedi alayla.

Başımı iki yana sallarken yumruk olmaya çalışan parmaklarım kırmızı çamura saplanıyordu. *Dur, Ryke.* Çok kolay bir şekilde yerimden kalkıp onu canı çıkana kadar dövebilirdim. Lo bunu yapmama izin verirdi. İstediği buydu. O acıyı istiyordu. Tıpkı onu üç yıl önce gördüğüm Cadılar Bayramı partisindeki gibi.

Bu hislerden daha fazlasını hissetmek, bu eziyeti bitirmek için yalvarıyordu. Bu sikik eziyeti değiştirmemi istiyordu. Şu anda, bu hastalıklı düşüncesini besleyemezdim. *Yapamazdım.*

"Hadi," dedi alayla. Gözleri öfke ve üzüntüyle kızarmıştı, kenarlarında yaşlar birikiyordu. "Benim iki katım heriflerin içinden geçtiğini gördüm. Bana yumruk atmak istediğini biliyorum." Bana doğru yaklaştı. "Karşılık ver!"

Yerden kalktığımda sarsak bir şekilde sendeledim. "Vermeyeceğim."

Beni göğsümden itti.

Ellerimi kaldırdım. "Lo..."

Tekrar yumruk attı. Geriye doğru sendelesem de dengemi bu sefer korudum.

Daisy arka planda çığlıklar atıyordu. "KES ŞUNU!" Ağlıyordu.

Lily ağlıyordu.

Rose bile ağlıyor olabilirdi. Ancak gözyaşlarını hızla silerek burnunu çekti.

Lo beni işaret etti. "Sen lanet olası bir korkaksın."

Şimdi kulağa babamız gibi gelmeye başlamıştı. Çenemi kapalı tuttum.

Sıktığı dişlerinin arasından devam etti. "Babamızla konuşmaya o kadar korkuyorsun ki. Kendi annenle bile konuşmaya korkuyorsun." Birkaç adım yaklaştığında aynı şekilde geriledim. Ben avdım, canlı canlı derimi soyacaktı.

"Ne söylememi istiyorsun?" dedim hırlarcasına. "Sikeyim, korktuğumu mu?" Göğsümü işaret ettim. "*Çok* korkağım, Lo!" Gözlerim korkunç sikik bir acıyla yanıyordu. *Siktir.* "İstediğim tek şey unutmakken onları sevmem için beni manipüle etmelerinden çok korkuyorum!"

"Sana ne bok yaptılar ki?" diye bağırdı Lo. "*Babamızla* ben yaşadım. Sen sikik inci beyazı köşkte seni seven annenle yaşıyordun!"

Başımı iki yana salladım. Bu hiçbir şeyi çözmeyecekti. Göğsüm yükselip alçaldı.

"Anlat bana!" diye bağırdı Lo. "Ne kadar kötü geçtiğini anlat bana, Ryke. Babam sana ne yaptı? Matematik sınavından C aldığında kafana mı vurdu? Küçük bir ligin maçında kenarda oturdun diye yüzüne mi bağırdı?" Bana yaklaştığında gözleri kısık, yanakları ıslaktı. "Sana ne sikim yaptı?"

Başımı tekrar iki yana salladım. Ben onun gibi kurban değildim. Kendimi açıklamamın hiçbir faydası yoktu, bu sadece işleri daha da çıkmaza sokacaktı.

Lo tekrar beni göğsümden ittiğinde bu sefer patlayarak karşılık verdim ve ben de onu ittim. Sendeledi ama uyguladığım kuvvet onu çamura düşürmemişti.

"Sikeyim, seninle dövüşmeyeceğim!" diye bağırdım. Ancak sözlerimi dinlemedi. Tekrar harekete geçip beni itmeye çalıştığı an onu yere ittim.

Ondan daha güçlüydüm.

Ondan daha büyüktüm.

Onun hayatına giren hem en iyi hem de en kötü şeydim. Bunu biliyordum.

Onu sırtüstü sabitleyerek ellerimi bileklerine sardım ve dizimi kaburgalarına dayadım. "Seninle dövüşmek istemiyorum, Lo," dedim.

Gözleri daha da kızardı. "Kahrolası vaktinin çok büyük kısmını beni korumaya çalışarak harcadın," dedi. "Beni mahvettiğinin farkında bile değilsin." Yanağından bir yaş damladı. Kesik nefesler aldıktan sonra döküldü. "Haberler yalnızca Philly'de dönmüyor. Gittiğimiz her yerdeler. Utah'a gelirken yoldaki tüm benzin istasyonu boyunca." Gözleri üzüntüyle doldu. "Babamın beni taciz ettiğini düşünüyorlar. Lanet olası milletin tamamı. İnsanlar kendi babamın bana kötü niyetle dokunduğunu düşünüyor ve sen bunun için hiçbir şey yapmayacaksın." Kırgın bakışları bıçak misali art arda bana saplanıyordu. "Neden bana değil de onlara inanıyorsun?"

"Sana inanıyorum," diye fısıldadım. Bu sefer tereddüt yoktu. Ona inanıyordum. Sanırım hep inanmam gerekiyordu. Fakat bir şeyler Jonathan Hale'i savunmama hep engel olmuştu. Deştiğim zaman canımı yakacak kadar sert olan şeyler. Bu hislerle tekrar yüzleşmek zorunda kalmıştım çünkü bu hayata dönmüştüm. Planladığım gibi her şeyi geride bırakabilirdim. Üç yıl önce hiçbir şey yapmamış olsaydım, Lo'yu o Cadılar Bayramı partisinde bırakmış olsaydım bu nefretle bir daha karşılaşmama hiç gerek kalmayacaktı. Rafa kaldırdığım bu hislerin hiçbiriyle karşılaşmayacaktım.

Lo yüzümdeki ifadeyi fark etmiş olmalıydı. "Sana, ondan bu kadar nefret etmene sebep olacak ne yaptı?"

Bunu bana bir kez daha sormuştu ve ona yarım yamalak bir cevap vermiştim. Gerçek kulağa basit ve bencilce gelecekti. Yirmi üç yıl boyunca onunla yaşamak zorunda kalan kardeşimle kıyaslandığında sikik şey çok aptalcaydı. Fakat bu gerçeği ona borçluydum, zaten yeterince yalan söylemiştim.

"Seni seçti," dedim. "Bana ve anneme karşı piç oğlunu seçti, hayatım boyunca onun yüzünden sikik yalanlar söylemek zorunda kaldım. Onun için kimliğimi gizledim. Ben Meadows'tum ve annem Sara Hale olduğu için annemle insan içine hiç çıkmadım.

Onun itibarını korudum ve o da bana karşı seni seçerek her gün beni sikik yerin altına sokup çıkardı. Her gün senin etrafında gezip beni bir kenara itti. O kadar öfkeliydim ki nefes bile alamıyordum."

Burun delikleri tekrar genişledi, hislerinin fazlasını bastırıyordu. "On beş yaşındayken beni öğrendiğini sanıyordum."

"Onunla her hafta bir golf kulübünde buluştuğumu sana söylemiştim. Adını biliyordum. Babam olduğunu biliyordum. Sikik sosyetedendi. Oğlunun benim kardeşim olduğunu çözecek kadar akıllıydım. Sadece on beş yaşıma gelene kadar bunu bana söylemediler." İliklerime yayılan bu öfkeyle titredim. Lo'ya karşı değildi. Geçmişe, yaşanan her şeye karşıydı.

Keşke zamanı geri alıp her şeyi silebilseydim. Ancak her şey buradaydı ve sikik şey berbattı. Üstünden kalksam da olduğum yerden doğrulmadım. Duygusal olarak çok bitiktim. Dizlerimin üzerine çöktüğümde tükenmiş ve zayıftım. Yüzüm zonkluyordu ki bu birkaç morluktan fazlası olacağını gösteriyordu.

Doğrulmadı bile, gözleri göğü delip geçiyordu.

"Kin tuttum," diye itiraf ettim. "Ama bence sen de tuttun, Lo." Ona baktığımda çenesini sıkıyordu. Beni hiç affetmemiş, babamızdan nefret ettiğim ve onu daha erken aramaya çalışmadığım için beni bağışlamamıştı.

"Keşke beni, babamıza duyduğun nefretten daha çok sevseydin," dedi Lo. Bu söylediği en dürüst şeydi. Başını çevirip bana baktığında gözleri yaşlarla doluydu. "Bu siktiğimin şeyi mümkün mü ki?"

Tüm bedenim sızlıyordu. Yıllarımın bir kısmını kardeşime karşı beslediğim tüm şeytanca düşüncelerimden, ona ettiğim tüm lanetlerden, ruhumu karartan nefretin her bir parçasından pişman olarak geçirmiştim. Artık onun nereden geldiğini biliyordum. Bir anne tarafından hiç sevilmediği bir evden. Bir babanın onu fazla zorladığı yerden. Sikik yolda düştüğünde hiç destek bulamadığı yerden.

Taciz dedikodularına karşılık vermeyerek kardeşimi savunmak yerine Jonathan'dan nefret etmeyi seçiyordum. Asıl olayın bu olduğunu hiç düşünmemiştim. Hep sessiz kalmamın, *sonunda* bir canavarı korumayacağım ve izlerini gizlemesine yardım etmeyeceğim anlamına geldiğini sanıyordum.

Annem gibiydim.

Ona dönüşüyordum. Jonathan'ı elimden gelen her şekilde incitmeye çalışıyordum ve sonunda önemsediğim insanlar ateş hattında kalıyorlardı.

Tüm bu sikik zaman boyunca... Samantha Calloway haklıydı. Beni Daisy'nin odasında aynı şeyle suçlamıştı. Onu dinlemeyi reddetmiştim. Ona inanmayı. Olmak istemediğim birine dönüşüyordum ve sanırım olmak istediğim kişiden kaçarak uzaklaşıyordum.

Bir nefes verdim, göğsüm sıkışıyordu. "Seni sevdiğimi biliyorsun," dedim bacağına hafifçe vurarak.

"Soruma cevap vermedin."

"Bilmiyorum, Lo," dedim. "İstiyorum. Bunu *çok* feci istiyorum ama o tür bir huzura sahip olmayı dilemek kadar kolay değil. Bana yaptığı şeyler yüzünden, sana yaptıkları yüzünden ondan nefret ediyorum."

Lo başını iki yana sallayarak doğruldu. Tişörtüyle yüzünü silerken bakışları tekrar buz kesti. "Yüce İsa," diyerek tatsız bir kahkaha attı. "Anlamıyorsun, bana söylediği her şeyi hak ettim. Hazırlıktayken nasıl olduğumu bilmiyorsun, Ryke. Leş gibi biriydim. *Berbattım.*"

Ona öfkeyle baktım. "Bana sakın bunu *hak ettiğini* söyleme. Hiç kimse siktiğimin her günü hırpalanmayı hak etmez."

Derin nefesler aldığında kasları gevşemeye başladı. Sonra bana bakarak ekledi. "Bana hiç dokunmadı."

Konunun bu olmadığını biliyordu. Buna devam etmek istemiyordum. Hep bu konu hakkında tartışıyorduk. Ancak bunu o sikik kalın kafasına sokmalıydım. Öne eğilerek yüzünü ellerimin arasına aldım. "Onu savunmayı *bırak*. Bana karşı değil, tamam mı?"

Asla anlaşamayacağımız bazı konular vardı. Beni ikna etmek için ne kadar uğraşırsa uğraşsın. Kaç kez yere düşmüş olursak olalım.

Geri çekildiğinde ben de geriledim. Aramızdaki gerilim kırılırken sessizlik bir anlığına büyüdü. Özür dilememi ya da belki üstüne gitmemi bekliyor olabileceğini düşündüm. Ama sonra yüzümü işaret etti.

"Bu arada şuradaki morluk var ya? O sevgilimin kardeşi için."

Midem altüst oldu. *Ne?*

BÖLÜM 49

RYKE MEADOWS

Lo'nun ifadesi tekrar sertleşse de yüzünde yarım bir gülümseme vardı. "Gazeteler sizi Şeytan Kulesi'nin dışında öpüşürken yakalamış." Cebinden telefonunu çıkarıp bir şey aradıktan sonra bana doğru attı. "Fotoğraf bütün dedikodu sitelerinde dolaşıyor." Gazetelere bakmadığım için bunu kaçırdığıma şaşırmamıştım. Hâlâ var olduklarına şaşırmadığım gibi.

Sert bakışlarımla fotoğrafa baktım.

Daisy omuzlarımdaydı. Ağaçların arasına bir hamak asıyorduk ve kütüğün etrafındaki bağları sıkılaştırmıştı. Ancak bu fotoğraf bizi farklı bir anda dondurmuştu: Başını eğip dudaklarını benimkilere bastırdığı, elimin boynunda olduğu, parmaklarıma mor ve pembe boyaların bulaştığı anda. Saçları hâlâ ıslaktı.

Beni öperken gülümsüyordu ki bu onun uzun koyu kırmızı yara izinin gerilmesine sebep olmuştu.

Sikik yara izi tüm gazetelerdeydi. Ebeveynleri yüzüne olanı sikik bir gazeteden öğrenecekti. *Lanet olsun!* Çenem kasılırken telefonu istemeden fazla sert bir şekilde Lo'ya attım.

"Yakalandığın için sinirlendin mi?"

Tek kelime etmedim. Bağırmadan konuşamazdım.

"Lütfen konuş benimle," diye patladı Lo. "Neler döndüğünü anlamam gerekiyor, yoksa sana tekrar yumruk atabilirim."

Başımı iki yana sallarken sesim boğuk ve alçaktı. "Bir anda oldu."

"Bir anda mı oldu?" Lo sanki hep bu bahaneyi kullanıyormuşum gibi başını iki yana salladı. Daha önce kullandığımdan emindim. "Bana söylenecek en boktan şey." Bedenlerimize kırmızı çamur bulaşmıştı ve kardeşimin saçları bir ton daha açılmıştı. "Lily'nin küçük kardeşini becerdin ve *'Ah, sadece sikik bir anda oldu,'* deyip geçecek misin? Onu neden seçtin? Takıldığın uzun kızlar listesine onu da ekledin mi? Tek gecelik türden bir şey miydi?"

"Söylemeye çalıştığım sikik şey o değildi." Tüm söylediklerine karşı yüzümü buruşturdum. Fotoğraf ve bu fotoğrafın biz söylemeden önce ebeveynlerine ulaşabileceği konusunda sakin olmaya çalıştım. Ne düşünüyorduk ki? Sonsuza kadar bir hayalde yaşayacağımızı mı? Paris'ten çıkmadan önce onlara isyandan bahsetmeliydik.

"Ne söylemeye çalıştın o zaman?" diye sordu.

Gözlerine baktım. "Bu ciddi."

"O kadar ciddi ki herkesle paylaştın."

"Çünkü sikik boğazıma sarılacağını biliyordum!" İçimdeki öfke ayağa fırlamama neden oldu. Yanımda durduğu sırada ikimiz de derin nefesler alıyorduk.

Sikik. Raunt. İki.

"Eğer onu önemseseydin," dedi parmağını bana doğrultarak. "O zaman sanki yanlış bir şey yapıyormuşsun gibi bunu saklamazdın."

"Siktir git!" diye bağırdım. "Bunu *imkânsız* yapan sendin, Lo!"

"ON SEKİZ YAŞINDA!" diye bağırdı. Bana doğru iki düşmancıl adım attı. Bedenim yumruğumu kaldırıp ona atılmam için yalvarsa da iki adım geri çekilmek zorunda kaldım. "O benim kardeşim gibi. Mümkün *olmamalıydı* zaten! Ama sen bunu umursamadın. Yine de onu *becerdin.*"

Sıçıp batırmıştım. Gözlerine tekrar ihanete uğramış bir ifade doldu.

Yükselip beni ele geçirmekle tehdit eden hislerimi bastırdım.

Lo ters ters bakıyordu. "Sikin sonunda seni yendi, değil mi?" Omzumdaki en beter şeytan oydu ve onu seviyordum. "On sekizine girdiği için *sonunda* aletini-"

"Hayır," diye hırladım. "Sikik şey öyle gelişmedi!"

"Seni bu çölde yalnız bırakmalıyım," dedi alayla. "Ona yaklaşmana izin verdiğim, onunla yalnız kalmana izin verdiğim her an için şu an pişmanlık çekiyorum..."

"Ne sikim konuştuğunun farkında değilsin." Daisy'nin yalnız kaldığı, korktuğu, incindiği anları düşündüm; hep yanında olan kişi bendim. Başka kimse yoktu. Lo kendi sorunlarıyla ilgilenmek zorundaydı. O zaman neden sürekli aşağılanan kişi olup, eğer sonrasında durum ona uygun gelirse övülüyordum?

"Ne konuştuğumun farkında değil miyim?" Dudaklarını ovuşturarak yüzünü astı. "Ne zamandır, Ryke? Söylesene, ne zamandır senin için arkadaştan öte? Bakalım kafamda mı kurmuşum?"

"Bilmiyorum." Aslında biliyordum. Hep biliyordum. Sadece bunu kabul etmeyi kaldıramıyordum.

"Sana tekrar soracağım," dedi Lo, sesi öfkeyle titriyordu. "Ne zamandır-"

"Kes şunu," dedim sertçe.

Bir adım daha yaklaştı. "Hayır, *ne zamandır...*"

"YILLARDIR!" diye bağırdım. Kollarımdaki damarlar belirginleşirken yüzüm kızardı. İçimde tutsak olan şeyi serbest bırakmıştım. Ona doğru yaklaştım. "Duymak istediğin bu mu? Yıllardır, Lo."

Dişlerini sertçe sıkıyordu. "Yalan mı söylüyorsun?" İnanmak istemiyordu. Hatalı olmak istiyordu.

"Hayır," dedim. Sıcak gözyaşları sikik gözlerimi yakıyordu. "O kız sikik ilgimi çok fazla çekti. Bu konuda siktiğimin herhangi bir şeyini yapmayı *asla* planlamadım. Asla denemeyecektim. Bunun için çabaladım..." Lo'yu işaret ettim. "Onu o şekilde düşünmemek için çok fazla çabaladım. Yanlıştı. Sikik şeyin yanlış olduğunu biliyordum. Elimden geldiğince her şeyi bastırdım." Ancak on beşken, on altıyken, on yediyken ölçülemez sikik şekillerde ona çekiliyordum. Suçluluk hep içimdeydi. Bense bunu görmezden gelmeyi seçmiştim.

"O zaman neden ondan uzak kalmadın?" diye karşılık verdi Lo. "Neden seninle Daisy'nin arasına otuz metre mesafe koymadın? Onunla her gün flört ettin, Ryke. Onun *arkadaşı* oldun."

"Kendimi hiçbir şeyin olmayacağına ikna etmiştim, bu yüzden ilerlememin sorun olmayacağını düşündüm."

"Sen kahrolası bir aptalsın!" diye bağırdı Lo.

Biliyorum.

"O kadar ateşliydi ki birlikteliğiniz yasal hale gelir gelmez ona hayır diyeme-"

"Hayır." Devam etmesine müsaade etmeden sözünü kestim. "Öyle değil."

"Kahretsin, ne o zaman?" diye bağırdı Lo.

Ve ben de patladım. "SİKEYİM, ONU SEVİYORUM!" diye bağırdım. Kalbim göğüs kafesimi dövüyordu.

Ağzı açık kaldı. İfademi incelemeye devam ettikçe kaşları kafa karışıklığıyla çatılıyordu. Cevap almak için içimi deşmeye çalışıyormuş gibi hissediyordum.

İşte cevaplar buradaydı. "Sikeyim, ona âşık oldum. Daisy'den uzak olmak canımı yakıyordu. Onu diğer heriflerle izlemek canımı yakıyordu. Her şey *sikik* canımı yakıyordu ve bu acıyı artık kaldırmak istemedim. Sikeyim, bunu yapamadım." Derin bir nefes aldım. "Sana ne zaman artık dayanılmaz hale geldiğini söyleyemem ama oldu." Daisy'nin mutfakta nar yediği gün ve şu an arasında bir yerlerde olmuştu.

Sindirmeye çalışırken bana gerçekte çok uzun bir süre baktı. "Sevdiğin kişinin başkalarıyla olduğunu izlemenin ne kadar acı verici olduğunu herkesten daha iyi biliyorum. Ama gerçekten onu sevemezsin-"

"Onu iki yıldan fazladır tanıyorum," dedim. "Onunla sikik zamanımın çok fazlasını geçirdim, Lo. Birlikte çok fazla şey atlattık, yani evet ona âşık oldum."

Lo bakışlarını ona doğru çevirdiğinde onu takip ettim. Daisy sıkıca sarıldığı Lily'nin omzunda ağlıyordu. Kalbim tekrar parçalansa da oraya gidip onu teselli etme isteğime engel oldum.

Dikkatimi zorla kardeşime verdiğimde bakışlarımı izlediğini fark ettim. Hiçbir şey söylemese de ben söyleyecektim.

"Beni burada bırakabilirsin," dedim. "Ama dönmenin bir yolunu bulacağım. Beni ne kadar sikik bir kuvvetle itersen it onu bırakamam, seni de bırakmayacağım." Lo'nun bana ihtiyacı vardı. Bana ihtiyacı olduğunu biliyordu. Hayatının bir parçası olmak istiyordum. Kendi başıma inşa ettiğim yüzeysel ilişkilerle, hiçbir anlam ifade etmeyen insanlarla, beni satacak arkadaşlarla dolu olan o yalnız hayata dönmek istemiyordum.

"Ne kadar canını yaktı?" diye sordu bir anda.

"Ne?"

"Onu diğer heriflerle izlemek."

Hatıralar zihnime dolarken boğuluyor gibiydim. "Sanki birisi beni sikik tuzlu suda boğup ateşe vermiş gibiydi."

Dudakları neredeyse sikik bir gülümsemeyle kıvrılacaktı. "Aynısı." Birkaç derin nefes aldıktan sonra ekledi. "Biraz zamana ihtiyacım var. Ama sana tekrar vurmayacağım. Yani tadını çıkar."

"Teşekkürler," dedim.

Birkaç kez başını salladı ve ekledi. "Keşke başka kahrolası bir kıza âşık olsaydın."

Böyle zamanlarda ben de aynı şekilde düşünüyordum. "Üzgünüm, gerçekten üzgünüm. Yalan söylediğim için."

Omuz silkti. "Sana vurmamı istemezdin."

"Hayır." Başımı iki yana salladım. "Seni incitmek istemezdim."

Tekrar başını salladı. "Atlatacağım. Sadece... bana biraz zaman ver." Kızlara doğru ilerlemeye başladığında olduğum yerde kalakalmıştım. Duygusal olarak bitmiş durumdaydım.

Sonra olduğu yerde duraksadı. Arkasını döndü ve ona katılmamı bekledi.

Bu bir barış teklifiydi.

Hâlâ öfkeyle sarılı olsa da gözlerinde küçük bir suçluluk duygusu görmüştüm. Bu benim için yeterliydi. İlerleyerek ona katıldım, yanına geldiğimde tekrar yürümeye başladı.

İşte bu kadardı.

Geçmiş ve şimdi çamurların üstüne yayılmıştı.

Belki de artık ilerleyebilirdik.

BÖLÜM 50

DAISY CALLOWAY

31 Ekim.

Ayın sonunda Yosemite'ye varmış olmamız gerekiyordu ama fırtına çıkmıştı. Yağmur, Nevada'nın yakınlarındaki küçük Meksika restoranının çatısını dövüyordu. Telefon sinyallerimiz çölde berbattı, bu yüzden ilişkim hakkında ya da yüzümdeki kalıcı hasar hakkında ebeveynlerimle konuşma fırsatım olmamıştı.

Her günle olduğu gibi başa çıkıyordum. Biraz tuhaftı.

Hayır, çok tuhaftı.

Yanımdaki Ryke'a baktım. Yanağında ve çenesinde hafif morluklar vardı. Birkaç gün önceye göre çok daha iyi görünüyordu. Kavgadan sonra hepimiz içimize kapanmıştık ve ilk kez bir grup olarak oturuyorduk.

Yuvarlak masanın etrafındaydık, ani fırtınaya yakalandığımız için kıyafetlerimiz de saçlarımız da ıslaktı. Her bir çiftten ayrı bir gerginlik yayılıyordu. Lily ve Lo bir köşedelerdi. Rose ve Connor ortadaydı. Biz ise kardeşlerimiz karşısında, doğruca Lo'nun keskin elmacıkkemikleri ve kıstığı gözlerinin hedefindeydik.

Düşmanca davranmıyordu ki bu güzeldi. Ağabeyiyle olan ilişkimi kabul etmeye çalıştığının farkındaydım ama bu yorum yapmayacağı anlamına gelmiyordu.

Altı kişilik dinamiğimiz kesinlikle değişmişti.

Ryke kolunu belime dolamıştı, birbirimize o kadar yakındık ki masanın altından bacaklarımız birbirine karışıyordu.

"Bu tuhaf," dedi Lo. Garson kız içecek siparişlerimizi alıp gitmişti. Lo'nun bakışları sık sık ağabeyine çevrilip uzaklaşıyordu.

Rose saçlarını sıktığında koyu renk tutamlardan su aktı. "Öyleyse belki de ağabeyine yumruk atmamalıydın, Loren."

Lo elindeki bıçağı döndürerek tavana asılı olan tabutu işaret etti. Cadılar Bayramı süslemelerinin bir parçasıydı. "Yatağına dön."

Rose ağzını açsa da Connor elini dudaklarına uzatarak onu susturdu. "Bugün onun doğum günü," diye hatırlattı Rose'a. "Nazik ol."

Rose'un gözleri buz gibiydi. Connor elini çektiğinde sessiz kaldı. Yalnızca yedi saniyeliğine. "Bunu aş artık, Loren. Düzüşüyorlar. Sikini onun..." Connor hızlıydı, eli tekrar onun ağzına kapandı.

"Rose!" dedi Lily irileşen gözleriyle. Yüzü kıpkırmızı kesilmişti.

Kahkaha atmak ve sessiz kalmak arasında gidip geliyordum. Sonunda önümdeki peçeteye odaklanarak bir balkabağı şekli vermeye çalıştım ama başarısız oldum.

Connor karısına doğru döndü. "Sanırım hepimiz insan anatomisinin sekse dahil olduğunun farkındayız."

Gülümsedim. "Ben bilmiyorum," dedim alayla. "Son kısmı kaçırdım." Ryke'a baktım. "Erkeğin siki nereye giriyor?"

Kaldırdığı kaşları ve karanlık bakışlarıyla bana baktı. Yemin ederim ki gülümsemişti ya da *neredeyse* gülümseyecekti. Bunu kabul ediyordum.

Lo inleyerek garsona bir işaret yaptı. "Burada biraz tekila *shot* ihtiyacımız var."

Ryke kaskatı kesilmişti. Dikkatini benden alarak bir anda kollarını masaya dayadı. "Lo, olmaz..."

"Bugün doğum günüm-"

"Sikimde değil," dedi Ryke. Sanki biz arkamızı döndüğümüzde kardeşine bir şimşek çakıp beynini yakmış gibi davranıyordu.

Lo başını eğdi. "Bırak bitireyim." Konuşmaya devam edemeden garson elindeki *shot* tepsisiyle döndü. Aynı zamanda Lo'nun sipariş ettiği favorisi olan patates kızartması tabağını da getirmişti. Tekila *shot* bardakları patates kızartmasının yanında bir bomba misali duruyorlardı. Lily ve Rose'a baktım. Ne yapmamız gerektiğini merak ediyordum ama Lily koltuğuna gömülmüş durumdaydı, hâlâ kıpkırmızıydı. Rose ise nedense kocasına ters ters bakıyordu.

Bu garipti.

Şimdi garip *ve* tuhaftı.

Ryke garson gittiğinde söze girdi. "Açıkla."

Lo; Rose'u, Lily'yi, Connor'ı ve beni işaret etti. "Bu dört kişi hâlâ içebilirler. Ayık olmam, karşımda içki içilmesine katlanamayacağım anlamına gelmiyor. Son zamanlarda batırdığımı biliyorum ama bugün bunun hatırlatılmasını istemiyorum. *Bunların* etrafında olabileceğimi kendime kanıtlamak istiyorum." Bıçağıyla *shot* bardaklarını işaret etti. "Şimdi, içki için... Sen değil." Bıçağıyla Ryke'ı işaret etti. "Diğer herkes bir *shot* alsın. Bu dünyadaki yirmi dördüncü yaşımı kutlayın. Eminim birçok insanı daha iyi şekilde etkilemişimdir." Tatsız bir şekilde gülümsedi.

Ryke bir dakikalığına bu söylediklerini sindirdikten sonra başını salladı. "Tamam."

"Konuşmaya bayıldım," dedim Lo'ya. Gerginliği bölmek için ilk *shot* bardağına uzandım. Biraz işe yaradı ama Lily ve Rose hâlâ kımıldamıyorlardı.

Rose ve Connor bir çeşit göz kırpmama yarışındaymış gibi görünüyorlardı.

"Birbirinizin aklını okumayı bırakın," dedi Lo. "Ürkütücü."

Elimin yan tarafını yaladım. "Bugün Cadılar Bayramı."

Ryke bana tuzluğu uzattığında bacaklarımı kalçalarımın altına alıp daha yüksek bir şekilde oturdum. Ardından tenimin ıslanan kısmına tuz döktüm.

"Lil," dedi Lo. *Shot* tepsisini ona doğru çekmek üzereydi.

Lily başını iki yana salladı. "Canım içmek istemiyor."

Lo kaşlarını çattı. "Emin misin?" Onunla konuşurken ses tonu yumuşuyordu. "Bira içmek ister misin?"

"Hayır, suyla devam edeceğim."

İçmeyi çok sevmediği için bu teklifi reddetmesine şaşırmamıştım. Aile etkinliklerimiz sırasında büyük ablam mimozaları, beyaz şarapları ve *dirty* martinileri içerken Lily alkolsüz seçeneklerden devam ederdi.

Connor bakışlarını karısından çekip iki *shot* aldı. Sonra ona anlamadığım Fransızca bir şey söyledi.

Keşke Ryke bunu benim için tercüme edebilseydi ama diğerlerine çok yakındı. Bu dili anladığı belli olurdu. Kulak misafiri olmuyormuş gibi davranarak Lo'yla birlikte tavuklu *taco* yiyordu. Bunca zaman akıcı yabancı dilini gizlemesine şaşmamak gerekirdi.

Ben bile dinleyip dinlemediğinden emin değildim.

BÖLÜM 51

RYKE MEADOWS

Rose ters ters Connor'a bakarken *taco*'ma daha fazla salsa sosu döktüm. Genelde gariplerdi ama şu an *cidden* fazla garip davranıyorlardı.

Connor, "Buvez avec moi," dedi. *Benimle iç.*

Rose bakışlarını tekilaya çevirirken burun delikleri genişledi. *Shot* bardağını alıp geri adım atmadan dudaklarına doğru kaldırdı.

Taco'yu ısırırken onlara bakıyordum. Connor'ın çenesinin kasıldığını, bakışlarının sertleştiğini fark etmiştim. Riskli bir oyun oynuyorlarmış gibi hissediyordum. Tıpkı Lo'yla Paris'te oynadığım oyun gibi. İkisi arasındaki benzerliklerin farkındaydım ama zihnim artıları ve eksileri bir araya getirecek zamana sahip değildi.

Rose *shot* bardağını dudağına dayadığında Connor bileğinden tutup elini zorla indirdi. Bardak masaya çarptığı an içki etrafa sıçradı.

Lo kaşlarını çatmıştı, elinde bir tavuklu *taco* tutuyordu. "Neler oluyor?"

Daisy elindeki yeşil limonla olduğu yerde dondu.

Connor sertçe karısına bakıyordu. "Vous êtes allée asses loin." *Bunu yeterince uzattın.*

Rose'un bakışları onu delip geçiyordu.

Connor başını iki yana salladı. "Dites-le tout simplement." *Söyle gitsin.*

Rose derin bir nefes aldı. "Ne faites pas ça." *Yapma.*

Connor ona yaklaştığında Rose şaşırtıcı bir şekilde geri çekilmedi. Connor yüzünü ellerinin arasını alıp başparmağını onun yanağında gezdirirken konuşmaya devam etti. "Vous n'avez rien à craindre." *Korkacak hiçbir şey yok.*

Rose bize bakmaya çalışsa da Connor onu kendine bakmaya, bizden sakladığı ne varsa onunla yüzleşmeye zorladı.

Rose teslim olup bunca sürenin ardından onun kazanmasına izin vermek ve oyundan çekilmek konusunda sorun yaşıyordu. Bakışları dökülen tekilaya indiğinde Connor elini masaya koyarak ona, *"Hayır,"* dedi. Elimdeki *taco* parçasını bitirip suyumdan büyük bir yudum aldım.

Connor, Rose'un çenesini parmaklarının arasına alarak konuştu. "Vous êtes enceinte." *Hamilesin.*

Suyu tükürdüm.

Öylece. Tek kelime. Hamilelik. Ayrıca, gizli yanlarımdan biri açığa çıkmıştı.

Hay sikeyim.

İkisi de başlarını bana çevirdiler. Tanrı aşkına, kardeşim sanki boynuzum çıkmış gibi şaşırmıştı ve Lily ağzına sinek kaçacak şekilde beni izliyordu.

Connor'ın gözleri kararmaya devam ederken ifadesi, boynumun huzursuzca kızarmasına sebep olacak kadar nadir rastlanan bir şeydi.

"Ne sikim bana öyle bakıyorsunuz?" dedim kendimi koruyarak. Çabalarım boşunaydı. Karşımdaki Connor Cobalt'tı. Eğer kardeşim bile sohbetlerini anladığımın farkına vardıysa o kesinlikle anlamıştı.

"Vous savez pourguoi." *Nedenini biliyorsun.* Sanki buna inanamıyormuş gibi başını iki yana sallamaya başladı. Bir şeyi yanlış anladığı için üzülmüş olabilirdi. Beni yanlış yorumladığı için olabilirdi. Yıllardır onların sikik konuşmalarını dinlediğim için olabilirdi. Belki de bunların hepsiydi.

Kaslarım gerilirken Daisy masanın altından beni rahatlatmak için elini bacağıma koydu. Parmaklarımı onunkilere dolayarak Connor'a başımı salladım. "Bana bu kadar odaklanmak yerine, sırf seni alt etmek için az kalsın tekila içecek olan karının hamile olmasına dikkatini vermelisin."

"Ne?" dedi Lo. Sanki bir kasırgaya kapılmış gibi arkasına yaslandı.

Rose öfkeyle *bana* baktı. "Git suyunda tekrar boğul." Bu genelde Lo'ya ayrılan bir hakaretti.

Ona ortaparmak çektiğimde karşılığında aynı şeyi yaptı, bir el hareketine karşı bu çok tuhaf bir tepkiydi. Nasıl yapacağını bilip bilmediğini öğrenmek için ona sormamıştım sonuçta.

Kendimi bu garip durumdan çekip çıkartmayı istesem de aynı masada sonsuza kadar tıkılıp kalmıştık ve birbirimizden sakladığımız ciddi konularla yüzleşmek zorundaydık.

Lo ellerini başına koymuştu, bakışları benimle Rose arasında gidip geliyordu. "İkiniz de doğum günü sürprizlerini yepyeni kahrolası bir boyuta taşıdınız."

Rose gözyaşlarını tutuyordu. Bu seyahat boyunca duygusal olmasına şaşmamak gerekirdi. Onu çok nadiren ağlarken görmüştüm ve muhtemelen bu iki haftada, son beş yıldan daha fazla gözyaşı dökmüştü.

"İsa aşkına," dedi Lo. O da farkına varmıştı. Biraz suçlu hissederek iki büklüm oldu. Rose'un hormonları çalışıyordu, belli ki bir şeyler yaşıyordu ve Lo da onunla oldukça fazla uğraşmıştı. Rose bunu kocasına bile söylememişti. Kendi kendine çözmesini sağlamıştı.

Fakat sanırım ilişkilerinde işler böyle yürüyordu. Kafalarının içine girmediğim sürece cevabı bilemezdim. Bir kızın avazı çıktığı kadar bağırıp bana bir şeyler fırlatırken hamile olduğunu söylemesini, aylarca bir gizemi çözmeye çalışmaya tercih ederdim.

Connor ona bakmak için hafifçe döndü. "Beş haftalık." Bunu sadece söylemişti, bir soru değildi.

Rose nefesini tuttu. "Hayır."

Connor kaşlarını çattı. "Yedi?"

Rose bir kez başını iki yana salladı.

Connor çok öfkeli görünüyordu. Bu duyguyu gizlemek için dudaklarını ovuştursa da gözlerine yayılan kırgınlığı ve öfkeyi seçebiliyordum. "Sekiz haftalık mı?"

Rose ona ters ters baktı. "Ne me regardez pas comme ça." *Bana öyle bakma.*

Gergin bir şekilde bana baktılar. Artık onları anladığımın farkındaydılar.

Rose iç çekerek suya uzandı.

"Ne dediler?" diye sordu Lily.

"Bu işe dahil olmayacağım," dedim.

Rose devam etti. "Doğru tahmin edemediğin için kızgınsın. Doğru cevabı vermediğin için üzgünüm..."

"Hayır, sevgilim," dedi Connor inançlı bir şekilde. "Üzgünüm çünkü bunu konuşman çok uzun sürdü. Bir ay içinde kabullenirsin sanmıştım."

Rose, "Ne kadar zamandır biliyorsun?" diye sordu sessizce.

"Lastiğin patladığında neredeyse emindim. GPS'in bir jinekoloğu gösteriyordu, Ertesi gün bilinçli olarak benimle kavga ettin ve koltukta yattım. Doktorların, çoktan şüphelendiğin şeyi onayladıklarını anladım. Hem bana söylemeyecek kadar korkuyordun hem de inatçıydın."

Lo kaşlarını çatarak sevgilisine baktı. "Biliyor muydun?" Lily o gün onunla birlikte arabadaydı.

Lily başını sallayarak omuzlarını kaldırdı. "Manevi destek."

Connor dikkatli bir şekilde ona baktıktan sonra tekrar karısına döndü.

Rose gergin bir şekilde otururken çenesi titriyordu. "Plan bu değildi, henüz otuz beşimde değilim."

Garson dönerek muhtemelen bir hamileliğin en acayip şekilde duyurulduğu anı böldü. Meksika restoranında. Tekila *shot* anlaşmazlığı üzerine. Fransızca duyurulan.

"Sipariş vermeye hazır mısınız?" diye sordu kız.

"On dakikaya ihtiyacımız var," dedi Daisy.

Kız başını sallayıp gitmeden önce bakışları yara izinin üzerinde gezindi. Bizi tanıyıp tanımadığından emin değildim ama Daisy'nin başını koluma yaslamasına sebep olmuştu. Parmaklarımla saçlarını taradım.

"Bebeği aldırmıyorsun," dedi Connor.

"Biliyorum," diye karşılık verdi Rose. O hiddet gözlerine geri dönmüştü. "Bir soyun olsun istiyorsun. Sekiz çocuk diye hatırlıyorum."

"Evliyiz," dedi Connor. "*Milyar* dolarlarımız var. Genç olsak da en iyi ebeveynler olabiliriz. Sadece harika bir anne olacağına güvenmen gerekiyor."

Rose'u çocukların yanında görmüştüm. Sikik tuğla bir duvar kadar annelik duygusuna sahipti. Bir bebek ağladığında ya da sorun çıkardığında küçümsercesine burun kıvırıyordu. Ancak bildiğim bir şey vardı. Birini sevdiğinde, sikik kalbinin ve vaktinin tamamını o kişiye harcıyordu.

Uzun bir sessizliğin ardından yavaşça konuştu. "Bebekten kurtulmayı düşündüm."

Connor'ın ifadesi anlaşılmazdı. "Biliyorum."

Rose zorlukla yutkundu. "Lily beni yapmamam için ikna etti."

Lo sevgilisinin şakağını öptü. Sanırım hepimiz o seçeneği düşünse bile sonucunda seçmediği için mutluyduk.

Eğer her şeyi önden biliyor olmasaydı, Connor adına kendimi berbat hissederdim.

"Sadece..." Rose derin bir nefes verdi. "Bedenim gerçekten değişmeye başlamadan önce birkaç ayım olduğunu fark ettim. Dünyamın altüst olacağını ve içimde bir varlığın büyüdüğünü göz ardı etmek için iki aya ihtiyacım var. Bana bu kadarını vermelisin."

Connor gülümsedi. "Verdim, sevgilim."

"Yani," dedi Lo suyuna uzanırken. "Siz iki dâhi nasıl tam olarak *yanlışlıkla* hamile kaldınız?" Keyifle suyunu yudumladı.

Rose ıslak kıvırcık saçlarını sıkı bir atkuyruğu yapmaya başladı. "Buna neden sen cevap vermiyorsun, Richard? Şeytanın tohumuyla arkadaşsın."

Lo kahkaha attı. "Sanırım beni içinde büyüyen 'yaratıkla' karıştırdın."

Connor onları susturmak için elini kaldırdı. Rose çantasındaki şeylerle kardeşimi taşa tutmaya hazır görünüyordu. Muhtemelen orada bir biber gazı spreyi de vardı.

"Korunmadan seks yaptık," dedi Connor.

Rose beni işaret etti. *Siktir.* "Onunlayken prezervatif taksan iyi olur."

Yüzüm kaskatı kesildi. Ona çoktan Daisy'yleyken dikkatli olduğumu söylemiştim. Hepsinin sakin olması gerekiyordu. "Bu siktiğimin konusu seni hiç ilgilendirmez, Rose."

Buna rağmen Daisy ablasını memnun etmek için cevap verdi. "Doğum kontrol hapı kullanıyorum."

"Ben de öyle," diye tersledi Rose. "Ve bir günü bile *atlamadım.*" Bu konuda kendisiyle gurur duyuyordu.

"O zaman ne sikim oldu?" diye sordum aklım karışmış bir şekilde kollarımı kaldırarak.

"Doğum kontrol hapları sadece yüzde doksan dokuz etkili," dedi Connor. "Biz tabii ki o yüzde birlik dilimdeyiz."

Rose bu yorum karşısında koluna vurduğunda Connor bileğinden tutup onu öptü. Rose resmen erimişti. Bu sikik şeyi izlemeye bir son verdim.

Sonra bakışlarım kardeşimle, Lo'yla buluştu. Kolunu Lily'ye dolamış ve öğrendiklerine karşı üç gün öncesine kıyasla çok daha huzurlu görünüyordu.

"Demek Fransızca biliyorsun," dedi bana.

"Evet, Fransızca biliyorum."

Connor masanın üzerinden karısının elini tutuyordu, başıyla beni işaret etti. "Ne zaman öğrendin?"

"Sen ve Rose gibi çocukken aldığım derslerde."

"Aslında ben kendim öğrendim," dedi Connor milyon dolarlık gülümsemesiyle.

Lo yavaşça alkışladı. "Tebrikler, aşkım."

Connor daha da genişçe gülümsediğinde şaşırtıcı bir şekilde ona katıldım.

Lily neşelenmişti. "Ben de biraz Fransızca öğrendim." Boğazını temizledi. Sanırım hepimiz içten içe gülüyorduk. Ona değil, onunla birlikte gülüyorduk. İnanılmaz şapşaldı. Yoğun bir Amerikan aksanıyla dudaklarını araladı. "Comment allez-vous?" *Nasılsın?*

Connor içten bir gülümsemeyle karşılık verdi. "Je ne pourrais pas être plus heureux." *Daha mutlu olamazdım.*

Rose, Connor'a doğru kendini yasladı. Lily'yse ciddi bir şekilde kafası karışmış gibi görünüyordu. Çoktan konudan kopmuştu.

Daisy şekilsiz balkabağı peçetesini bana uzattı. Masanın altından elini sıkarken bir an için Kaliforniya'dan, tırmanışımdan sonrasını düşündüm. Philly'ye döndüğümüzü. Ebeveynlerini... Bize ciddi bir engel olmayacak gibi görünüyorlardı. Yirmi beş yaşındaydım. Fakat bir yetişkin olduğunuzda aileniz sizi bırakmazdı. Sonsuza kadar bir parçanız olarak kalırlardı.

Masaya dönerek ekledim. "Je serais génial, mais je sais ce qui me fait toujours obstacle." *Harikayım derdim ama yolumdaki engelin farkındayım.*

Lo tekrar alkışladı. "Beni etkiledin," dedi bana. Lily'ye döndü. "Neredeyse akıcı konuşuyorsun, aşkım."

Lily onun göğsüne vurduğunda Lo yalandan yüzünü buruşturarak sanki canı acımış gibi yaptı. İkisi de gülümsüyordu.

Bakışlarım anlayışlı ve merhametli bir şekilde bana bakan Connor'a çevrildi.

"Tout ira bien, mon ami," dedi. *Her şey yoluna girecek, dostum.*

Connor sihre inanmadığını söylüyordu ama kelimelerinin kendi içinde tuttuğu güç, beni tırmanışımdan önce minnet duyacağım bir sükûnet ve geçici bir sakinlikle dolduruyordu.

Her şey yoluna girecek, dostum.

Birkaç kez başımı salladım.

Her şey yoluna girecek.

BÖLÜM 52

DAISY CALLOWAY

Kaliforniya.

Başarmıştık. Ulusal park çok güzeldi ve geçen gün Yosemite'deki atmosferin tadını çıkartsam da karşımızda otuz metrelik devasa bir kaya yükselirken bunu yapmak zordu. El Capitan, Şeytan Kulesi'nden daha büyüktü. Daha kaygı vericiydi. Ama daha nazik bir ismi vardı.

Güneş daha doğmamıştı. Saat sabah beşti ve Ryke bir kafa lambasıyla erkenden tırmanmaya başlamayı planlıyordu. Yirmi dört saat içerisinde üç güzergâhta da tırmanışını tamamlamak istiyordu. Bunun için dayanıklılık, güç ve biraz da şans gerekecekti. Endişelendiğim kısım şans kısmıydı. Diğer hepsinde başarılı olacağını biliyordum.

Ryke, El Capitan'ın dibinde bir park bekçisiyle konuşuyordu. Birkaç kez adama başını salladı. Tebeşir çantasını beline bağladı.

Ayağımın dibindeki sarı çiçekleri toplayarak bir taç yapıyordum. Ryke'a her baktığımda kalbim tekliyordu. Daha önce hiç birisi için bu kadar kaygı duymamıştım.

Rose koluna vurarak sivrisineklere küfretti. Yanımda bir ahşap bankta oturuyordu.

"Parfüm sıkmamanı söyledim, sevgilim," dedi Connor sıradan bir şekilde. Hemen Rose'un yanında oturuyordu.

Rose ona ters bir bakış attı. "Aptal sinekler yüzünden güzel kokmaktan feragat etmeyeceğim." Bir sineğe daha vurdu.

"Parfümsüz de güzel kokuyorsun."

Rose gözlerini kıstı. "*Chanel* bu. Eğer sıkmazsam varlığımın yarısı kaybolmuş gibi hissederim."

Lo bankın yanındaki piknik masasının üstünde oturuyordu, Lily ise uyurken başını onun dizlerine yaslamıştı. "Sürtüksü kokunu maskelediği içindir," dedi Lo. "Sonrasında ruhun yanlış ev sahibinde olduğunu fark ederek seni terk ediyor."

"Eminim bu hakareti edebilmek için beyin hücrelerini yakmışsındır," diye karşılık verdi Rose.

Lo cevap veremeden başka sesler onu bastırdı. "Daisy, Ryke'la birlikte misiniz?"

"Daisy, sadece bir soru!"

"Ryke'ın tırmanışı seni korkutuyor mu?"

"Hey," dedi Lo. Altı metre kadar gerimizde duran yedi sekiz muhabire sesleniyordu. Kamera ekibi yerleşmiş, lenslerini bize ve Ryke'a çevirmişlerdi. "Sakin olun. Yirmi dört saatimiz var ve açıkçası bu işin sonunda sağır kalmak istemiyorum."

Ahşap bankların ve piknik masalarının önünde duruyordum. Tüm bu karmaşada Lily'nin uyandığını görmek için başımı çevirmem gerekmişti.

"Düştü mü?" diye sordu Lily telaşla. Gözleri bir anda açılmıştı.

"Hayır, aşkım. O iyi."

Lily gürültülü bir nefes verdi. "Tamam, güzel."

Boğazımda bir yumru belirdi. Bugün endişeli olan tek kişi ben değildim.

Kameralar fotoğraflarımı çekmeye başladı, yüzümü yakalıyorlardı. Nevada'dan ayrıldığımızda Ryke'ın serbest solo tırmanışıyla ilgili dedikodular yayılmaya başlamıştı. Ryke'ın devlet parklarıyla bir evrak imzalaması gerekiyordu ve bu evraklar basına sızmıştı.

Sanırım güvenlik ekibimiz kameralarla banklarımız arasına bir güvenlik şeridi çekmemiş olsa, Ryke medyanın bize bu kadar yakın olması konusunda daha çok endişelenirdi. En azından onları görmezden geliyormuşuz gibi yapabiliyorduk. Mikey buradaydı. Bana soru soran birkaç adama karşı başını iki yana salladı.

Sabahın erken saatindeydik, bu yüzden ilerleyen saatlerde buraya daha fazla insan gelmesini bekliyorduk. Muhtemelen hayranlar da gelirdi.

Aynı zamanda babam, Mikey'le bir not göndermişti.

Ryke hakkında konuşmamız lazım.

Sevgiler, baban.

Ebeveynlerimin ilişkimizi bir gazeteden öğrenmeleri harika değildi ama sanırım bu ikimizin de almayı seçtiği bir riskti.

Annemden sadece bir mesaj almıştım, aramamıştı bile.

Şehirdeki en iyi plastik cerrahlarla görüşüyorum. İyi olacaksın. -Annem

Aramızda Twitter'ı kullanan tek kişi olduğu için, Connor'dan insanlara ne olduğunu açıklayan bir *tweet* atmasını istemiştim. Sızan fotoğrafla ilgili dedikodular dehşet vericiydi. Bıçaklı kavgadan tecavüze kadar uzanıyordu. Ardından ikisini birden söylüyorlardı.

Connor'ın attığı *tweet* herkese doğruyu göstermişti.

@ConnorCobalt: *Daisy iyi. Yara izinin sebebi Paris'teki ragbi isyanı. İyi dilekleriniz için teşekkürler.*

Tabii ki, ikinci bir *tweet* daha eklemişti.

@ConnorCobalt: *Belli ki bazılarınız için net bir cevap vermem gerekiyor. Hayır. Sonrasında tecavüze uğramadı.*

İkincisini atma sebebinin hikâyeler uydurmaya bayılan medya siteleri olduğunu söylemişti. Hiçbir *talk show*'a katılmama, durumu açıklamak için radyo programlarına telefonla dahil olmama gerek kalmayacağı için ona minnettardım.

Ryke park bekçisi yanından ayrıldığında bize doğru baktı ve yürümeye başladı. Kalbim boğazımda atıyordu ama bakışları arkamda olanlara çevrilmeden önce bir ya da iki saniyeliğine bana odaklandı. Sonra bize yaklaşmaya başladı.

Tamam…

"Bunun ne kadar aptalca olduğunun farkındasın, değil mi?" diye sordu Lo. Kollarını dizlerine yaslayıp ellerini kavuşturmuştu. Bir ayağı tıpkı Lily'ninki gibi piknik masasının bankındaydı.

Ryke sadece gülümsedi. "Ben de seni seviyorum."

Sonra şaşırtıcı bir şekilde Lo masadan kalkıp yere atladı. Ryke'a sarılarak sırtına yavaşça vurdu. "Üstümde öleyim deme, tamam mı?"

"Planım bu değil," dedi Ryke.

Utah'taki o kızıl kayalar ve çamurların arasındaki kavga aralarındaki gerginliği çözmüştü. Aralarında nasıl bir dargınlık varsa bunu orada bırakmışlardı ve geri dönmemesini umut ediyordum.

Ayrıldıklarında Ryke, Lily'ye doğru döndü. Ablam aceleyle piknik masasından atlayarak kollarını ona sardı. Sonra geri çekilerek Ryke'ın tişörtüne bir çıkartma yapıştırdı. "Bu Örümcek Adam. İyi şans için."

"Teşekkürler, Lily." Bu sefer Ryke'ın gülümsediğini göremiyordum, sırtı bana dönüktü. Ancak Lily'nin gözleri duygulu bir şekilde dolduğu için gülümsediğinin farkındaydım.

Ağırlığımı bir ayağımdan diğerine verirken Ryke'ın sırayla devam etmesini izledim.

Rose ve Connor oturuyorlardı. Güneş daha yeni yükselmeye başlasa da ablam tasarım güneş gözlüklerini takmıştı ve Connor pahalı takımını giymişti. Ortama uyum sağlamıyor olsalar da bunu umursamıyorlardı.

Ryke ellerini uzattı. "Lütfen, benim için kalkmayın."

"Döndüğünde sana sarılırım," dedi Rose kısa ve öz bir şekilde. "Bu o anı iple çekmeni sağlar." Yüzünde görünmeyen bir sineğe vurdu.

Ryke başıyla işaret ederek Connor'a baktı. "Ya sen?"

"Şans dilememe ihtiyacın yok." Sözleri kadife gibi pürüzsüzdü. Ryke dünyadaki bütün özgüvene zaten sahipmiş gibi konuşuyordu.

Ryke tekrar başını salladı. "Teşekkürler, çocuklar. Burada olduğunuz için. Diğer tarafta görüşürüz." Geriye çekilmeye başladığında özel bir an için kısa bir süre önümde duracağını düşündüm. Ama kayaya doğru ilerlemeye devam etti.

İkinci kez düşünmeden peşinden koşmaya başladım. Masanın oradan kimse bana seslenmedi.

Kimse kendimden daha büyük bir çocuğun peşinde olduğum için beni azarlamadı.

Kimse durmamı söylemedi.

Göğsümdeki ve kalbimdeki özgürlükle koştum. Sonra ellerimi kaldırarak yolunu bedenimle kestim.

Ryke'ın karanlık ifadesi beni görür görmez aydınlandı. Dudakları neredeyse gülümseyecek kadar kıvrılmıştı. Hâlâ elimde duran çiçekten tacı fark ettiğinde almak için uzandı. Bazı tutamları renkli olan sarı saçlarımın üzerine tacı yerleştirmesini izledim.

"Güneşin beni yakalamasını bekliyordum," diye fısıldadı. Beni göğsüne çekti. Bir an sonra dudaklarım dudaklarındaydı. Dünya dönüyordu. Sanki bu anı tüm hayatı boyunca hayal etmiş gibi beni öptü. Sanki dünyada cenneti yaşıyormuş gibi.

Benim için öyleydi. Sonu getirebilecek bir olayın öncesinde yaşanan huzurlu bir andı. Korku öncesi hissedilen telaştı. "Sikeyim, seni çok seviyorum," dedi fısıldayarak.

Gülümsedim, dudaklarım karıncalanıyordu. "Tahmin et ne oldu?"

"Ne oldu?"

"Seni çikolatalı pastadan daha çok seviyorum."

Başımı öptükten sonra dudakları tekrar benimkilere döndü. Dili duygusal, sağlam ve harika bir şekilde dudaklarımın arasından girdi. Ardından kameramanlara ortaparmağını gösterdi. Arka plandaki *klik klik klik* sesleri böcek vızıltılarına benziyordu.

Dudaklarımız ayrıldığında bana sadece baktı. Yüzümde gezinen bakışları çiçekten tacımda ve saçlarımda biraz fazla oyalanmıştı. Bu görüntüyü zihnine kazıdığına yemin edebilirdim. Düşme ihtimaline karşın.

"Beni çok özleme, Calloway," dedikten sonra kayaya doğru gerilemeye başladı. Eli benimkini bıraktı.

Bu kadardı.

Ryke Meadows'un tırmanmasını izledim.

BÖLÜM 53

RYKE MEADOWS

Connor, Konfüçyüs'ten nefret ediyor olabilirdi ama adamın söylediği ve karşı çıkamayacağım bazı şeyler vardı. *"Durmadan devam ettiğiniz sürece ne kadar yavaş gittiğinizin bir önemi yoktur."*

El Capitan karşımda yükseliyordu. Tüm korkular arka plandaydı.

Sadece ben ve karşımdaki tırmanış vardı.

Yıllar boyunca süren sıkı çalışmalarım ve emeğim dönüp dolaşıp bugünde buluşuyordu. Buna çok hazırdım.

Derin bir nefes alıp son kez gözlerimi kırptım.

Ardından zirveye doğru tırmanmaya başladım.

BÖLÜM 54

RYKE MEADOWS

"Adamım, keşke ben de orada olabilseydim," dedi Sully. Kardeşim, Lily, Connor, Rose ve tabii ki Daisy'yle özel havaalanına ilerlerken telefonum kulağımdaydı. "İnternetteki fotoğraflar fena. Fotoğrafçılar, Half Dome'un kuzeybatı yüzünde harika fotoğraflarını yakalamışlar."

"Daha görmedim," diye itiraf ettim.

"Sanki görmen gerekiyormuş gibi. Bunu direkt yaşadın, adamım," dedi Sully.

Yaşadım. Sikik rekorların hiçbirini kırmamıştım. Sadece kendi hedefimi belirlemiş ve ergenliğimde imkânsız görünen bir meydan okumayı tamamlamıştım. Bunun nasıl hissettirdiğini tam olarak açıklayamazdım. Yere indiğimde çok bitap düşmüş durumda olsam da sikik derecede keyifle doluydum.

Başarmıştım. Yosemite'nin üç zirvesine serbest solo tırmanış yapmıştım. 19 saatte. Benim için bu bir hedefti. Diğerleri için olmasa bile.

"Venezuela nasıl?" diye sordum.

"Sıcak ve nemli," dedi Sully. "Ancak Roraima Dağı'nın güzergâhları inanılmaz. Burada öyle manevi hisler var ki açıklamam çok zor. Buraya bayılırdın. Sana katılır mısın diye sorardım ama... biliyorsun." Hattın diğer ucunda gülümsediğini duyabiliyordum.

"Üzgünüm, Sul. Sikik aklını okuyamıyorum." Ancak bu söylediğinin Daisy'yle ilgili olduğunu hissedebiliyordum. Sessiz havaalanında ilerlerken onun elini tutuyordum. Bizi Philly'ye götürmesi gereken özel uçağımızın beklediği girişe doğru yönelmiştik.

"Muhtemelen inanılmaz ağrın vardır."

Öyleydi. Lily ve Lo'nun sakin tempolarına yetişmeye çalışırken bile kaslarım sikik çığlıklar atıyordu. "Siktir, söylemek üzere olduğun sikik şey bu değildi."

"Lütfen, *lütfen* beni düğüne davet et." Karışık kızıl saçlarının uçlarına doğru yükselen gülümsemesi gözlerimin önüne geldi.

Gözlerimi devirdim. "Acele etme."

"Sadece öncesinde fark ettiğimi bilmeni istedim. İlişkileri mi fısıldıyorum ne?" Kendi şakasına kahkaha atarken benim de gülümsememe sebep oldu. "Her neyse, ikinizin Şeytan Kulesi'nin önündeki fotoğrafı cidden ikonik hale geldi. Her yerde. Venezuela gazetesine bile çıktı."

"Evet, birisi daha bana o fotoğrafın oldukça popüler olduğunu söylemişti." Üniversiteden bir arkadaşım *Time* dergisinin kapağına çıkan fotoğrafı bana mesaj atmıştı. Fotoğrafı Paris'teki isyanla bağdaştırdıkları için ünlüydü. İsyandan sonra çekilmiş olmasına rağmen öyleydi. Medya Daisy'nin nasıl yaralandığını öğrendiğinde, yara izi o gece olanların bir sembolüne dönüşmüştü. İnsanlar kötünün içindeki iyiye sarılmayı seviyorlardı. O fotoğrafta ise Daisy omuzlarımdaydı, beni öpüyordu, gülümsüyordu ve parmaklarım renklerle lekelenmişti. Peri masalına benziyordu, sanki özellikle ayarlanmış gibi. Ama tamamen samimiydi. Bizi tanıyan bir yürüyüşçü bu fotoğrafı telefonundan çekmişti.

Uluslararası bir ikon olmaktan çok bu konunun Daisy'nin yüzündeki yeni ve sarsıcı değişimini gizlemeye yardım etmesini umursuyordum. Hastaneden çıktığından beri aynalara zar zor bakıyordu. Sanırım gerçekleşen bu kalıcı değişimle yüzleşmek onun için zordu. Her zaman yaptığı gibi bu hislerden kaçıyordu.

"Yakınlarda mı?" diye sordu Sul. "Kızla konuşmama izin ver, muhtemelen beni özlemiştir."

"Hemen yanımda." Telefonu Daisy'ye uzattım. "Sully başını şişirmek istiyor."

Daisy canlanarak telefonumu aldı.

"*'On iki yaşındayken şöyle olmuştu,'* diye başlarsa sikik telefonu kapat." Yaz kampı sırasında nasıl çıplak koştuğumu ve bir kayadan göle nasıl ters takla attığımı anlatmaya bayılıyordu. Ben bu hikâyeyi o kadar komik bulmuyordum çünkü o yıl içeri gizlice bir şişe ucuz votka sokup sarhoş olmuştum. Sikik bir aptaldım.

Yine de hâlâ o zaman yaptıklarımın hepsini yapmaya devam ediyordum, alkol almak dışında.

Daisy telefonu kulağına götürdü. "Selam, Sully." Daha da geniş gülümsedi. "Kıçına masaj yaptım, sorduğun için sağ ol."

Telefonu elinden aldığımda, Sully hattın diğer ucunda kahkahalara boğulmuştu. "Lütfen çocuk yapın," dedi kıkırdamasına engel olamayarak. "Onun kadar komik mi, yoksa senin kadar suratsız mı olacaklarını görmem gerekiyor."

"Siktir git," dedim neşeyle.

"Venezuela'dan sevgiler ve öpücükler. Birkaç aya görüşürüz, haberleşelim."

"Tamam," dedim. Aynı anda telefonu kapattığımızda Lo'nun Lily'yi sırtında taşımasını izliyordum. Sabahın erken saatleri olduğu için bu beni şaşırtmamış olsa da son zamanlarda daha yorgun gibiydi. Başını kardeşimin omzuna yaslamış halde uyuyordu.

"On iki yaşındayken ne oldu?" diye sordu Daisy. Bu sırada parmaklarını benimkilere dolamıştı.

Rose ve Connor, bize kapıyı açan uçuş görevlileriyle birlikte önden ilerliyordu. Özel uçağın bizi beklediği pistin merdivenlerini inmeye başladıklarında erkek kardeşimin onlara yetişmesine izin verdik, böylece uçağa en son biz binecektik.

"Gece olunca yaz kampımızın etrafında çıplak koşmuştum," dedim.

Daisy bir kahkaha attı. "Şaka yapıyorsun. On dört yaşındayken ben de aynısını yaptım." Şaşırmıştı. "Sanki birbirimiz için yaratılmışız."

Elimi saçlarında gezdirerek alnını öptüm. Eğer birlikte olmamız gerekiyorsa, neden eve dönmek kapkaranlık bir fırtınaya dönmek gibi hissettiriyordu?

Lo yanımızdan geçerken Lily'yi uyandırmayacak şekilde fısıldadı. "Hey, siz ikiniz. Ortalıkla yaşadığınız bu sevgi patlaması küçük çocukları korkutuyor."

"Kendinden mi bahsediyorsun?" diye karşılık verdim. Dışarı çıkan merdivenlere yöneldiğimizde hemen arkasındaydım.

"Bir zamanlar çocuk olan herkesten bahsediyorum," dedi ukala bir şekilde. Bana tatsız bir şekilde gülümsediği sırada neredeyse olduğu yerde dikilen Connor'ın sırtına çarpacaktım.

"Neler oluyor?" diye sordum. Uçak buradaydı ama karşımızda park halinde duran şey Connor'ın özel jeti değildi. Gökyüzüne yoğun bir duman yayılıyordu.

Yüzüm düştü.

Devasa, gösterişli beyaz *Boein 787*'yi tanımıştım.

Tıpkı babamınki gibiydi.

Uçağın merdivenlerinde belirdiğinde siyah ceketinin düğmelerini ilikliyordu. Koyu kahverengi saçlarının yanları beyazlamaya başlamıştı.

Uçuş görevlisi, "Bay Hale'in uçağı bir saat önce geldi. Benzin depoları dolduğunda kalkacağız," dedi.

Rose deli gibi mesaj yazarken, Connor elini onun beline yerleştirmişti. Görevliye cana yakın bir şekilde gülümsedi. "Bay Hale bizimle Philadelphia'ya mı uçacak?"

Kadın başını salladı. "Sizi almaya geldiler."

Geldiler?

Jonathan'ın arkasından başka bir adam merdivenlerde belirdi. Uzun, kendinden emin ve tanıdıktı. Babamın en yakın arkadaşının saçları daha açık renk kahverengiydi ve ellili yaşlarda, babamdan daha az sert bakan bir adamdı.

Daisy'nin babasıydı. Midem tepetaklak oldu. *Siktir.* Greg Calloway'i gülümsemek ve tokalaşmak dışında bir şey yaparken hiç görmemiştim ama şu an yüzüne bir endişe yayılmıştı. Onu tanıdığımdan daha babacan ve korumacı görünüyordu. Connor'ın sık sık takındığından bahsettiği ifade buydu. Sadece bu ifadeyi görecek kadar bu adamla vakit geçirmemiştim.

Greg'in bakışları anında Daisy'yi buldu ama uçakta kalmaya devam ederek tıpkı babam gibi onlara yaklaşmamızı bekledi.

Bunun daha da kötüleşebileceğini düşünmüyordum ancak sonrasında sikik kapıda birisi daha belirdi. Topuklu ayakkabılarıyla merdivenleri adımlarken boynunda bir dizi inci vardı ve kahverengi saçları topuz yapılmıştı.

Samantha Calloway.

Bakışları Greg'inkiler gibi endişe doluydu ve gözleri hemen en küçük kızına çevrilmişti. Sanki Daisy'yi görmek onu duygulandırmış gibi elini göğsüne koydu. Kızının güvende olduğunu biliyordu. Fakat sonra bakışları bana odaklandı.

Ve tersçe bakmaya başladı.

"Siktir," diye fısıldadı Lo.

Babamız ve kızların ebeveynleriyle beş saat boyunca bir uçağa tıkılacaktık.

Çıkış yolu olmadan.

Bu sikik bir kâbusa benzeyecekti.

BÖLÜM 55

DAISY CALLOWAY

Arka taraftaki kabin boyunca uzanan krem rengi koltukta birlikte oturduğumuz sırada annem ellerimi tutuyordu. Diğer duvarda başka bir deri koltuk ve ortada da cam bir sehpa vardı. Sanki bulutların üstünde uçmak yerine küçültülmüş bir oturma odasında oturuyormuş gibiydik.

"Hastanede uyandığın *an* beni araman gerekiyordu," dedi annem. Dördüncü kez endişeyle ellerimi ovuşturdu. Sonra bakışları diğer koltukta oturan ve asabi görünen Rose'a çevrildi. "Ağzımı açtırma sakın."

"Anne, ben-"

"Daisy'nin isyanda olduğunu biliyordun ve bana söylemedin."

"Her şey çok karışıktı," dedi Rose. Hamileliğini henüz ebeveynlerimizle paylaşmamıştı ama Connor'ın bunu yakında yapmak isteyeceğini biliyordum. "Emin ellerdeydi."

"Ben *onun* annesiyim. Çocuğunuz olduğunda bunun, çocuklarınızdan birinin incindiğini *haftalar* sonra öğrenmenin nasıl bir şey olduğunu anlarsınız..." Başını iki yana salladı.

Rose dudaklarını birbirine bastırdı. "Lily'nin hasta olduğunu duyduğunda bu yüzden o kadar endişelenmiş olmalısın."

Annemiz nefes verdiğinde, *"Lily o hastalığı kendi çıkardı. Bağımlılıklar hastalık değildir,"* demesini bekledim. Fakat o farklı bir şey söyledi. "O konuya girmeyelim, Rose."

Lily yatak odalarının birinde uyuyordu. Sanırım yakınlarda olduğunda onu görmezden gelen annemizden saklanıyordu. Lo da onun yanındaydı, yani yalnız değildi.

Ön kabinin kapısına baktım. Koltuklarla ve düz ekran bir televizyonun bulunduğu puro alanıydı. Uçağa adım attığım anda krem rengi deriye sinen puronun kokusunu almıştım.

Ryke oradaydı.

O kapıların hemen arkasındaydı.

Babamla. Babasıyla. Ve Connor'la. Buna rağmen böyle bir durumda onun ne kadar arabulucu olabileceğini bilmiyordum.

Oldukça tuhaf ve rahatsız bir durummuş gibi hissettiriyordu. Gidip onu babamdan kurtarmak istiyordum ama içimden bir ses babamın ne olursa olsun onunla konuşmanın bir yolunu bulacağını söylüyordu.

Annem bana döndüğünde bakışları üzerinde yazı yazan tişörtüme çevrildi: *Üzgünüm, sadece dövmesi olan erkeklerle çıkıyorum.* Bu tişört için üzgün *değildim*. Hoşuma gidiyordu. Bu yüzden bunu tatsız bulup bulmamasını umursamayıp giyiyordum.

Parmakları bilinçsiz bir şekilde incilerine yönelse de bana Ryke'ı sormuyordu. "Eve döndüğümüz zaman için sana bir doktor randevusu ayarladım. Plastik cerrah yanağına bakacak." Parmakları incilerden ayrılarak tekrar elime uzandı. "Hangi ağrı kesiciyi kullanıyorsun?"

Başımı iki yana salladım. "Hiç kalmadı."

"Sana yenisini alırız."

"Hayır, acımıyor. Şu anda iyi." Yanağıma dokunsam kalkık, hafif kabarık, şakağımdan yanağıma ve çeneme doğru inen yarayı hissederdim. Ben hariç herkes görüyordu. Bu yüzden görmediğim bir sorunla yüzleşmek zordu.

"Çok şanslıymışsın," dedi annem. "Gözünü kaybedebilirmişsin. Dudağını yarabilirmiş." Bu vahşi görüntülere karşı başını iki yana salladı. "Doktor yarayı düzeltecek ve sonra ajansınla konuşacağım..."

"Ne?" diyerek sözünü kestim. Gönüllü olarak doktora gidecek ve yaraya baktıracaktım ama modelliğe dönmeyi midem kaldırmazdı. Zaten artık kimse beni işe almazdı.

"Sen güzelsin, Daisy," dedi elimi sıkarak. "Seni geri alacaklar."

"Hayır. Almayacaklar, anne." Bu başarısızlığı kabullenip hayatına devam etmesini istiyordum, böylece ben de aynısını yapabilecektim.

"Bunun tek kaşlı olmaktan ya da dişlerinin arasında boşluk olmasından ne farkı var?"

"Farkı var işte. Sana söyledim. Modellik yapmak istemiyorum ve bunun yüzümle hiçbir ilgisi yok." Kararımı hastaneden çıktıktan sonra ona telefonda da açıklamaya çalışmıştım. Yüzüme kapatmıştı. Şimdi yüzüme kapatacak bir telefonda değildi. Gidecek hiçbir yeri yoktu.

Kararlarımla ilgili çok azimli ve katıydım. Artık kendimi ifade etmekten korkmuyordum. Sesimi bastıramaz ya da fikirlerimi değiştiremezdi. Ben önemliydim.

Annem yalnızca başını iki yana sallamaya devam etti. "Bunu sonra konuşacağız. Çok fazla şey yaşadın." Bacağıma hafifçe vurdu.

"Bunu *yıllardır* düşünüyorum," dedim.

Gerçekten sessiz kalarak yalnızca dinledi.

Nefesimi verdim. "Sadece seni mutlu etmek istedim ama bunu yaparak çok depresif bir hale geldim, anne." Gözlerim yaşarırken başımı iki yana salladım. "Seni memnun etmek için o kadar çok vakit harcadım ki kendi hayallerimi bile bulamadım."

Annem zorlukla yutkundu. "Bana bunu neden daha önce söylemedin? Yapacağın farklı bir şey bulabilirdik."

"Birkaç kez denedim," dedim. "Beni hiç dinlemedin ki."

Annem söylediklerimi sindiriyordu. Değişimleri iyi karşılamazdı ancak bu gerçekler gözlerinin parlamasını sağlamıştı. "Sanırım bu işleri daha da kolaylaştırır." Bakışları yara izime çevrildi.

"O zaman üniversitelere bakmaya başlamalısın. Bir dönem geriden gidersin..."

"Üniversiteye gitmeyeceğim," dedim sert bir şekilde. "Modellikten biriktirdiğim bir sürü param var ve bu seni incitecek biliyorum ama..." Derin bir nefes daha aldım. "...gelecekte ne yapacağım konusunda senin düşüncelerine ihtiyacım yok. Bunu kendim keşfetmeliyim."

Annem *sinirli* görünüyordu. "Sadece on sekiz yaşındasın, Daisy."

"Anne," dedim. "Beni serbest bırakman gerekiyor. Yemin ediyorum ki, iyi olacağım."

"Anlamıyorum. Kendi dairene çıkmana izin verdim. Kendi başınaydın..."

"Seninle vedalaşmıyorum," diyerek sözünü kestim. Bunu bana daha önce defalarca kez yapmıştı. Ne kadar boktan görünürse görünsün çok iyi hissettiriyordu. "Sadece hayatımın hangi yönde ilerleyeceğine karar veren kişi olmam gerekiyor. Hepsi bu kadar." Ne yapmak istediğimi bilmiyordum ama bunu çözmek için önümde yıllar olduğunu biliyordum. Özgürlük, kendime olan güvenimi arttırıp bana yuvadan uçarken kullanabileceğim kanatlar vermişti.

Annem bir iç çekti. "Ve üniversiteye gitmeyecek misin?"

"Hayır."

Bir süre bana baktıktan sonra devam etti. "Kızlar içindeki en kafası dağınık olan hep sendin. Sanırım buna şaşırmamam gerekirdi." Gözlerini hafifçe kıstı. Galiba söyleyebileceği en iyi şey buydu. Benim için yeterince iyiydi.

Sonra saçlarımı incelemeye başladı. Daha kısa ve kötü bir şekilde kesilmiş tutamları parmaklarıyla tararken burnunu kırıştırdı. "Sana kaynak taktırırız, bu rengi de akıtırız... Kendin mi kestin? Çok korkunç." Telefonunu çıkartarak kuaför için bir not aldı. Bu kadar basit bir şekilde sanki hiçbir şey söylememişim gibi yapıyordu ama geri çekilmeyecektim. Unutmayı seçse ya da aklı karışmış gibi yapsa bile ona hatırlatacaktım.

"Ben bayıldım," dedim.

"Komiksin," dedi telefonunda bir şeyler yazarken.

"Hayır, gerçekten," dedim ciddi bir şekilde. "Mükemmel olmamasına bayıldım ve renkler hoşuma gitti. Bunu değiştirmeyeceğim." Rose'a baktığımda yüzünde gururlu bir gülümseme vardı.

"Böyle kalamazsın," dedi annem. "Çirkin görünüyor."

Rose araya girdi. "Bu onun zevki."

"O zaman kötü bir zevki var," diye tersledi annem. "Ben de bunu görmesine yardım etmeye çalışıyorum."

Rose inledi. "Anne, neden hep böyle olmak zorundasın..."

"Çünkü kızlarım için en iyisini istiyorum," diye karşılık verdi. Ardından bakışları bana çevrildi. "Aklına kimin girdiğini bilmiyorum. Saçını önceden hep severdin."

"Hiçbir zaman sevmedim," dedim.

Tersçe baktı. "Ryke, değil mi? Bir erkek yüzünden değişiyorsun."

"Ryke hiçbir zaman bana saçımı kesmemi ya da hangi renk yapmam gerektiğini söylemedi. Sadece kendimi düşünmemi söyledi."

Anemin bakışlarının Ryke'ın olduğu ön taraftaki kabinin kapısına çevrildiğini yakaladım. Sanki onu rahatsız ediyormuş gibi kapıya ters ters bakıyordu. Düşüncelerim, hislerim ve muhtemelen ani kariyer değişimim yüzünden onu suçluyordu.

"Beni hayatından atmanı mı söylüyor?" diye sordu.

"Anne, *hayır*. Asla öyle biri değil."

"Benden hoşlanmıyor," dedi. "Bunların hepsini sana o söylese de şaşırmam-"

"Beni dinle," dedim yalvararak. "Senin hakkında tek kelime *etmiyor*. Seni seviyorum, anne ve o da buna saygı duyuyor."

Annem inanmayarak başını iki yana salladı. Sonraki cümleyi bana hissettirmek için söylemesine gerek bile yoktu ama yine de söyledi. "Ryke seni Paris'e takip etmiş olmasa hiç yaralanmayabilirdin." Başını tekrar ve tekrar iki yana salladı.

Üzücü olan durum bunun altında biraz gerçeklik payı olmasıydı.

Ryke gelmeseydi, Lo'yu almak için bara gitmeme hiç gerek kalmayacaktı.

O isyana tıkılıp kalmış olmayacaktık.

Ancak o şiddetli uyanış çağrım olmasaydı annemi incitsem bile, onu kızdırsam bile düşüncelerimi dile getirmeye ne kadar ihtiyacım olduğunu fark edemeyecektim. Bunların söylenmesi gerekiyordu.

Benim için.

Bir başkası için değil.

Kendi çapan sensin. Yanmaya devam mı edeceksin, yoksa yükselmek için kendine izin mi vereceksin?

Artık kendimi aşağı çekmek yoktu.

Sonunda yükselmeye hazırdım.

BÖLÜM 56

RYKE MEADOWS

Sikik babam, sevgilimin babası ve Connor'la aynı odada yalnızdım. Uçağa adım attığım anda Greg elini omzuma koyup, "Konuşmamız lazım," demişti.

O konuşmayı Daisy'ye ayırdığını düşünmüştüm ama onunla daha sonra konuşup on beş yaşındayken onunla yatmadığımdan emin olacağını biliyordum.

Beni ön taraftaki kabine yönlendirerek krem rengi deri bir televizyon koltuğuna itti.

Sikik şeytan ve onun yardımcısıyla aynı odada olmaya devam ettikçe ağrıyan kaslarım daha da geriliyordu. Bu arada o şeytan çoktan kendine ikinci kadeh viskisini doldurmuştu, sek ve tek bir buz küpüyle. Pencereye bakan Connor'ın yanındaki koltuğa oturmuş, içkisinden büyük yudumlar alırken Greg'in kendi koltuğunda benimle yüzleşmesini izliyordu.

"Nereden başlayacağımı bile bilmiyorum," diye itiraf etti Greg. Yeşil gözleri sikik bir hedefmişim gibi benim üzerime odaklanmıştı.

Ensemi ovuşturdum. "Bana her şeyi sorabilirsin." Sadece üç metre ötemde duran babama bakamazdım. Yıllardır ona bu kadar yakın olmamıştım.

Babam, "Başlayacak yüzlerce konu aklıma geliyor," diyerek araya girdi. Kadehindeki viskiyi sallıyordu. Onun gözlerine bakmak yerine yanındaki Connor'a baktım. İfadesi anlaşılmazdı ve kırmızı şarap içiyordu. Kendinden iki kat daha yaşlı bu adamların arasına kolayca girebiliyordu, ikisinden de daha fazla özgüven saçıyordu.

Artık dış dünyada değildim. Kendi topraklarımda değildim. Connor'ın sikik gerçekliğine girmiştim ve zihninden burada oluşumun bir fotoğrafını çekip çekmediğini merak ediyordum. Benim Tennessee'de ona yaptığım gibi.

Greg'in bakışları benden ayrılmıyordu. "Bunu ben hallederim, Jonathan." Çenesi bir kez kasıldığında devam etti. "On altıncı yaş günü seyahatinde kızıma eşlik etmene izin verdim" Sesi titredi, sinirden köpürüyordu. "Sana güvendim ve sen güvenimi boşa çıkardın."

Sözünü kesmedim. Burnumdan nefes alarak kendimi savunmamaya çalıştım.

"Bilmek istediğim bir şey var," dedi Greg dizlerini tutarak. "Yaptığın şeyin yanlış olduğunu bildiğin için mi iki buçuk yıldır benden kaçıyordun?"

"Hayır," dedim. Göğsüm ham duygularla doluydu.

"Konuş, Ryke," dedi babam pencerenin yanından. "İsteksiz bir *hayır* kelimesinden daha fazlasını hak ediyor."

Elimi saçlarımdan geçirdim. Bu hareket sızlayan delta kaslarımın ve kol kaslarımın esnemesine sebep oldu. Sikik bir şekilde yüzümü buruşturmamak için kendimi tuttum. Greg'e sinirliymiş gibi görünüp görünmediğimi merak ediyordum.

Anlaşılması zor biri olduğumun bilincindeydim. İnsanların gördüğü tek şeyin sikik karanlık bir yüz ifadesi olduğunu biliyordum.

Gerçek şuydu ki, onun benim hakkımda ne düşündüğünü umursuyordum. Belki bir yıl öncesi olsa, *"Neye istiyorsan ona inan, sikimde değil,"* derdim. Ama Daisy'nin benimle ebeveynleri arasında tercih yapmasını istemiyordum. Bu durumun onun için sikik bir baş ağrısına dönüşmesini istemiyordum. Doğru olanı yapmaya çalışıyordum.

"Onun arkadaşı olmanın sikik bir hata olduğunu hiç düşünmedim," diye başladım. "Yani hayır, Daisy yüzünden bilinçli olarak senden kaçmadım." *Senden kaçtım çünkü asla görmek istemediğim babamla arkadaşsın.*

Greg'in içten içe öfkeyle dolduğunu hissedebiliyordum. Derin bir nefes aldı. "Saçmalıklara bir son verelim. Onun sadece arkadaşı olmaktan daha fazlasıydın."

Olduğum yerde eğilip bağırmaya başlamak için çok yorgundum. Bu sikik şey şu an için iyi bile olabilirdi. "Hayır, değildim. Paris'e kadar onu hiç öpmedim," diyerek ona gerçeği söyledim.

Greg hâlâ saldırgandı. "Sana inanmama yardım et, Ryke. Haftada seksen saat çalışıyordum. Kızımın tepesinde dikilmek için vaktim yok ama seninle ne kadar vakit geçirdiğinin farkındayım. Sana ne kadar kapıldığının da oldukça farkındayım."

"O zaman neden ona benden siktir olup uzaklaşmasını söylemedin?" diye sordum kollarımı açarak. "Madem kötü etki bırakacağımı düşünüyordun, o zaman neden onca zamandır benimle takılmasına izin verdin?"

Gergin bir nefes verdi. "Samantha seni umursamadı ama senin küçük bir çocuk olduğun zamanları hatırlıyorum. Sert ve güçlüydün, kimseyi de umursamazdın, Jonathan'ı bile."

Babam buna gülümseyerek içkisini kaldırdı. Bakışları benimle buluştuğunda sikik gururlu bir parıltı gördüm. Onun gibi güçlü biri olduğum için.

Midem bulandı.

"Dört kızımın içinde Daisy en pervasız olandır. Asla sabit durmaz. Çocukken bile annesi ve bakıcıları ona bakmadığında dışarı kaçmanın bir yolunu bulurdu. Sen de ailemiz halkın gözüne battığı sıralarda onun hayatına girdin."

Kalanını tahmin ettim. "Onu takip etmem hoşuna gitti," diyerek olanların farkına vardım. "Onun sikik koruması olmamı istedin, o çizgiyi aşacak kadar aptal olabileceğimi hiç düşünmedin." Daisy ne kadar flört ederse etsin, ne kadar beni tahrik ederse etsin babası bunlara kanmayacağıma inanmıştı. Her seferinde onu reddedeceğime.

Etmemiştim.

Edemezdim.

Çünkü ona âşık olmuştum.

Greg bir kez başını salladı. "Bunca zaman boyunca ona vaatlerde bulunacağından ve Daisy'nin reddedilerek kırılacağından endişe ediyordum ama gerçekten onunla olacağını hiç düşünmedim." Kesik bir nefes verdi. "Benim saflığım."

Başımı iki yana salladım. Bana karşı olan bakış açısını nasıl değiştirirdim? *Bilmiyorum. Sikeyim, bilmiyorum.* Elimle saçlarımı tekrar taradığımda göğsümde bir ağırlık vardı. "Ben onun eski sevgilileri gibi değilim," dedim. "Onunla şey için ilgilenmiyorum..." *Siktir.* Bunu bitiremezdim.

Greg de bir o kadar huzursuz görünüyordu.

"Seks için," diyerek babam cümleyi tamamladı. "Lafı gevelemenin anlamı yok."

Greg gözlerini devirdi. "Hiç kızın yok, Jonathan."

"Tanrıya şükürler olsun."

Connor tüm bu konuşmadan keyif alıyormuş gibi görünüyordu. Arkasına yaslanıp şarabını yudumladı.

Greg biraz sakinleşmişti ama omuzları hâlâ gergin ve kaskatıydı.

"Sana yardım edeyim, Greg," dedi babam. "Zor soruları sormak benim için daha kolay olacaktır." *Hayır. Siktir, hayır.* Yine de yerimden kalkmadım. Sikik koltuğa yapışmış gibi otururken bakışlarım camdan sehpadaki küllüğe çevrildi. Bir anlığına babamın bakışlarından kaçtım. Bir bulutun içinden geçtiğimiz sırada uçak sarsıldı.

Babam yerinden kalkıp Greg'in koltuğunun arkasına tutundu, türbülans oldukça sertti. "Daisy on beş yaşındayken onun hakkında cinsel şeyler düşündün mü?" diye başladı babam.

Göğsüm tekrar öfkeyle doldu. "Siktir git."

"Bu son derece kaba ve can sıkıcı cevabı evet olarak kabul ediyorum," dedi babam. Viskisinden bir yudum aldı.

Ona tersçe baktım. "*Hayır.* Şey için niyetim yoktu..." Sözüm havada kalırken Greg'e baktım.

"Babası odada değilmiş gibi davran," dedi babam.

Bu sikik şey imkânsızdı. Bir buçuk metre ileride duruyordu. "Bak," dedim. "Daisy büyüleyici ama onun hakkında öyle düşünmemeye çalıştım."

"Çalıştın mı? Başarısız mı oldun?" diye sordu babam.

"Neden sikik bir avukat gibi beni kışkırtmaya çalışıyorsun, baba?" diye karşılık verdim.

Kaşları büyük bir şaşkınlıkla havalandı. "Beni hâlâ baban olarak görüyor musun? Bir yıl içinde aramalarımdan yalnızca birine döndüğün *düşünülürse* bu komik." Ona tekrar siktir olmasını söyleyemeden önce ekledi. "Onun fotoğrafıyla ya da onu düşünerek mastürbasyon yaptın mı?"

"Hayır," diye homurdandım. *Birkaç kez. Son zamanlarda bir kez. Zaten on sekizine girmişti.* Bir yanım bunun için hep suçlu hissedecekti.

"Bu kadar yeter, Jonathan," dedi Greg. Bana bakan bakışları gerçekten yumuşamıştı. Ne kadar gerildiğimi fark etmişti. Ellerimden birini yumruk yaparken ağzıma iğrenç bir tat yükseldi.

"En uzun ilişkin ne kadardı, Ryke?" diye sordu Greg.

"Birkaç ay, belki dört."

Greg iç çekti. "Tamam, şöyle düşünüyorum. Paris'e kadar kızımla birlikte olmadığına inanıyorum ama bu onunla ilişkini onayladığım anlamına gelmiyor. Hâlâ yirmi beş yaşındasın ve on yıl içinde aranızdaki yaş farkı belki önemli gelmeyecek ama söylediğin şey aranızdaki şeyin üç aydan uzun süreceğini bana hissettirdi. Seks için onunla olmadığını söyledin ancak *o kadar* saf değilim." Duraksayarak ekledi. "Sana kalbini verdi ve eğer ona daha azını verirsen bunu bitirmen gerekecek. Beni anladın mı?"

Birkaç kez onaylarcasına başımı salladım. Konuyu böyle kapatamazdım. Ruhumun derinlerini kazarak dahasını çıkartmaya çalıştım. "Umarım," dedim onun gözlerine bakarak. "Bir gün kızını ne kadar sevdiğimi görürsün."

"Onunla yeterince uzun süre birlikte olursan görebilirim."

Başladığımız noktadan kesinlikle daha iyiydi. Benimle tokalaşmak için uzandı.

Bu reddedemeyeceğim nazik bir teklifti.

Kendi babamla yakınlaşacağım anlamına gelse bile, Daisy'nin babasıyla bir ilişki kuracaktım. Bu binlerce kez daha yapacağım bir fedakârlıktı.

Ben bu sikik şeye aşk derdim.

BÖLÜM 57

DAISY CALLOWAY

Lo ve babasıyla nasıl arkadaki kabinde yalnız kaldığıma dair hiçbir fikrim yoktu. Uçuşun bitmesine daha iki saat vardı ve annem babamla konuşmak istemişti. Herkes etrafa dağılmıştı. Sanırım ablam hamileliğini ebeveynlerimizle paylaşacaktı.

Jonathan bir kadeh viski doldurarak tekrar Lo'nun yanına oturduğu sırada ben de diğer koltuğa yayılmıştım. Monogramlı bordo battaniye bacaklarımı örtüyordu. Siyah harflerle üzerinde *HALE* yazıyordu. Saçımı yirminci kez ördüm, çok sıkılmıştım ve kaygılıydım.

Babamın Ryke'ı "tanımak" istediğini öğrenmiştim. Jonathan bundan bahsetmişti ve bu yüzden babam, Ryke'ın diğer herkesle birlikte ön tarafta olmasını istemişti.

Onlara katılırdım ama annem de oradaydı.

Bu yüzden burada kalmıştım.

Jonathan oğluna baktı. "Halway Çizgi Romanları'nın satış raporlarını bana gelecek hafta sonuna kadar göndermen gerekiyor. İşlerin yere çakılmasına sebep olup olmadığını bilmeliyim."

"Yavaş gidiyor," dedi Lo. "Yolculuk için bir ay uzaklaştım."

"Bu senin kahrolası hatan," diye karşılık verdi Jonathan. "Artık bir iş yürütüyorsun. Bir ay sürecek tatillere çıkamazsın."

"Connor da kendine aynı vakti ayırdı," diye savundu Lo.

"O binlerce çalışanı olan multi milyar dolarlık bir şirketi yürütüyor. Senin asistanın bile yok. İsa aşkına, *sinir bozucu* bir asistanın bile yok. Hani şu kahve siparişlerini karıştırıp sikinde dahi olmayan kişisel hikâyelerini sana anlatan cinsten."

Lo'nun Lily'yle birlikte pazar günleri yapılan aile yemeklerine gelmemesinin sebebi buydu. Fırçalanıyordu ve ablam da ya göz ardı ediliyor ya da azarlanıyordu. Gelmedikleri için onları suçlamıyordum.

"Buna *inisiyatif* denir," dedi Jonathan. Yüzünü buruşturmadan viskisinden oldukça büyük bir yudum aldı. Ardından gözleri bana odaklandı ve onları izlediğimi fark etti. Yerinden kalktı. "Daisy... sanırım seninle bir konuşma yapmam gerekiyor." Koltukta yanıma oturdu. "Loren, bize bir dakika verir misin?"

Lo kaşlarını çattı. "Neden onunla konuşman gerekiyor?"

Jonathan Hale'le hiç yalnız başıma konuşmamıştım. Hiç buna gerek duyulacağını düşünmemiştim.

"Oğlumla çıkıyor."

Lo yerinden kıpırdamadı. Yirmi dört yaşındaydı ve öfkesini bir silah gibi taşıyordu. Neredeyse irkilmeme sebep olacaktı ama bu konuda benim tarafımdaydı. Bir şey olursa hareketlerinden irkilmem gereken kişi babasıydı, değil mi?

"Onunla yalnız konuşmak isterim," diye tekrarladı Jonathan.

Aklım karışmıştı. Sevgilim babasıyla konuşmadığı için ne yapmam gerektiğini bilmiyordum. Jonathan'ı dinleme fikri bile ona ihanet ediyormuşum gibi hissettiriyordu. Jonathan'a soğuk mu davranmalıydım? Onunla birlik mi olmalıydım? İşlerin nasıl yürüdüğünü bilmiyordum.

Bunlar, yüzerken gerçekten de yardıma ihtiyaç duyabileceğim derin sulardı.

"Onu seninle yalnız bırakmayacağım," diye tersledi Lo.

"Kes şunu, küçük bir..."

"Ryke, onunla yalnız konuştuğunu öğrenirse seni öldürür. Sana bir iyilik yapıyormuşum gibi düşün." Lo kollarını kavuşturdu.

Jonathan gözlerini devirerek dikkatini tekrar bana verdi. Doğrulup bacaklarımı göğsüme çektim. Bakışları tişörtüme indirdiğinde dudakları keyifle kıvrıldı. "Ryke'la ne kadar süredir çıkıyorsunuz?"

"Bir aydan biraz fazla."

Jonathan'ı küçük bir kız olduğum zamanlardan beri tanıdığımı kendime hatırlatmak zorundaydım. Hatta o en büyük ablam Poppy'nin vaftiz babasıydı.

Jonathan başını eğdi. "Baban bu zaman dilimine ısınıyor ama annen bu ilişkinin çok daha uzun süre önce başladığını düşünüyor."

Böyle düşünmesine şaşırmamıştım. Gazeteler bir süredir dedikodular yazıyordu. "Yanılıyor. Ryke asla reşit olmayan biriyle olmaz." Benimle bile.

"Biliyorum," dedi Jonathan beni şaşırtarak. "Ryke birçok şey; inatçı, kurnaz, ağzı bozuk." Kadehine baktı. "Ama benim adımlarımı asla takip etmeyeceğini oldukça iyi açıkladı." İçkiyi kafasına dikti.

Lo koltukta gerilmişti, bakışları hafifçe bana doğru çevrildi. Gerçeği, Jonathan'ın bahsettiği şeyi tıpkı ailemin kalanı gibi ben de biliyordum ama bu şekilde söylenmesi farklıydı.

Yirmi dört yıl önce Jonathan'ın reşit olmayan bir kızla ilişkisi olmuştu.

Lo'nun annesiyle.

Basın annesinin kimliğini bilmiyordu bile. Jonathan'ın hapse girmemesini sağlayan şey buydu.

"Sormak istediğin tek şey bu mu?" dedim merakla. "On sekiz olmadan önce Ryke'ın benimle olup olmadığı mı?"

"Evet ve bir de Ryke'la benim için konuşabilir misin öğrenmek istedim. Önümüzdeki hafta sonu arayı kapatmak için onunla akşam yemeği yemek istiyorum. Sen de gelebilirsin, daha keyifli olur." Neredeyse içkisinden bir yudum daha alacaktı ama sonrasında kadehin boşaldığını fark etti. Ancak tekrar doldurmak için yerinden kalkmadı.

Lo'ya baktım. Ne diyeceğimi bilmiyordum.

Lo bir anda koltuğundan fırladı. "Baba, seninle yalnız konuşmak istiyorum."

"Hepimiz istediklerimizi alamıyoruz, değil mi? Daisy'yle yalnız konuşmak istediğimi söylemiştim ve bunun için bir sürü laf söyledin. Ben de nazikçe aynısını sana yapacağım, şerefe." Boş kadehini kaldırdı.

Kalbim hızla atıyordu. Hayatımda hiç ikisiyle aynı odada yalnız kalmamıştım. Duyduklarıma bakılırsa işler pis bir hal alacaktı.

Lo başını çevirdiğinde gözleri benimle buluştu. "Bize bir dakika ver, Daisy."

Çıkmak için kalksam da Jonathan kaçma şansımı mahvetti. "Saçmalama, orada kal. İnsanlarla ne zaman konuşacağıma oğlum karar veremez."

Olduğum yerde dondum.

Lo öfkeyle ona baktı. "Ne yaptığının farkındayım. İşe yaramayacak, o yüzden bırak."

Jonathan kaşlarını kaldırarak koltuğuna yaslanıp kollarını yukarı doğru esnetti. Sonra eliyle oğluna devam etmesini işaret etti. "Lütfen Loren, bana ne yaptığımı söyle. Alığın teki olduğumu düşündüğüne göre, *aydınlat* beni."

Lo dişlerini sıktı.

Jonathan sadece gülümseyerek ekledi. "Bekliyorum."

"Ryke'a yaklaşmak için onu kullanamazsın," diye karşılık verdi Lo. "Kızı rahat bırak."

"Bu mu?" diye sordu Jonathan.

Lo sessiz kaldı.

Babası koltuğunda doğruldu. "Sana öğreteyim, Loren," dedi. "Bir hedefe ulaşmak için belirli yollar varsa, gerçek adamlar siklerini eline alıp o yollara bakmazlar. İşe yarasa da yaramasa da o kahrolası yola girerler." Parmağını ona doğrulttu. "Tıpkı senin için de yapacağım gibi, oğlumu kazanmak adına gereken *her şeyi* yapacağım."

Konuşmanın ilk yarısı utanmama sebep olsa da ikinci yarısı başlangıç kısmını tekrar göz önüne almamı sağladı. Artık baba olarak onun neden akıl karıştırıcı olduğunu anlayabiliyordum. Kaçmalı mıydım, yoksa kalıp onu dinlemeli miydim bilmiyordum.

Lo tekrar bana baktı. "Git, Daisy."

"*Kal,*" diye tersledi Jonathan. Sesi tüm o içkinin ardından daha sertti. Bakışları Lo'ya odaklanmıştı. "Kahrolası berbat bir dinleyicisin."

"Ne var biliyor musun? Aynı senin gibiyim," dedi Lo alayla. "Çünkü sana anlattıklarımı ya da Ryke'ın söylediklerini dinlemiş olsaydın Daisy'yi bu konuya dahil ettiğin için onun senden nefret edeceğini bilirdin. Bu konuda seni affetmez. *Sana* yardım ediyorum. Kahrolası kulaklarını aç." Dönüp bileğimi tuttu ve beni uçağın yatak odalarından birine sürükledi.

"Loren!" diye bağırdı Jonathan. Ancak Lo kapıyı kapatıp kilitledi ve babasını gerçekten de dışarıda bıraktı.

Kilidi çevirmesi kaskatı kesilmeme sebep olmuştu, babasının içeri girip ne yapmasından korkuyor olabilirdi ki? İçimi bir ürperti sardığında titredim.

Lo bana baktı. "Ağabeyimle çıkmanı istemememin yüzüncü sebebi falan da bu."

"Bununla başa çıkabilirim," dedim. "Benim ebeveynlerim de onu sıcak bir şekilde karşılamadı."

Lo başını iki yana salladı. "Greg'in yakıcı bakışlarıyla babamınkiler kıyaslanamaz, o yüzden deneme bile."

Ryke'la ilişkimi öğrendiğinden beri ilk kez onunla yalnız kaldığımı fark ettim. "Onu seviyorum, biliyorsun değil mi? Bir sürü berbat erkekle birlikte oldum ve beni mutlu eden tek kişi o."

Lo uzunca bir süre bana baktı. Kapı tıklandığında irkildim. Kapının kolu oynadı. İkimiz de kaskatı kesildik, sonra sert bir ses ahşap kapıyı aştı. "Sikeyim. Beni içeri al, Lo."

Ben sakinleşirken Lo kapıyı açtı ve Ryke bana dönmeden önce

hızla kardeşinin yüz ifadesini süzdü. Kapının kapandığını duydum. Ardından beni anında göğsüne çekip sarıldı, elini başıma yerleştirmişti.

"Onunla yalnız mı kaldı?" diye sordu Lo'ya.

"Hayır, ben de oradaydım."

"Sadece ikiniz mi?"

"Evet, sorun yok," dedi Lo. "Bir şey olmadı."

"O zaman neden babamın avazı çıktığı kadar senin adını bağırdığını duydum?"

Başımı yukarıya kaldırdım. Ryke'ın karanlık bakışları kardeşine odaklanmıştı ama sanki kötü bir şey olabilirmiş gibi beni bırakmıyordu.

"Bir anlaşmazlık yaşadık," dedi Lo. Yatağın ucunda oturuyordu, sanki her şeyden yorulmuş gibi gözlerini ovuşturdu.

"Daisy hakkında mı?" Ryke kaşlarını çattı. "Yoksa benim hakkımda mı?"

"İkisi de."

Ryke'ın gözleri tehlikeli bir şekilde parladı. "Daisy'yi aile saçmalıklarına dahil etmemeli."

"Onunla konuşman gerekiyor, yoksa aynen öyle yapacak."

"*Siktir*," diye küfretti Ryke. Derin bir nefes vererek bana baktı. "İyi misin?"

Başımı salladım. "Evet." Gülümsedim. "Seninle ilgili her şeyi kabul ediyorum, değil mi? Bu sadece bir diğer parçası."

"Bu seni asla dahil etmek istemediğim sikik bir parça."

"İkimizin de hemfikir olduğu bir şey," dedi Lo yarım bir gülümsemeyle. Sonra bir anda yastık ve yorgan yığının altından bir beden kıpırdandı. Lo başını çevirerek ayak olduğunu tahmin ettiğim bir yere hafifçe vurdu.

Lily sanki ölümden uyanıyormuş gibi kalktı ve gözlerini ovuşturarak gerindi. Lo'nun onu izleyişi sanki gündoğumuna ilk kez tanıklık ediyormuş gibiydi. Sevgileri bu kadar şeffaf olduğu için gülümsedim. Bu durum anında oluşabilecek herhangi bir gariplği yok etmişti.

Lily bizi görünce utangaç bir şekilde gülümsedi. "Ah, selam. Ne kaçırdım?"

"Ryke'ın babasıyla konuştum," dedim.

Gözleri yuvalarından fırlayacaktı. "Neee…"

"İlginçti," dedim hafifçe omuz silkerek.

"Ne garip bir gün," dedi Lily. Sanırım tüm bu durumu gayet iyi tanımlamıştı. Gidip sevgilisinin kulağına bir şey fısıldadığında Lo başını salladı ve o da fısıldayarak cevap verdi. Sonra birlikte bana döndüler. İfadeleri ciddi bir hal almıştı. Lo başını sallayarak, "Aileye hoş geldin," dedi.

Kelimeler direkt kalbime hücum etti. Çok uzun zamandır Lo'yu *kendi* ailemin bir parçası olarak görüyordum. Babası olsa bile, bir Hale olsa bile, hep Lily'nin bir parçası gibiydi. Bir Calloway'di.

Şimdi her şeyin diğer türlü olabileceğini düşünmeye başlamıştım. Daha öncesinde bunu göremeyecek kadar dar görüşlüydüm. Her zaman Lily, *onun* ailesinin bir parçasıydı.

Hale ailesinin.

Hapı yutmuş sayılırlardı.

BÖLÜM 58

RYKE MEADOWS

Sikik uçuşu atlatmıştık. Samantha Calloway gözlerimin içine bakamıyordu ancak bu tırmanışıma dahil edebileceğim bir başka başarıydı.

Arkamda Daisy yaramaz bir şekilde omzumu ısırıyordu. Bense doğruca özel piste giden merdivenlerden iniyordum. Sona kalmıştık.

Dönüp ona baktığımda öyle parlak bir şekilde gülümsüyordu ki ona katılmamak çok zordu.

"Mutlu görünüyorsun," dedim.

"Mutluyum," dedi. "*Sikeyim*, mutluyum."

Başını öperek beton zemine bastım. Kapalı hava, havaalanını karanlığa boğmuştu. Park halindeki iki siyah *Escalade* ve bir limuzine doğru ailemizle arkadaşlarımızı takip ettik. Calloway ailesinin şoförü Nola, arabanın kapısını açtı.

"Tekrar tebrikler, Rose," dedi Samantha kızının yanaklarını öperek. "Eğer Connor doktor randevularından birinde meşgul olursa beni ara. Gelirim."

Rose kendi sikik standartlarında nazik sayılabilecek olsa da ona gergin bir şekilde gülümsedi. Sonra annesi *Escalade*'e bindi.

Greg eşiyle birlikte arabanın arka koltuğuna geçmeden önce Connor'a sarıldı. İlk ayrılan onlar oldu. Ardından Connor karısına doğru döndü. "Doktor randevularını kaçırmayacağım."

"Tanrıya şükür." Rose bir nefes verdi.

"*Bana* şükret, sevgilim."

Rose ona tersçe bakarken Connor sanki limuzine geçip onu sertçe becermekten keyif alacakmış gibi görünüyordu.

Başımı iki yana sallayarak kardeşime döndüm. "Daisy'yle taksi çağıracağız."

"Saçmalık," dedi babam. Belli ki hâlâ buradaydı. Bana doğru yaklaşarak Anderson'a bir işaret yaptığında şoförü diğer *Escalade*'in arka kapısını açtı. "Philly'ye gidiyorum. İkinizi de apartmanınıza bırakabilirim."

Daisy tepkimi izliyordu. Babama doğru başımı iki yana salladım.

"Benzin israf edilmemiş olur," dedi duygusuzca. Lo'yu anımsatan yarım bir gülümseme yüzüne yansımıştı.

Kardeşim, Lily, Connor ve Rose sadece bekleyip aramızdaki anlaşmazlığa şahit oluyor ve sikik bir karar vermemi bekliyorlardı.

Çok düşünmedim. "Teklif için teşekkürler ama sikik bir taksi çağıracağım."

Telefonumu çıkartmaya ancak vaktim oldu. Elimi cebime attığım anda başka bir araba yola girdi. Ne olduğunu görür görmez ifadem sertleşti, omuzlarım kasıldı ve kalbim tekledi.

"Ne..." Daisy'nin sesi korkuyla incelmişti.

Araba, *Escalade*'in yanında durduğunda tepesinde sessizce mavi ışıklar yanıyordu. Bir polis memuru inip içimdeki hissi onaylarcasına gözlerini bana kilitledi.

Hapse girecektim.

"Neler oluyor?" diye sordu Lo. Cevap alabilmek için babama bakıyordu.

Babam kaşlarını çattığında ifadesine yayılan kafa karışıklığını görebiliyordum. Olanları bilmiyordu. Memur sert adımlarla bana yaklaşırken Daisy elimi sıkıca tutuyor, bırakmayı reddediyordu.

"Daisy," diye seslendi Rose. Bize doğru yaklaşıyordu fakat Connor kolunu uzatarak karısını geride durmaya zorladı.

"Lily, Rose'u burada tut," diye emretti.

"Richard..." diye karşı çıktı Rose.

"Bırak halledeyim," dedi Connor sakince. Rose geri çekildiğinde Lily de söyleneni yaparak onun koluna girdi ve her ne sikim olacaksa ablasını buradan uzakta tuttu.

Kardeşim tekrar, "Neler oluyor?" diye sordu memura.

Adam önümde durup konuştu. "Ryke Meadows?"

"Evet." Ne sikim sorduğunu anlamıyordum bile. Ben olduğumu biliyordu.

Sonra kelepçeyi çıkardı ve bir araba kapısının kapandığını duydum. Başımı kaldırdığımda destek için başka bir memurun daha geldiğini fark ettim.

Anında Daisy'nin elini bıraktım. "Connor'la gitmen lazım," dedim. Connor çoktan onu eve götürmek için bize yaklaşmaya başlamıştı.

"Hayır." Daisy durmaksızın başını iki yana sallıyordu. Sanırım ikimiz de bunun neyle ilgili olduğunu ve nereye varacağını biliyorduk.

"Evet," diye homurdandım. "Bu sikik bir tartışmaya açık değil. Onlarla eve gireceksin. Seninle sonra görüşürüz."

"Yanlış hiçbir şey yapmadın," derken gözlerinden yaşlar akıyordu. Connor elini omzuna koyarak onu limuzine doğru çekmeye başladı. "Yanlış *hiçbir şey* yapmadın!"

Hiçbir önemi yok.

"Ryke Meadows," dedi memur onu görmezden gelerek. "Reşit olmayan birinin ırzına geçmekten tutuklusunuz..."

Daisy gözyaşlarına boğuldu. "Hayır!" Sanki birisi beni kalbimden bıçaklamış gibi ağlıyordu. Onu izlediğim sırada yüzü acıyla çarpıldı. Bu noktaya geldiğim için kendini suçladığını biliyordum. Ancak bu sikik şey onun hatası değildi.

"Sessiz kalma hakkına sahipsiniz..." Başka hiçbir şey duymadım. Kulaklarım uğulduyordu. Daisy'de gördüğüm tüm mutluluk sikik bir an içinde gitmişti. Bana doğru koşmaya çalıştı ama Connor onu belinden tutarak geri çekti. Daisy hıçkırdı, şu anda sikik hiçbir şey yapamıyordum. Sadece burada durup izlemem gerekiyordu.

Dişlerimi o kadar sertçe sıkıyordum ki çenem ağrıyordu. Memur arkamdan gelerek agresif bir şekilde kollarımı belimde sabitledi. Bileklerimden birini ve sonra diğerini kelepçelediği sırada gergin kaslarım yanıyordu.

Beni yakalaması için polisleri çağıranın kim olduğu konusunda oldukça emindim. Uçuşun yarısı boyunca gözlerime bakamayan kadındı. Daisy'nin yatak odasında beni tam da bunu yapmakla tehdit eden kişiydi.

"...söyleyeceğiniz her şey mahkemede aleyhine kullanılabilir. Avukat tutma hakkına sahipsiniz-"

"O lanet olası hiçbir şey yapmadı!"

Bu Daisy değildi.

Kardeşimdi. Beni savunuyordu. Midem çalkalanırken konuşmama, hareket etmeme engel olan çok fazla hisle dolup taşıyordum.

"Eğer avukat tutacak durumda değilseniz biz sizin için tutacağız..."

Memur, Lo için bile durmadı. İkinci memur da geldiğinde beni polis arabasına doğru götürmeye başladılar.

"HEY!" diye bağırdı Lo. Aklını kaçırmak üzereydi. "Sikeyim, beni duymuyor musunuz?" İkinci memura yaklaşarak polis arabasının önüne geçti.

"Lo," diyerek araya girdim. Kalbim hızla atıyordu. Kelepçelenmiş olan ben olsam da şu an onun için daha çok korkuyordum. Kardeşimin benimle birlikte hapse atılmasına gerek yoktu.

İkici memur ona doğru baktı. "Yolumuzdan çekilmeniz gerekiyor yoksa sizi de tutuklayacağız."

"O iyi biri!"

Babam hâlâ buradaydı. "Loren, aptallık etme." Lo'ya arabaya binip kendisine katılmasını işaret etti.

Lo, "Hangi kanıta dayanarak onu alıyorsunuz?" diye sordu öfkeyle.

"Yolumuzdan çekilmeniz gerekiyor, efendim," diye tekrarladı ikinci memur.

"Lo," dedim. İçgüdüsel olarak yaklaşmaya, ulaşmaya, onu sikik yoldan itmeye çalıştım. Ancak bunu yapmam çok zordu. İlk memurun elleri beni bağladığı kelepçede olduğu için olduğum yerde durdum.

"O zaman sanırım beni de almanız gerekecek," dedi Lo. Gözleri öfkeyle irileşmişti. "Çünkü çekilmeyeceğim."

Hay sikeyim. İlk memurun elinden kurtuldum. "Lo, sikeyim kes şunu!" diye bağırdım. Babam benden önce ona ulaştı. Lo'yu kolundan tutup kenara çekti, yolumuzdan uzaklaştırdı.

İlk memur beni sikik yere yatırdığı an yüzüm kaldırıma sertçe çarptı. Vücuduma bir acı yayıldı.

"Tutuklamaya karşı koyma," dedi ilk memur.

"Bu kadar aptal olma!" diye bağırdı babam kardeşime.

Dişlerimi sıktığım sırada polis memuru dizini sırtıma yaslamıştı. Sakinleşmem için bir şeyler söyledi ama artık hareket dahi etmiyordum. Yanağım çakıl taşlarına gömülmüştü, bakışlarımı çevirdiğimde Daisy'nin dizleri üzerinde olduğunu fark ettim. Connor yanına eğilmiş, kulağına bir şey fısıldıyordu.

Sanki sonumuz gelmiş gibi ağlıyordu. Kederi, karnıma binlerce hançer saplanıyormuş gibi hissettiriyordu. Polis memuru beni hiç nazik olmayan bir şekilde yerden kaldırıp arabaya doğru itti. Babamın ve kardeşimin yanından geçtim.

Lo tekrar araya girmek için bir adım attı.

Başımı iki yana salladım.

"Hiçbir şey yapmadın," dedi. Gözleri kızarmış, elmacıkkemikleri sikik birer buz parçası gibi keskinleşmişti.

Başımla onu onaylasam da beyaz ve mavi renkteki araca itiliyordum. Konuşamadım. Sikik tek bir kelime dahi edemedim.

Arabanın arka koltuğuna binip kapılar kapanana, tekerler yolda hareket edene kadar bağırmadım.

Kardeşim ve Daisy için bastırdığım tüm hisler bedenimden boşaldı. Ellerimi kullanabiliyor olsam bir şeye yumruk atabilirdim. Fakat bunun yerine sadece bağırdım. İçimi parçalayan ıstırabı dışarı döktüm.

Yosemite'nin üç zirvesini tamamlamıştım.

Hayatım boyunca sahip olduğum bir hayali gerçekleştirmiştim.

Daisy'ye sahiptim.

Aşırı mutluydum.

Şimdiyse buradaydım.

Kelepçelenmiş.

Tutuklanmış.

Hapse gidiyordum.

Hapse gidiyorum.

BÖLÜM 59

RYKE MEADOWS

Henüz olay kaydımı geçmemişlerdi. Bir nezarethanede tek başıma oturuyordum. Her polis geçtiğinde beni sabıka fotoğrafı çekip parmak izlerimi almak için götüreceklerini düşünüp geriliyordum.

Reşit olmayan birine tecavüz.

Tecavüz.

Fiziksel olarak midemi bulandıran bir şeydi. Yanlışlıkla cinayetten hüküm giymeyi tercih ederdim. Boğazım yanıyordu, başımı beton duvara yaslamıştım. Sessizdim ve duygularımdan arınmaya çalışıyordum. Buradan sonra ne olacağını bilmiyordum. Samantha'nın bana karşı kullanabileceği ne kadar kanıta sahip olduğunu bilmiyordum. Kendisi için yalan söylemeleri adına kaç tanığa para verebilirdi? Sabıkalı olarak yargılanacaktım. Bu sikik davayı birilerine para ödeyerek kenara atamazdım. Önümde sikik bir hapis cezası vardı.

Polis arabasından indiğimde patlayan kameraları, bağırılarak sorulan soruları düşündüm.

"Ryke? Masum musun?"

"Ryke? Suçlu musun?"

"Sana karşı nasıl deliller var?"

Sonra kelepçeli bir şekilde karakola girmiştim. Dergilerin manşetlerinde suratımın yanında "tecavüz" kelimesi olacağı için her şeyden nefret ediyordum. Midem bulanmaya başladı, çoktan bir kez kusmuştum. Gözlerimi kapatıp sikik derin bir nefes aldım.

Her şey yoluna girecek, dostum.

Connor'ın sihirli sikik kelimeleri bile göğsümde düğümlenen acıyı çözemiyordu.

"Ryke Meadows?"

Gözlerim açıldı. Bir memur hücremin yanında durmuş, düşüncelerimi bölüyordu. Midem hâlâ bulanmaya devam ediyordu. Banktan kalkmasam da adam kemerindeki anahtarları çıkartarak birini kilide soktu. Resmi olarak beni kayda geçirmeye gelmişlerdi.

Hücrenin kapısını açtı. Yerimden kalkmak üzereydim ancak beni durdurdu. "Seni görmek için gelen biri var."

Olduğum yerde kaldım. Koridorda yürürken ceketini ilikleyen kişiyi görür görmez kaskatı kesildim. Babam oradaydı.

Sikik babam.

Benimkiler gibi sert bakışlarıyla.

Kastığı çenesi, koyu kahverengi saçları ve benim sikik gözlerimle.

Ona kardeşimden daha çok benziyordum. Ancak Lo, Jonathan olmak ve onun gibi davranmaktansa ona görünüş olarak benzemenin daha iyi olacağını söylerdi. Ara sıra kendisi için bu düşüncelere kapılıyordu.

Fakat şu anda burada olsa kibar olmamı isterdi. Dargınlığımı içime gömmemi isterdi. Utah'tayken bunu yapıp yapamayacağımı sormuştu. Ona gerçeği söylemiştim. *Bilmiyorum.* Bir yanım denemek istiyordu. Diğer yanımsa beni babamdan çok uzaklara itiyordu.

Bir yanım daha güçlüydü.

"Sikik kapıyı kapatabilirsin," dedim memura.

Babam başını eğdi. "Küçük bir pislik gibi davranma. Şu an bir hücrede oturuyorsun."

"Sikeyim, buraya gelmeni senden hiç istemedim," diye karşılık verdim.

"Ama buradayım, Ryke. Hiçbir yere gitmiyorum. İstesen de istemesen de bir seçeneğin yok." Sonra babam hücreye adım attı. "Bize birkaç dakika verebilir misin?" diye sordu memura.

"Sizi içeri kilitlemek zorundayım."

Babamın tehdit etmek ya da rüşvet vermek için bir deste para çıkarmasını bekledim ama bunun yerine başını sallayarak, "Sorun olmaz," dedi.

Kaşlarımı çattım. Polisin beni babamla aynı hücreye kapatmasını izliyordum. Babam hayal kırıklığına uğramadı ya da burada olmaktan utanmadı. Sadece karşımda durmuş, ellerini siyah kumaş pantolonunun ceplerine sokmuş halde duruyordu.

Kapı gürültülü bir *bam* sesiyle kapandığında polis memuru karanlık koridorda kayboldu.

Siktir, neden buradasın? Ona bunu sormalıydım. Ancak bundan kurtulmayı ne kadar istesem de golf kulübündeki sessiz, on yedi yaşında ve nefret dolu hâlime dönmüştüm.

"Avukat ekibim bu saçmalığı didik didik etti," dedi babam. "İcabına bakıldı. On beş dakika içinde çıkmış olacaksın."

Yardımını istemediğimi söylemek için ağzımı açsam da sözümü kesti.

"Sen *benim* oğlumsun. Sana bunu kaç kez hatırlatmam gerektiğini bilmiyorum. Sara sanki zihnindeki ismimi kahrolası yok etmiş gibi."

Çenem kasılmıştı. Tüm bu konuları yeniden alevlendirmek istemiyordum. Anneme sürtük demesini ya da nasıl beynimi yıkadığıyla ilgili bağırıp çağırmaya başlamasını duymak istemiyordum. Sadece burada sikik bir huzur içinde oturup suçlamalarla kendi başıma ilgilenmek istiyordum.

"Ryke," dedi sanki ismim bir şeyler ifade ediyormuş gibi. "Benden ne istiyorsun?" Kollarını uzattığında kendini bana açıyormuş ve bunun için çok çabalıyormuş gibi elleri açıktı. "Yoksa burada görünmez bir topa mı vurmaya çalışıyordum? Öyle, değil mi? Yapabileceğim lanet olası hiçbir şey yok. Artık bir baba istemediğine karar verdin."

İçimde bir şeyler patladı. "Oğlunu geri kazanmanın asil yolu buymuş gibi davranmayı bırak," diye hırladım öfkeyle yerimden kalkarken. Onu işaret ettim. "Bu *hiçbir* zaman sadece beni hayatında istemenle ilgili değildi."

Belirgin bir kafa karışıklığıyla kaşlarını çattı, anlayamamıştı. "Neyle ilgili o zaman? Lanet olsun, lütfen söyle."

Midem ağrıyordu. Bu konuşmayı yapmak istemiyordum. Ona bakmak bile istemiyordum. "Sadece *sikik* hayatımdan defol!" Elimi saçlarımdan geçirerek tutamları çekiştirdim. "Siktir git!"

İrkilmedi bile. "Bana kızgınsın, bunu anlıyorum."

"Ah, öyle mi?" Başımı iki yana sallamaya devam ettim, boynum ağrıyordu. "Bana yıllarca kötü davrandın. Lo'ya kötü davrandın. *Şimdiyse* babam mı olmak istiyorsun? Ne kadar da mantıklı. Annem oyununu açık etti, dünya sikik adımı ve seninle olan bağımı biliyor. İşte *şimdi* şunu söylemek istiyorsun, *'Oradaki benim oğlum. Ona bakın. O benim,'*" dedim kendimi işaret ederek. "Siktir *git!*"

"Senin için hep bir baba olmak istedim-"

"YALANCI!" Avazım çıktığı kadar bağırdım. Boğazım yanıyordu. "Seni *sikik* yalancı! Eğer oğlun olmamı istiyorsan o zaman neden benim yerime kendini korumayı seçtin? Sikik itibarını korumak için beni saklamayı seçtin! Söylesene baba, nasıl olacak da sana karşı nefretten *başka* bir şey hissedeceğim?"

Bakışlarını kaçırdığında bu bana güç verdi.

"Şimdiyse," diye devam ettim kollarımı açarak. "Bana sahip olmak için kendi isteğinle her şeyi yapıyorsun. Medyanın önüne çıkmamı, onlara kardeşimi *hiç* taciz etmediğini söylememi istiyorsun. Bu şeytani hareket nasıl senin sikik doğanda olmayabilir ki?" Canlı canlı yanıyormuş gibi hissediyordum, kanım sikik damarlarımda hızla akıyordu. "On yıl geçti baba ve benden tekrar seni korumamı istiyorsun. Senin için ben bu kadarım. Sikik bir gereklilik anında kullanabileceğin birisi."

Sadece sert bakışlarıyla karşı çıkmadan beni izliyordu. Bakışlarında yabancı bir şey vardı. Üzgün bir şey.

Ona doğru yaklaşarak göğsümü işaret ettim. "Artık beni kullanamazsın. En sikik kötü adam olduğun halde seni sikik bir kahraman gibi gösteren oğlun olmayacağım." Sert bir nefes alarak ciğerlerimi oksijenle doldurmaya çalıştım.

Delici bakışlarımı ondan çekmiyordum.

"Bitti mi?" diye sordu sertçe. Sessizliğimi bir cevap olarak kabul etti. "Hatırlaman gerekiyor olabilir, Ryke. Senden hiç medyayla ilgili bir şey istemedim. Konu *hiçbir zaman* bu değildi ve eğer böyle düşünmeye devam edeceksen, seni bu kahrolası noktaya sürükleyen kafanda kurduğun senaryolardan ibarettir. Bu ben değilim." Ağırlığını diğer ayağına verse de bakışlarını benden ayırmadı. "Bu suçlamalarla yaşayabilirim. Yaşamama engel olacak şey seni kaybetmek, Loren'ı kaybetmek. İkinizi korumak için ölürüm. Eğer bunu göremiyorsan, sana göstermek için daha ne yapabilirim bilmiyorum."

Seni zor zamanlardan geçirdiğim için özür dilerim. Seni kenara itip her gün her gece kardeşine bir bok parçasıymış gibi bağırdığım için özür dilerim. Bunları söylememişti. "Neden sadece sikik bir özür dileyemiyorsun?" diye sordum. "Neden sıçıp batırdığını kabul edemiyorsun?"

"Çünkü bunları yapmadım," dedi. Göğsümün bir kısmı yanıyordu. "O zamanlar zor bir karar verdim ve aynı pozisyonda olsam yine aynısını yaparım. Senin hakkında yalan söylemeseydim, bunun alternatifi şu an senin durduğun yerde olmam gibi bir şey olurdu." Hücreyi işaret etti. "O zaman Loren nerede olurdu?"

Kardeşimi düşündüğümde midem altüst oldu. Gayrireşit birine tecavüzden doğacaktı. Babam hapse girseydi kardeşim... onu istemeyen bir anneden doğacaktı. Koruyucu aileye verilir miydi? Yoksa Jonathan, onu büyütmesi için Greg Calloway'e mi verirdi? O zamanlar arkadaşlar mıydı?

"Seni seviyorum," dedi babam. "Seni hep sevdim. İster inan, ister inanma. Bu tamamen sana kalmış. Buraya sahte beyanlarda bulunmak için gelmedim. Medyaya kahrolası bir açıklama yapmanı istemiyorum. Bağışlamanı istemiyorum. Sadece hayatımda olmanı istiyorum. Oğlumu istiyorum. Eğer bu yiyeceğimiz her lanet olası akşam yemeğinde hakaretlerini dinlemek anlamına geliyorsa, kabul ediyorum. Hiçbir şey olmamasındansa onu tercih ederim." Kollarını genişçe açtı. "Senin seçimin, Ryke."

Elimi saçlarımdan geçirdim. Ona inanmak istiyordum. Ruhumun derinlerinde, hepsinin bitmesini ve olması gereken sikik baba olmasını istiyordum. Ancak bu kayıtsız, boktan sevginin altında yıllarca süren bir acı yatıyordu. Bu nasıl silinecekti? "Seni nasıl kabul edebilirim?" diye sordum, sesim kısıktı.

"Bana bir şey sor. Sikik cevaplarım senin hoşuna gitmese bile dürüstlükle bir derdim yok."

Tüm sikik anların arasında neden şimdi olduğunu bilmiyordum ama onun gibi sürekli ve kötü bir şekilde küfrettiğimi fark etmiştim. Bu ne anlama geliyordu? Ona mı benzemiştim? Beni etkileyecek kadar etrafımda olmuştu. Benim hakkımda yalan söylese de yanımdaydı, hayatımın bir parçası olmaya çalışıyordu.

Etrafıma, metal tuvaletime, lavaboma, babamın arkasındaki parmaklıklara, arkamdaki kirli beton duvara baktım. Babam bana bir çıkış sunuyordu. Konu ailem olduğunda yalnızca siyah ve beyazı görebiliyordum. Belki de bu durum o kadar griydi ki, doğru ya da yanlış bir karar yoktu. Sadece kardeşimi incitecek ve beni incitecek kararlar vardı.

"Neden buradayım?" diye sordum. Şüphelerimin doğrulanmasına ihtiyacım vardı.

Parmağını parmaklığa sürterken gözlerine öfke yayılmaya başladı. "Samantha Calloway'in hatası. Belli ki uçuşun ortasında polislerin seni alması için bir arkadaşına e-posta atmış. Sikik öfkesi biraz fazla geldi." Bana baktı. "Kızlarının hepsi biraz deli, bunu tam olarak kimden aldıklarını biliyorsun."

"Beni alsınlar diye sikik polisleri aradı," diye karşılık verdim. "Bu delilik değil. Bu..."

"Delilik," diye araya girdi.

"Çok boktan."

"O da var," dedi. "Ama yirmi iki yaşındayken sikini on beş yaşındaki bir kıza sokarsan ne bekliyorsun ki?"

Ona ters ters baktım. "Böyle bir şey yapma-"

"Biliyorum," diye karşılık verdi. "Tıpkı Greg gibi ben de sana inanıyorum, oğlum. Ama Daisy onların en küçük kızı, yuvadan son gidecek olan çocukları. Samantha'nın sikik bölgesini işgal ediyorsun." Saatine baktı. "Söylediğim gibi, kısa süre sonra çıkacaksın. Samantha'nın seni burada on dakika daha tutacak kadar sahte ifadesi var."

"Beni kayda geçirecekler."

Başını salladı. "Orada bekliyorlar. Yarım saat içerisinde parmak izlerini almak isteyeceklerinden eminim." Matematiği kolayca yaptım. Onlar beni suçlayamadan buradan çıkacağımı söylüyordu. Anladığımı bildiği için gülümsedi.

"Tutuklanmaya karşı koydum..."

"Memurla konuştum. Bunu dikkate almayacaklar."

Burnumdan bir nefes alırken kalbim hızla çarpıyordu. Bir anda neden bu kadar fazla şaşırdığımı anlamıyordum. Sonra babam burada olduğu için minnettar hissettiğimi fark ettim. Üzücü olan kısım, böyle hissetmek istemiyor olmamdı. Kızgın kalmaya devam etmeyi tercih ederdim. Neden bir insandaki tüm iyi yanlardan nefret ediyordum ki? Sanırım bana bunu öğreten annemdi. Kardeşimi iyimser bir şekilde düşünmeye her çalıştığımda annem bu düşünceyi kırıp kötüye odaklanıyordu ve bu yüzden ben de aynısını yapıyordum.

Artık buna devam edemezdim.

Ensemi ovuşturdum. "Peki ya, Lo?" diye sordum babama. Bu konuyu es geçmek istemiyordum.

"Ona ne olmuş?"

"Sikeyim, ona berbat davranıyorsun," dedim derin bir nefes alarak. "Ona söylediklerin midemi bulandırıyor. Onu yere seriyorsun ve her seferinde yaralı bir köpek gibi sana geri dönüyor. Ona böyle davranacaksan etrafınızda olamam." Lo'nun da onun etrafında olmamasını tercih ederdim ama bunu denemiştik ve işte buradaydık. Lo babamızı seviyordu, bu onu mahvetse bile aynı yere dönmeye devam edecekti.

Babam dalgın bir şekilde *Rolex* saatinin kordonunu açıp kapatmaya başladı. "O senin gibi değil, Ryke. Üniversiteyi bıraktı. Bir özgeçmiş bile dolduramıyor. Hayatının içine sıçtı ve ona biraz sert davrandığımı kabul ediyorum ama bir kenarda durup sikik potansiyelini mahvetmeye devam etmesini izlemeyeceğim."

"O zaman bunu normal bir insan gibi söyle!" diye bağırdım. "Ona *hayatının içine sıçtığını* söyleme."

"Bu Loren'la ilgili değil. Bu seninle ve benimle ilgili," diye karşılık verdi konuyu kapatarak. Sanki bunu tartışmak mümkün bile değilmiş gibi davranıyordu.

Sikerler. "Söylediğin gibi onu seviyor olsaydın, ayık kalmasına destek olur ve eline geçen her fırsatta onu alaşağı etmezdin."

Bana ters ters baktı. "Onu motive etmeseydim olduğu yerde olmazdı. *Bu* sevgidir. Kendi çocuğun olduğunda anlayacaksın."

Çocuklarımı onun gibi yetiştirmem mümkün bile değildi. Sikerler.

Uzunca bir süre babama baktım. Asla değişmeyecekti. İnançlarına aşırı bağlıydı. Ya onu böyle kabul edecektim ya da varlığını unutmaya çalışarak hayatıma devam edecektim.

Kapıyı benim için genişçe açtı. "Bu saçmalıkları ardımızda bırakmaya hazır mısın, yoksa hâlâ sikik geçmişe takılı kalmak mı istiyorsun?"

Tekrar olduğum yerde dondum. Zeminin ortasına sabitlenmiştim. Dilime gelen edepsiz bir karşılık yoktu. Beni en çok etkileyen bu cümleydi.

Hâlâ sikik geçmişe takılı kalmak mı istiyorsun?

Orada yaşıyordum. Babamın annemi terk ettiği yerde. Yıllar boyunca kim olduğum hakkında yalan söylediğim yerde. Kendime ait kimliğimi kaybettiğim yerde.

Ancak bunların hepsine *artık* sahiptim. Siktir, hayal ettiklerimin daha fazlasına sahiptim.

Sevdiğim bir kız vardı.

Kardeşim vardı.

İşleri batırsa da beni seven bir annem vardı.

Benim yanımda olmak isteyen bir babam vardı... Ona baktım. Yanımda *olan* bir babam vardı.

Ben Ryke Meadows'tum. Bir serbest solo tırmanışçıydım. Bir ünlüydüm. Sikik bir ayıklık koçuydum. *Bana* ait olan bir kimliğim vardı. Bunu kimse benden alamazdı.

Tekrar babama baktım. Onu kötü adam olarak görmek istiyordum ama belki de bunca zamandır kötü adam bendim. Bunu aşmadığım için, onun da hatalar yapabileceğini kabul etmediğim için. Şu an onu affetmek isteyip istemediğimi bilmiyordum fakat benden bunu istemiyordu.

İhtiyacım olan tüm sikik vakti kullanmamı istiyordu.

Güçlü bir nefes aldım. "Seninle asla aynı fikirde olamayabilirim."

Başını sallayarak onayladı. "Seninle bir daha asla konuşmamaktansa, pazar günleri her akşam yemeğinde kavga etmeyi tercih ederim." Omuz silkti. "Lanet olasıca gerçek bu."

"Beni o kadar seviyor musun?"

Gözlerinde sikik yaşlar vardı. "Muhtemelen anlayabileceğinden daha çok, oğlum."

İçimde bir ağırlık vardı. Hayatım boyunca hiç sormadığım bir soruyu ona sordum. Cevabını hep bildiğimi varsaymıştım. Artık bundan pek emin değildim. "Lo ve benim için içmeyi bırakır mıydın?"

Ağır bir sessizliğin ardından tek bir gözyaşı yanağına damladı. Artık muhtemelen içinde Lo'nunki ve benimki kadar güçlü, isyankâr bir savaşla başa çıktığını görebiliyordum.

Yapacağı şey her şeyi değiştirecekti.

BÖLÜM 60

RYKE MEADOWS

"Hâlâ inanamıyorum," dedi kardeşim. Arka koltukta Lily ve Daisy'yle birlikte babamın evine doğru sürüyordum. Başka bir kırmızı ışıkta durana kadar aracım *Infinity* yollarda hızla ilerliyordu. Kızlar sessizdi, ikisi de pencereden dışarı bakıyordu.

"Ben de öyle," dedim. "Aşırı gerçekdışı geliyor."

"Binlerce dolar değerindeki içkileri attı." Lo başını iki yana salladı. "Nadir bir iki yüz yıllık İskoç viskisi vardı. Onu bana düğün hediyesi olarak vermeyi düşünüyordu, biliyor musun?"

Bakışlarım ona çevrildi. "Ayıkken sana içki vermek mi istiyordu?" Lo bu uzun yolculuğa başladığından beri her gün babamızı ziyaret ediyordu. Hücrede verdiği sözün ardından bir hafta geçmişti ve o zamandan beri geri adım atmamıştı.

Kendi kelimeleriyle, *sikik bir korkak* değildi.

"Hayır, düğünümde kendisinin içmeyi planladığını söylemişti. Benim için ekstra bir kadeh ayırırdı." Lo'nun bir anlığına gözleri daldı ve gülümsedi. "Bitkileri viskiyle suladık." Kahkaha atarak ekledi. "Orospu çocuğunun hizada kalmak için üç tane ayıklık koçu tuttuğunu biliyor muydun?"

Kardeşimin sesindeki mutluluğu duyabiliyordum. Beni yepyeni bir düşünceye ulaştırıyordu. Babamın sonunda bizim için bu yola başvurmasıyla gurur duyuyordum. Kolay bir karar değildi. Lo bunu benden daha iyi biliyordu. İlk elden tecrübe ettiği için içkiye kendini vermektense ondan vazgeçmenin ne kadar acı verici olduğunu en iyi o bilirdi.

Ancak ikimiz de bu süreçte onun yanında olacaktık.

"Sikik bir ordu bekliyordum," dedim Lo'ya. "Eğer rehabilitasyona gidemiyorsa rehabilitasyonu kendine getirir." Dikiz aynasından Daisy'ye baktım, anormal bir şekilde koltuğunda hareketsiz duruyordu. Dalgın bakışları midemin kasılmasına neden oldu. Ben tutuklandığımdan beri annesini görmezden geliyordu. Bu ondan yapmasını hiç istemediğim bir şeydi.

Philly'nin banliyösündeki etrafı çitlerle çevrili evlerden oluşan siteye yaklaşarak babamın garaj yoluna park ettim. Emniyet kemerimi açtığımda Lily ve Daisy arabadan inip Lo'yla ben daha çıkmadan kapılarını çarptılar. Kardeşime döndüğümde burada olduğumuz için aklımı kemiren bir soru vardı.

"Sana bir şey sormak istiyorum," diye fısıldadım.

Lo bakışlarını gergin bir şekilde tırnaklarını yiyen sevgilisinden ayırdı. Lily normale göre daha kaygılıydı ve bu konuda kardeşimle hiç konuşmamıştım ancak onun sağlığı şu an en büyük endişem değildi. "Tamam," dedi.

"Lily, Jonathan'la yalnızken çok sohbet etti mi?"

Bunu Lily'ye bir kez sormuştum. Onunla ilk tanıştığım zamanlarda. Kardeşimin Hale hanesinden kaçınmaya çalıştığını söylemişti, bu eve geldiği düşünülürse Jonathan'dan kaçtığı söylenebilirdi.

"Bu dedikodularla mı ilgili?" diye sordu Lo kaşlarını çatarak.

Taciz dedikoduları. Hâlâ ortadalardı, artıyor ve... kafa karıştırıyorlardı. Lily'nin adı da işin içine karışmıştı ama Jonathan'ın bağımlılığıyla bir alakası olduğuna dair suçlamaları resmi olarak reddetmişti.

Benim "neredeyse" gayrireşit birine tecavüzden suçlanmam, babamın ani bağımlılık danışmanlığı alması... İşte, ailemiz tam bir pembe dizi gibi görünüyordu.

"Daisy'yle ilgili," dedim. "Artık benimle çıktığı için ne kadar saçmalığa katlanması gerekeceğini bilmek istiyorum. Babam artık ayık olsa da hâlâ bir şerefsiz."

Lo kısa bir kahkaha attı. "Evet, ayıklık koçlarından birine on kilo verip sonra tekrar gelmesini söylemiş."

"Böyle mi söylemiş?"

"Bu kadar nazik olmasının imkânı yok. Sanırım kırk yaşındaki adamı sözleriyle ağlattı." Lo başını salladı. "Daisy için endişelenme. Konu seninle ilgili olmadıkça babam onunla konuşmaz." Babamın kaba yorumlarıyla küçük düşmesini istemiyordum. Lo sanki aklında bir şey varmış gibi dalgınca telefonuna baktı. "Üçe indirmem gereken on çizgi roman taslağı var. Karar vermekte zorlanıyorum. Belki bana yardım edebilirsin."

Şaşkınlığımı gizleyemedim. "Lily ve Connor müsait değil mi?" Onun sikik üçüncü tercihi olduğumu biliyordum. Hep öyleydim.

"Onlara sormadım." Duraksadı ve bir anda kendini güvensiz hissettiğini fark ettim. "Eğer vaktin yoksa ya da istemiyorsan Lily'ye okutabilirim. Çok büyük bir mesele değil." Tekrar telefonuna baktı ama yeni mesaj gelmediğinden emindim.

"Hayır," dedim hızlıca. "Yardım etmek istiyorum."

Şaşırma sırası ondaydı. "Emin misin?"

İçimde bir şeyler kabardı. Sadece kendinden ittiği bir ayıklık koçu gibi değil, gerçekten ağabeyiymiş gibi hissediyordum. "Evet," dedim başımı sallayarak. "Ama sikik fikirlerimden nefret etmeyeceğine söz veremem."

"Ben buna kesinlikle söz verebilirim." Lo gülümsedi. Yarım, tatsız ya da daha erkenden yanında olmadığım için dargınlıkla dolu bir gülümseme değildi. Gerçek sikik bir gülümsemeydi. "Olay da bu. Benden çok daha farklı bir şekilde bakacak birine ihtiyacım var."

Her şeye daima ondan daha farklı bakmıştım. Hayata. Aşka. Aileye. Yaşamlarımız bir aynadan yansıtılmış, altüst ve ters dönmüş bir şekildeydi. Sonunda ortada, ikimiz için de anlamlı olan bir noktada buluşmak güzeldi.

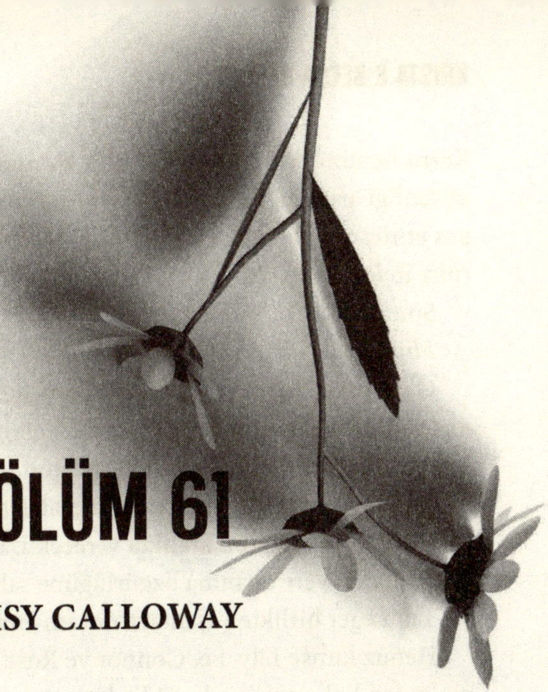

BÖLÜM 61

DAISY CALLOWAY

Ryke'ın çarşaflarının üzerinde yüzüstü, çıplak bir şekilde uzanıyordum. Onun dairesindeydim. Başımı yastığın altına gömmüştüm ve elimle telefonumdaki mavi parıltıyı kapatarak onu uyandırmamaya çalışıyordum.

Telefonumun üst tarafında gece 3:14'ü gösteren saat, mutfak tezgâhından yere ve oradan yatağa uzanan vahşi bir seksle dolu gecenin bile beni uzun süre uyutamayacağını bana hatırlatan detaydı. Ortalama dört saat uyuyordum, bu berbattı.

Ablamdan gelen kaçırdığım mesajları açtım.

Bu evden çıkmam lazım. Bir daireye çıkmayı düşünüyoruz ama Lily bundan nefret edeceğimi söylüyor. Sen ne düşünüyorsun? -Rose

Tüm hafta boyunca doğu yakasındaydık, bu da basın danışmanlarımıza bir basın bildirisi yapmalarına yetecek süreyi vermişti.

ROSE COBALT BİR BEBEK BEKLİYOR!

Dedikodu siteleri bebeğin isminden cinsiyetine kadar deli gibi tahminlerde bulunuyorlardı. Lily geçen gün bir paparazzinin, Rose'un karnını çekmek istediği için çitlere tırmandığını söylemişti.

Karnı henüz belli olmuyordu bile. Connor'ın Princeton evindeki güvenliği arttırdığını duymuştum ama ablam muhtemelen çoktan pes etmiş olmalıydı. Cevap yazdım. *Kesinlikle nefret edersin. Yeterince dolap alanı yok.*

Sonra başka bir mesajı açtım.

Philly'de ya da civarlarında ev bakıyoruz. -Rose

Gülümsedim. *Ben* Philly'de yaşıyordum. Ancak bu yeri seçmelerinin başka sebepleri de vardı. Calloway Modaevi *ve* Cobalt Şirketi de buradaydı. Onları Princeton, New Jersey'ye bağlayan hiçbir şey yoktu. Ev ve iş arası mesafeleri berbattı, Lily ise üniversitedeki son dersini aralıkta verecekti. Resmi olarak bir mezun olup istediği yere taşınma özgürlüğüne sahip olacaktı.

Tabii eğer birlikte yaşamaya devam etmeye karar verirlerse.

Henüz kimse Lily, Lo, Connor ve Rose'un ayrı yaşamaları ihtimalinden bahsetmiyordu. O kadar uzun zamandır aynı evi paylaşıyorlardı ki onları ayırmak tuhaf olurdu. Fakat Rose artık hamileydi. Belki de herkes artık kendi hayatına devam edecekti.

Gülümsemem soldu. Öyle bir şey olursa, ablalarım kendi ailelerini kurmadan önce onlarla geçirebileceğim çok az vaktim kalmış olurdu.

En küçük çocuk olmak şanssızlıktı.

Diğer mesaja tıkladım.

Gerçekten seninle konuşmak istiyorum. Lütfen, Daisy. -Annem

Anında sildim. Yaptığı şeyi düşünmek bile istemiyordum. Duyguların zihnime sızmasını istemediğim için Ryke'ın birçok kez yaptığını gördüğüm gibi hepsini bastırdım.

Ardından son okunmamış mesaja geldim.

Ahh. Kahrolası bir içkiye ihtiyacım var. Hamilelik, Loren'la empati kurmamı sağlıyor. Şimdiden bundan nefret ediyorum. -Rose

Yastığım kafamın üstünden çekildi. Suçüstü yakalanmıştım. Ryke tamamen çıplak bir şekilde bana yaklaşırken bacağı benimkine sürtündü. Telefonumu alıp saate baktığında bakışları sertleşti. "Sadece sikik bir saat uyumuşsun, Calloway."

"Biliyorum, bu konuda kötü hissediyorum," dedim. "Sen uyumaya devam edebilirsin. Artık seni rahatsız etmeyeceğim." Yataktan kalkmak üzereydim ama güçlü kolunu sırtıma uzatarak beni yüzüstü, *kendi* çarşaflarının üzerinde tuttu.

Bacaklarımın arasındaki nokta kasıldı. *Aman Tanrım.* Yine mi? Ryke Meadows'u o kadar çekici buluyordum ki bedenim bununla nasıl başa çıkacağını bilmiyordu.

Üstümde kıpırdandı ve dudakları kulağımı okşadı. "İşler böyle yürümüyor, tatlım," diye fısıldadı. "Tüm sikik gece boyunca yatağımızda olmanı istiyorum." *Yatağımızda.* Gülümsedim, aynı eve taşınacağımızı bana hatırlatıyordu. Henüz kimseye söylememiştik, onun dairesinden benimkine gidip geliyorduk. Hangisini seçmemiz gerektiğine karar vermemiştik.

Yine de bu normal hissettiriyordu.

Aslında bir bakımdan bunu ben mezun olduğumdan beri yapıyorduk, sadece içerisinde seks yoktu.

Örtüleri üstümden iterek çıplak sırtımı ve kendi vücudunu açıkta bıraktı. Omuzlarımı öptükten sonra dili her biri yoğun ve şehvetli olan öpücüklerle tenimi buldu. Öpücükleri bir işkenceydi. Her bir duyumu kabarttıkları için harikalardı ama aynı zamanda bacaklarımın arasında sert bir şeyi arzulamama sebep oluyorlardı.

Başımı çevirerek geniş kaslarının hareketlerini, karın kaslarının arasındaki çizginin keskin bir hal alışını izledim. Aşırı ateşliydi. Bunun bir rüya olmadığına ve yıllardır tanıdığım bu asık suratlı, kaba, seksi adamla birlikte olduğuma emin olmak için gözlerimi kırptım.

Dudakları kıçıma doğru iniyordu, pürüzsüz tenimi öperken kıçımı tutuyordu. *Ahhh...* Bedenime bakışı bile ıslanmamı sağlıyordu. Aynı ifadeyi, aynı arzuyu paylaşıyorduk.

Beni ters çevirdiğinde ağır nefesler aldım. Dizlerinin üzerinde doğrulduğu sırada bakışlarım onun yontulmuş kaslarında ve gözlerindeki karanlıkta gezindi. Onun altında küçük hissediyordum. Yaşım yüzünden değildi. Kadınsılık yüzündendi. Onun maskülenliği karşısında genç bir kız vücuduna sahiptim.

İçimde olmasına *ihtiyacım* vardı. "Sanırım... sanırım sekse bağımlıyım," dedim. Nefesimi toplayamıyordum bile. Sadece burada uzanıyor, ona bakıyordum.

Neredeyse gülümseyecekti. "Seksi seviyorsun. Bu ona bağımlı olduğun anlamına gelmiyor."

"Nereden biliyorsun?" dedim kesik bir nefes alırken.

"Çünkü o şekilde doyumsuz olurdun. Bugün içine boşalmamdan sonra bile sikik telefonundan porno izliyor olurdun."

Dudaklarım kıvrıldı. "İki kez."

"Üç kez olmak üzere, Calloway."

Ellerimle çarşaflara tutunarak yüzümü yatağa çevirdim. "Sen gerçek değilsin," dedim kocaman bir gülümsemeyle dramatik bir şekilde.

Bir anda yataktan kalkıp ona yaklaşabilmem için beni bileğimden çekti. Ciğerlerimdeki oksijen boşaldı. Öncekinden çok daha sert olan aletine baktım. İçime girdiğinde canım yanmıyordu ama eğer yeterince ıslak değilsem kayganlaştırıcı kullanırdı. Beni kolaylıkla incitebileceğinin oldukça farkındaydı ve bu dikkatli tavrı onu daha çok sevmemi sağlıyordu.

Ancak henüz içimi doldurmamıştı.

Dizlerimi kıvırırken başı bacaklarımın arasına indi. Dudakları hassas ve onun becerikliliği için yalvaran o noktaya daha değmeden nefesim kesilmişti. Ryke birçok alanda uzman olsa da bu tamamen başka bir seviyedeydi.

Dili ve dudakları senkronize bir halde çalışmaya başladığında saçlarını kavradım. Bana oral yapan ve hassas noktamı öpen tek erkek olması hoşuma gidiyordu. Bacaklarımın hareket etmesini engelleyerek bacaklarını bastırırken güçlü elleriyle belimi tuttu.

Saçlarını çekiştirmek ve elimi ellerinin üstüne yerleştirmek arasında gidip geliyordum. "Ryke," dedim nefessiz bir şekilde. "Ah, Tanrım... Yapamam..." Sırtım kıvrılmaya başladığında başını sıkıca tuttum.

Ağzı tam orada.

Başı bacaklarının arasında.

Seni öpüyor.

Bedenini tutuyor.

Çıplak.

Aklımı kaçırmak üzereydim.

İnledim. Ağzım aralanırken parmaklarım gür kahverengi saçlarında geziniyordu. *Aman Tanrım.* Yerinden kalkıp bir dizini yatağa yasladığı sırada nefesimi topladım. Bunu yaptığını daha önce birçok kez görmüştüm. Bedenime daha çok yaklaşmak için bir dizini yatağa yaslıyordu. Ancak hiç çıplak yaptığını görmemiştim. Hiç ben altında çıplak yatarken ereksiyonuyla yapmamıştı.

Bacağımı beline çekerek aletini tuttu ve sert aletini yavaşça içime itti. Sanırım az önce inlemiştim.

Normalde onu karşılamak için doğrulurdum ama uzuvlarım pelte gibiydi. Öylece bedenime çarpmasına izin verdim. Bedenlerimizin birbirini yutmasını izlerken sertliği nabız gibi bir ritimle içimde hareket ediyordu. O kadar dolu hissediyordum ki bunu tarif bile edemezdim. İçimde onun dışında başka hiçbir şeye yer yoktu.

Bir sinirim uyarıldığında inledim. Bu hisler asla azalmıyordu. Bakışları bana odaklandı. Tepkilerimden ve bedenimin gösterdiği yanıtlardan büyülenmiş gibi görünüyordu. Bir noktada dudakları aralandı ve bir elini yatağa koyarak bana doğru alçaldı. Ereksiyonu daha da derine indi. Hâlâ bir bacağını yerde tutuyordu.

"Ryke!" diye inledim. Zevk çok yoğundu, yüzümü ellerimle kapattım. Bitmiştim. Aklım başımdan gitmişti. Bir milyon parçaya bölünmüştüm. Fakat bu doğru değildi. Hâlâ o sikik dağa tırmanıyordum. O kadar yoğundu ki zirveye hemen ulaşmak istiyordum. Nefes almaya çalıştım ama ciğerlerim benimle işbirliği yapmadı.

Ellerimi yüzümden çektikten sonra boynuna doladım ve beni güçlü bir şekilde öpmeye başladı. Bu şekilde nefes almama yardımcı oluyor, ciğerlerimi oksijen almaya zorluyordu. Sonra bacağımı biraz daha yukarı kaldırdı ve başım geriye doğru eğildi.

Hiç durmadan içimde hareket ediyordu. Ritmi hızlandı, bakışları içimde gidip gelen aletinden kapanmayı reddeden ve iniltilerle dolan dudaklarıma çevrildi.

İnledi. "Siktir." Daha ve daha hızlı hareket etmeye başladı. Çok sert. Çok çılgın. Çok sikik deli bir şekilde. "Dais..."

"Ryke..." Elim ellerini buldu. Biri bacağımda yukarı doğru hareket ediyordu ve diğeri de yatakta, saçlarımın yanındaydı. İkisini de tuttum ve bir kez daha içime girerek sözünü yerine getirdi.

Boşaldığında bedenim de onunla birlikte kasıldı. Gözlerimi kapatıp nefes aldım. Az önce tüm dünyayı otuz beş dakika içerisinde koşmuştum.

Yatağa tırmanıp beni kollarına çekerken içimde kalmaya devam etti. Muhtemelen beş dakika daha öpüştük. İkimiz de rahatlamaya başladığımızda, "Bu uyumana yardım etmek için değildi," dedi.

Beni seksle tedavi etmeye çalışmadığı sayısız alandan bahsediyordu. "*Sadece* düzüşmek için miydi?" diye sordum gülümseyerek.

"Hayır," diye fısıldadı. "Bu bir *seni seviyorum* düzüşmesiydi."

Neşelendim. "Neden favorim olduğuna şüphe yok."

Saçlarımı tararken nefes alışlarım onun sabit ritmine uyum sağlamaya başladı. "Kapıları kontrol etmemi ister misin?" diye sordu.

"İyiyim." Birlikte olmadan önce olduğum kadar paranoyaktım. Bir ilişkiye başlamanın sorunlarımı çözeceğini düşünmüyordum. Ancak Ryke'ın yüzde yüz burada, benim için olacağını bilmek daha önce sahip olmadığım bir güvenlikti. Mantıksız korkumun çoğunu bastırıyordu.

Yanağımı göğsüne yasladım. Hemen o anda uyuyakalmadım. O da beklerken benimle uyanık kaldı. Sonunda beni huzurlu bir yere çağıran uykuya kapılana kadar çıplak ve yorgun bedenime sarıldı.

Onun kollarında, güvende olduğumu bildiğim yerde uyuyakaldım.

BÖLÜM 62

RYKE MEADOWS

Rose'un Princeton'daki evinde yaptığımız film gecesi sikik bir kavgaya dönüşmüştü bile. *Yerçekimi* filmi düz ekran televizyonda Sandra Bullock uzayda uzaklaşırken donmuştu. Mobilyalar dışında odada duran tek şey televizyondu. Tüm kitaplar toplanmış ve duvarlardaki fotoğraflar indirilip baloncuklara sarılmıştı.

Lo ve Rose son on dakikadır kavga ediyorlardı, ne yazık ki kardeşimin stratejisi ona patlamış mısır atmaktı. Rose uçan bir mısırdan kaçtı.

"Seninle *medeni* bir şekilde konuşmaya çalışıyorum," diye karşı çıktı Rose. "Bana patlamış mısır fırlatmaya son ver."

"Beni dinlemeye başladığında son vereceğim." Bir mısır daha attığında onun kucağına düştü.

Connor, karısı koltuktan fırlamaya hazır göründüğü için onun beline sarılmak zorunda kaldı.

"Dikkat et Rose, hamilesin. Yedi ay daha pençelerini çıkartamayacaksın," dedi Lo sivri dilli bir şekilde.

"Götlük etme," diyerek araya girdim. Televizyona bakan büyük koltukta otururken Daisy kucağımdaydı. Sessiz kalıp kavgalarda hep izleyici oluyor, hiçbir zaman araya girmiyordu. Bu bir tesadüf değildi. Bu saçmalıktan nefret ettiği için kendini bu durumlara sokmaktan kaçıyordu. Bense o kadar nazik değildim.

Lo ve Rose ağız dalaşı yapmaya devam ederken tartışmadan koparak Daisy'nin annesinden gelen bir mesajı silmesini izledim. Midem burkuldu.

"Hey," diye fısıldadım. Büyük yeşil gözleri benimkilerle buluştu. "Benim sikik hatalarımı yapma, tamam mı?" Bir tutam pembe saçı kulağının arkasına ittim. Kin tutan karamsar taraf bendim. O affeden ve kollarını yabancılara açan neşeli kızdı. Bu yüzden değişmesini istemiyordum.

"Seni polislere şikâyet etti, Ryke," diye mırıldandı. "Bu kabul edilemez."

"Sikik gerçeği çoktan aştım bile," dedim. Basın danışmanlarım medyaya yükselip suçlamaları reddediyor ve insanlara Greg Calloway'in *People* dergisine verdiği bilgiyle, ilişkimizin kızı on sekiz yaşına girdikten sonra başladığını doğrulamasını hatırlatıyordu. Karısının akılsız, duygusal kararı için özür dileme şekliydi bu.

Ancak hapse girdiğim gerçeği ve büyük dergilerin hepsinin manşetlerine düşen fotoğraflarım hiçbir zaman kaybolmayacaktı. Basın açıklaması yapılsa bile. Gazeteleri okumasam bile toplumdaki ters tepkinin bilincindeydim. Spor salonunda ve markette bana pis bakışlar atıyorlardı. *Time* dergisi bu konuyu raflardan çekmişti.

Yine de bana karşı çok fazla nefret vardı. Benim tarafımı tuttuğu için Daisy'ye karşı da aynı şekilde davranıyorlardı. Bu odadaki kişiler ve ailelerimiz dışında kimin ne düşündüğünü umursamıyordum. Ancak insanlar basının bize seslendiği şekilde "Raisy" çiftine ne kadar saldırırsa, Daisy de annesini o kadar suçluyordu.

Nefreti giderek artıyordu.

"Nasıl?" diye sordu. "Tamamen onun yüzünden seni kelepçelemelerini izledim."

"Bu seni koruma ve bana *siktir git* deme şekliydi. Hepsi bu kadar, Dais. Seni seviyor, bunu biliyorsun." Duraksadım. "Sen de onu seviyorsun."

Yaşlarla dolan bakışlarını telefonuna çevirdi. Ona sıkıca sarılarak başını öptüm. Annelerimizin sorunları hep benzerdi. Sadece benimkiler ondan birkaç yıl geriden geliyordu. Yanlış bir seçim yapmıştım ve bu konuda beni takip etmesini istemiyordum.

Çenesini hafifçe kaldırdığımda cevap verdi. "Söylediklerini düşüneceğim."

"Tamam." Başımı salladım. Sesimi daha da alçalttım. "Uyku sorunlarınla ilgili ablalarınla konuşacak mısın?"

Yüzü düştü. "Bundan sonra mı?" Son haftada geçmişte olanlarla, hatta yaşadığı en acı verici olayla ilgili detayları bile paylaşmaya daha açık olmaya başlamıştı.

"Evet." Ne söylemek istediğimi anladığından emin olmak için ona bir bakış attım.

Omuzları biraz gevşerken başını salladı. "Tamam, bundan sonra."

Lo konuşmak için tekrar ağzını açtığında Connor araya girdi. "Bir çözüm sunuyoruz, üzülecek bir şey yok."

Lo elini göğsüne bastırdı. "Sizinle yaşamayacağım. Son iki yıldır harika bir ev arkadaşıydınız ama bebeğiniz oluyor, adamım." Başını iki yana salladı. "Bunun üstüne bir de bizim saçmalıklarımızla uğraşmanıza gerek yok."

"Hazır değilsin," diyerek Rose tekrar araya girdi. "Sadece birkaç ay önce bağımlılığın tekrarladı..."

"Hiçbir zaman hazır olmayacağım, Rose!" diye bağırdı Lo. "İyileşmemi bekliyorsan pes etmen gerekebilir. Bu durum sonsuza kadar sürecek. Bir ay değil. Birkaç yıl değil. Ben bağımlıyım. On yıl ayık kaldıktan sonra da tekrarlayabilir. Bunu kabul etmen gerekiyor."

Rose'un dudakları ince bir çizgi gibiydi. "Peki ya Lily?"

"Her zaman yaptığım gibi onunla ilgilenebilirim," diye tersledi Lo.

"Ah, yani her gece farklı erkeklerle seks yapmasına izin verdiğin yıllardan bahsediyorsun," diye karşılık verdi Rose. Tanrı aşkına, artık hamile olduğu için daha filtresizdi. Sikik aklına ne gelirse söylüyordu.

Kardeşim ona o kadar soğuk bir şekilde baktı ki Rose'un irkilmemesine şaşırdım. Tamamen çirkin bir şey söyleyerek onu parçalara ayırmasına hazırdım. "Bu sikik geceki hamilelik hakkını doldurdun. Karnında her ne büyüyorsa, o bir iblis. Seni direkt şeytana çeviriyor."

Rose gözlerini kısarak söylediklerini duymazdan gelip konuya döndü. "Bebeği umursamıyorum. Lily'nin bizimle yaşamasını istiyorum ve o da bunu istiyorsa benimle kavga etmemelisin."

"İstemiyor."

"Ona sordun mu?"

"Evet!"

Koltukta Lo'nun yanına, Lily'nin oturduğu yere baktım. Fakat tuvalete gitmişti...

Dikkatimi Connor'a verdim.

Saatine bakıyordu. Aklından aynı düşünce geçiyor olmalıydı. "O gideli ne kadar oldu?" Sesim Lo ve Rose'un kavgasını bölerek onları susturdu.

Lo döndüğünde sol tarafındaki boş minderi fark etti. "Siktir," diye küfretti ve doğruldu. Gözleri endişeyle irileşti.

"Yirmi dakika, belki on beş," dedi Connor. Yerimden kalkarken benim hareketlerimi takip etti.

Lo tereddüt dahi etmedi.

Sadece koştu.

BÖLÜM 63

RYKE MEADOWS

“Mutfak tarafındaki banyo!” diye seslendi Rose. Lo merdivenlere fırlamadan hemen önce bağırmıştı.

Kardeşimin hemen arkasındaydım ve evde koşuştururken elim sırtındaydı. Connor da arkamızdaydı. Sadece, *Siktir. Tanrım lütfen iyi olsun*, diye düşünüyordum. *Lütfen herkes aşırı tepki veriyor olsun.* Lily’nin tuvalette dergi okuyup fazla uzun kaldığı için birilerinin içeriye daldığı ilk sefer değildi. Lo ona olan güvenini uzun zaman önce kaybetmişti. Sanırım Lily’nin iyileşme sürecinin daha inişli çıkışlı olduğunu fark ettiği zamandı.

Duvarların ardındaki duşa uzanan borular gürledi.

Siktir.

Lo hızlanıp kapıya ulaştığında yumruğunu ahşap kapıya indirdi ve kapı kolunu zorlamaya çalıştı.

“LILY!” diye bağırdı. Sesi katıksız korkuyla doluydu. Dün, Lily’yi öpmeye çalıştığını ve onun reddettiğini söylemişti. Lily için bir öpücüğü reddetmek küçük bir şey değildi. Gösterdiği sebep kendini iyi hissetmiyor olmasıydı, Lo da uyumaya devam etmesine müsaade etmişti.

Bunu yapmayı, yani uyumayı da çok arttırmıştı.

Lo kapı kolunu zorlamaya devam ediyordu. "LILY!"

"Çekil," dedim.

Çekildiğinde omzumla kapıya vurdum. Açılmadan önce iki kez vurmam yetmişti. Lo'dan önce koşarak duş perdesini kenara çektim.

Lily tamamen giyinikti ve sular üstüne dökülürken küvette oturuyordu. Titriyordu ve kollarını bacaklarına sarmış, dizlerini göğsüne bastırmıştı. Siyah uzun kollu tişörtü ıslaktı ve zayıf bedenine yapışmıştı.

Musluğu kapatırken su koluma çarptı, *buz gibiydi.* Neredeyse geri çekilmeme sebep oluyordu.

Lily'nin sikik küvetlerde kriz yaşama takıntısı da neydi?

Lo içeri girdiğinde pantolonu ıslandı. Lily'yi renksiz yanaklarından tuttu. "Lil, konuş benimle." Sesi boğuluyormuş gibiydi, inanılmayacak kadar çok acıyla doluydu. Duş kapanmadan önce sular üstünü ıslatmıştı, açık kahverengi saçları ıslaktı. Keskin hatlı yanaklarından su damlaları akıyordu.

Ellerinin arasındaki Lily çok narin görünüyordu ama kardeşim de en az onun kadar kırılmış, karanlık ve acı doluydu. Lily'nin kırgınlığının ikisi arasında yayılmasını izlerken kalbim deli gibi atıyordu. Su sesi durduğunda hıçkırıkları yüksek tavanlı tuvalette yankılanmaya başladı. Ağlamaya dönüşen dolu hıçkırıklardı.

"Şşşt, Lil," dedi Lo. "İyisin."

Lily'nin arkasından küvete adım attığında ayaklarım ve kot pantolonum buz gibi suyla ısladı. Eğilip elimle bir şeyler aramaya çalıştım. Jilet, seks oyuncağı ya da herhangi bir şey. Kapalı tıkacı bulup çektiğimde su boşalmaya başladı.

"Ben... üzgünnnüm..." Dişleri birbirine çarparken başını kardeşimin omzuna gömdü.

"Neden üzgünsün, Lil?" diye fısıldadı Lo. Vücudunu ısıtmak için onun sırtını sıvazlıyordu.

Rose lavabonun yanında volta atarken telefonu elinde hazırdı. Ambulansı ya da psikiyatristi aramasına sadece bir dakika kalmıştı.

Küvetten çıktığımda Connor başını eğerek, "Bir şey var mı?" diye sordu.

Başımı iki yana sallayıp Lily'nin mor banyo halısında duran Connor'ın yanına geçtim.

"Sana söylemek istedim..." diye fısıldadı Lily. Gözlerinden yaşlar akıyordu ama bunlar derin sikik bir üzüntüye eşlik eden sessiz yaşlardı. "Dün söyleyecektim... korktum..." Tüm bedeni soğuk suda kaldığı için ve muhtemelen arzularıyla savaştığı için titriyordu. Onu daha önce de görmüştüm ama böyle değildi. Genelde bununla ilgili şaka yapar, buzdan bir duş aldığını söyler ve titreyerek kaçmadan önce suya dalardı. *"Cinsel arzular gitti!"* derdi gülümseyerek.

Bu sikik şey farklıydı. Çok daha yoğundu.

Connor, Lo'ya bir havlu uzattığında kardeşim mor renkli yumuşak pamuk havluyu Lily'nin titreyen bedenine sardı.

"Lily... Bana her şeyi anlatabilirsin," dedi ona.

"Bunu değil." Lily başını iki yana sallarken yanaklarına gözyaşları dökülüyordu. "*Bunu* değil."

Onu aldatmış mıydı? Bu varsayımla ellerimi başıma yerleştirdim. *Sikeyim, onu aldatmış.*

Ancak Lo, onun elini tutarak parmaklarını sanki her bir parmağı bir öncekinden daha önemliymiş gibi birbirine doladı. Bakışları sanki başka hiçbir yere bakmayı kaldıramazmış gibi ellerine odaklanmıştı. Benimle aynı şeyi düşünüp düşünmediğini merak ettim.

"Bana söylemen lazım, Lil," diye mırıldandı. "Tahmin edemem." Sesi boğuluyormuş gibi bir fısıltıya dönüştü. "Lütfen tahmin etmemi isteme."

Lily sanki kendini söylemeye hazırlıyormuş gibi durmaksızın başını aşağı yukarı sallıyordu. Hiç kimse konuşmuyordu. Bir başkası araya girerse onun paramparça olmasından korkuyorlardı. Lily ağzını açtı ama sonra bir şey anlamış olacak ki ifadesi bir farkındalıkla birlikte perişanlığa dönüştü. "Sen... seni aldattığımı mı düşünüyorsun?"

Lo kalbi kırılmış görünüyordu. "Bilmiyorum, Lil," diye fısıldadı. "Mesafeli davranıyordun ve benimle Paris'e gelmedin. Yalnız başına çok vaktin vardı... Ben sadece, bilmiyorum... Bilmiyorum."

"Seni *aldatmadım*," dedi Lily. Sesi çok güçlü çıkıyordu. "Bana inanman gerekiyor." Lo'nun gözlerinde bu inancı arıyordu.

Bir nefes verdim. Kardeşim benden daha büyük bir nefes verdi.

"İnanıyorum, Lil." Lily'nin yanağına uzandı. "Ama bana kahrolası neler olduğunu anlatman lazım."

"Üzgündüm... Bunalmıştım. Bir şeyler yapmak istedim, sandım ki... bunun faydası dokunur." Bakışları duş başlığına döndü ve tekrar diz kapaklarına baktı. Ardından bacaklarını kapattı, kendini tekrar geri çekiyordu.

"Dökül gitsin," dedi Lo. "Konu her neyse. Şimdi içinden at, aşkım."

Ellerine bakma sırası Lily'deydi. "Nasıl söyleyeceğimi bilmiyorum... Sen Paris'teyken düşündüm, bunu söylemenin güzel bir yolunu bulacaktım ama bence... Bence bunun güzel bir yolu yok. Sürekli kendime, *'Yarın söyleyeceğim,'* deyip duruyordum." Aceleyle gözlerini silip derin bir nefes aldı. "Sekiz haftalık hamileyim." Lo'ya bakamıyordu bile.

Ellerim başımdan düştü. *Ne?* İşaretler için zihnimi zorladım ama Lily'nin normalde olduğu gibi kaygılı olması dışında aklıma hiçbir şey gelmiyordu. Belki göğüsleri büyümüş olabilirdi? Onunla gerçekten konuşmaya çabalamadığınız müddetçe sessiz, utangaç ve içekapanık biriydi. Böyle şeyleri tahmin etmek zordu.

Şimdi seks bağımlılığını nasıl bu kadar süre boyunca gizli tuttuğunu anlıyordum.

Lo sessiz bir şekilde taş kesmişti. Hepimiz aynı şekilde sayılırdık. Rose ve Connor'a baktığımda ifadelerinin rahat olduğunu fark ettim. Biliyorlardı. Siktirsinler.

"Olamazsın..." dedi Lo sonunda. Lily'nin ıslak tişörtünü kaldırıp karnına baktı. Hepimiz biraz sağlıklı kilo aldığını düşünüyorduk ama şimdi cevabı almıştık ve sikik kilosu çok yemesi yüzünden değildi.

Bu sikik olay fazlasıyla gerçekti.

Lo başını çevirip kız kardeşine baktı. "*Sen* hamilesin."

"İkimiz de öyleyiz," dedi Rose yumuşakça.

"Bu mümkün değil."

"İhtimal zayıf ama imkânsız değil," diye cevap verdi Connor. Elleri kumaş pantolonunun ceplerindeydi. "Birlikte yaşamaya başladıktan sonra âdet döngüleri senkronize oldu. Rose'layken korunmuyordum, senin de Lily'yle korunmadığına eminim."

"Birkaç gün doğum kontrol hapımı almayı unuttum," diye fısıldadı Lily. "Farkına varmadım..." Sözü havada asılı kalırken sikik ellerine bakıyordu. Bunu neden kendine sakladığını anlayabiliyordum. Kardeşim yolculuktan beri daha iyiye gidiyordu ama öncesinde korkunç bir haldeydi. Çocuk sahibi *olmama* konusunda çok sertti.

Buna inanmak istemiyordum ama sanırım bu bilgi onun sikik bir uçurumdan atlamasına sebep olabilirdi. Kimse kesinliğinden emin olamasa da bu Lily'nin oynamayı kabul edebileceği bir kumar değildi. Ben de bunu kabul edebileceğimi sanmıyordum.

"Bana daha erken söylemeliydin," dedi Lo sessizce. Ancak bir yandan da kaşlarını çatarak önceyi düşünmeye çalışıyordu. Muhtemelen benimle aynı şeyi fark etmişti.

"Çocuk istemediğini biliyorum ve bunun stresine girmeni istemedim... üzgünüm." Lily daha gürültülü bir şekilde burnunu çekerek ağlamamak için çabaladı.

"Şşşt." Lo ona daha sıkı sarıldı. "Sorun yok, Lil."

"Var," dedi Lily. Gözyaşlarını daha hızlı bir şekilde silerek kontrol altına almaya çalıştı. Lo'nun kehribar rengi gözlerine bakabilmek için onu biraz geriye doğru itti. "Bebek istemiyorsun."

"Artık hiçbir önemi yok." Lo uzunca bir nefes vererek göğsüne dokundu. "Biz bağımlıyız. Sen ve ben." Sanki aynı rengi seviyorlarmış gibi ikisini işaret etti. "Belki çocuk yapmamalıyız ama belki de onu iyi bir şekilde yetiştirmemiz gerekiyordur."

"Ayrıca biz varız," dedi Rose. Bana bakıyordu.

Kardeşime başımı salladım. "Biz varız, Lo. İkiniz için de buradayız." Rose, Connor ve ben, kardeşimin ciddi olarak yokluğunu hissettiği bu özgüvene sahiptik ve onu yüzde yüz destekleyecektik. Kardeşimin düşmesine izin vermeyecektim.

Lo ve Lily boğulmuş gibilerdi. Kardeşim, "*Teşekkürler,*" dercesine başını salladı. Sonra Lily'ye fısıldadı. "Bunu birlikte yaptık. Senin hatan değil, aşkım. Bir yolunu bulacağız."

"Batırdım," dedi Lily.

"Sanırım son birkaç aydır işleri batıran bendim," diye mırıldandı. "Sen benim yanımda oldun, bana destek oldun ve ben sikik salak bir aptal gibi davrandım."

"Hayır," dedi Lily. Gözleri yaşlarla doluydu. "Gerçekten çok güçlüydün." Ardından aynı anda birbirlerine sarıldılar. İkisi de manyetik bir şekilde birbirlerine çekilmişti. Kolları ruhlarını dolduran bir huzurla birbirine sarılıyordu, onları izleyemiyordum bile.

Onlara biraz mahremiyet tanısak da Rose bilinçli olarak kapıyı açık bıraktı. Belki de o kadar çok mahremiyet vermemiştik. Mutfağa giderken başım dönüyordu. "Her gün farklı adamlarla düzüşürken nasıl hamile kalmadı?" diye sordum şaşkınlık içinde.

"Çok daha dikkatli olduğunu söyledi. O zamanlar tek endişesi buydu," dedi Rose.

Artık Lily'nin bileklerini falan kesmediğini bildiğimiz için, Rose sanki bir pazar günü öğleden sonraymış gibi mutfak tezgâhına yasladı.

"Yani bunca sikik zamandır Lily'nin hamileliğini biliyordun," diye varsaydım. "Lo'ya söylemeyi düşünmedin mi?"

"Bana düşmezdi, Ryke," dedi Rose.

Connor'a baktım. "Ya sen? İnsanların işlerine burnunu sokmamanla tanınmıyorsun."

"Sanırım beni kendinle karıştırıyorsun," dedi sıradan bir şekilde. "Dürüst bir cevap vermemi istiyorsan, hayır. Lo'ya söylemek istemedim. Bunu kaldırabileceğini düşünmedim. Bu kararı veren kişi olmadığın için sevinmelisin, çok zor bir karardı."

Belli şeyleri kaldıramayacağını düşünürsem kardeşimin yüzüne yalan söyleyebileceğimi biliyorlardı. İlk tanıştığımızda sikik kimliğimi saklamış olmam gibi.

Biliyor olmalarını kıskanmıyordum. Bunu bilmek istemezdim.

Mutfağa, granit tezgâhlara bakarken kolay heyecanlanan bir kızın orada oturup bacaklarını aşağıya sarkıttığını görmeyi bekledim. Burada değildi. Koridora doğru ilerleyerek boş oturma odasına yaklaşırken Daisy'yi arıyordum ama burada da yoktu.

Olduğum yerde durduğumda bir şeyin farkına vardım. Ablalarına aylar önce olan bir şeyi anlatacaktı. Sonunda haftalardır kafasını siken üzücü detayları paylaşacaktı.

Tabii ki, tam da bugün Lily'nin sorunları gün yüzüne çıkıp onu bir kenara itmişti. Nasıl hissettiğini tahmin edebiliyordum. Muhtemelen sorunları önemli değilmiş, olan olaylar arasında gereksizmiş gibi hissetmişti. Tekrar içine kapanıp hislerini sakladığı, şakaları ve alaycılığıyla örttüğü o deliğe dönecekti.

Kalbim sikik boğazımda atıyordu. "Daisy!" diye seslendim. Sinirlerim geriliyordu. Neden Lily'ye yardım ediyordum ki? Lily'yi asla ve asla Daisy'ye tercih etmek istemiyordum. Sırf o daha çok ağladığı, daha çok bağırdığı için olmazdı. Bu Daisy'nin acısının daha fazla olmadığı anlamına gelmiyordu.

Mutfağa koştuğumda Connor ve Rose bana ne olduğunu sordular. Başımı iki yana sallayarak misafir tuvaletine baktım.

İçimde korkunç bir his vardı.

Telefonumu çıkartıp ön kapıdaki güvenliği ararken garaja koşmaya başladım. Cebimden motorumun anahtarını çıkarıyordum. "Daisy çıktı mı?" diye sordum ama cevabı bulmuştum. Siyah motosikletim yanındaki kırmızı eşi olmadan yalnız duruyordu.

"On beş dakika önce," dedi telefondaki adam.

Siktir. Telefonu kapattım.

"RYKE!" Rose dikkatimi çekmek için tüm gücüyle bağırıyordu. "Neler oluyor?" Kapısı yarı yarıya açık olan garaja girdiğinde kapı gürültüyle yükseliyordu.

"Ben ilgileniyorum," dedim kaskımı başıma geçirirken. Sikik motoru çalıştırarak vitesi attım ve o tek kelime daha edemeden yola koyuldum.

Kendime çok kızgındım.

Ama en önemlisi Daisy'nin iyi olmasını umuyordum.

Umarım tamamen delicesine bir şey yapmadan önce onu bulabilirdim.

BÖLÜM 64

DAISY CALLOWAY

Hava almam gerekiyordu. Ciğerlerimi dolduracak şekilde. Tüm bedenimi sarsıp enerjiyle dolduracak türden.

Uyanmak istiyordum.

Yarı uykulu olmaktan bıkmıştım. Dünyayı bulanık bir lensin arkasından görmekten.

Ducati'mi kasvetli nehre bakan köprüye park ettim. Akşam rüzgârı beni sararak aralık ayının neredeyse geldiğini hatırlatıyordu. Serin hava kemiklerimi titretirken yeşil kargo ceketimi çıkarttım. Üzerimde sadece ince bir atlet ve kot pantolonum kalmıştı. Kolayca bedenimi eski tuğla çıkıntıya kaldırıp soğuğu daha yukarıdan karşıladım.

Evi terk etmek zorundaydım. Lily'nin bağımlılığı nüksederken ya da duygusal bir an yaşarken kendimi bir engel gibi hissederdim. Herkesin yoluna çıkan bir mobilya parçası gibi. Gitmem en iyisiydi. Burada olmak dışında olmayı isteyeceğim başka hiçbir yer yoktu.

Bir köprünün üstünde.

Kollarımı esnetirken hava ürpermeme, uyanmama sebep oldu ve beni *daha* fazla hisle doldurdu.

Binaların çatılarına kaçıp tüm gücümle bağırmayı seviyordum ama bu gece sesim boğazımda kurumuştu ve geri gelmeyecek kadar derinlere bastırılmış gibiydi. Sadece havada uçmak istiyordum. Sadece. Yükselmek. İstiyordum.

Karanlıkta neredeyse siyaha bürünen suya baktım. Hilal şeklindeki ayın ürkütücü parıltısı yüzeyine yansıyordu. Daha önce bir köprüden atlamıştım. Çok yüksek değildi ama bu gece kıyısı çok sığ ve bulanık görünüyordu. Ayrıca su alçak gibiydi. Çok mu alçaktı? Bilmiyordum.

Bu hisleri açıklayamıyordum.

Göğsümde beni alev almakla tehdit eden bir baskı vardı.

Sadece uyan, Daisy.

Atla.

Yalnız olduğuma emin olmak için etrafıma baktım. Beni takip eden bir kameraman yoktu. Ancak sol taraftan farları görebiliyordum.

Tekrar suya odaklandığımda kollarımı saran keskin soğukla ürperdim. Ayaklarımın yarısı çıkıntının dışındaydı. Kendimi hazırladım.

"CALLOWAY!"

BÖLÜM 65

RYKE MEADOWS

Omzunun üzerinden bana baktığında sesim yüzünden dikkati dağılmıştı. Yüzü ay ışığında parlıyordu. Bulunmayı hiç beklemiyordu. Dikkat çekmek onun sikik olayı değildi. Her kaçtığında, bunu yalnız başına yapıyordu. Hep bir gün dönmeyeceğinden ve bir nehrin, okyanusun ya da nehrin üzerinde cesedinin süzülmesinden korkuyordum.

Bu gece olmazdı.

Siktir, asla olmazdı.

Motorumdan inerken ifadem öfkeyle kararmıştı, kaslarım gergindi. Philly'ye döndüğümüzden beri babası paranoyakça davranıyordu. Motoruna bir GPS takmıştı. Onu aradığım anda Daisy'nin Carnegie Nehri'ne* gitmeye karar verdiğini fark etmiştim.

"Selam," dedi sanki bir alışveriş merkezinde mağaza geziyormuş gibi. Gülümseyerek sırtını nehre döndü ama tehlikeli bir şekilde topuklarını çıkıntının daha da dışına yerleştirmişti. "Soru şu, ters takla mı yoksa önden takla mı?" Kaşlarını eğlenceli bir tavırla kaldırıp indirdi.

"İkisi de değil," diye tersledim. "Aşağı in." Ona nadiren hayır

* Millstone Nehri üzerindeki barajdan oluşan bir rezervuardır. (ç.n.)

derdim ama on altıncı doğum gününe eşlik ettiğim zamanı hatırlıyordum. Acapulco'daki o uçurumu. Ona durması için bağırırken sikik boynumdaki damarlar patlayacaktı.

O kadar tehlikeli olan bazı şeyler vardı ki, ölüm bile yaşama göre daha olası geliyordu. Öyle zamanlarda onu tutacaktım. Öyle zamanlarda onu aşağı inmeye zorlayacaktım.

"Buradan daha önce atladım," dedi omuz silkerek. "Sorun yok."

"Sorun var," dedim. "Su seviyesi aşırı düşük." Bunu biliyor olmamın tek sebebi Connor Cobalt'tı. Birkaç gün önce Princeton'daki kürek çekme yarışmalarının suların sığ olması sebebiyle iptal edilmesi hakkında umursamaz bir yorum yapmıştı.

"Tehlike!" dedi Daisy tiyatral bir şekilde. Dudakları yukarı doğru kıvrılmaya başladı.

Sikik çıkıntıda yanına tırmandığımda varlığımla kaskatı kesildi. Yüzündeki alayın bir kısmı solmuştu.

"Ne?" dedim. "Sen atlarsan ben de atlarım. İşler böyle yürüyor, Dais. Yani bacağını kırmak, kafanı yarmak istiyorsan aynısını bana da yapacaksın. Bu sikik şeyle başa çıkabilir misin?"

Bakışları sudan bana çevrildi. Sonra sesi fısıltıya dönüştü. Oyun yoktu, şaka yoktu. "Sadece bunu yapmama izin ver."

Bedenim buz kesti. "Ölmek mi istiyorsun?" diye sordum. Bunu Acapulco'dan sonra ona yine sormuştum. Bana hiç cevap vermemişti ama yine de cevabı biliyordum. Eğer onu yeterince dikkatle izlerseniz, içindeki ışığın sönmeye başladığını fark ederdiniz. Ruhunu aydınlatacak, onu hayatta tutma gücüne sahip bir şeyler arıyordu.

Sertçe bakan gözlerime baktı, ona karşı sakin davranmadığım için gözlerinde yaşlar birikiyordu.

"Sikeyim, ne olduğunu biliyor musun?" diye sordum ona yaklaşırken. Elim beline doğru indi.

Başını iki yana salladığında botlarımız birbirine çarptı ama dengemizi koruduk.

Uzanıp yara izi olan yanağına dokundum. "Sen bir sera çiçeğisin," dedim. "Doğal şartlar altında büyüyemezsin. Maceraya ihtiyacın var. Hayatta kalmak için güvende olmaya ve *sevgiye* ihtiyacın var."

Omuzları gergindi ve köprücükkemikleri atletinin ince askıları yüzünden belirgindi. Zar zor nefes alıyordu. Boğuluyormuş gibiydi. Bu baskıdan kurtulacak bir yol arıyordu. Geçici bir adrenalin patlaması gibi. Fazlasına ihtiyacı vardı.

"Patla," dedim yüzünü tutmaya devam ederken.

Kaşlarını çattı. "Ne?"

"Bırak gitsin," dedim. "*Bağır.*"

Sanki bu imkânsızmış gibi başını iki yana salladı. İçinden, "*Bunun ne faydası olacak?*" diyormuş gibiydi. "Ben sadece..." Dudaklarından bir nefes verdi. Üzerinde bir baskı olduğunu ve onu sıkıştırdığını görebiliyordum. Sikik yerden atlamayı çok istiyordu. Belindeki elim gerildi.

"Sikik sesini duyamıyorum," diye homurdandım.

Gözlerine öfke yayıldı. *Güzel.*

"Siktir. Öfkelen, Daisy. Herhangi bir şey yap. BAĞIR!"

Ağzını açtı ancak hiç ses çıkmadı.

Onu daha da zorladım. "Gerilim yaratmaktan o kadar korkuyorsun ki ablalarınla konuşamıyorsun ama içinde dışarı çıkmak isteyen bir şey var." Kalbini işaret ettim. "Orada bir şey var ve eğer patlamazsan o seni parçalara ayıracak."

Derin nefesler aldı. "Kes şunu."

"Sikik şey çok acıtıyor, değil mi?" diye bağırdım.

İrkilirken gözleri kızarmaya başladı.

"Neden kendini tutuyorsun? Burada bizim dışımızda kimse yok!" Elim beline doğru indi. "Yapmak istediğin sadece sikik bir çığlık atmakken her şey yolundaymış gibi davranmayı bırak!"

Göğsü sıkıştı. Neredeyse o noktaya gelmişti.

"Yap şunu!" diye bağırdım. Kanım hızla pompalanıyordu. Yüzüne yaklaşmıştım ve bundan kaçıp kendinden vazgeçmesine izin vermiyordum. "Sonunda sikik hayatında ilk kez bırak gitsin!"

Beni omuzlarımdan tuttuğunda sesini duymadan önce bedenini hissettim. Bana nasıl sarıldığını, sikik bir şeyden nasıl güç alması gerektiğini hissettim. Çığlığı kulaklarımı delip geçti. Evrendeki en güçlü şeydi. Acı ve sızı haykırışını parçalıyordu.

Beni iterek sanki tüm sikik dünyayı sallıyormuş gibi sarstı.

İkimizi de çıkıntıda desteklerken düşmememiz için çok dikkatli davranıyordum.

Dolu dolu bir dakika boyunca içine gömdüğü her şeyi bıraktı ve sonra kollarımda paramparça oldu. Onu dimdik tutarken yüzündeki saçları kenara ittim. Yeşil gözleri benimkilerle buluştuğunda tükenmişti fakat buna rağmen parlıyorlardı. Çok parlaktı.

Hiçbir şey söylemedim.

Sadece onu öperek bedenine daha fazla hayat verdim. Çıkıntının üzerinde. Altımızda sığ bir nehir varken. Başımın arkasından tutup parmaklarını saçıma sararak karşılık verdi. Bedeni bana doğru kıvrıldığında nefes aldım. Teninin sıcaklığı ve kalbinin göğsüme çarpan atışıyla sarılmıştım.

Bir araba gelip ikimizin önünde durana kadar uzunca bir süre oradaydık. Endişeli bir yabancı kapısını açtı ama Daisy'yi öpmeye devam ettim. Dudakları bir gülümsemeyle kıvrılsa da henüz ayrılmamıştık.

"Hey," diye bağırdı adam. "Su çok sığ!" Gözlerini kısarak bize bakmaya çalıştı. "Siz ikiniz deli misiniz?" Başını iki yana sallayarak tekrar arabasına bindi.

Daisy'nin dudakları benimkilerden ayrıldığında yüzüne aşırı büyüleyici bir gülümseme yayıldı. Parıltısı yerine gelmişti. Güçlenmiş ve enerjiyle dolmuş gibiydi.

Hep hayatta tutacağım sera çiçeğimdi.

"Oldukça deliyiz," diye fısıldadı bana.

Saçlarını karıştırdığımda sarı tutamlar vahşi bir şekilde birbirlerine dolandı. Sully'nin söylediği şey aklıma geldi. Daisy'nin komik ve benim de suratsız olmam hakkında. "Öyle mi? Belki çocuklarımız da bizim gibi deli olur."

Oyunbaz bir şekilde şaşırdı. "Benimle bebek yapmak mı istiyorsun?"

Onu güçlü bir şekilde öperek cevap verdiğimde ellerini gür saçlarımdan geçirdi. Daisy'yi kollarıma alıp onu çıkıntının kenarından güvenli alana taşıdım. Sonra da eve götürdüm.

BÖLÜM 66

RYKE MEADOWS

Tüm fincanlar kutulara yerleştirildiği için, Connor köpük bir bardağa kahve dolduruyordu. Kızlar aramızdaki kemerle ayrılan oturma odasında yalnız başlarına konuşurken Lo'nun yanındaki bar taburesinde oturuyordum. Birkaç ay öncesinde bu kemerde *Bon Voyage, Daisy* yazan bir pankart asılıydı. Şimdiyse burası boş, çıplak ve bir sürü sikik anıyı arkamızda bırakacağımız bir ev haline gelmişti.

Buradan koltuğu ya da orada oturan Daisy'yi göremiyordum. Onun *adına* gergindim ama sonunda içinden bunu atabileceği için de rahatlamıştım. Köprüden ayrılmadan önce, "Artık kendimi aşağı çekmek istemiyorum," demişti.

İnsanların canını yakacak gerçekleri söylemek için iyi bir vakit yoktu.

Lily bu gece böyle bir şey söylemişti ve Daisy de sonunda bunu öğrenmişti.

"O iyi mi?" diye sordu Connor bana.

"Daha iyi. Sadece bağırması gerekiyordu," dedim tezgâhtaki sikik tuzluğu döndürürken.

"Şaşırtıcı değil." Connor bana bir bardak kahve uzattı. "Benim de Rose'u ara sıra bağırmak için zorlamam gerekiyor. Samantha tarafından yetiştirilmenin bir sonucu olmalı."

Lo başını iki yana salladı. "Lily'nin öyle bir sorunu yok."

İkimiz de ona baktık. Peçeteye sikik daireler ve kareler çiziyordu. Sessizliğimize karşı kalemi duraksadı.

Connor dümdüz bir şekilde cevap verdi. "Belki de bu Lily'yi Samantha yetiştirmediği içindir." Lo'nun en yakın arkadaşı, sevgilisi, nişanlısı istenmeyen evlattı ve bunu yıllar içinde fark etmiştim. Samantha'nın Halelerin evinde bıraktığı, güzel olmasına rağmen Samantha'nın anlayamayacağı kadar utangaç olan çirkin ördek yavrusu.

Lo bunu reddetmese de hiçbir şey söylemedi.

"Geçmişi kontrol edemezsin, Lo," diye ekledi Connor. "Ben de kendimi yetiştirdim. O kadar utanç verici bir şey değil."

Peçeteye bir şeyler çizmeye devam etti. Lo'nun omzunu dürttüm. "Nasıl gidiyorsun?"

"Sikik olayı idrak ettiğimde tekrar sor," dedi.

"Çocuğun olacağını mı?"

"Evet," dedi başını sallayarak. "Bunun için kendimi zaten berbat hissediyorum."

"Bağımlılık sorunları olmayabilir, Lo," dedim.

"Hayır, ondan değil." Lo başını peçeteden kaldırarak kalemiyle Connor'ı işaret etti. "Çocuğumuz *onlarınkiyle* yarışmak zorunda kalacak. Şimdiden berbat ve henüz doğmadı bile."

Kendime engel olamayarak gülümsedim. Connor da ciddi çaba sarf ederek gülümsemesini bardağın kenarıyla gizledi. "Connor'ın çocuğu aynı zamanda küstah olacak. Yani seninkinin tamamen berbat olmayacağına emin olabilirsin," dedim.

Connor karşı çıkmak üzere ağzını açsa da bir anda oturma odasından bir hıçkırık geldi. Doğruldum. Hepimiz doğrulduk.

"İçeri girmeli miyiz?" diye sordu Lo. Tezgâhın kenarını tutarken fırlamaya hazırdı.

Sakin duran tek kişi Connor'dı. "Beş dakika daha."

Umarım o kadar bekleyebilirdim.

BÖLÜM 67

DAISY CALLOWAY

Daha yeni anlatmaya başlamış olsam da Lily çoktan ağlamaya başlamıştı. Onlar koltukta bir arada otururken ben parke zeminde oturuyordum. Bana yanlarında yer açmayı önermişlerdi ama karşılarında oturmayı tercih etmiştim. Kaçış yoktu.

Rose beni işaret etti. "Devam et, bu hormonlar yüzünden."

"Evet," dedi Lily başını sallayarak. Rose'un kucağına attığı peçeteyi aldı. "Üzgünüm, Daisy. Sanırım bunun nereye varacağını biliyorum. Ama devam et, lütfen." Tekrar başını sallayarak yavaşça bir nefes verdi.

Önce bir yıldır korkunç halde olan uykumu açıkladım. Nasıl terapiste gitmek zorunda kaldığımı, tüm doktorların ve uyku çalışmalarının nasıl uykusuzluk hastalığına sahip olmamla sonuçlandığını anlattım. Yaşadığım uyku terörleriyle nasıl *Ambien* reçetesi aldığımı anlattım. *Nedenleri* atlayarak en sona saklıyordum. Onlar kabul etmesi en zor olanlardı.

Rose kelimeler dudaklarımdan firar eder etmez sessizliği dolduracak kadar hızlıydı. "Bunca zamandır bunlarla yalnız mı başa çıkıyorsun?" İfadesi pişmanlıktan suçluluğa evriliyordu. Onun ya da Lily'nin gözlerindeki acıya odaklanmamaya çalıştım. İnsanları sadece gülümsetmek istiyordum, ağlatmak değil. Fakat bundan kaçmanın hiçbir yolu yoktu.

"Ryke vardı," dedim. "Benim yanımdaydı."

"Ancak biz, ailen orada yoktu," dedi Rose. Sert bir şekilde peçete kutusuna uzandı. "Ne olursa olsun bize gelebileceğini biliyorsun, değil mi? Seni seviyoruz."

Lily onaylarcasına başını salladı. "Ne olursa olsun buradayız."

Buna inanıyordum ama henüz *nedenleri* duymamışlardı. Sadece hikâyenin bir parçasını biliyorlardı ancak daha net bir şekilde açıklamam gerektiğini biliyordum. Önce en kolay anları anlattım. Terapistimle ve Ryke'la bir milyon kez üstünden geçtiklerimi.

Yatak odama giren kameramanı.

Motosikletime ve sonra bana saldıran öfkeli adamı.

Fakat canımı en çok yakan hikâye bunlardan sonra geliyordu. Anlatılmak için yalvarıyor, paylaşılıp özgür kalmak için yakarıyordu. Sadece bir kere başlamam gerekiyordu.

Başlangıçlar en zor olanlarıydı çünkü insanları içine çeken ve sonunu beklemelerini sağlayan şeydi. Sonlar en acı verici olanlardı, kanatarak sizi terk edebilecek şeylerdi.

Daha fazla vaktim yoktu. Sadece başlamam gerekiyordu.

Onların yüzüne bakamadığım için ellerime baktım. "Seks bağımlılığın ortaya çıktığında on altı yaşındaydım, Lily." Duraksayıp devam etmeden önce derin bir nefes aldım. "Okula döndüğüm günü hatırlıyorum. Arkadaşlarım bana bir sürü soru sormuştu." Başta soruları tekrarlamak konusunda tereddüt etsem de başımı kaldırdım ve Lily onaylarcasına başını sallayarak devam etmem için beni yüreklendirdi.

"Sorun değil," dedi.

Kardeşimin gücü içime akarken beni devam etmem için teşvik etti. Beni doğru yöne iten kuvvetli bir rüzgâr gibiydi.

Canımı acıtsa da söyledim.

"Arkadaşlarım şöyle şeyler sordular: *'Ablan bütün gün bir odada oturup düzüşüyor mu? Kızlara da çakıyor mu?'*" Hatırlamaya devam ettikçe utandım. "*Ne kadar fena istiyor? Beni becerir mi? Evsiz bir adamı becerir mi?*" Yutkundum. "Hiçbirine cevabım yoktu. Bu doğru muydu bilmiyordum ama ne olursa olsun seni savundum." Bugün olsa onu yine savunurdum. Hepsini yine yapardım. Bundan asla pişmanlık duymazdım. "Sonra sorular değişmeye başladı."

"Ne şekilde?" diye sordu Rose kaşlarını çatarak.

Omuz silktim. "Bana bir şeyler sormaya başladılar. *Sen de bunu hep yapıyor musun? Kıçından yapmak hoşuna gidiyor mu, Daisy? Beni becerir misin? Bana sakso çeker misin?*"

"Tanrım," dedi Rose telefonuna uzanarak. "Kim bunlar?"

Lily ablasının ellerine uzanarak fısıldadı. "Bırak bitirsin, Rose."

En acımasız ablam isteksizce telefonunu bırakıp devam etmemi bekledi.

Gözlerimi ovuşturarak beni etkileyen en ciddi ve sorunlu kısım geldiğinde bakışlarımı yere çevirdim. *Lütfen söyle, Daisy. Lütfen korkaklık etme.* Derin bir nefes aldım. "Bunca zaman... Cleo ve Harper'ın hâlâ arkadaşım olduğunu sanıyordum. Yani..." Zayıf, ağlamaklı bir kahkaha attım. "Onlarla büyüdüm. Cleo'yu altı yaşımdan beri tanıyordum ve seninle Lo gibi... bitmeyen çocukluk arkadaşlıklarından olacağını düşünüyordum," dedim Lily'ye. Bakışlarım parmaklarıma döndü. Tırnağımdaki sarı ojeyi soydum.

Kalanının zihnimde hayat bulduğunu görebiliyordum. O görüntü dün gibi gözümün önündeydi. Parlayan bir ampul, yüzeye çıkıp peşimi bırakmayan ve beni bu cehennemden salmayan bir hatıra.

Cleo ve Harper beni onlarla alışveriş yapmaya çağırmıştı ama nefesleri alkol kokuyordu. Okuldaki birkaç çocukla "geç kahvaltı" partisindelerdi. Belli ki panç içmişlerdi. Bana konumun çok geçtiğini söyleseler de ne hakkında olduğunu hiç söylememişlerdi. Sadece sarhoş bir şekilde kıkırdayıp kahkaha atmışlardı.

Oradan ayrılmalıydım ama mağaza soygunu gibi aptalca bir şey yapmalarından endişelenmiştim. Bu yüzden orada kalıp Cleo'nun teras katındaki dairesine kadar onlarla asansörden çıkmıştım. Orada ailesi ve ismi Gölge olan güzel siyah kedisiyle birlikte yaşıyordu.

Sonra Cleo ipeksi sarı saçları ve kolunda özenilen *Birkin* çantasıyla bir şey yapmıştı... Acil durdurma butonuna basmıştı.

Şeytani sırıtışına karşı gülümserken asansör bakım ekibine bir şaka yapmak istediğini düşünmüştüm. "Ne yapıyoruz?" diye sordum.

"Sığacak mı diye bakacağız," dedi Cleo. Harper'la sinsi bir şekilde birbirlerine baktılar. İkisi de tekrar kıkırdamıştı. Cleo topuklarının üzerinde sendelediğinde Harper elindeki poşeti alarak pembe bir dildo çıkarttı.

Gülümsemem soldu. "Neler oluyor?" diye sordum.

"Erkeklerin bazıları bilmek istiyor," dedi Cleo. "İçine kaç santim sığacağını. Onlara bunu öğreneceğimizi söyledik."

Kahkaha atıp onu geçiştirmeye çalıştım ama sarhoştu. Harper'ın ise kafası çok güzeldi. Ne yaptıklarını bilmiyorlardı, değil mi? "Çok komik," dedim. "Hadi, eve çıkalım." Düğmelere basmaya çalıştım ancak Harper diğer tarafta elinde seks oyuncağıyla dururken Cleo bana engel oldu.

Ensemdeki tüyler telaşla ürperdi. "Cleo, hadi ama." Sesim artık esprili değildi. Oyun oynamıyordum. "Komik değil."

Harper dildoyu bana doğru salladı. "Muhtemelen *sürekli* içinde bunun gibileri oluyordur."

"Evet," dedi Cleo. "Bayılacaksın. *Orospuluk* ailenden geliyor." Sonra Harper kollarımı tuttu.

"Dur!" diye bağırdım. Elinden tutmaya çalışarak içgüdüsel olarak duvara doğru geri çekildim. Şaşkınlık ve korkuyla donup kalmıştım. Sonra Cleo daha da kötü bir şey yaptı.

"Eğer bunu yapmazsan mezuniyete kadar hayatını cehenneme çeviririz. Koridordaki her günü, sınıftaki her günü," dedi. Cleo'yu asansörde bana bunu yapması için kışkırtan kişinin âşık olduğu son sınıf öğrencisi Houston Boggs olduğunu öğrenmiştim.

Bunu yapması gerekiyordu, eğer yapmazsa onun karşısında kötü duruma düşecekti. Çocuk onun boş konuştuğunu düşünüp alay edecekti. Cleo da yapabileceğini gösterip büyük liglere girebileceğini kanıtlamak istiyordu. Beni kullanmak istiyordu, bense sadece yalnız kalmak istiyordum.

"Dur," dedim. "*Lütfen.*"

Harper bileğimi tutup beni dizlerimin üstüne iterken gözyaşlarım akmaya başladı.

"Yap şunu, sürtük!" diye bağırdı Cleo. Sanki arkadaşı değildim. Kahkaha attığı sırada Harper gülümsedi. Ağlıyordum.

Okulun kalanı boyunca işkence göremem, diye düşündüğüm için şortumun düğmesini açmaya başladım. Altı ayım kalmıştı. Yarım yıl. Altı ay çok fazlaydı.

Haftalarla kıyaslanınca bir an neydi ki?

Yine de ağladım.

Şortumu indiririrken ağladım. Sonu iyi olmayan bir karar vermeye zorlanırken ağladım. Tereddüt etmeye devam ettikçe Cleo beni daha çok tehdit etti ve daha çok korktum. Yatak odama zorla gireceklerini söyledi. Uyurken beni izleyeceklerini söyledi. Tüm sınıfı arkasına alıp bana ve sürtük ablama karşı olacaklarını söyledi.

Bunların hepsini ağzında yuvarlayarak ve alkolle buğulanan bakışlarıyla söylemişti. Sonra şöyle düşündüm: *Kurtulurum, bunu sabaha hatırlamazlar.*

Külotumla dururken ve seks oyuncağı diz hizamdayken altı ay boyunca peşimi bırakmayacak bir karar verdim.

Yerimden kalkıp ağladım. "Hayır." Başımı iki yana sararken saçlarım belime dolandı. Şortumu tekrar giyip titreyen ellerimle fermuarı çektim.

Sonra kızları yolumdan ittim. Arkamdan bağırıp saçlarımı çekiyorlardı ama asansörü çalıştırıp kapılar açıldığı an koşmaya başladım.

Koştum, merdivenlere yöneldim ve bu sırada arkama bakıp durdum, dehşete düşmüştüm, çok korkuyordum.

Okuldaki sonraki günümde, kilitli dolabım prezervatiflerle doluydu.

Sonraki gün iki çocuk beni koridorda sıkıştırıp meme uçlarımı alayla ve acımasızca çevirmeye çalıştılar.

Hep omzumun üstünden bakıyordum. Her kapıyı kilitliyordum. Son bulması için dua ediyordum.

Mezuniyet gelip geçmiş olabilirdi ama korkularım daima, daima orada kalmaya devam etmişti.

Keşke o zamana dönüp diğer seçeneği seçebilseydim. Bunu Ryke'a daha önce söylemiştim ve bunun çok büyük ihtimalle bir fark yaratmayacağını söylemişti. Belki de haklıydı.

"Daisy," dedi Rose. Sesi çatlıyordu.

Çok kötü bir şekilde ağladığımı fark ettim. Lily ve Rose gözyaşları içinde yanımda diz çökmüşlerdi. Boğazım yanıyordu, aklımdan geçen her şeyin dudaklarımdan döküldüğünü o anda fark ettim.

O hikâyeyi her detayıyla duymuşlardı. Tüm küçük parçaları ve acısıyla.

"Bitti," dedi Rose sırtımı sıvazlarken. "Artık seni incitemezler. Onlara izin vermeyeceğiz."

Başımı salladım, söylediklerine inanıyordum. Aylardır kimseyle karşılaşmamıştım. Ryke bunun gerçekleşmeyeceğinden emin olmuştu.

"Daisy." Lily dudaklarını araladığında sesi şaşırdığı için sakindi. Elimi sıkıca tutan oydu. Sonunda başımı kaldırdığımda yaşlarla dolu kanlanmış gözlerine baktım. "Böyle bir şey başına geldiği için gerçekten üzgünüm. Ve böyle... Böyle şeyleri paylaşmanın zor olduğunu biliyorum ama bize anlattığın için teşekkürler."

Göğsüm kabarırken birkaç kez başımı salladım.

Rose parmaklarını yanağımda gezdirerek gözyaşlarımın bir kısmını sildi. "Terapistine söyledin mi?"

"Bir kısmını," diye fısıldadım.

Rose başını iki yana salladı. "Daisy, travma sonrası stres yaşıyorsun. Muhtemelen uyuyamamanın sebebi bu."

Gözyaşlarım sessizce akmaya devam ediyordu.

"Kalanını da terapistine anlatman gerekiyor, tamam mı?" diye ekledi burnunu çekerek. Gözlerinin altını peçeteyle silerken maskarasını bulaştırmamaya dikkat ediyordu.

"Ryke'a hepsini anlattım," diye mırıldandım.

"Ben de Lo'ya sorunlarımı anlattım," diye cevap verdi Lily nazikçe. "Bu yeterli değil."

Lily'nin benimkine sarılan eline baktım. Tırnakları ojesiz ve yenmişti ama elimi güzel bir şekilde sıkıca tutuyordu. Bu hem iyi hem de güvende hissetmemi sağlıyordu.

"Erkekler sütun gibidir," dedi Rose. "Ryke yaslanabileceğin bir şey. Ancak seni ilerletmez. Bunu kendin yapman lazım."

"Daha güçlü olmak istiyorum," diye fısıldadım. "Sadece nasıl yapacağımı bilmiyorum."

"Hepsi adım adım," dedi Lily.

"Ve en büyük adımı attın bile." Rose başımı öperken Lily beni sarılmak için kendine çekti. Gözyaşlarımın arasında gülümserken bu üzüntü gitmeye hazırdı.

Daha önce hiç bu kadar ağladığımı sanmıyordum.

Ama iyi hissettiriyordu.

Hafif hissediyordum. Canlanmıştım. Sanki artık nefes alabiliyordum.

BÖLÜM 68

RYKE MEADOWS

Oturma odasına koşmadık. Mutfakta birkaç kez ileri geri yürüdükten sonra Daisy'nin koltuğa kıvrıldığını, Rose'un da üstüne bir battaniye örttüğünü gördüm. Daisy'nin yanına oturduğu için siyah elbisesi bacaklarının üst kısmına kıvrılmıştı ve onun saçlarını okşuyordu. Normalde olsa elbisesinin eteğini düzeltirdi ama bunu fark edemeyecek kadar kardeşine odaklanmıştı. Uyumaya çalışan Daisy'ye bir şeyler fısıldadı.

Lily mutfağa ilk gelen kişi oldu. Yanaklarında kurumuş gözyaşı izleri vardı. Lo onu göğsüne çekerek yüzünü silerken dolaplardan birine yaslandı. Son on dakikayı, Lo ve Connor'a Daisy'nin arkadaşlarıyla ne yaşadığını açıklayarak geçirmiştim. Bunu yapmamı benden isteyen Daisy'ydi, böylece daha az tuhaf olacağını söylemişti. Ben olsam herkese aylar önce söylerdim ama bana düşmezdi. Olay çok berbat ve kişiseldi, ayrıca bu konuda insanlarla onun konuşması gerekiyordu. Bunu onun adına yapamazdım.

Rose'un topuk sesleri mutfağa yaklaştığında gerginlik dağıldı. Yakıcı sarımsı yeşil gözleri benim üzerimdeydi. Sikik savunmacı bir tavırla doğruldum. "Onu konuşturmaya çalıştım..."

"Teşekkür ederim," diyerek sözümü kestiğinde yüzüme bir şaşkınlık yayıldı. Bunu saklayamıyordum ama o yine de devam etti. "Onun yanındaydın ve eğer sen olmasan bununla başa çıkabilir miydi bilmiyorum... Bu yüzden teşekkür ederim."

Boğazım sıkışırken cevap olarak başımı sallayarak söylediklerini onayladım.

Connor karısının yanına yaklaşarak kollarını beline doladı. Avucunun kısa bir anlığına nasıl karnına uzandığını fark ettim. Sonra başını alçaltarak kulağına bir şeyler fısıldadı.

Mutfaktaki sessizlik uzarken konuşulmayan bir pişmanlık, yaşananları engelleyebilmiş olmayı dileyen o his vardı. Elimden gelen en iyi şey sonrasında onu korumaktı ama hâlâ ebeveynleriyle yaşarken bunu yapmak zordu. Koridorlarda ilerleyip ona veremeyeceğim bir manevi gücü içinde bulması gerekiyordu. Bunu kimsenin ona verebileceğini sanmıyordum.

Rose sessizliği ilk bozan kişi oldu. "Kendi arkadaşlarının bunu yapmış olmasına inanamıyorum."

Arkadaşlıklar sonsuza kadar devam etmez. Eskiden, Daisy bunu bana çok sık söylüyordu. Sikik teorilerinden biriydi. Keşke bunun aksini ispat edebilseydim ama şöhretimiz yüzünden arkadaş konusunda şansımız hep boktandı. İnsanların çoğu ödemesi kolay bir bedel olduğunu söylerdi.

"Sikik arkadaşlarından hiç hoşlanmamıştım," dedim ellerimi deri motorcu ceketime sokarken. "Hepsi sahteydi."

"Şaşırmadım," diye ekledi Connor. "Ergenler genelde daha zalim oluyor. Kendilerini kanunun üzerinde hissediyorlar. Özellikle de bizim yaşam tarzımızdan gelenler."

Lo sanki bunu anlayabiliyormuş gibi başını salladı. Hazırlık okulunda sikik bir zorba ve zorbalığa uğrayan kişiydi. Ancak aynı zamanda bir çocuk olarak sözlü şiddete uğramıştı. Bu bir bahane değildi, sadece sikik bir gerçekti.

Lo yorgunluktan bitap düşmeye başlayan sevgilisine baktı. "İyi misin, aşkım?" diye sordu.

"Keşke benim başıma gelseydi," dedi Lily yumuşakça.

Lo alnını öperek ona daha da sıkı sarıldı. Odayı kadifemsi bir sessizlik sardı. Hiç kimse hiçbir şey söylemiyordu. Buna rağmen herkesin aynı şeyi düşündüğünü hissediyordum. Mutfak üst üste dizilen kutular dışında boştu. Hepimiz taşınıyor, ayrılıyorduk ama hiçbirimiz olmamız gereken yerde değilmiş gibiydik.

Hiçbirimiz.

Ayrılmak sikik derecede garip hissettiriyordu. Doğru değildi.

"Teklifin hâlâ geçerli mi?" diye sordu Lo. Bakışları Connor'ın üstündeydi.

"Hangi teklif?"

"Sizin yanınıza taşınmamızla ilgili olan," dedi Lo. "Bir sürü güvenliği olan bir ev satın alabiliriz diye düşünüyordum. Buradan daha fazla güvenli bir ev. Daisy de bizimle yaşayabilir. Ryke'la yalnız yaşamaktansa kendini daha güvende hisseder. Bebekler doğduğunda da... gerisine o zaman bakarız."

Muhtemelen bu kardeşimin yaptığı en fedakâr teklifti. Connor ve Rose'la aynı eve taşınma fikrinden ne kadar nefret ettiğini biliyordum. Kendini tasma takılmış bir çocuk gibi hissediyordu, bu durum muhtemelen sayısız kez onun kıçını kurtarmış olsa bile öyleydi. Aynı zamanda Daisy'nin de bu fikri ne kadar çok seveceğini biliyordum.

Ona ne kadar yardım edeceğini.

Tam da bu yüzden kimse bu konuyla ilgili başka bir şey söylemedi.

Sadece anladılar.

BÖLÜM 69

RYKE MEADOWS

Halıyla kaplı merdivenden inerken cebimdeki telefonum titredi. Aynı anda hem mesajıma bakıp hem de Lo'yu ağır çift kanatlı kapılardan dışarıya doğru takip ediyordum. Yeni evimiz Philly'deki zengin bir mahalledeydi. Ailelerimizin yaşadığı yer değildi ama çok yakındaydı. En azından etrafı çitlerle çevrili bir sitedeydi.

En azından paparazzi kalabalığından korkmadan sokaklarda koşabiliyorduk.

Telefonumu açtım.

Seni seviyorum. Eğer sorun olmazsa belki buluşabiliriz. Nerede istersen. -Annem

Dışarıdaki taş basamaklarda durdum, kuşlar şarkı söylüyordu. Sabahın altısıydı. Günün en sevdiğim saati. Güneş henüz doğmamıştı ama gökyüzü aydınlıktı ve hava daha serindi.

Annem.

Canımı, babamın yakabileceğinden çok daha fazla yakmıştı. Çünkü onu koşulsuzca seviyordum. Çünkü kör bir sadakatle Jonathan'a karşı onun tarafını tutmuştum. Çünkü Lily ve ailesinin hayatını mahvetmişti, bunun geri dönüşü yoktu.

Ama yine de annemdi.

Atletizm buluşmalarıma gelen, Noel sabahları bana sıkıca sarılan, beni sırf gözüme takıldığı için istediğim hobi sınıflarına yazdıran kadındı. Bana sikik dünyaları vermişti ve ben de içinde birazcık kaybolmuştum.

Her zaman o güzel anılara sahip olacaktım. Sadece bunlara sarılmam gerekiyordu.

"Geliyor musun?" diye seslendi Lo. Çoktan posta kutusuna ulaşmıştı, bacaklarını esnetiyordu.

"Evet! Beklesene." Parmaklarım hızlıca ekranda hareket etti.

Bu hoşuma gider.

Gönder tuşuna basarak telefonumu tekrar cebime attım. İki yıldır yazdığım ilk cevap, uzattığım ilk zeytin dalıydı. Tekrar başlama vakti gelmişti.

Lo'ya doğru ilerleyerek bahçede esnemeye başladım. Başta hiçbir şey söylemedim. Fakat sonra o konuştu. "Evet… Röportajı izledim."

Ona bakmıyordum. Sadece sikik çimenlere oturmuş halde ayakkabıma uzanıyordum ve kaslarım geriliyordu. "Öyle mi?"

"Zor muydu?" diye sordu.

Gözlerim dalarken bakışlarım çimenlerdeki çiy tanelerine çevrildi. Aralık sabahı olduğu için yer soğuktu. Birkaç hafta önce bir muhabirle görüşmüştüm.

Lo'ya dürüst gerçeği söyledim, yalan yoktu. "Sikik hayatımdaki en zor günlerden biriydi."

Arka arkaya üç kayaya tırmanmaktan çok daha zordu. Bir nezarethanede oturmaktan daha zordu. Babamla medeni bir öğle yemeğinden daha zordu.

"Kekelemek falan gibi bir şey yapmadın," dedi Lo. "Connor adını unutacağından endişeleniyordu."

Hafif bir kahkaha attım. "Evet…" Söyleyebileceğim tek şey buydu. Muhabir şık gri bir takım elbise giyen kadındı. Bluzuna bir mikrofon yerleştirilmişti ve bana tüm halkın bilmek istediği o aşikâr soruyu sormuştu.

"Jonathan Hale hiç uygunsuz bir şekilde Loren'a dokundu mu?"

Babamı lekeleyen ve kardeşime acı çektiren her bir suçlamayı reddetmiştim.

Lo'nun *Nike* ayakkabısının tabanları yerde esnerken benimkilere değdi. "En zor olan şeyler genelde doğru olanlar demiştin, değil mi?" Kaşlarını çattı. Sanırım bir basın açıklaması yapmaktan pişman olacağım konusunda endişelenmişti.

Olmamıştım.

Hem de hiç. Suçlamalar doğru değildi. Babama eziyet çektirmek dışında sessiz kalmamın bir sebebi yoktu ve bileklerime sarılan o sikik zinciri artık çözmem gerekiyordu. "Kesinlikle doğru olan sikik şeydi," dedim tüm özgüvenimle.

Omuzları rahatlarken, "Teşekkürler," dedi. "Ciddiyim. Sadece bunun için değil, Daisy'yle ilgilendiğin ve geçirdiğim zor aylar boyunca yanımda olduğun için. Bazen değerini bilmiyorum ama ayık olmamın sikik sebebinin sen olduğunu asla unutmam."

Gerçekten gülümsedim. Sanırım ifadem her şeyi söylüyordu. Bazen umursadığını anlamak zordu ve böyle anlarda zor kısımlar göze o kadar da kötü gelmiyordu. Her şeye değerdi.

Aynı anda kalkıp tekrar posta kutusuna yöneldik. Koşmadan önce üstümüzdeki ağırlıklardan kurtulduk.

"Sekiz kilometre," dedi Lo ısınmak için aşağı yukarı zıplarken. "Bu sefer beni yenemeyeceksin, ağabey. Arkanı kolla."

İçtenlikle bana "ağabey" diye seslenmesine takılmıştım. Bu noktaya kadar bir şekilde bu unvanı kazanmayı başarmıştım. Siktir, *bu* çok iyi hissettiriyordu.

"Hey, sana diyorum. Dalıp gittin. Beni duydun mu?" diye sordu Lo elini sallayarak.

Eline hafifçe vurarak ittim. "Bir yere lakros sopası mı sakladın? Sikik bacaklarımı seviyorum, sakın kırayım deme."

Lo kollarını açtı. "Hile yok. Adil bir yarış. Kendi spor dalında seni yenince kahrolası bir ödül istiyorum."

"Uzak bir ihtimal."

İkimiz de birbirimize baktık, geri sayım yapmadık. Aynı anda başladık.

Tempomuz benzerdi. Uzun adımlara karşı uzun adımlar. Bacağa karşı bacak. Adıma karşı sikik adımlar. Yanımda koşuyordu, tempomuz tamamen aynıydı. O daha hızlı koşarken, ben daha çok zorluyordum. Uyumluyduk.

Nefes alışlarım dengeliydi ve keyifliydim. Arkama baktığımda ilk kez kardeşimin göğsündeki ağırlığı görmedim. Onu geriye çeken hiçbir şey görmüyordum.

Yüzünde sikik bir gülümseme vardı.

Güneş ışınları ağaçların arasından sızıyordu. Aramızdaki mesafe her adımda azalıyordu. Ona karşı hissettiğim gurur içimi sarmıştı.

Altı kilometreye geldiğimizde yanımdan geçip ileriye doğru beş adım attığı anda sonucu biliyordum.

Beni yenecekti.

BÖLÜM 70

DAISY CALLOWAY

"Aman Tanrım, soğukmuş," diye şikâyet etti Lil. Zayıf bedenine Rose'un beyaz kürkten montunu sıkıca sarmıştı. Başında Wampa şapkası vardı ve küçük tüylü bir yaratığa benziyordu. Tamamen sarılacak cinsten bir yaratığa. Tam da bu yüzden bir kolumu omzuna sarmıştım, ablamdan daha uzundum.

Nefeslerimiz soğuktan buhar olurken dün yağan altmış santimlik karın üzerindeydik. Ön bahçemizdeki köknar ağacının arkasında saklanıyorduk. Ya da Lily'nin deyişiyle, *devasa Noel ağacının.*

"Katılıyorum," dedi Rose. O kadar soğuktu ki kemikleri kaskatı kesilmişti.

"Size kazak vermeyi önerdim," diyerek hatırlattım. Üzerinde siyah tayt ve kara bulanan uzun bir elbise vardı. Botları tamamen bembeyaz karlara bulanmıştı. Benim kıyafetim ondan daha iyi değildi. Ablalarımı aceleyle dışarı sürüklerken kapıda bulduklarımı giymiştim.

Parmak arası terlikti.

Soğuğun yavaşça içime sızdığını söyleyebilirdim, ayak parmaklarım sıcak bir duş almak için çığlık atıyorlardı.

Rose söylediğime karşı bana bir bakış attı. Normalde olsa, "*Başlama bile,*" dercesine elini yüzüme doğru kaldırırdı. Ama şu anda kollarını yanından ayıramayacak kadar üşüyordu.

"Bu acıya değeceğine söz veriyorum," dedim kocaman gülümseyerek. Uzanıp ikisinin ellerini de neşeyle salladım. Onlarla daha fazla vaktim olmasını seviyordum. Lily sanki gülümsemem bulaşıcıymış gibi bana katıldı.

Rose gözlerini devirdi. Ancak dudaklarının kenarının kıvrıldığına yemin edebilirdim. Telefonunu çıkardığında Lily ona uzanmaya çalışsa da çok uzaktaydı. Rose kolaylıkla telefonunu göğsüne yasladı.

"Bu gizli bir görev, Rose," diye fısıldadı Lily.

Rose'un elinden telefonu kapıp anında mesajlara bakmaya başlayan Lily'ye uzattım.

Rose elini kalçasına koyup, "Neden fısıldıyorsun?" diye tersledi. "Burada bizden başka kimse yok."

Lily ekrana bakarken ağzı açık kaldı. Omzunun üzerinden bakarken Connor'ın bir sürü mesajını gördüm. "Onun mesajlarını bir saatliğine cevapsız bırakamadın mı?" diye sordu Lily.

"Beni sinir ediyordu," diye karşılık verdi Rose. "Sesim duyulmak zorundaydı."

Kot pantolonumun cebindeki telefonum titreyince hızla mesaja baktım.

Pazar günkü yemeğe gelecek misin? -Annem

İçimde bir boşluk oluşurken cevap yazdım. *Evet ama Ryke da benimle geliyor.*

Genelde hızla cevap verdiği için birkaç saniye bekledim fakat telefonum sessiz kaldı. Eve her uğradığımda Ryke'ı kabul etmeyi reddediyordu. Sanırım yaptığı polis olayından utanıyordu ve hatasını kabul edemeyecek kadar gururluydu.

Bu yüzden kendinden ödün vermiyordu.

Ancak ona yapmacık davranamazdım. Böyle kaba davranırken ona iyi yaklaşmazdım. Eğer Ryke'tan özür dilemezse onun sıcak ve neşeli kızı olarak etrafında bulunmayacağımı sayısız kez dile getirmiştim. Ona arkadaş canlısı yaklaşamazdım.

Annemle yarı yolda buluşmaya hazırdım. Babam, annemin beni çok uzun süre inat edemeyecek kadar çok sevdiğini söylemişti. Ona biraz zaman vermemi söylemişti. Haklı olduğunu umuyordum.

"Şşşt," diye fısıldadı Lily. Gözleri irileşmişti. Sessizlik devam ederken Rose'un *Escalade*'inin sesi garaj yolunda yükseldi.

"Bir..." diye fısıldadım. Birkaç araba kapısının açılmasını dinledim.

Lo'nun sesi bahçenin ötesinden duyuldu. "Yüce İsa, birinin gelip garaj yolundaki karları tekrar küremesi gerekecek."

"İki," diye saydım ablalarım için.

"Sonra ben hallederim," dedi Ryke.

Genişçe gülümsedim. "Üç." Saklanma yerlerimizden fırladık. Daha doğrusu, ben donan ayaklarımla koşarken ablalarım da arkamdan yürüyordu. Onların eldivenli, benim eldivensiz ellerimle hazırlanmış kartopları vardı.

Deri ceketle adama odaklandım. Elinde bir koli *Fizz Life* ve bir kutu *eggnog* taşıyordu. Kartopunu ona fırlattığımda doğruca göğsüne çarptı ve dağılarak gri tişörtünü ıslattı.

Sırıttım. Kaşları havalanırken bana çevrilen gözleri karardı. "Gerçekten mi, Calloway?"

"Gerçekten, gerçekten," dedim. Çoktan ikinci saldırım için kartopumu hazırlamaya başlamıştım.

Lily bağırdığında dönüp ona baktım. Lo'nun saçlarının ıslandığını ve karlı bahçede ablamı kovalamaya başladığını fark ettim. Önceden hazırladığı kartoplarını bırakmış, şapşal bir gülümsemeyle uçmasın diye ellerini şapkasında tutarak koşuyordu.

"İyi vuruş, Lily!" diye seslendim.

Bana başparmağını kaldırdı.

Sonra soğuk çıplak tenime yayıldı. Tam yüzüme. Beni bir anda kendime getirmişti. Gülümseyerek gazozları ve *eggnog*'ları bırakan Ryke'a baktım. Eğilip ikinci kartopunu yaptı.

Oyun başlasın.

İkinci kartopundan kaçarak omzuna bir tane fırlattım. Ona yaklaşmaya çalışsam da parmak arası terliklerim kara takılıyordu. Dengemi sağlamak için kollarımı açmaya çalışırken ağırlığım beni aşağıya çektiği için düştüm, bembeyaz karlar buzdan bir yastık gibi beni sarıp sarmaladı. Saçlarım ve uzun kollu tişörtüm gittikçe ıslanıyordu.

Bir doksanlık bedeniyle bir anda başımda belirerek bulutlardan kurtulan gözüme çarpan güneşe engel oldu. Karanlık bakışları korumacı bir tavır ve şehvetle doluydu. Ayak bileklerimi kardan çıkarıp ne giydiğime baktığında ifadesi sertleşti. "Sikeyim, delisin sen." Parmak arası terliklerimi çıkartıp kızaran ayaklarımı ovuşturdu.

Başımı geriye eğdim, neredeyse inleyecektim. "Çok iyi hissettirdi."

Sonra bakışları göğsüme odaklandı.

Başımı eğdim. Meme uçlarım tamamen sertleşmişti ve ince beyaz tişörtüm içimi gösteriyordu. Üzerinde tek bir kelime vardı: *Alındı.*

Deri ceketini çıkarttığı sırada yoğun bakışları göğüslerime odaklanmıştı. Göğsüm normalden daha ağır bir şekilde inip kalkıyordu.

"Duymadın mı?" diye sordum beni izlemesini seyrederken. "Ben alındım."

"Duydum," dedi Ryke. Beni kollarına alıp ceketini omuzlarıma sardı. Ardından bakışları benimle buluştu. "Aynı zamanda sana ayak uydurabilen tek kişinin o olduğunu da duydum." Beni kollarında kaldırdığında ciğerlerimdeki hava boşaldı.

Ellerini sırtıma ve bacaklarımın altına yaslayarak beni garaj yoluna doğru götürmeye başladı. Dışarıda yalnız olduğumuzu fark ettim. Diğer iki çift çoktan sıcak eve girmişlerdi. Rose'un mücadeleye katıldığını bile düşünmüyordum ama en azından soğuk havada durup bize yoldaşlık etmişti.

Uzanıp parmaklarımı ensesinin dibindeki saçlarda gezdirdim.

Kasları gerilirken bakışları bir kez daha bedenimde aşağıya indi. Sonra beni öptü. Dili çabasız bir şekilde benimkine karışarak tenimin her bir santimini ısıtıyordu.

Onun kollarındaydım.

Artık sadece kardeşinin sevgilisinin kız kardeşi değildim.

Ya da arkadaşının kardeşi.

Sadece bir arkadaş bile değildim.

Onundum.

Sonra beni eve taşımaya başladı. Öpüşmemiz daha arzulu ve ateşli bir hal aldığında kalbimin derinlerinde bir şeyin farkına vardım.

Özgürdük.

Dışarıdaki halkın bizden nefret etmesinin önemi yoktu. Annemin onu asla kabul etmeyecek olmasının önemi yoktu. Şimdilik yapabileceğimiz her şeyi yapmıştık.

Sonraki öpücüğüne karşılık gülümseyerek elimi kalın saçlarına uzattım.

Rose, "On taneye indiremem," dedi Connor'a. Yaşadığımız anı bölmüştü, birbirimizden ayrılıp başımızı o tarafa çevirdik.

Connor ona bir kupa kahve uzatırken ablam krem rengi süet koltukta bacaklarını kıvırmıştı. Connor elini karısının bacaklarında gezdirerek onu kendi bedeninin yakınında tuttu.

"Elli çocuk istemiyorsan indirmen lazım, sevgilim," dedi Connor.

Rose, Lily ve Lo'ya doğru baktı. Bakışlarını çevirdiği son kişi Ryke'ın kollarında olmamı izliyordu. Lo bizi böyle görmeye hâlâ alışıyor olsa da Ryke'ı azarlamıyor veya ona laf söylemiyordu. Kendimiz olmamıza izin veriyordu.

"Kaç isim seçtiniz?" diye sordu Rose. "Connor, *seçeneklerimin* olmasının saçmalık olduğunu düşünüyor." Mesaj savaşlarının konusu bu olmalıydı.

Connor, "Bir ya da iki seçeneğin olabilir, daha fazlası gereksiz hale gelir," dedi.

"Neden seninle evlendim ki?" diye karşılık verdi Rose.

Connor Fransızca cevap verdiğinde, "*Çünkü beni seviyorsun. Ve ben de seni seviyorum,*" dediğine emindim.

Ryke bu karmaşık ortamdan alacağını almış olacak ki beni merdivene doğru taşımaya başladı. Ancak ablamın yüzündeki ifadeyi görmüştüm. Saf, sihirli ve güzel bir şeydi.

Kesinlikle aşktı.

"Bizim sadece iki ismimiz var, bir erkek bir de kız için," dedi Lily.

Connor, "*Ben söylemiştim,*" der gibi bir ifadeyle bakarken Rose'un ağzı açık kaldı.

Sonra hepsi tartışmaya başladı. Lo büyük ablamla bir ağız dalaşına girmişti.

Artık çocukları olacağı için hepsinin değişmesinden, yirmilerini bir minivan araç ve çocukların beraberinde getirdiği zaman kısıtlamasıyla geride bırakacaklarını düşünmüştüm. Belki sonunda öyle olacaktı ama şu an doğaçlama kartopu savaşlarının, oyun gecelerinin ve birlikte bir şeyler pişirdiğimiz akşam yemeklerinin tadını çıkartıyordum. Tıpkı bir üniversite kampüsündeymişiz gibi yaşıyorduk, kiradan tasarruf ediyorduk ama aynı zamanda kardeşler olarak da yaşıyorduk.

Bu bana her gün sadece on sekiz yaşında olduğumu anımsatıyordu. Onlar da sadece yirmi üç ve yirmi beş yaşındalardı.

Büyüyüp ayrılmak için uzun yıllar vardı.

O vakit henüz gelmek zorunda değildi.

Ryke merdivenlerin yarısına gelince beni yere bıraktı, bakışları güçlü bir arzuyla baştan aşağı bedenimde geziniyordu. Ben de onu istiyordum. Geriye doğru yürümeye başladığımda beni yakından takip ediyordu.

"Beni ablalarıma ne daha da çok yakınlaştırır biliyor musun?" diye dalga geçtikten sonra karnımı okşadım.

Bakışları karardı. "Bu sabah yaptığın amuda kalkmayı hatırlıyor musun?"

"Evet."

"Yan taklayı?"

"Ah."

"Trambolinde nasıl ters takla atmaya çalıştığını?"

Bu taze anıya karşı gülümsedim. "Gerçekten eğlenceliydi." Her zıplayışımda yüzüme kar çarpmıştı. Geriye doğru birkaç adım atarak merdivenden çıkmaya başladığımda bana yetişti.

"Bunların hepsini sikik dokuz ay boyunca yapamadığını hayal et, Calloway."

Merdivende duraksarken gülümsemem soldu. Bu kulağa… hiç eğlenceli gelmiyordu.

Bana yetişip başımın arkasını tuttuğunda dudakları kulağımı okşadı. "Kısıtlama yok. Saatte iki yüz kırk kilometre. Sen ve ben, tatlım."

Gülümsemem geri döndü. *Bu kulağa daha iyi geliyor.*

BÖLÜM 71

RYKE MEADOWS

Uslanıp bir aile kurmadan önce yapmak istediğim çok fazla şey vardı.

Ve bunların hepsini Daisy'yle yapmak istiyordum.

Kendimi farklı bir ülkede tırmanırken, seyahat ederken, yaşarken her hayal ettiğimde o da yanımda oluyordu. Bunu gerçeğe dönüştüreceğimizi biliyordum. Nereye giderse gitsin peşinden gideceğimi biliyordum. Nereye gidersem gideyim o da benim peşimden gelecekti.

Artık uyum sağlayamayan beşinci tekerler değildik.

Bu sikik şey gerçekti. Ve bitmemesi için elimden gelen her şeyi yapmaya kararlıydım.

Islak tişörtünü üstünden çıkarttığımda içinde sutyen yoktu. Ancak ben göğüslerini göremeden arkasını döndü. Sonra yanlışlıkla kırışan kıyafetlerin altında kalan kaykaya takıldı ve kaykay ayaklarının altından kaydı. Dengesini kaybettiğinde onu belinden yakaladım.

"O da neydi?" diye sordu. Nefesi boşalmıştı.

"Kaykayın."

Odayı inceledi. İnanılmaz dağınıktı. Her yerde kıyafetler vardı, yatak yapılmamıştı, çarşaflar birbirine karışmıştı ve perdeler yamuk duruyordu. Dün gece sırtını pencereye yapıştırdığım sert, yavaş ama eğlenceli seksi düşününce neredeyse gülümseyecektim. Tüm bu süre boyunca ayaktaydık.

Seks uyumasına yardımcı olmamıştı ancak bunu yapmasını beklememiştim de. Artık beş saat kadar uyuyordu ve sikik geçmişini daha da açtıkça gecenin ortasında uyanmalarının son bulacağını umuyordum.

Fakat kesinlikle öncesi kadar korkmuyordu.

Bu bir başlangıçtı.

Kartopu savaşında ıslanan saçlarını sıktıktan sonra yüzüstü yatağa atladı. Çıplak sırtına bakmak normale göre daha ağır nefesler alıp vermeme neden oluyordu. Sikik kot pantolonu sırılsıklamdı ama ben pantolonunu bambaşka sebeplerle çıkartmak istiyordum. Pantolonu bacaklarından çekip aceleyle bileklerinden çıkardım. Bunu yaparken bakışlarım kürekkemiklerinin arasındaki dövmenin üzerindeydi. Yaptırdığı gün onun yanındaydım.

Gülümseyerek başını çevirdiğinde tepkimi yakaladı.

Artık arzumu çok kolay bir şekilde gösteriyordum. Ancak altında başka bir şey daha vardı. Onun dışında kimseyle paylaşmadığım bir şey.

En iyi sikik *aşk*.

Yatağa çıkıp parmaklarımı dövmesinin dış hattında gezdirdim. Ardından dokunuşlarımı dudaklarım ve dilim takip etti. Tenindeki mürekkep, üç tüyü olan bir düş kapanı şeklini alıyordu.

Ancak iç hattı boyunca küçük bir kurt tasarımı vardı. Onu tüm o huzursuz, vahşi ve kötü rüyalarından koruyordu.

Dövmeyi seviyordum. Onu seviyordum. *Bunu* seviyordum, korkmadan onu öpebiliyor olmayı seviyordum. Hâlâ bize karşı biraz önyargı vardı ama başa çıkamayacağım bir şey değildi.

Sırtüstü döndüğünde ellerim başının iki yanına yaslanarak bedenini kafese aldı.

"Costa Rica," dedim cesur yeşil gözlerine bakarken. "Seni götürmek istediğim sıradaki yer burası."

Gülümsedi. "Şelalelerin altında öpüşecek miyiz?"

"Öpüşmekten fazlası olacak."

Yüzü bir anda aydınlandı. Yanağında kıvrılıp çenesinden şakağına doğru uzanan yara izini okşadım.

Eski yarada gezinen bakışlarımı izliyordu. "Artık senin güzelinin çirkini mi oldum?"* diye sordu. Gözleri parlıyordu.

Başımı iki yana salladım. "Hayır, tatlım. İkimiz de sikik birer canavarız." *Bir saniye sonra sana göstereceğim.* Onu öpmek üzereyken gülümsemesi yavaşça solarak bir anlığına düşüncelerinin içinde kayboldu.

Kaşlarımı çattım. "Sorun ne?" Dün bana aklımda kalacak bir şey söylemişti. İnsanları huzursuz hissettirmeye alışık olmadığını, onlar yüzüne bakınca gerçekleşen şeyin ise tam olarak bu olduğunu söylemişti.

"Bu sana o geceyi mi hatırlatıyor?" diye sordu. "Hep merak etmişimdir... Bu yara izini görünce kötü anıların gelip gelmediğini."

İfademin karanlık bir hal aldığını, yüzümün taş kestiğini hissedebiliyordum. "Hayır."

"Yalan söylemek zorunda değilsin, sorun yok." Kaygılı bir şekilde kızardı.

"Söylemiyorum." Yanağına baktığımda o gecenin sikik görüntüleri gözümün önüne gelmiyordu.

"O zaman sana neyi hatırlatıyor?"

Alnındaki saçlarını geriye doğru tarayıp yara izini tamamen görebilmek için başını çevirdim. Vereceğim cevap aklıma geldiği anda dudaklarım kıvrılmaya başladı. "Seni bu kadar çok sevmemin tüm nedenlerini bana hatırlatıyor." Şakağındaki kısmı okşadım. "Vahşi, cesur ve aşırı delisin." Yabani doğasına uyuyordu, göründüğü kadar garipti. Eğilip kulağına fısıldadım. "Sana sahip olduğum için gurur duyuyorum, Dais. Tam da *bu* şekilde."

Dudaklarım sert bir şekilde onunkileri bulduğunda bedenim her bir derin öpücükle birlikte bedenine yaslandı.

Ondan tek bir seferliğine ayrıldığımda parmaklarımı kesilmiş sarı saçlarında gezdirip kulağına fısıldadım. "Siktir. Kükrediğini duymak istiyorum, Calloway."

Gülümsemesi yüzünü ele geçirdi. Sonra doğrudan gözlerinin içine baktım, çok uzun yıllar boyunca bakacağım o yeşil gözlere.

---

* Yönetmenliğini Gary Trousdale ve Kirk Wise'ın yaptığı 1991 yapımı "Güzel ve Çirkin" animasyonuyla tanınan karakterlere atıfta bulunuluyor. (ç.n.)

Teşekkür

Ailemize, hepiniz kendi içinizde çılgınsınız ve sizi bunun için seviyoruz. Yaslanabileceğimiz en iyi kayalar olduğunuz için teşekkürler.

Bize bu kitaptaki en büyük olaylarda ilham olan cesur ağabeyimize teşekkürler. Korkusuzluğun ötesindesin ve cesaretini, tahmin ettiğinden daha çok takdir ediyoruz.

Serinin arka planında muazzam bir güç olarak bulunan iki en tatlı hayranımız Jenn ve Ate Lanie'ye kocaman teşekkürler. Kızlar, sizin çalışmamıza karşı duyduğunuz sevgi bizim için çok büyük anlama geliyor. Hiçbir kelimeyle desteğinize karşı teşekkür edemeyiz. Ve teşekkürler Sue! Neredeyse en başından beri kitaplarımızı okuyorsun. Ryke ve Daisy'yi daha çok sevebilecek kimse aklımıza gelmiyor, bu kitabı yazarken sürekli seni düşündük.

Nieku, müthiş Fransızca çevirilerin devamı için ve hep kısa sürede bize dönüş yaptığın için teşekkürler. Harika bir arkadaşsın!

Son ama en önemlisi de tüm hayranlarımıza teşekkür etmek istiyoruz. Hayranlarımız olduğunu söylemek bile bir rüyaydı. Ancak hepiniz olmasanız bu kitap hiç yazılmamış olurdu. Bu karakterler hiç hayat bulmazlardı. Bu hikâyeler hiç anlatılmazlardı. Bu şekilde olmazdı.

Devam etmemizi sağlayan sizin bu seriye karşı olan sevginiz.

Vahşi kalın.